★ 읽으면서 이해하는 영문법서!

마지막 기초영문법

YouTube 영문법 1위*
860만 조회
330만 시간 시청

김정호 지음
바른영어훈련소

▶ YouTube 860만 조회, 330만시간 시청!**

☐ 미국 공교육 커리큘럼에 맞춘 영문법 과정!
☐ 발음부터 제대로 시작하는 진짜 기초영어!

**You Tube 바른영어훈련소 채널 공식 기록 2023.03.01 기준
*You Tube 검색창 "영문법" 검색시 1위 노출 (광고 제외) 2023.03.01 기준

MP3, 무료강의 등 부가학습 QR 코드

마지막 기초영문법

개정 3판 발행	|	2020년 7월 01일
3쇄 발행	|	2023년 4월 01일

저 자	|	김정호
펴 낸 곳	|	(주) 바른영어사
대 표 자	|	이도경
주 소	|	[16889] 경기도 성남시 분당구 느티로 16, 907호
대표전화	|	(02) 817-8088 | 팩 스 (031) 718-0580
홈페이지	|	www.properenglish.co.kr
감 수	|	N.Buchan
연 구 원	|	최승연, 김연우
디 자 인	|	김혁진
인 쇄	|	필페이퍼

이 책의 무단 전재 또는 복제행위는 저작권법 제97조의5에 의거, 5년 이하의 징역 또는 5,000만원의 벌금에 처하거나 이를 병과할 수 있습니다.

ISBN : 979-11-85719-29-0 (13740)

정가 28,800원

· 이 책에 실린 모든 내용에 대한 저작권은 바른영어사에 있으므로 함부로 복사·복제할 경우 형사처벌을 받습니다.
· 파본은 교환 환불해 드립니다.

· 이 도서의 국립중앙도서관 출판예정도서목록(CIP)은 서지정보유통지원시스템 홈페이지(http://seoji.nl.go.kr)와 국가자료종합목록 구축시스템(http://kolis-net.nl.go.kr)에서 이용하실 수 있습니다.
　(CIP제어번호 : CIP2020021034)

머리말

부조리

난무(亂舞)... 어지럽게 춤추다. 갈릴레이를 아십니까? 아이작 뉴우튼은 이렇게 말했습니다. "나는 인간이 지금까지 볼 수 있었던 가장 먼 지평선을 보았다. 하지만 나는 갈릴레오라는 거인의 어깨에 올라 앉아 그 세상을 보았던 것이다." 그 갈릴레오가 지구와 그 외의 행성들, 그리고 우리의 항성인 태양을 관측하고 그 당시까지 유럽세계의 천체관을 지배하고 있었던 프톨레마이오스(Ptolemaios)의 천동설에 근거한 거짓된 세계의 원형에 이의를 제기하고 나섰을 때 그의 심정은 어떠했을까요. 그에게 가해지던 사회적 형벌과 독설의 수준은 가늠하고도 남을 것 같습니다. 그는 1616년 그의 첫 번째 종교재판이후 1633년 다시 굴욕적인 맹세, 즉 코페르니쿠스의 이론에 입각한 세계관이 사악한 이단의 행위이며 다시는 이를 연구하지 않겠다고 맹세를 강요당한 후, 평생 가택연금을 당했고 장례식과 묘비조차 허락되지 않았습니다. 근대물리학의 기초를 닦은 이 위대한 천재가 짊어져야 했던 멍에를 헤아려보십시오. 이런 일은 불행히도 인간사의 흔한 부조리 중 하나일 뿐입니다. 부조리 말입니다.

한국에서 벌어지고 있는 영어교육논란

흔히들 한국인은 민족적 자질이 우수하고 근면하며 창의력이 뛰어나다고 평가됩니다. 특정 영역에서 비교적 짧은 시간 안에 한국인들이 장인이 되는 이유도 거기에 있다고 봅니다. 남들이 오랜 세월 걸려서 이룩하는 업적들을, 한국인들은 그 십 분지 일도 안 되는 시간 안에 이루어 내곤 했습니다. 모든 면에서 그렇다면 참으로 기운 나는 말입니다. 하지만 특정 영역에서 한국인들이 연속된 좌절과 패배를 맛보는 곳이 있다면, 그곳은 어디일까요? 그것이 혹시 영어교육이라는 분야는 아닐까요? 오랜 세월 동안, 다수의 한국인들이 이 국제어의 습득에서 고통을 받고 있다면, 그것을 국가적 차원에서 해결했어야 하지 않을까요? 이제는 소위 '먹고 살만 한데' 말입니다. 아니면 이 패배를 민족 언어에 대한 자긍심, 반사대주의 혹은 정치적 냄새가 진동하는 다른 '덕목' 들로 가린 채 한시적 무통주사의 평화 속에 누워 있는 것은 아닐까요? 환부는 썩고 있는데도 말입니다. 연전, 한 문필가가 모 신문에 [영어를 제 2국어로 하는 2개 국어 병용교육] 에 관한 진지하고 용감한 소고를 올렸다가 비판론자들의 포화를 맞던 사건이 기억납니다. 그 분은 소설가이자 국문학을 사랑하는 사람이었습니다.

영어 울렁증

저는 한국인들의 창의성과 우수성을 우리의 초, 중, 고교의 교과과목에 투영시켜 보았습니다. 많은 교과량을 배당받고도 처참한 이 영어교육의 결과에 도대체 무엇이 문제일까요? 이를 해결하겠다고 나선 대한민국대표선수(?)들의 현란한 문구와 구호의 난무도, 결국은 상업주의로 심하게 경도된 [자칭]이자 [자처]가 아니었던가요? 한국인들은 여전히 이 국제어에 관해서는 심하게 말해 지리멸렬상태에 있습니다. 가족해체를 초래했던 조기유학이라는 극약처방까지 쓰게 되었으니까요. 각종 시험에서 어떻게든 정답이라는 것을 낚아가지만, 그것은 엄밀히 말해 시험점수일 뿐 우리는 여전히 영어를 말하고 듣고 쓰고 읽는데 애를 먹고 있습니다. 영어울렁증(English Anxiety)은 이미 오래전부터 진행된 사회 병리적 신드롬입니다. 저는 특별히 이를 잘 알겠습니다. 왜냐하면 제가 바로 이런 지리멸렬의 한 가운데 서 있기 때문입니다. 부상당한 여러 영어 학도들과 함께 말입니다.

영어 공부 절대로 해야 한다

우리 사회에서 소위 '영어를 공부로 하지 말고 즐겨라' 하는 식의 다소 비 전문적이고 단편적인 문구들이 많이 있습니다. 어떤 지식을 쌓고 그것을 기술적으로 활용할 목적이 있다면 그 지식이 습득되는 배경환경을 가장 먼저 고려해야 합니다. 건축물을 예로 들어 본다면, 그 건축물이 사막에서 만들어져, 그곳에 세워지는 것인지, 강변에서인지, 숲에서인지, 암벽 산에서인지에 따라 사용하는 건축 재료와 건축기법이 달라지는 것입니다. 우리는 누구도 이집트의 기자사막위에서 목재 건축물을 상정하지 않을 것입니다. 자재를 구하기 어렵다는 것은 별도로 하고라도 그 강력한 모래바람과 강렬한 태양광에서 오래 버티기 위해서는 석재가 적합했겠지요. 석재를 사용함으로써 건축기법도 석재에 맞게 이루어져야 했을 것입니다. 비록 그 건축술은 아직도 미스테리지만 말입니다.

영어 학습이라는 건축물로 돌아와 보면 우리가 영어를 배우는 곳이 학습에 적합한 곳인지, 실전에 적합한 곳인지를 알아야 합니다. 비영어권 국가와 영어모국어권 국가, 이 둘 중 어디서 영어를 배우느냐에 따라 학습법은 당연히 달라집니다. 우리에게 생존영어의 환경이란 것은 엄밀히 존재하지 않습니다. 하지만 만약, 우리가 영어모국어권 안에서 영어를 배운다면 우리는 이미 영어를 '배우는 것' 이 아니라 체득하고 있는 중일 것입니다. 이런 조건 하에서라면 말과 소리가 먼저 체득되고 문자로 소통하는 법칙은 자연스레 이해될 것입니다. 우리가 어린 시절 우리의 모국어인 한국어를 배우던 과정처럼 말입니다.

하지만 우리가 영어를 모국어 내지 제 2 모국어로 사용하고 있지 않은 한국에서 영어를 배우고 있기 때문에 엄격히 본다면 단 순간도 생존을 위해 영어를 듣고 말하고 읽고 쓰지는 않을 가능성이 큽니다. 그러므로 영어는 서바이벌 랭귓지(language for survival)가 아니라 저스터나더 초이스(just another but important option)일 뿐입니다. 그런데 이 선택적 학습의 결과는, 다소 혹독하게 대가를 치르게 하고 있습니다. 진학, 직장에서의 승진, 사업, 여행, 교제, 심지어 취미생활에 대한 추구까지 이 영어능력은 혜택이 되기도 하고 걸림돌 작용도 하고 있습니다. 이제, 영어를 제대로 공부해서 좋은 결과를 얻어야 된다는 결심은 매우 타당하게 보입니다. 분명히 영어를 즐기면서 체득하기는 어려운 비몰입 학습환경에 우리가 있다는 사실을 명심하고 그에 따른 대책을 강구해야 합니다. 다행히도, 예전에 비해 영어를 적극적으로 체험할 기회가 매우 많아졌습니다. 하지만 글을 제대로 읽고 쓰는 분야에서는 나아진 것이 별로 없어 보입니다.

micro to macro

[저는 높게 날았습니다. 그리고 숲을 보았습니다. 숲이니 당연히 나무와 물과 열매가 있을 것이라고 생각하고 착륙했습니다. 하지만 제가 내린 곳은 숲이 아니었습니다.] 왜 이런 실수가 있을 것이라고 상정하십니까? 그것은 그 사람이 나무라는 것을 제대로 본 적이 없는 즉, 나무에 대한 정보가 없는 비행사였기 때문이었습니다. '숲' 이라는 단어는 '나무'에 대한 이해를 전제로 한, 다음 단계의 거시안목입니다. 이 사람은 미시안목조차 훈련되지 않은 상태로 현학의 허세를 부렸기 때문입니다. 잎사귀, 줄기, 뿌리 등, 나무에 대한 최소한의 정보도 모른 채 숲을 안다고 나서지 말기로 합

시다. 그것은 본말의 전도입니다. 글에서 그리고 말에서, 행위의 주체인 주어를 어떻게 만들고 구별하는지, 그 후 술어동사 부분을 어떻게 구성하고 전개하는지, 행위의 대상인 목적어가 무엇인지, 이파리들을 가지에 붙들어 매는 접속사와 수식어들이 무엇인지 등에 대해 우선 알아야 나무의 종류들도 구별하고 그것들이 군집을 이루는 숲의 모양과 특성도 이해하게 되는 것입니다. 요컨대, 자연계를 이루는 작은 것들에 대한 우선적 이해가, 다음 단계의 지식을 선도하게 되는 것입니다. 비몰입환경에서 영어를 배우는 한은 top down 방식이 아닌 micro to macro 방식을 채택해야 합니다.

한국어와 영어, 그 둘만의 상관성

영어를 배우는 민족마다 그 민족어의 체계가 영어에 대해 상대적으로 갖는 특별한 성질이 있습니다. 즉, 중국어와 영어, 일본어와 영어, 스페인어와 영어 등등에 적용되는 학습법은 서로 매우 다르다고 볼 수 있습니다. 한국어와 영어에서의 가장 큰 차이점을 이해하고 이를 극복하는 데에 우선 주안점을 두어야 합니다. 섣불리 원서를 들고 허세를 부리거나, 막무가내로 영어를 듣고 따라하거나, 무조건 영어 드라마나 영화에 도전하다보면 쉽게 한계에 부딪히고 흥미를 잃게 됩니다. 알파벳과 한글문자의 차이, 발음체계의 차이, 위치어인 영어와, 정황어인 한국어의 차이, 각 언어의 수식 위치에서의 차이, 이런 차이점들이 우선적으로 학습되어야 합니다. 그러면 서서히 자신감이 생깁니다.

올바른 영어 학습법

섣부른 '직독직해' 훈련은 오히려 영어를 더욱 어려워 보이도록 만들고 영어생성체계에 전혀 익숙하지 않은 학습자들은 한국어에서 그러하듯이, 희미하게 알고 있는 영단어의 의미들로 그 글이 주는 정보를 엉망으로 추측하게 될 것 입니다. 직독직해란 영어원어민들의 독해훈련용으로 고안된 접근법입니다. 이를 한국인들에게 바로 적용하는 것은 상당한 무리가 따릅니다. 듣기는 소리에 의한 정보 전달이므로, 소리를 공간에 붙들어 매어둘 수 없기 때문에 발음에 대한 기초 훈련과 더불어 직청직해와 속청(intensive listening)이라는 훈련을 병행해서 해야 하지만 작문과 독해는 완전히 다른 훈련 영역입니다. 저의 이 졸서에서 우리는 이런 원리들을 터득해 나갈 것입니다. 물론 이 책은, 첨가하고 싶은 많은 세부적 지식들을 최대한 억제하고 기초서에 충실하려고 노력했습니다. 따라서 학습자들이, 다음 단계에 대한 흥미가 생겼다면 이 책은 소기의 목적을 달성한 것입니다. 학습자들이 만약 영어 학습에 '대박'이라는 천박한 심리만을 들이대지 않는다면 여러분의 영어학습은 분명 '소소한 재미'를 담보할 수 있을 것입니다. 저 역시, 언제나 부족하다는 것을 알고 있기 때문에 부단히 해당분야와 그 학습법에 대해 연구하고 노력할 것입니다.

진실로 알아가는 학습, 영작문을 가능하게 하는 학습

천 리 길도 한 걸음부터라는 지혜의 격언과 함께 언제나 가시밭길 끝에 영광의 면류관이 있다는 평범한 진리를 기억해 주십시오. 감사합니다.

책의 구성 및 특징

1. 한국인을 위한 최적의 기초 영어 학습법

1) 한국인을 위한 최적의 영어학습법

의사전달이라는 '언어적 공통점' 과 두 언어 간의 '기능적 차이점' 사이에서 균형을 잡아, 한국인이 영어를 받아들일 수 있는 최적화된 설명법을 제시하고, 서술하려고 애썼습니다. 특히, 한국어에 없는, 영어의 '후치수식', '짝개념', '품사공용' 이라는 원칙에 입각한 접근법이 책의 모든 부분을 관통하는 원리입니다. 저자가 제시하는 이 3가지 원칙들을 모든 문장에서, 늘 적용해보면 영어와 더 빨리 친숙해질 수 있을 것입니다.

2) 반드시 알파벳으로 시작하라.

이 책은 국내의 기본문법서 중에서 유일하게, 알파벳의 발음원리를 한글에 맞추어 자세히 설명함으로써 시작합니다. 실제로 미국 공교육에서는 초등학교 6년 내내 영어 발음을 배웁니다. 유치원 때 파닉스(발음법)를 끝낸다는 것은 본토에서도 있을 수 없습니다. 영어는 근본적으로 하나의 정해진 발음규칙을 모든 단어에 적용할 수 없는 언어로서, 같은 철자라해도 단어마다 발음이 달라지기 때문입니다. 이 책은 기본 자음과 모음값부터 시작하여, 60여 개의 중복자음과 중복모음까지 최대한 자세히 배우도록 설계되었습니다.

3) 원어민처럼 배워라!

미국 공교육에서는 12학년 동안 일주일에 평균 4시간 정도 "영문법"을 배우게 합니다. 이 책은 1~9학년 사이에 다루는 미국 공교육 과정의 커리큘럼에 맞는 문법 사항을 담았습니다. 제대로 학습한다면, 적어도 미국 원어민 중학생 수준의 영문법 지식을 습득하게 될 것입니다.

2. 학습 효율을 높여 주는 구성

1) 매주별 진도 설정

10여 년간 바른영어훈련소에서 학습하고 성공적인 결과를 이룩한 학생들의 기록들을 바탕으로, 최적화된 10주 완성 커리큘럼을 제시하였습니다. 학습계획을 세우실 때 매우 유용할 것입니다.

2) 독특한 예문구성순서

본 도서에서는 한글예문을 영어예문보다 먼저 제시하여, 영작연습 위주의 학습 환경을 구성하였습니다. 기존의 '영어-한국어' 예문순서는 '추측식 의미파악'이라는 결정적 장애를 유발합니다. 각 예문에서, 해당 학습파트들을 다른 색으로 표시하여 준비태세를 긴장시켰습니다.

3) 자율학습이 가능한 자세한 해설

자세한 해설을 첨부하여 강의식 요소를 최대한 살렸습니다. 동영상으로 수강하는 학습자 분들도 영상시청 후 본 도서의 해설 부분을 읽으면 자연스레 복습이 될 것입니다.

3. 수강할 수 있는 강좌 안내

1) 500만명이 수강한 '기초영문법 사전학습' (YouTube 무료특강)

[타미 김정호, 3시간만에 끝내는 영어 문법 총정리]

2) 알파벳, 파닉스 특강

[타미 김정호, 제대로 배우는 알파벳, 파닉스]

3) 바른영어훈련소 기초영문법

바른영어훈련소(www.properenglish.co.kr)에서 제공하는
본 도서의 완벽한 해설강의

실제 미국 교과서 영어 진도표 일부

1학년 형용사 파트 (다른 품사 영역도 동일합니다)

Unit 7 Adjectives 172

Lessons
1 Adjectives: How Things Look 173
2 Adjectives: Taste and Smell 175
3 Adjectives: Sound and Texture 177
4 Adjectives with er and est   179
  Revising Strategies: Vocabulary
  Opposites 181

✓ Checkup 183
✓ Cumulative Review 186

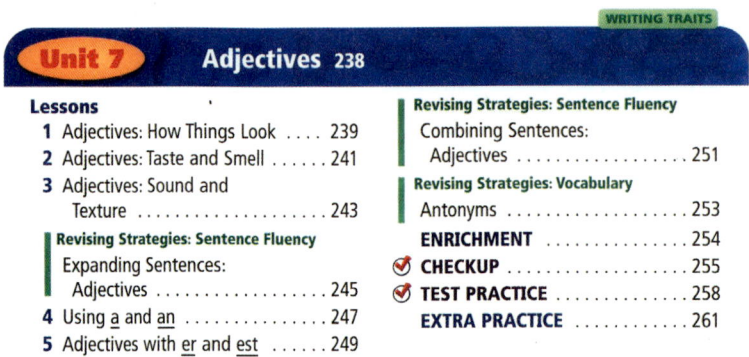

2학년 형용사 파트

Unit 7 Adjectives 238

Lessons
1 Adjectives: How Things Look 239
2 Adjectives: Taste and Smell 241
3 Adjectives: Sound and Texture 243
  Revising Strategies: Sentence Fluency
  Expanding Sentences: Adjectives 245
4 Using a and an 247
5 Adjectives with er and est 249

Revising Strategies: Sentence Fluency
Combining Sentences: Adjectives 251
Revising Strategies: Vocabulary
Antonyms 253
ENRICHMENT 254
✓ CHECKUP 255
✓ TEST PRACTICE 258
EXTRA PRACTICE 261

3학년 형용사 파트

Unit 4 Adjectives and Adverbs 141

Lessons
1 What Are Adjectives? 142
2 More Adjectives 144
  Revising Strategies: Sentence Fluency
  Writing with Adjectives 146
   • Elaborating Sentences
   • Combining Sentences
3 Using a, an, and the 148
4 Comparing with Adjectives .. 150
5 What Are Adverbs? 152
6 Other Kinds of Adverbs 154

Revising Strategies: Sentence Fluency
Writing with Adverbs 156
   • Elaborating Sentences
   • Combining Sentences
7 Using to, two, and too 158
Revising Strategies: Vocabulary
Using Exact Adjectives 160
ENRICHMENT 161
✓ CHECKUP 162
✓ TEST PRACTICE 164
✓ CUMULATIVE REVIEW 166
EXTRA PRACTICE 170

4학년 형용사 파트

Unit 4 — Adjectives 135

WRITING TRAITS

Lessons
1 What Is an Adjective? 136
  Revising Strategies: Sentence Fluency
  Writing with Adjectives 138
   • Elaborating Sentences
   • Combining Sentences
2 Adjectives After *be* 140
3 Using *a*, *an*, and *the* 141
4 Making Comparisons 142
5 Comparing with *more* and *most* 144
6 Comparing with *good* and *bad* 146
  Revising Strategies: Vocabulary
  Using Exact Adjectives 148
  ENRICHMENT 149
  ✓ CHECKUP 150
  ✓ TEST PRACTICE 152
  ✓ CUMULATIVE REVIEW 155
  EXTRA PRACTICE 159

5학년 형용사 파트

Unit 4 — Adjectives 151

Lessons
1 What Is an Adjective? 152
  Revising Strategies: Sentence Fluency
  Writing with Adjectives 154
   • Elaborating Sentences
   • Combining Sentences
2 Articles and Demonstratives . 156
3 Comparing with Adjectives . . 158
4 Comparing with *good* and *bad* 160
5 Proper Adjectives 162
  Revising Strategies: Vocabulary
  Choosing Different Adjectives 164
  ENRICHMENT 165
  ✓ CHECKUP 166
  ✓ TEST PRACTICE 168
  ✓ CUMULATIVE REVIEW 170
  EXTRA PRACTICE 174

6학년 형용사 파트

Unit 4 — Modifiers 179

WRITING TRAITS

Lessons
1 Adjectives 180
  Revising Strategies: Sentence Fluency
  Writing with Adjectives . . . 183
   • Elaborating Sentences
   • Combining Sentences
2 Articles and Demonstratives 185
3 Comparing with Adjectives 188
4 Comparing with *more* and *most* 191
5 Proper Adjectives 194
6 Adverbs 197
7 More About Adverbs 199
  Revising Strategies: Sentence Fluency
  Writing with Adverbs 201
   • Elaborating Sentences
   • Combining Sentences
8 Comparing with Adverbs . . 203
9 Negatives 206
10 Adjective or Adverb? 209
  Revising Strategies: Vocabulary
  Choosing Different Adjectives and Adverbs 212
  ENRICHMENT 213
  ✓ CHECKUP 214
  ✓ TEST PRACTICE 217
  ✓ CUMULATIVE REVIEW . . . 219
  EXTRA PRACTICE 223

CONTENTS

- 머리말 — 003
- 이 책의 활용 방법 — 006
- 목차 (contents) — 010
- 3시간만에 끝내는 영문법 (Youtube 학습 파일) — 012

주차별 학습 목차

WEEK 01
UNIT 01	알파벳	021
UNIT 02	문법 용어 정리	059

WEEK 02
UNIT 03	주어	081
UNIT 04	한국어와 영어의 차이	093
UNIT 05	전치사	101
UNIT 06	동사 및 술어동사	115

WEEK 03
UNIT 07	의문문	141
UNIT 08	후치수식	153

WEEK 04
UNIT 09	타동사와 수동태	165
UNIT 10	등위접속사	181
UNIT 11	명사절과 접속사	191
UNIT 12	부사절과 접속사	201

WEEK 05	UNIT 13	형용사	217
	UNIT 14	부사	293
WEEK 06	UNIT 15	수일치	309
	UNIT 16	동명사	321
WEEK 07	UNIT 17	부정사	333
WEEK 08	UNIT 18	분사	361
	UNIT 19	분사구문	369
	UNIT 20	시제	377
WEEK 09	UNIT 21	조동사	409
	UNIT 22	가정법	433
	UNIT 23	비교	443
WEEK 10	UNIT 24	관계사절	459

맺음말   478

 **YouTube "영문법" 1위***

 **무료 특강!**

3시간만에 끝내는 문법 총정리

강의 무료 보기
QR 코드

https://youtu.be/_y1tg1RCqNc

▶ **YouTube 860만 조회, 330만시간 시청!****

☑ 미국 공교육 커리큘럼에 맞춘 영문법 과정!
☑ 발음부터 제대로 시작하는 진짜 기초영어!

타미샘 유투브 채널 링크 QR코드

**You Tube 바른영어훈련소 채널 공식 기록 2023.03.01 기준
*You Tube 검색창 "영문법" 검색시 1위 노출 (광고 제외) 2023.03.01 기준

1 8품사 (각 단어의 기능별 분류)

품사	문법기호	간단정의	예시
명사	n. (noun)	사람, 사물, 물질, 개념, 행위에 붙여진 이름	Ann, doctor, Paris, sorrow
대명사	pron. (pronoun)	명사나, 명사구 대신에 사용되어지는 말	he, it, hers, me, this, all
동사	v.(verb)	행동, 사건, 상태를 표현하는 말	eat, happen, exist
형용사	adj. (adjective)	명사의 성질이나 상태를 묘사하는 말	big, red, clever, friendly
전치사	prep. (preposition)	명사 앞에 붙는 토씨	in, from, to, out of, with
접속사	conj. (conjunction)	단어나, 구 혹은 절들을 서로 이어주는 말	but, and, or, if, that
부사	adv. (adverb)	동사, 형용사, 부사, 절을 꾸미는 말	very, quickly, soon, so
감탄사	int. (interjection)	감정을 표현하는 말	Oh!, shit!, wow!

2 의미 단위로 구분하는 용어

명칭	영어 표기	정의	예시
단어	word	최소한의 의미 단위	wide, a, in, make
구	phrase	두 단어 이상으로 만든 품사	well-made, in spite of, look at
절	clause	주어와 술어를 포함하는 구조	I think that she is smart.
문장	sentence	마침표(.), 물음표(?), 느낌표(!)로 끝난 부분	Are you okay?
문단	paragraph	하나의 주제가 완성되어지는 구역	....

3 5형식 (한국인을 위한 편의적 구분, 영어권에서는 사용하지 않음)

명칭	영어 표기	정의	예시
주어	S (subject)	행위의 주체	I love her.
술어	P (predicate)	주어의 행위, 상태를 서술하는 말	I love her
주격보어	C (complement)	주어에 대한 보충 정보	I am a Korean.
목적어	O (object)	타동사나 전치사의 짝	I love her. Sit on it.
간접목적어	I.O (indirect object)	수여동사의 첫번째 목적어	I give him hope.
직접목적어	D.O (direct object)	수여동사의 두번째 목적어	I give him hope.
목적보어	O.C (object complement)	목적어에 대한 보충정보	I made him my servant.
주어, 술어, 목적어, 보어의 사용에 따른 절의 구분			
1형식	S + P	'동사'만으로 최소의미 완성	I can run.
2형식	S + P + C	'보어추가'로 최소의미 완성	She is beautiful.
3형식	S + P + O	'목적어추가'로 최소의미 완성	She loves me.
4형식	S + P + I.O + D.O	'목적어 + 목적어'로 최소의미 완성	She makes me laugh.
5형식	S + P + O + O.C	'목적어 + 보어'로 최소의미 완성	He made her his wife.

4 수식어 (전치수식어, 후치수식어)

전치수식어	어떠한 단어나 구를 앞에서 꾸미는 수식어구	the former president
후치수식어	어떠한 단어나 구를 뒤에서 꾸미는 수식어구	a chair to sit on

5 구 (명사구, 형용사구, 동사구, 부사구, 전치사구, 접속사구)

명사구	2개 이상의 단어가 명사덩어리	safety regulations
형용사구	2개 이상의 단어가 형용사덩어리	a garden full of flowers
동사구	2개 이상의 단어가 동사덩어리	carry on, put off, get out
부사구	2개 이상의 단어가 부사덩어리	I live in this house.
전치사구	2개 이상의 단어가 전치사덩어리	because of, out of, from behind

6 절 (명사절, 형용사절, 부사절)

명사절	'접속사 + 주어 + 술어'가 다른 절 속에서 명사의 역할	Columbus believed that the earth is round.
형용사절	'관계사 + (주어) + 술어'가 형용사의 역할	This pencil is better than the one (which) I bought yesterday.
부사절	'접속사 + 주어 + 술어'가 다른 절을 의미적으로 보조함	Please speak louder so that everybody can hear you.

7 to + 명사, 대명사, 동명사 / to + VR

전치사 to	to + 명사, 대명사, 동명사, wh-	Give it to me / I'm used to living alone.
to부정사의 to	to + VR	We would like to inform you of the reason.

8 to VR 의 용례

주어	To VR...+ P	To be a movie star must be a terrific experience.
진주어	It + P... to VR	It must be a terrific experience to be a movie star.
주격보어	P + to VR	He seems to love her.
목적보어	v + O + to VR	I urged him to follow the advice.
타동사의 목적어	vt + to VR	I want to buy a cheaper one.
wh- + to VR	wh- + to VR	I don't know what to do.
'-하기 위해서'	To VR, S + P	To get up early, he sets the alarm clock.
'그 결과 -하다'	v... + (only) + to VR	He grew up to become a monk.
'-때문에 감정변화하다'	v(감정표현) + to VR	I was surprised to know the result.
명사 꾸미기	명사 + to VR	I need something to drink.
진목적어	vt + it + O.C + to VR	He makes it possible to speak freely.
'-로 판단하건대'	S + must + P + to VR	He must be smart to act like that.
be + 형용사 + to VR	be + 형용사 + to VR	He is reluctant to be exposed to mass media.
독립부정사	콤마로 독립된 부정사	He is, so to speak, a walking dictionary.

9 타동사? 자동사?

자동사	목적어 없이 행위나 상태의 의미를 완성	A new crisis arose.
타동사	동사의 대상인 목적어와 함께 의미완성	I hate this situation.
1형식 자동사	동사만으로 의미 완성	His father died.
2형식 자동사	보어와 함께 의미 완성	She is beautiful.
3형식 타동사	목적어와 함께 의미 완성	She loves me.
4형식 타동사	2개의 목적어와 함께 의미 완성	She gives me hope.
5형식 타동사	목적어, 목적보어와 함께 의미 완성	He made her happy.

10 동사구 (두 개 이상의 단어로 이루어진 동사)

동사구	동사 + 다른 단어 (전치사, 부사 등)	go in for, win over, see to, put off, give up

11 짝 개념 (별도의 연결어 없이 항상 서로 짝이 되어야 하는 말)

주어와 술어	주어의 짝은 술어동사	He is a doctor.
타동사와 목적어	타동사의 짝은 목적어	I like him.
전치사와 목적어	전치사의 짝은 목적어	He is afraid of me.

12 유도부사

유도부사	문장의 맨 앞에서 절을 유도하는 부사	There are apples in the box.

13 수동태

수동태	be + p.p 를 써서 주어가 행위의 대상임을 표시	능동 : A(주어)+동사+B(목적어)	I killed him.
		수동 : B(주어)+be p.p (by A)	He was killed (by me).

14 분사형용사, 분사후치수식, 분사구문

분사형용사	동사의 ing / p.p 로 만든 형용사	tiring man (피곤하게 하는 남자) tired man (피곤해진 남자)
분사 후치수식	명사뒤에서 앞의 명사를 꾸미는 분사	man interesting me. (나를 흥미롭게 하는 남자)
분사 구문	부사절을 분사로 바꾼 구조	Coming tomorrow, you can meet him.

15 동명사 (-하는 것, -당하는 것, -했던 것, -당했던 것)

동명사	행위를 명사로 만드는 동사 + ing	Watching TV is fun.

16 가정법 (가능성이 있는 가정 / 반대사실 가정)

가능성있는가정	If he is honest, I must hire him. (만약 정직하다면 고용해야 한다)
현재 반대 가정	If I were a bird, I could fly to you. (나는 새가 아니고 날아갈 수 없다)
과거 반대 가정	If I had seen him, I would have stopped him. (그를 못 보았고 막지 못했다)
과거 반대 가정 현재 반대 결과	If you had not married him, you would be living with me now. (당신은 타인과 결혼했고 현재 나랑 살고 있지 않다)

17 완료시제

완료시제	기준 시점보다 먼저 발생한 일을 기준 시점과 연관해서 사용함	have, has, had + p.p (현재완료) have, has, had + been p.p (완료수동)
현재완료시제	과거의 일을 현재와 연관시켜서 말할 때	I have just eaten lunch. (지금 막 점심식사를 했으므로 배가 부르거나 점심식사를 다시 하지는 않을 가능성)
과거완료시제	과거의 일을 다른 과거와 연관시켜서 말할 때	When I met her, she had lost it. (만난 당시 그녀는 이미 미망인이었다)
미래완료시제	미래의 기준시점에서 어떤 일이 완료될 때	By next year, he will have finished it. (내년 3월무렵이면 돌아와 있을 것이다)

18 도치·강조·생략

형식 도치	주어, 술어, 목적어, 보어의 위치가 바뀜	Happy are those who are ignorant.
문 도치	평서문이 의문문 어순으로 바뀜	Seldom did I dream of being a teacher.
강조구문	특정한 어휘나 구문을 강조함	He did come back last night.
생략구문	말의 경제성을 위해 일부를 생략함	If necessary, I will go there.

WEEK 1

UNIT 01
알파벳
(Alphabet)

UNIT 02
문법 용어 정리
(Grammar)

DAY 1

UNIT 01
1) 알파벳의 탄생
2) 영어알파벳 발음에 대한 한국어적 관점
3) 표기법 미리 일러두기
4) 단자음(하나의 자음소리)

DAY 4

복습
알파벳 파트에서 배운 발음을 반복적으로 발음하는 연습을 하세요. 현재 파트에서 나온 단어들의 뜻을 찾아서 암기하려 시간을 쓰지는 않아도 됩니다. 여기서 중요한 것은, 각 단어의 발음을 머리로 이해하고 연습하여 익숙해지도록 하는 것입니다!

DAY 2

UNIT 01
5) 주요 중복자음의 발음
6) 단모음
7) 반자음-반모음

DAY 5

UNIT 02
1) 영어학습, 여러분의 잘못이 아닙니다.
2) 용어에 관한 정의
3) 명사와 짝 개념

DAY 3

UNIT 01
8) 주요 중복모음

DAY 6 - DAY 7

복습
이 파트에서 배운 문법 용어들은 앞으로 배울 나머지 파트에서 계속 나오는 내용들 입니다.
전부 이해하지는 못하더라도, 각 문법용어가 무엇을 의미하는지 기억하려고 노력해 주세요!

UNIT 01

알파벳
Alphabet

PREVIEW

한글이 문자로서 갖는 우수성은 타의 추종을 불허합니다. 왜냐하면 발음과 혀의 모양 그리고 그것이 내는 소리가 극적으로 조화를 이룬 상징이기 때문입니다. 그러나, 인류의 역사는 알파벳을 가장 널리 퍼뜨렸습니다. 이에 대한 기본 정보는 이 국제어 학습을 출발하는 가장 기본적 전제조건입니다. 우리 혀의 능력을 믿어 보시기 바랍니다.

UNIT 01 알파벳

1 알파벳의 탄생

★ 알파벳은 그리스문자의 첫 두 글자인 α(알파)와 β(베타)에서 나온 말입니다. 한국어로 따지면 '가나다라' 정도의 명칭입니다. 세계의 모든 언어는 한글과 달리 그 기원을 정확히 알 수 없습니다. 한글은 창제의 시기와 목적, 그리고 과정과 결과가 정확히 나와 있는 유일한 언어라고 볼 수 있습니다. 이에 비해, 전 세계에서 가장 많은 민족들이 사용하는 문자인 현대의 로만 알파벳은 긴 역사를 가지고 있지만 그 기원과 관련된 추정은 모두 불확실합니다. 문서나 유물에 의해 밝혀진 것만을 토대로 본다면, 이 문자는 고대 쎔족(Semitic peoples, Semites)의 일파가 만들어 내고 그 후 많은 지역적·문화적 융합이 일어나면서 현대의 모습을 갖추게 되었습니다.

★ 쎔은 구약에 나오는 '노아(Noah)'의 장남이며 그의 후손으로 명명된 민족들은 주로 중동과 북아프리카 즉, 오늘날의 '에티오피아, 이라크, 이스라엘, 요르단, 레바논, 시리아, 아라비아반도, 북아프리카' 등지에서 살고 있습니다. 노아의 차남인 햄에서 유래된 햄족(Hamites) 및, 오늘날의 '카자흐스탄'이나 '아프가니스탄' 지역에서 발흥했다고 알려진 아리안(Aryans) 족과 더불어 쎔족은 유럽의 3대 인종 중 하나로서 대략, 기원전 1700년경에서 1500년경 사이에 표음문자인 이 알파벳의 모체를 만들었다고 추정됩니다. 이 문자는 기원전 1000년경 '시리아'와 '페니키아'에서 주로 사용되었고, 이 페니키안 알파벳은 다시 고대 그리스어(語)와 통합되어서 현대의 알파벳이 되었습니다. 역설적인 것은 우리가 보기에 전혀 동질성이 없는 것 같은 아랍문자 역시 최초의 페니키안 알파벳에서 분화되어 갔다고 알려져 있습니다.

★ '페니키아'는 지중해 동쪽 해안인, 오늘날의 '이스라엘, 레바논 및 시리아'의 해안 지역에서 발흥한 고대 문명인데, B.C. 3000년경 페르시아 만 근처에 살던 쎔족이 레바논 지역의 '베이루트(Beirut), 시돈(Sidon), 티레(Tyre)'등, 당시 강력한 도시를 만들면서 서로 연합해서 만들었던 도시문명이었습니다. 이렇게 지중해의 새로운 강국으로 부상한 '페니키아'는 무역과 항해술을 바탕으로 지중해의 여러 지역과 이베리아 반도, 그리고 아프리카 서쪽 해안까지 식민화에 성공했습니다. 확대된 정치·문화적 영향력으로, 페니키아인들은 고대 메소포타미아의 설형문자를 기반으로 한 새로운 문자를 만들어 내게 되었는데, 무역과 상업을 통한 빠른 의사소통에는, 당시 강국이었던 이집트 상형문자가 너무 애매하고 복잡했기 때문이었습니다. 결국 22개의 자음을 기반으로 한 '페니키안 표음문자'가 탄생했는데, 설형문자에 비해 소리 나는 대로 적는 표음문자는 배우기 쉽고, 그 활용도 뛰어났습니다. 이런 편의성에 힘입어 '페니키안 알파벳'은 지중해 전역에 급속히 퍼져 나갔고, B.C. 11세기경에는 오늘날의 모양과 매우 유사해졌습니다. 그 후, 그리스인들이 그 중에서 다섯 개를 모음으로 변형시켰고, 여기에 'v, w'를 더하여 24자로 만들었습니다. 이 문자는, 다시 이탈리아의 고대 민족이었던 에트루리아 인들이 'j'와 'u'를 더하여 총 26자로 만들었는데, 이어진 로마문명의 번성으로, 이 문자는 라틴문명의 지배를 받았던 거의 모든 유럽과 북아프리카 및 근동지역까지 퍼지게 됩니다. 물론, 영국 중부까지 포함해서 말입니다.

★ 오늘날 러시아인들 및 일부 슬라브 족이, 사용하는 '키릴문자' 역시 9세기경 그리스 알파벳의 대문자를 변형하여 만들어졌기 때문에 로만 알파벳과 유사한 모습을 보입니다. 그 후 '스페인, 포르투갈, 프랑스, 영국' 등 로만 알파벳을 문자로 사용하는 나라들이 다른 지역에 거대한 식민지를 세우고, 이 문자는 전방위적으로 퍼져 나갔으며, 영국의 식민지였던 미국과 호주 등이 독립적으로 번영한 결과, 영어와 알파벳은 오늘날의 지위에 오르게 되었습니다. 물론 스페인어나 독일어, 프랑스어도 로만 알파벳 문자를 사용하고 있습니다. 따라서 문자로만 본다면 로만 알파벳이 전 세계에서 가장 다양한 지역에서 가장 다양한 나라들이 사용한다고 볼 수 있습니다.

★ 문자로서의 한글의 우수성에 대해서는 모든 언어학자들이 거의 이견을 갖지 않습니다. 한민족의 부흥이 있다면, 언젠가 우리의 문자와 언어도 영어처럼 세계적 영향력을 갖게 될 날이 오지 않을까 기대해 봅니다.

Week 1 | Unit 01. 알파벳 (alphabet)

2 영어알파벳 발음에 대한 한국어적 관점

 Park? Pak? / Jung? Jeong? / Lee? Yi?

1 영어발음의 지역적 구분

★ 영어는 크게 영국영어와 미국영어 그리고 이 둘의 영향력을 조금씩 받은 각국영어로 구분할 수 있습니다. 여기서 구분이라는 것은 발음, 의미, 그리고 철자법과 문법이 기준입니다. 우선은 발음과 관련된 규칙을 공부하겠습니다. 우리나라는 문화적으로 미국영어와 밀접한 관계가 있다고 볼 수 있습니다. 일단, 강력한 동맹관계를 유지하면서 인적·물적·문화적 교류가 많기 때문에 그러합니다. 요즈음은 영국 드라마도 많이 접할 수 있지만 적어도 60년대부터 90년대까지는 거의 미군방송이나 할리웃 영화를 통해서 한국인들이 영어와 접촉했기 때문에 한국인들은 발음도 의미도 미국영어에 더 친숙합니다.

★ 영국영어와 미국영어는 물론 표면적으로 본다면 발음에서 가장 큰 차이가 납니다. 미국영어 구사자들에게는 영국영어의 발음에 붙여진 'posh accent'란 별명이 어쩌면 특이함이나 선망의 상징일수도 있습니다. 아무래도 영국은 미국에 비해 오랜 역사를 가졌고 한 때 식민을 하던 종주국이었기 때문에, 미국인들은 미국이 경제·군사적 초강국이라는 자부심 이면에, 영국에 대해 역사적·문화적 열등감을 가질 지도 모릅니다.

2 한글로 영어발음 표기하기

★ 한국에서 발행된 초창기 영어교재들의 발음은 상당히 영국스러운(?) 성향이 있었습니다. 그것은 영국과 자주 섬나라 동맹을 맺었던 일본인들이 중간에서 영어를 매개한 측면도 있었기 때문입니다.

★ 한국에는, 영어를 들리는 발음대로 표기한 귀중한 사료들이 몇 권 있는데, 어떤 것은 미국 선교사의 영향을 받은 것인지, 매우 미국적인 발음들로 표기되어 있기도 합니다. 예를 들어, 미국을 한국식으로 발음해서 적은 것이 '며리계(弥里界)'인데, 한자를 기반으로 적으면서 동시에 순수한글로도 가장 실제 발음과 흡사하게 적은 것이라 매우 놀랍습니다. 우리가 '아메리

카'라고 적는 이 단어는 실제 미국인의 발음에서 '아메리카'는 아닙니다. 본토인들의 발음을 들어보면 '며리꼐'가 훨씬 더 미국식 영어에 가까운 발음입니다.

★ 발음은 입과 귀로 소통하는 기제이므로 각각에 음가를 부여해야 한다는 한글 자모식 강박증에서 벗어나, 전체가 실제로 들리는 것과 가장 가까운 표기를 해야 합니다. 예를 들어, 우리가 '쵸코렛, 혹은 쬬꼬렛' 이라고 발음하고 적는 단어도 일본식 표기의 영향을 받은 것으로 잘못된 간섭이 많습니다. 실제로는 '촤컬릿'이라고 적어야 가장 가까운 발음이 됩니다. 이런 부분은 사실 우리의 교육 당국이 아주 아주 진작에 해치웠어야 하는 일인데, 지금 이 시점에도 각 한글의 로만 알파벳식 표기법조차도 제대로 정립하지 못한 실정입니다.

★ 특히, 우리의 영문이름에 대한 표기법이 그러합니다. 한자를 기반으로 최소한 천자정도는 로만 알파벳 표기법으로 정해 놓아야 합니다. 우리나라 골프여왕 중 박세리라는 분이 있습니다. 영문으로 그 분의 성이 'Pak' 이었습니다. 그 분의 아버지는 'Park'이라고 여권에 표기되어 있었습니다. 부녀관계가 적어도 국제법상에서는 성립되지 않았던 것입니다. 이런 일화는 수없이 많습니다. 같은 '정'씨인데도 어떤 분은 자신의 성을 영어로 표기하면서 'Jung' 으로 적고 또 어떤 분은 'Jeong' 으로 적고 있습니다. 이씨 왕조를, 어떤 책에서는 'Yi dynasty'로 적고 있지만, 이순신 장군은 'Yi Soon shin'이 되기도 하고 'Lee Soonsin'이 되기도 합니다. 이 모두가 교육부에서 승인한 영어 교과서에서 나온 사례들입니다. 참으로 어처구니가 없는 일입니다. 여러분은, 혹시 Jungkwon Chin 이라는 사람을 아시겠습니까? 유명 논객인 '진중권'씨가 스스로 적고 있는 본인의 영어이름입니다. 분명히 다른 진씨들이 'Jin'으로 자신의 성을 적고 있는데, 그 '진'과 이 '진'은 다른 성씨인가요? 혹은 한자를 기반으로 한 중국식 발음을 성조별로 구분하여 영어로 옮기기 때문인가요? 이 모든 것들이 바로 로만 알파벳에 대한 국가적 발음연구와 기준이 없기 때문에 빚어지는 일입니다. 최소한 표기상의 통일은 누구에게 맡겨서 라도 제대로 끝내야 합니다.

★ 이야기는 다시 미국영어와 영국영어로 돌아가도록 하겠습니다. 비록 우리나라가 미국영어에 더 익숙할 가능성이 크지만, 세계적으로 본다면 영국영어 발음의 영향력이 더 크다고 볼 수 있습니다. 영어를 제2 모국어 수준으로 쓰고 있는 많은 나라들, 예컨대 예전의 영연방국가들은 모두 영국식 발음에 준하여 듣고 말합니다. '아일랜드·호주·뉴질랜드·인도·홍콩' 을 비롯하여 '아프리카의 예전 영국 식민국가'들까지 그러합니다. 따라서 우리가 세계로 눈을 돌려보면 영국영어의 영향력은 아직도 건재합니다. 다만, 이 책에서는 미국영어와 영국영어를 모두 만족시킬 수 있는 방법으로 발음을 표기하려고 노력했습니다. 대표적 예시용 단어들은 발음상 차이가 많이 나지 않는 것들로 선정했고, 차이가 난다고 여겨지는 것들은 두 개의 발음기호를 적었습니다.

Week 1 | Unit 01. 알파벳 (alphabet)

3 한글의 표기 우수성과 완벽함을 위한 도전

★ 한글은 영어를 옮겨서 표기해도 그 음가의 거의 90% 이상을 소화해낼 수 있는 매우 유용한 언어라고 볼 수 있습니다. 다만, 영어의 'R·L', 'P·F', 'V·B' 자음은 따로 구별하는 한글문자가 있어야 제대로 표기할 수 있습니다. 1995년 경부터 이 자음들의 구별문제에 심취(?)해 있었던 저자는 그 하나의 해결책으로 'p'를 'ㅍ'로 표기하고 'f'는 'ㅍ' 위에 'ㅎ'의 꼭대기 선을 하나 더 붙여서 현재에는 없는 새로운 한글자음을 만들 것을 여러 경로를 통해서 제안하고 있지만, 교육부나 관련당국에서 이런 문제에 대해 별 관심이 없어 보입니다. 또, 'b'는 'ㅂ'으로 표기하되 'v'는 중간에 가로 막대를 하나 더 그어서 구별하거나 예전에 있었던 순경음을 사용해서 구별할 수도 있습니다. 한 눈에도 쉽게 구별이 되고 오로지 외국어 적을 때만 사용하는 문자로 사용하니 해결책이 될 수 있다고 생각합니다. 세종대왕과 한글 창조자들의 권위에 도전한다고 또 들고 일어나는 사람들이 있겠지만 오히려 한글의 창의적 확장성에 기여할 수도 있고, 오로지 외래어나 외국어 표기에만 사용한다면 우리가 올바른 발음을 하는데 유용할 것이라고 믿습니다.

★ 'R'과 'L'은 분명히 구별될 수 있습니다. 예컨대 l(엘)은 한국어에서 앞에 '을'을 붙여서 적으면 됩니다. '레이디'가 아니라 '을레이디'로 적으면 최대한 실제 음가에 가까워집니다. 끝 발음에 'r'이 들리도록 할 경우 모음을 뺀 'ㄹ'을 뒤에 달아주면 됩니다. 물론, 이미 그렇게 적고 있는 책들도 많다고 봅니다. 예를 들어 우리가 그냥 '써'라는 영어를 적으면 이것이 톱을 의미하는 'saw'인지 '보다' 'see'의 과거형인지 아니면 경칭의 'sir'인지 구별할 수 없습니다. 만약 경칭이라면, '써ㄹ'라고 쓰면 됩니다. 이 경우에서 다행스런 점은 문맥의 도움으로 인해 이렇게 적어야 할 사례가 그렇게 많지 않다는 점입니다. 앞에서 들리는 'r + 모음'은 반드시 그냥 '로, 라, 루, 리, 러'가 아니라 '뤄오, 롸, 루어, 뤼, 루아'로 적으면 실제 R 자음에 가장 가깝게 됩니다. 예를 들어, 장미는 '로즈'가 아니고 '뤄오즈'로 적어야 합니다.

3 표기법 미리알러두기

① 발음 기호에서 ' ' (막대형태)는 강세 표시를 의미합니다. [ˌbæmˈbuː] 처럼 2개 이상의 강세가 있을 경우 모두 표기 합니다. 두 개의 발음 기호를 적었을 경우, 앞의 것이 미국영어입니다.

② 한국어 발음에서는 굵은 글자에 제 1 강세가 있습니다. [**엔**진]이라고 적으면 앞의 단어 '엔'이 붉은색 활자이므로 강하게 발음하면 됩니다.

③ 미국식발음을 기준으로 삼되 'a' 모음을 '애'에 가깝게 적는 경우, 영국식에서는 '아'에 가깝게 발음되는 경우가 많다는 점을 참고하시기 바랍니다. 심한 경우 'today' 가 미국식에서는 '터(투)데이' 이지만 영국식에서는 '터(투)다이' 처럼 들리기도 합니다. '모음 + r'의 경우 미국식 영어에서는 'r' 자음을 굴리지만 영국영어에서는 굴리지 않는 경우가 대부분입니다. 따라서 미국영어 발음기호상 'r'이 있어도 영국식에서는 들리지 않게 발음합니다. 'after'가 대표적인데 미국식 발음에서는 '터-ㄹ'처럼 끝에 자음 'r'을 굴립니다. 하지만 영국식에서는 그냥 '아 f프터'처럼 발음됩니다. 따로 표기하지 않아도 이 규칙을 적용합니다.

④ 끝자음이 모음 '으'와 결합되어 약하게 남는 경우 모음을 빼고 한국어로 자음만 넣었습니다. 예를 들어 'books'는 '북스'가 아니라 '북ㅅ'로 표기됩니다.

⑤ 중간에 'r' 발음이 있을 경우 'ㄹ'로만 표시합니다. 영국식 발음에서는 중간 'r' 발음이 약하거나 없는 경우가 많습니다.

⑥ 'f'와 'v' 음가는 한글자음에 해당하는 음가가 없지만 'f'는 일단 'ㅍ' 음가와 'ㅎ' 음가의 중간 발음이라고 생각하시고 'v'는 입술을 물고 말하는 'ㅂ' 음가라고 기억하세요. 한국어 자음에서 'ㅍ'표시 위에 'ㅎ'처럼 선 하나를 더 그어주는 새로운 알파벳 전용 글자를 만들고 'ㅂ'에서 중간 칸을 하나 더 횡단시킴으로써 새로운 알파벳 전용 글자를 만들 것을 강력히 촉구합니다. 그래야 '팩트'가 'fact'가 아닌 'pact'가 되고, 'fantasy'에 '환타지'와 '판타지' 등을 혼용하는 혼란스러운 어물쩍 발음들이 없어지면서 한국어의 우수성을 알릴 수 있을 것입니다. 여기서는 'fㅍ'로 'f' 값을 표기하고 'vㅂ'으로 'v' 값을 표시했습니다.

⑦ 자음은 [A, E, I, O, U] 모음을 제외한 모든 알파벳을 말합니다. 'y', 'w' 그리고 'u' 가 '야, 여, 요, 유, 와, 워' 등으로 소리 날 때 반자음이라고 부르며 자음 취급합니다. 예를 들어 'you' 라고 할 때 앞에 3개의 알파벳이 '유' 소리를 내기 때문에 이것은 자음소리인 것입니다.

Week 1 | Unit 01. 알파벳 (alphabet)

또 'used car' 라고 할 때도 '유즈드' 처럼 '유' 소리를 내기 때문에 자음소리 출발입니다. 하지만 'unhappy'에서 '언햅삐' 는 '어' 소리이기 때문에 모음소리입니다.

⑧ '-ge' 등으로 끝난 단어는 한국어에서 무성음이므로 성대를 떨지 않고 '지'와 '취'의 중간 발음을 내게 되는데 한국어로 표기할 때는 '취' 로 적었습니다. 발음기호에서 알파벳 'c' 를 거꾸로 한 것처럼 보이는 단어는 한국어에서 '오' 와 '어' 의 중간발음인데 여기서는 '어' 로 통일했지만 한국어에서 '어머니'할 때의 음가가 아니고 '오'음가를 절반 정도 내야 합니다. 영단어 'this'에서 나는 'th' 는 한국어 '디귿' 이나 '시옷' 이 아니고 혀를 내밀었다 집어 넣으면서 나는 소리이므로 'th디, th시' 이런 식으로 표기했습니다. 모음 'i'를 발음할 때 들리는 '이' 는 실제로 '이' 와 '어' 의 중간소리로 매우 짧습니다.

4 단자음(하나의 자음소리)

1 B B b *b*   [비이] 한글 'ㅂ' 음가
입술을 붙였다 떼면서 발음

어휘	한글발음	발음기호	어휘	한글발음	발음기호
bamboo	뱀부우	ˌbæmˈbuː	stab	스떼엡	stæb
baby	베이비	ˈbeɪbi	Barbie doll	바아ㄹ비	ˈbaːrbi / ˈbaːbi

2 C C c *c*   [씨이] 한글 'ㅋ, ㅆ' 음가

어휘	한글발음	발음기호	어휘	한글발음	발음기호
cake	케익	keɪk	city	씨리, 씨티	ˈsɪti
ceiling	씰링	ˈsiːlɪŋ	economic	이커나믹	ˌiːkəˈnɑːmɪk; ˌekəˈnɒmɪk

3 D D d *d*   [디이] 한글 'ㄷ, ㅈ' 음가

어휘	한글발음	발음기호	어휘	한글발음	발음기호
daily	데일리	ˈdeɪli	dream	쥬리임	driːm
dead	데엣	ded	soldier	쏘울져 / 썰져	ˈsəʊldʒər / ˈsəʊldʒə(r)
bad	베엣	bæd	do	두우	də, du 강형 duː

4 F F f *f*   [에프] 한글 'ㅂ'에 가까움
아랫입술을 가볍게 무는 소리

어휘	한글발음	발음기호	어휘	한글발음	발음기호
fine	f파인	faɪn	coffee	커f피	ˈkɔːfi / ˈkɒfi
stuff	스떱f	stʌf	fruit	f프룻	fruːt

Week 1 | Unit 01. 알파벳 (alphabet)

5 G G g [지이] 한글 'ㄱ, ㅈ' 음가

어휘	한글발음	발음기호	어휘	한글발음	발음기호
giggle	기거-을	'gɪgl	good	그읏	gʊd
giant	자이언ㅌ	'dʒaɪənt	Germany	저-ㄹ머니	'dʒɜːrməni / 'dʒɜːməni

6 H H h [에이취] 한글 'ㅎ' 음가
(뒤의 '취'는 성대를 떨지 말 것)

어휘	한글발음	발음기호	어휘	한글발음	발음기호
high	하이	haɪ	honest	아니스ㅌ	'ɑːnɪst / 'ɒnɪst
huge	휴우-ㅈ	hjuːdʒ	hour	아우어-ㄹ	'aʊər / 'aʊə(r)
he	히이	hi; iː; i (강형 hiː)	enough	이넢-f	ɪ'nʌf

* 이 자음은 특정한 단어 앞, 뒤에서 음가를 상실하기도 합니다. 또한 'gh'로 끝나는 경우는 합쳐서 'f'의 음가를 내기도 합니다.

7 J J j   [웃제이] 한글 'ㄷㅈ' 합친 음가
(쫀쫀한 느낌으로 발음)

어휘	한글발음	발음기호	어휘	한글발음	발음기호
joy	웃조이	dʒɔɪ	jaywalk	웃제이웤	'dʒeɪwɑːk
Jesus	지저스	'dʒiːzəs	Jerusalem	제루살렘	dʒə'ruːsələm

* 이 음가는 히브리어 계열에서 'ㅈ' 음가가 상실되기도 합니다.

8 K K k [케이] 한글 'ㅋ' 음가

어휘	한글발음	발음기호	어휘	한글발음	발음기호
kind	카인-ㄷ	kaɪnd	kneel	니어-을	niːl
kiss	키-ㅆ	kɪs	know	노우	nəʊ
Korea	코리아	kə'riː.ə	knight	나잇	naɪt

* 이 음가는 'n'이 뒤에 올 때 사라집니다.

9 L L l *l*   [에엘] 한글 음가는 혀를 경직하는 'ㄹ'

어휘	한글발음	발음기호	어휘	한글발음	발음기호
lady	을레이디	ˈleɪdi	call	커-얼	kɔːl
little	을리틀	ˈlɪtl	all	어-얼	ɔːl
people	피뻐-을	ˈpiːpl	simple	씸뻘	ˈsɪmpl

* 이 발음은 앞에 올 때는 한국어에서 '을'을 먼저 발음하고 중간에 올 때는 혀를 입천장에 붙였다 떼면서 발음합니다. 끝에서는 혀를 입천장에 붙이지 않은 채 경직시켜서 입을 살짝 벌려 줍니다.

10 M M m *m*   [에엠] 한글 'ㅁ' 음가에 해당

어휘	한글발음	발음기호	어휘	한글발음	발음기호
mind	마인-ㄷ	maɪnd	datum	데이텀	ˈdeɪtəm
complete	컴플릿	kəmˈpliːt	autumn	어텀	ˈɔːtəm

* 이 자음은 'mn' 으로 끝나면 뒤의 'n' 음가를 포기합니다.

11 N N n *n*   [에엔] 한국어의 'ㄴ' 음가에 해당

어휘	한글발음	발음기호	어휘	한글발음	발음기호
nine	나인	naɪn	seventeen	세븐틴	ˌsevnˈtiːn
noon	누은	nuːn	knob	나압	nɑːb / nɒb

12 P P p *p*   [피이] 한국어의 순경파열음 'ㅍ' 에 해당하는 음가

어휘	한글발음	발음기호	어휘	한글발음	발음기호
pipe	파잎	paɪp	pork	포어-ㄹㅋ	pɔːrk / pɔːk
up	엎	ʌp	physical	피f지컬	ˈfɪzɪkl

* 이 자음은 뒤에 'h' 가 오면 합쳐서 'f' 음가를 냅니다.

Week 1 | Unit 01. 알파벳 (alphabet)

13 Q Q q *q* [큐우] 한국어의 'ㅋ' 음가

어휘	한글발음	발음기호	어휘	한글발음	발음기호
quarter	쿠와터-ㄹ	ˈkwɔːrtər ˈkwɔːtə(r)	quiz	쿠이-ㅈ	kwɪz
Qatar	카타-ㄹ	kəˈtɑːr kəˈtɑː(r)	Quebec	쿠에벡	kwɪˈbek

14 R R r *r* [아-ㄹ] 혀를 부드럽게 말아서 내는 한글 'ㄹ' 음가

어휘	한글발음	발음기호	어휘	한글발음	발음기호
rise	롸이ㅈ	raɪz	serious	씨뤼어ㅅ 씨어뤼어ㅅ	ˈsɪriəs ˈsɪəriəs
popular	파퓰라-ㄹ	ˈpɑːpjələr ˈpɒpjələ(r)	her	허-ㄹ	hər; ɜːr; ər, ə(r);ɜː(r);ə(r)
Peter	피이러-ㄹ	ˈpiːtər ˈpiːtə(r)	rural	루어러-얼	ˈrʊrəl ˈrʊərəl

* 앞에서 나올 때에는 '우어, 우아' 같은 느낌을 주면서 'ㄹ' 음가를 발음합니다. 끝에 올 때는 입을 벌리고 혀를 말아서 성대를 열어 줍니다.

15 S S s *s* [에쓰] 한글 'ㅅ' 혹은 'ㅆ', 혹은 'ㅈ' 음가

어휘	한글발음	발음기호	어휘	한글발음	발음기호
sign	싸인	saɪn	this	th디ㅅ	ðɪs
sorry	써어뤼	ˈsɔːr.i	cases	케이씨-ㅈ	keɪsiz
significant	시그니피f컨ㅌ	sɪgˈnɪf.ɪ.kənt	crisis	크롸이시ㅅ	ˈkraɪ.sɪs

* 이 철자는 쌍시옷 발음이 될 때가 많습니다. 모음 'e' 뒤에서 끝날 때는 'ㅈ' 처럼 발음되기도 합니다.

16 T T t *t*   [티이] 한글 'ㅌ' 음가

어휘	한글발음	발음기호	어휘	한글발음	발음기호
time	타임	taɪm	little	을리럴	ˈlɪtl
pat	패앳	pæt	center	쎄너ㄹ	ˈsentər / ˈsentə(r)
letter	을레러	ˈletər / ˈletə(r)	tattoo	태**투**우 / 터**투**우	tæˈtuː / təˈtuː

* 이 철자는 유음되어서 'ㅎ' 음가를 포함한 부드러운 'ㄹ' 처럼 발음되는 경우가 매우 많습니다. 앞에서 올 때는 거의 'ㅌ' 음가를 내지만 중간에 와서 다시 뒤에 모음과 자음을 받을 때 유음화 현상이 자주 발생합니다. 't' 자음 앞에 있는 자음에 의해 동화되어지는 경우도 많습니다. 예를 들어 'international' 이라고 하면 'ter' 앞에 'n' 이 't' 자음을 동화시켜서 우리 귀에 '이너내셔널'처럼 들립니다.

17 V V v *v*   [비이] 아랫입술을 가볍게 물고 끝나는 한글 'ㅂ'

어휘	한글발음	발음기호	어휘	한글발음	발음기호
vein	베인	veɪn	leaves	을리입ㅅ	liːvz
virus	바이러ㅅ	ˈvaɪrəs	save	쎄이ㅂ	seɪv

18 X X x *x*   [에엑스] 한글 'ㅅ,ㅆ,ㅈ' 음가 '크스, 크즈' 가 뭉친 발음

어휘	한글발음	발음기호	어휘	한글발음	발음기호
xylophone	ㅋ자일러폰	ˈzaɪləfoʊn	Xanadu	ㅋ재너두	ˈzænəduː
anxious	엥ㅋ셔ㅅ	ˈæŋkʃəs	anxiety	엥ㅋ자이어티	æŋˈzaɪəti
exam	이익잼	ɪɡˈzæm	exercise	엑써사이ㅈ	ˈeksərsaɪz / ˈeksəsaɪz
exit	엑짓	ˈeksɪt, ˈeɡzɪt	Xerxes	저어-ㄹㅋ시ㅈ	záːrksiːz

19 Z Z z *z*   [ㅎ지이, ㅎ젣]

어휘	한글발음	발음기호	어휘	한글발음	발음기호
zinc	g징ㅋ	zɪŋk	maze	메이ㅈ	meɪz
zoo	ㅎ주으	zuː	zero	ㅎ지로우	ˈzɪroʊ / ˈzɪərəʊ

바른영어훈련소

Week 1 | Unit 01. 알파벳 (alphabet)

5 주요 중복자음의 발음

1 TH th th *th* [ㅅ, ㄷ] 혀를 내밀고 윗니와 닿게 함

어휘	한글발음	발음기호	어휘	한글발음	발음기호
this	th디스	ðɪs	although	얼th도우	ɔːlˈðoʊ
that	th댓	ðæt	birthday	버-ㄹth쓰데이	ˈbɜːrθde ˈbɜːθdeɪ
myth	미th쓰	mɪθ	thank	th땡-ㅋ	θæŋk

2 SH sh sh *sh* 조용히 하라고 말할 때 내는 '쉬' 소리와 유사하게

어휘	한글발음	발음기호	어휘	한글발음	발음기호
she	쉬이	ʃi 강형 ʃiː	Shakespeare	쉐익스피어	ˈʃeɪkspɪr ˈʃeɪkspɪə(r)
perish	페뤼쉬	ˈperɪʃ	English	잉글리쉬	ˈɪŋglɪʃ
show	쇼우	ʃoʊ	leadership	을리더-ㄹ쉽	ˈliːdərʃɪp ˈliːdəʃɪp

3 SCH sch sch *sch* [ㅅㅋ, 쉬]

어휘	한글발음	발음기호	어휘	한글발음	발음기호
school	스꾸우을	skuːl	Schubert	슈버-ㄹ트	ˈʃúːbərt
scheme	스낌	skiːm	schizophrenia	쉬쪼f프레니아	ˌskɪtsəˈfriːniə

4 CH ch ch *ch* [ㅊ, ㅋ, ㅅ]

어휘	한글발음	발음기호	어휘	한글발음	발음기호
church	처어-ㄹ취	tʃɜːrtʃ tʃɜːtʃ	kitchen	키천	ˈkɪtʃɪn
much	머취	mʌtʃ	monarch	마너-ㄹ크	ˈmɑːnərk ˈmɒnək
mustache	머쓰때쉬	ˈmʌstæʃ	chaos	케이아쓰	ˈkeɪɑːs ˈkeɪɒs
epoch	에퍽, 이퍽	ˈepək ˈiːpɒk	stomach	쓰따먹	ˈstʌmək

마지막 기초영문법

5 GH gh gh gh [ㄱ, fㅍ] ㄱ, fㅍ, 혹은 묵음

어휘	한글발음	발음기호	어휘	한글발음	발음기호
ghost	고우스트	gəʊst	laugh	을래fㅍ	læf lɑːf
sigh	싸이	saɪ	high	하이	haɪ

6 PH ph ph ph [fㅍ] 앞니로 아랫입술 물고 발음함

어휘	한글발음	발음기호	어휘	한글발음	발음기호
physical	fㅍ지커-얼	ˈfɪzɪkl	photo	fㅍ토	ˈfəʊtəʊ
phantom	fㅍ팬텀	ˈfæntəm	Ralph	렐-f	rælf ; reɪf
philosophy	fㅍ필라써fㅍ피	fəˈlɑːsəfi fəˈlɒsəfi	Pharaoh	fㅍ파라오	ˈferəʊ ˈfeərəʊ
Philip	fㅍ필렙	ˈfɪlɪp	pharmacy	fㅍ파-ㄹ머씨	ˈfɑːrməsi ˈfɑːməsi

7 RH rh rh rh ㄹㅎ 합성음가

어휘	한글발음	발음기호	어휘	한글발음	발음기호
rhetoric	레토릭	ˈretərɪk	rhyme	라임	raɪm
rhinoceros	라이나세로스	raɪˈnɑːsərəs raɪˈnɒsərəs	rhythm	뤼듬	ˈrɪðəm

8 SS ss ss ss ㅅ, ㅆ, 쉬

어휘	한글발음	발음기호	어휘	한글발음	발음기호
boss	보어쓰	bɔːs bɒs	kiss	키쓰	kɪs
essential	에쎈셜	ɪˈsenʃl	pressure	프레셔-ㄹ	ˈpreʃər ˈpreʃə(r)

Week 1 | Unit 01. 알파벳 (alphabet)

9 ST st st *st*   [ㅅㅌ] st + en 의 경우 t 소리 묵음

어휘	한글발음	발음기호	어휘	한글발음	발음기호
listen	을리슨	ˈlɪsn	last	을래스트	læst lɑːst
street	스트륏	striːt	list	을리스트	lɪst
fasten	f패쓴	ˈfæsn ˈfɑːsn	stop	스따압	stɑːp stɒp

10 PN pn pn *pn*   [ㄴ] p 소리는 묵음

어휘	한글발음	발음기호	어휘	한글발음	발음기호
pneumonia	뉴모우니아	nuːˈməʊniə njuːˈməʊniə	pneumatic	뉴메틱 뉴메릭	nuːˈmætɪk njuːˈmætɪk

11 ps + 모음   [ㅅ] p 소리는 묵음

어휘	한글발음	발음기호	어휘	한글발음	발음기호
psychology	싸이컬러치	saɪˈkɑːlədʒi saɪˈkɒlədʒi	pseudonym	수도님	ˈsuːdənɪm
psalm	싸암	sɑːm	psychics	싸이킥스	ˈsaɪkɪk

12 RR rr rr *rr*   [r 음가] 반드시 혀의 중간을 접어서 굴리는 소리 낼 것

어휘	한글발음	발음기호	어휘	한글발음	발음기호
merry	메뤼	ˈmeri	carry	캐어뤼	ˈkæri
marry	매어뤼	ˈmæri	berry	베뤼	ˈberi
Kerr	커-ㄹ	kɛɹ	error	에뤄	ˈerər ˈerə(r)

13 TT tt tt *tt* [t 음가] ㄹㅎㅌ 의 합성음가로 발음되는 경우 많음

어휘	한글발음	발음기호	어휘	한글발음	발음기호
matter	매러, 매터	'mætər 'mætə(r)	better	베러, 베터	'betər 'betə(r)
tattoo	터투우	tæ'tuː tə'tuː	letter	을레러 을레터	'letər 'letə(r)
little	을리럴 을리틀	'lɪtl	Seattle	씨애를 씨애틀	si'ætl

14 모음 + mn [n만 묶음] 모음 + mn + 모음이면 각각 소리 남

어휘	한글발음	발음기호	어휘	한글발음	발음기호
autumn	어텀	'ɔːtəm	autumnal	어텀널	ɔːtʌmnəl
column	컬럼	'kɑːləm 'kɒləm	columnist	컬럼니스트	'kɑːləmnɪst 'kɒləmnɪst

15 NC nc nc *nc* c는 ㅋ 소리

어휘	한글발음	발음기호	어휘	한글발음	발음기호
zinc	ㅎ징ㅋ	zɪŋk	conjunction	컨정션	kən'dʒʌŋkʃn
extinction	엑스팅션	ɪk'stɪŋkʃn	sanctuary	쌩츄어뤼	'sæŋktʃueri

16 PP pp pp *pp* p 소리 혹은 경음 'ㅃ'

어휘	한글발음	발음기호	어휘	한글발음	발음기호
apple	애뻘	'æpl	supper	썹뻐	'sʌpər 'sʌpə(r)
apparent	어패어런-트	ə'pærənt	upper	업뻐	'ʌpər 'ʌpə(r)

Week 1 | Unit 01. 알파벳 (alphabet)

17 LL ll ll *ll*   [l 소리] 끝에 올 경우 혀를 긴장시키되 입천장에 안 붙임

어휘	한글발음	발음기호	어휘	한글발음	발음기호
ideally	아이디얼리	aɪˈdiːəli	all	어-얼	ɔːl
parallel	패럴렐	ˈpærəlel	call	커-얼	kɔːl

18 FF ff ff *ff*   [f 소리]

어휘	한글발음	발음기호	어휘	한글발음	발음기호
suffer	써f퍼	ˈsʌfər / ˈsʌfə(r)	stuff	스떠엎	stʌf
ruff	뤄f프	rʌf	suffocate	써f포케잇	ˈsʌfəkeɪt

19 모음 + rm   r 소리와 m 소리를 비강이 울리도록 낼 것

어휘	한글발음	발음기호	어휘	한글발음	발음기호
term	터-ㄹ엄	tɜːrm / tɜːm	warm	워-ㄹ엄	wɔːrm / wɔːm
arm	아-ㄹ암	ɑːrm / ɑːm	firm	f퍼-ㄹ엄	fɜːrm / fɜːm

20 모음 + rn   r 소리와 n 소리를 비강이 울리도록 낼 것

어휘	한글발음	발음기호	어휘	한글발음	발음기호
barn	바-ㄹ안	bɑːrn / bɑːn	turn	터-ㄹ언	tɜːrn / tɜːn
born	보-ㄹ언	bɔːrn / bɔːn	worn	오-ㄹ언	wɔːrn / wɔːn

21 모음 + rl — r 소리와 l 소리를 다 낼 것

어휘	한글발음	발음기호	어휘	한글발음	발음기호
world	워-ㄹ얼드	wɜːrld / wɜːld	girl	거-ㄹ얼	gɜːrl / gɜːl
early	어-ㄹ얼리	ˈɜːrli / ˈɜːli	nearly	니어-ㄹ얼리	ˈnɪrli / ˈnɪəli

22 sc + 모음 — [s 소리]

어휘	한글발음	발음기호	어휘	한글발음	발음기호
scientist	싸이언티스트	ˈsaɪəntɪst	scene	쓰인	siːn
conscience	커언션스	ˈkɑːnʃəns / ˈkɒnʃəns	scenario	쓰나리오	səˈnæriəʊ

23 모음 + ght — t 음가, gh 는 묵음

어휘	한글발음	발음기호	어휘	한글발음	발음기호
weight	웨잇	weɪt	thought	th떳, th썻	θɑːt
height	하잇	haɪt	brought	브럿	brɔːt

24 CL cl cl cl — 앞의 c 는 ㅋ 음가

어휘	한글발음	발음기호	어휘	한글발음	발음기호
clinic	클리닉	ˈklɪnɪk	clay	클레이	kleɪ
chronicle	크롸니클	ˈkrɑːnɪkl / ˈkrɒnɪkl	pinnacle	피너클	ˈpɪnəkl

Week 1 | Unit 01. 알파벳 (alphabet)

25 WH wh wh wh — who, whom, whose 를 제외하고 h는 거의 묵음

어휘	한글발음	발음기호	어휘	한글발음	발음기호
when	웬	wen	while	와일	waɪl
why	와이	waɪ	where	웨어-ㄹ	wer, weə(r)
who	후	huː	what	왓	wɑːt; wʌt, wɒt
whom	훔	huːm	whether	웨th더-ㄹ	ˈweðər ˈweðə(r)
whose	후즈	huːz	which	윗치	wɪtʃ
whiz	ㅎ위즈	wɪz	whine	ㅎ와인	waɪn

26 모음 + bv — 두 음가를 개별로 발음 할 것

어휘	한글발음	발음기호	어휘	한글발음	발음기호
obvious	압v비어스	ˈɑːbviəs ˈɒbviəs	obverse	앱v버-ㄹㅅ	ˈɑːbvɜːrs ˈɒbvɜːs
abvolt	앱v볼ㅌ	æbvóult, æbvòult	obviate	압v비에잇ㅌ	ˈɑːbvieɪt ˈɒbvieɪt

27 CC cc cc cc — [ㅅ, ㅋ]

어휘	한글발음	발음기호	어휘	한글발음	발음기호
success	썩쎄쓰	səkˈses	occasion	억케이젼	əˈkeɪʒn
occur	억커-ㄹ	əˈkɜːr əˈkɜː(r)	occident	억시덴트	ˈɑːksɪdənt
occupy	억큐파이	ˈɑːkjupaɪ ˈɒkjupaɪ	eccentric	익쎈트뤽	ɪkˈsentrɪk
occult	억컬트	əˈkʌlt ˈɒkʌlt	access	액쎄쓰	ˈækses

28 GG gg gg gg [ㄱ, ㄷㅈ]

어휘	한글발음	발음기호	어휘	한글발음	발음기호
suggest	써제스트, 썩제스트	sə'dʒest ; sə'dʒest	giggle	기글	'gɪgl
jiggle	지글	'dʒɪgl	juggle	저글	'dʒʌgl

29 FT ft ft ft t 를 묵음으로 발음하는 경우도 있다

어휘	한글발음	발음기호	어휘	한글발음	발음기호
often	어f픈, 어프튼	'ɔ:fn ; 'ɔ:ftən, 'ɒfn ; 'ɒftən	soften	써f픈, 써f프튼	'sɔ:fn 'sɒfn

30 kn + 모음 [k 는 묵음]

어휘	한글발음	발음기호	어휘	한글발음	발음기호
know	노우	nəʊ	kneel	니얼	ni:l
knight	나잇	naɪt	known	나운	nəʊn

31 모음 + lk [l 은 묵음]

어휘	한글발음	발음기호	어휘	한글발음	발음기호
walk	웤	wɔ:k	talk	턱	tɔ:k
stalk	스떡	stɔ:k	balk	벅	bɔ:k

32 모음 + rk 미국 영어에서는 두 가지 소리를 다 낼 것

어휘	한글발음	발음기호	어휘	한글발음	발음기호
work	워어-ㄹ크	wɜ:rk wɜ:k	bark	바아-ㄹ크	bɑ:rk bɑ:k
dark	다아-ㄹ크	dɑ:rk dɑ:k	clerk	클러-ㄹ크	klɜ:rk klɑ:k

Week 1 | Unit 01. 알파벳 (alphabet)

33 모음 + ld
l 은 묵음인 경우가 있음

어휘	한글발음	발음기호	어휘	한글발음	발음기호
should	슈읏	ʃəd 강형 ʃʊd	could	클	kəd 강형 kʊd
would	우엇	wəd ; əd 강형 wʊd	hold	호울ㄷ	həʊld
yield	이일ㄷ	jiːld	weld	웰ㄷ	weld

34 모음 + rt
미국 영어에서는 두 가지 소리를 다 낼 것

어휘	한글발음	발음기호	어휘	한글발음	발음기호
short	쇼어ㄹㅌ	ʃɔːrt, ʃɔːt	shirt	셔어ㄹㅌ	ʃɜːrt ʃɜːt
dart	다아ㄹㅌ	daːrt daːt	alert	얼러ㄹㅌ	əˈlɜːrt əˈlɜːt
skirt	스꺼어ㄹㅌ	skɜːt skɜːt	curt	커어ㄹㅌ	kɜːrt kɜːt

35 모음 + dg
끝의 g 소리는 무성음으로 뱉을 것

어휘	한글발음	발음기호	어휘	한글발음	발음기호
knowledge	날릿취	ˈnaːlɪdʒ ˈnɒlɪdʒ	dodge	닷취	daːdʒ dɒdʒ
edge	엣취	edʒ	bridge	브릿취	brɪdʒ

6 단모음

★ 모음은 기본적으로 다섯 개가 있습니다. 하지만 각각의 모음이 다른 모음이나 자음과 합쳐질 때 언제나 같은 음가를 갖는 것이 아닙니다. 예를 들어서 'o' 모음이 'go (고우)' 와 'do(두우)' 에서 나는 소리는 다릅니다. 한국인 입장에서는 이상하고 몹시 불편한 것이 사실입니다. 그러나 모든 단어가 다 개별적 소리를 내는 것은 아니고 어느 정도 규칙성도 있기 때문에 많은 단어들을 공부하다 보면 조금씩 편해질 것입니다. 영어는 많은 외래적 기원을 가지고 만들어진 말이기 때문에, 이런 현상이 벌어지게 된 것입니다. 그러면 하나씩 모음을 공부해 보겠습니다. 괄호 안의 것은 실제로 각 모음이 낼 수 있는 가장 보편적인 소리 값입니다.

1 A A a *a*

[에이] 실제 단어 속에서는 [아, 애, 에이, 어] 등의 음가를 갖습니다.

어휘	한글발음	발음기호	어휘	한글발음	발음기호	어휘	한글발음	발음기호
about	어바웃	ə'baʊt	agent	에이전트	'eɪdʒənt	anything	애니th씽	'enɪθɪŋ
aqualung	애퀄렁	'ækwəlʌŋ	assign	어싸인	ə'saɪn	avian	에이v비언	'eɪviən
accept	억쎕ㅌ	ək'sept	agree	어그뤼	ə'griː	another	어나th더-ㄹ	ə'nʌðə(r)
area	에뤼어	'erɪə, 'eərɪə	attend	어텐ㄷ	ə'tend	awesome	아썸	ɔːsəm
account	어카운ㅌ	ə'kaʊnt	ahead	어헷	ə'hed	angel	에인즐	'eɪndʒl
article	아ㄹ티클, 아리클	'ɑːrtɪkl, 'ɑːtɪkl	atmosphere	엣모쓰f피어	'ætməsfɪr, 'ætməsfɪə(r)	away	어웨이	ə'weɪ
address	어드뤠쓰, 애드뤠쓰	'ædres 동사 ə'dres	ajar	어자ㄹ	ə'dʒɑː(r)	apply	어플라이	ə'plaɪ
arrange	어뤠이인취	ə'reɪndʒ	attempt	어템프트	ə'tempt	award	어워어ㄹ드	ə'wɔːrd, ə'wɔːd
affair	어f페어	ə'fer, ə'feə(r)	all	어얼	ɔːl	ape	에잎	eɪp
as	에ㅈ	əz, æz	avail	어v베열	ə'veɪl	axis	액씨ㅅ	'æksɪs
age	에이취	eɪdʒ	among	어몽	ə'mʌŋ	apple	애쁠	'æpl
ass	애ㅅ	æs	avoid	어v보이ㄷ	ə'vɔɪd	azure	에져ㄹ	'æʒər, 'æzjʊə(r)
against	어갠스ㅌ	ə'genst, ə'geɪnst	baby	베이비	'beɪbi	day	대이	deɪ
amid	어밋	ə'mɪd	aquarium	어퀘뤼엄	ə'kweriəm, ə'kweərɪəm	ash	애쉬	æʃ
average	애v버뤼취	'ævərɪdʒ	tail	테이열	teɪl	case	케이쓰	keɪs

Week 1 | Unit 01. 알파벳 (alphabet)

2 E E e e

[이이] 실제 단어 속에서는, [에, 이] 등의 음가를 갖습니다. 'e' 모음 다음에 'r'로 끝나는 단어에서는 주로 [어]음가를 갖습니다.

어휘	한글발음	발음기호	어휘	한글발음	발음기호	어휘	한글발음	발음기호
ebb	엡	eb	egg	에엑	eg	encourage	인커뤼취	ɪnˈkɜːrɪdʒ, ɪnˈkʌrɪdʒ
error	에뤄ㄹ	ˈerə(r)	ever	에v버ㄹ	ˈevə(r)	express	익스프뤠ㅅ	ɪkˈspres
eclipse	이클립ㅅ	ɪˈklɪps	egoism	에고이즘	ˈiːɡəʊɪzəm	envelope	엔v벨롭ㅍ	ˈenvələʊp, ˈenvəloʊp
errand	에뤈ㄷ	ˈerənd	even	이이v븐	ˈiːvn	expert	엑스퍼ㄹ트	ˈekspɜːrt, ˈekspɜːt
edge	엣취	edʒ	electric	일렉트뤽	ɪˈlektrɪk	episode	에피쏘우ㄷ	ˈepɪsəʊd, ˈepɪsəud
era	에뤄	ˈɪrə ; ˈerə, ˈɪərə	escape	이스케이프	ɪˈskeɪp	evil	이v블	ˈiːvl
extend	익스텐ㄷ	ɪkˈstend	edition	이디션	ɪˈdɪʃn	elbow	엘보우	ˈelbəʊ, ˈelbəu
equal	이이퀄	ˈiːkwəl	establish	이스테블리쉬	ɪˈstæblɪʃ	evaluate	이v벨류에잇	ɪˈvæljueɪt
effect	이f펙ㅌ	ɪˈfekt	empty	엠프티	ˈempti	exercise	엑써ㄹ싸이ㅈ	ˈeksərsaɪz, ˈeksəsaɪz
effort	에f퍼ㄹㅌ	ˈefərt, ˈefət	elf	엘f프	elf	equip	이큅	ɪˈkwɪp
essential	이쎈셜	ɪˈsenʃl	Everest	에v버뤼스트	ˈevərɪst	her	허ㄹ	hə(r); ɜː(r); ə(r);
set	셋	set	exist	이그지스ㅌ	ɪɡˈzɪst			

3 I I i i

[아이] '단자음 + ir' 구조에서는 주로, [어] 음가를 갖습니다. '이' 로 발음될 때, 한국어의 모음 '이' 음가는 아니고 '이' 와 '에' 의 중간 정도로 매우 짧게 발음합니다.

어휘	한글발음	발음기호	어휘	한글발음	발음기호
this	th디ㅅ	ðɪs	identity	아이덴티티	aɪˈdentəti
pair	페어ㄹ	peə(r)	it	잇	ɪt
symbolize	씸벌라이ㅈ	ˈsɪmbəlaɪz	driver	쥬롸이v버ㄹ	ˈdraɪvə(r)
credit	크뤠딧	ˈkredɪt	licence	을라이썬ㅅ	ˈlaɪsns
sir	써ㄹ	sɜː(r); sə(r)	birth	버ㄹth ㅅ	bɜːθ

4 O O o *a* [오우] 실제 단어 안에서는, [오, 오우, 어, 우] 등의 음가를 갖습니다.

어휘	한글발음	발음기호	어휘	한글발음	발음기호
do	두, 두우	də; du; du:	to	투	tu, tu:
for	f포ㄹ	fər; 강 fɔ:r / fə(r); 강 fɔ:(r)	labor	을레이버-ㄹ	leibər
some	썸	səm; 강 sʌm	go	고우	goʊ / gəʊ
gone	거언	gɑ:n / gɒn	ton	톤	tʌn
lose	을루우ㅈ	lu:z	who	후	hu:
don't	도운ㅌ	dəunt	of	어ᵥㅂ	əv; 강 ʌv, əv; 강 ɒv
so	쏘우	soʊ / səʊ	or	오어ㄹ	ɔ:r / ɔ:(r)
dog	더억	dɑ:g / dɒg			

5 U U u *u* [유우] 실제 낱말 속에서는 [우, 유, 어] 등으로 발음됩니다. [유] 로 발음될 경우, 반자음이라고 하여, 자음 취급합니다. 따라서 부정관사가 올 경우 'a'가 붙습니다. 정관사 'the'가 올 경우 발음은 [th 더] 가 됩니다.

어휘	한글발음	발음기호	어휘	한글발음	발음기호
us	어ㅆ	əs / 강형 ʌs	under	언더ㄹ	'ʌndə(r)
student	스투우던ㅌ, 스튜우던ㅌ	'stu:dnt / 'stju:dnt	umbrella	엄브뤨라	ʌm'brelə
turn	터ㄹ언	tɜ:rn / tɜ:n	include	잉클루우ㄷ	ɪn'klu:d
unhappy	언햅삐	ʌn'hæpi	unite	유나잇ㅌ	ju'naɪt
nurse	너어ㄹㅅ	nɜ:rs / nɜ:s	truth	츄루thㅅ	tru:θ

Week 1 | Unit 01. 알파벳 (alphabet)

7 반자음-반모음 : 자음과 모음의 성격이 동시에 있는 말

1 Y Y y

[와이] 이 철자는 낱말 속에서는 [유, 요, 여, 야, 이, 아이] 등으로 발음됩니다. [유, 요, 여, 야] 로 시작하는 발음에서는 자음으로 취급됩니다.

어휘	한글발음	발음기호	어휘	한글발음	발음기호
yard	야아ㄹㄷ	jɑːrd jɑːd	symphony	씸f퍼니	ˈsɪmfən
eye	아이	aɪ	noisy	노이지	ˈnɔɪzi
dye	다이	daɪ	hydrogen	하이쥬러전	ˈhaɪdrədʒən
young	영	jʌŋ	poverty	파v버ㄹ티	ˈpɑːvərti ˈpɒvəti
year	이어ㄹ	jɪr, jɪə(r) ; jɜː(r)	honesty	아니스티	ˈɑːnəsti ˈɒnəsti

2 W W w

[더블유우, 더브유우] 실제 낱말 속에서는 [워, 와, 우] 등으로 발음됩니다. 반자음으로 취급됩니다.

어휘	한글발음	발음기호	어휘	한글발음	발음기호
war	워어ㄹ	wɔː(r)	woman	워먼	ˈwʊmən
twice	트와이ㅆ	twaɪs	who	후우	huː
how	하우	haʊ	was	워ㅈ	wəz; 강wʌz
two	투우	tuː	what	왓	wʌt wɒt
when	웬	wen	way	웨이	weɪ

8 주요 중복모음

★ 중복 모음은 모음끼리 붙어서 나오는 경우인데, 접두어나 접미어관계로 붙는 경우가 있고 그렇지 않은 경우가 있습니다. 예를 들어, 'co' 가 접두어로 사용될 때, 뒤에 모음으로 시작하는 단어가 오면, 원래 'co' 가 가지고 있던 음가를 발휘하고 난 후, 다시 뒤의 모음을 개별적으로 발음합니다. 'co' 와 'operation' 의 합성어는 '코우 + 아뻐뤠이션' 입니다. 그러나 비둘기등이 울 때 내는 소리인 'coo'와 같은 경우는 접두어가 아닌 중복모음의 결합으로 이루어진 단어이므로, '쿠우'라고 발음합니다. 영어는 한국어와 달라서 각 단어마다 모음소리가 달라지는 경우가 매우 많습니다. 그래서, 영어는 단어를 발음하고 그것의 스펠링을 서로 맞추기하는 게임이 있기도 합니다. 한국어에서는 이해가 안되는 게임이겠지요. 한국어에서 발음을 '한국'이라고 하고 그것을 '히읏, 아, 니은, 지읏, 우, 지읏' 이렇게 맞추기를 하는 게임이 없는 이유는 잘 아시다시피 한국어는 발음과 철자가 동일하기 때문에 매우 이상하게 발음하지 않는다면 모든 한국인들이 듣는 것과 동시에 철자를 떠올릴 수 있습니다. 이런 이유로 인해서 영어의 발음과 철자는 특별히 공부하면서 각 단어마다 철자와 발음을 개별적으로 기억해야 하는 매우 불편한 언어인 것이 사실입니다.

★ 모든 중복모음을 다 명기할 수는 없지만 자주 나오는 철자와 발음위주로 아래의 것들을 공부해 두면 상당히 도움이 될 것입니다.

1 AE AE ae ae
[에, 이, 에이] 끝에 올 경우 혀를 긴장시키되 입천장에 안 붙임

어휘	한글발음	발음기호	어휘	한글발음	발음기호
aero	에어로우	eɪəʊ; erə, eərəʊ; eərə	Aesop	이이삽	iːsɑp; -səp, -sɔp
aerial	에뤼얼	'erɪəl, 'eərɪəl	aerobic	에뤄빅	e'roʊbɪk eə'rəʊbɪk
larvae	을라v비	'lɑːrvi	antennae	안테니	æn'tenə

Week 1 | Unit 01. 알파벳 (alphabet)

2 AI AI ai *ai* [에이, 아이, 에, 이]

어휘	한글발음	발음기호	어휘	한글발음	발음기호	어휘	한글발음	발음기호
air	에어ㄹ	er eə(r)	fair	f페어ㄹ	fer feə(r)	kaiser	카이저ㄹ	'kaɪzə(r)
aim	에임	eɪm	faint	f페인트	feɪnt	raise	뤠이ㅈ	reɪz
Taiwan	타이완	tàɪwa:n	Zaire	ㅎ자이어ㄹ	za:ɪər	hair	헤어	her heə(r)
paid	페이드	peɪd	naive	나이v브	naɪ'i:v	raid	뤠이드	reɪd
vain	v베인	veɪn	Britain	브륏은	'brɪtn	British (Britain)	브뤼티쉬, 브뤼뤼쉬	'brɪtɪʃ
daily	데일리	'deɪli	tailor	테일러ㄹ	'teɪlər 'teɪlə(r)	waist	웨이스트	weɪst
said	쎄에드	sed	wait	웨잇	weɪt	mountain	마운은	'maʊntn 'maʊntən
Cain	케인	kéin	jail	읏제일	dʒeɪl	rain	뤠인	reɪn
maintain	메인테인	meɪn'teɪn						

3 AO AO ao *ao* [아오, 에이오]

어휘	한글발음	발음기호	어휘	한글발음	발음기호
Laos	을라오ㅅ	la:ous, léias, láuz, láus	Mao	마우	máu
Maori	마오뤼	'maʊri	Naomi	네이오우미	neióumi néiəmi
Taoism	타오이즘	'daʊɪzəm, 'taʊɪzəm	aorta	아오ㄹ타	eɪ'ɔ:rtə eɪ'ɔ:tə

4 AU AU au *au* [오, 어, 에, 에이, 아우]

어휘	한글발음	발음기호	어휘	한글발음	발음기호	어휘	한글발음	발음기호
auction	어억션	'ɔːkʃn, 'ɔːkʃn; 'ak-	audio	어디오	'ɔːdioʊ, 'ɔːdiəʊ	auto	어토우	'ɔːtoʊ, 'ɔːtəʊ
autumn	어텀	'ɔːtəm	cause	커즈	kɔːz	caught	커엇	kɔːt
daughter	더터ㄹ, 더러ㄹ	'dɔːtər, 'dɔːtə(r)	fault	f펄ㅌ	fɔːlt	gauge	게잇취	geɪdʒ
Paul	퍼얼	pɔːl	sauce	써ㅅ	sɔːs	sausage	써엇시취	'sɔːsɪdʒ, 'sɒsɪdʒ
Saudi	싸우디	sáudi, sɔː-	haunt	허언ㅌ	hɔːnt	launch	을러언취	lɔːntʃ
laugh	을랲f	læf, lɑːf	Laura	을러뤄	lɔːrə	maul	머얼	mɔːl
naughty	너티, 너리	'nɔːti	nausea	너ㅎ지어	'nɔːziə	pause	퍼어ㅈ	pɔːz
saucer	써써ㄹ	'sɔːsə(r)	taught	터엇	tɑːt, tɔːt	vault	v벌ㅌ	vɒlt
aura	오어롸	'ɔːrə						

5 AW AW aw *aw* [어, 아]

어휘	한글발음	발음기호	어휘	한글발음	발음기호
awfully	어f플리	'ɔːfli	awe	오, 어	ɔː
paw	포, 퍼어	pɔː	awry	어롸이	ə'raɪ

6 AY AY ay *ay* [아이, 에이]

어휘	한글발음	발음기호	어휘	한글발음	발음기호
day	데이	deɪ	pay	페이	peɪ
say	쎄이	seɪ	way	웨이	weɪ

Week 1 | Unit 01. 알파벳 (alphabet)

7	EA EA ea *ea*			[이이, 어, 에, 이에]				
어휘	한글발음	발음기호	어휘	한글발음	발음기호	어휘	한글발음	발음기호
read	뤼이ㄷ	riːd	wealth	웰thㅅ	welθ	zeal	ㅎ지얼	ziːl
really	뤼얼리	ˈriːəli	weak	위익	wiːk	weapon	웨쁜	ˈwepən
zealous	ㅎ젤러ㅅ	ˈzeləs	wear	웨어ㄹ	wer / weə(r)	each	이치	iːtʃ
early	어얼리	ˈɜːrli / ˈɜːli	deal	디얼	diːl	dead	뎃	ded
death	데thㅅ	deθ	deaf	뎊f	def	dean	디인	diːn
feature	f피이춰ㄹ	ˈfiːtʃər / ˈfiːtʃə(r)	fear	f피어ㄹ	fɪr / fɪə(r)	jean	ㅈ지인	dʒiːn
leave	ㄹ리이vㅂ	liːv	leather	ㄹ레th더ㄹ	ˈleðər / ˈleðə(r)	mean	미인	miːn
measure	메져ㄹ	ˈmeʒər / ˈmeʒə(r)	pearl	퍼얼	pɜːrl / pɜːl	peach	피이치	piːtʃ
peasant	페즌ㅌ	ˈpeznt	real	뤼얼	ˈriːəl	earth	어ㄹthㅅ	ɜːrθ / ɜːθ
dear	디어ㄹ	dɪr / dɪə(r)	feat	f피잇	fiːt	feather	f페th더ㄹ	ˈfeðər / ˈfeðə(r)
heart	하ㄹㅌ	hɑːrt / hɑːt	heat	히잇	hiːt	heal	히일	hiːl
heavy	헤v비	ˈhevi	jealous	ㅈ젤러ㅅ	ˈdʒeləs	meal	미얼	miːl
neat	니잇	niːt	near	니어ㄹ	nɪr / nɪə(r)	nearly	니얼리	ˈnɪrli / ˈnɪəli
peace	피이ㅆ	piːs	tease	티이ㅈ	tiːz	tear	테어ㄹ	ter / teə(r)
veal	v비얼	viːl	weather	웨th더ㄹ	ˈweðər / ˈweðə(r)			

8 EE EE ee ee [이이]

어휘	한글발음	발음기호	어휘	한글발음	발음기호	어휘	한글발음	발음기호
eel	이일	i:l	bee	비이	bi:	deed	디잇ㄷ	di:d
deer	디어ㄹ	dɪr dɪə(r)	deep	디입	di:p	keep	키입	ki:p
meet	미잇	mi:t	need	니잇ㄷ	ni:d	needle	니이들	'ni:dl
peer	피어ㄹ	pɪr pɪə(r)	peep	피입	pi:p	veer	v비어ㄹ	vɪr vɪə(r)
week	위익	wi:k	chimpanzee	침팬ㅎ지이	ˌtʃɪmpæn'zi:	peek	피익	pi:k
feed	f피ㄷ	fi:d	gee	지	dʒi:	heel	히얼	hi:l
heed	히잇ㄷ	hi:d	Jeep	읏지입	dʒi:p	queen	쿠인	kwi:n
reef	뤼이fㅍ	ri:f	reed	뤼이ㄷ	ri:d	see	씨이	si:
seem	씨임	si:m	seen	씨인	si:n	teen	티인	ti:n
weed	위이ㄷ	wi:d	weekend	위켄ㄷ	'wi:kend ˌwi:k'end	deem	디임	di:m

9 EI EI ei ei [에이, 아이, 이]

어휘	한글발음	발음기호	어휘	한글발음	발음기호
reign	뤠인	reɪn	weight	웨잇	weɪt
either	이이th더ㄹ	'i:ðər 'aɪðə(r)	seize	씨이ㅎㅈ	si:z
reindeer	뤠인디어ㄹ	'reɪndɪr, 'reɪndɪə(r)	receive	뤼씨이vㅂ	rɪ'si:v
height	하잇	haɪt	eight	에잇	eɪt

Week 1 | Unit 01. 알파벳 (alphabet)

10 EO EO eo *eo* [이어, 어, 이오, 이]

어휘	한글발음	발음기호	어휘	한글발음	발음기호
geology	지알러취	dʒiˈɑːlədʒi dʒiˈalədʒi	people	피쁠	ˈpiːpl
neon	니이안	ˈniːɑːn ˈniːan	theory	th씨어뤼	ˈθiːəri; ˈθɪri ˈθɪəri

11 EU EU eu *eu* [유]

어휘	한글발음	발음기호	어휘	한글발음	발음기호
Europe	유어뤕	ˈjʊərəp ˈjʊərəp	euphoria	유f포뤼아	juːˈfɔːriə
pneumonia	뉴모우니아	nuːˈməʊniə njuːˈməʊniə	rheumatism	류머티즘	ˈruːmətɪzəm
neutral	뉴추럴	ˈnuːtrəl ˈnjuːtrəl	eulogy	율러취	ˈjuːlədʒi

12 EW EW ew *ew* [우, 유]

어휘	한글발음	발음기호	어휘	한글발음	발음기호
few	f퓨우	fjuː	news	뉴우ㅈ	nuːz njuːz
new	뉴우	nuː njuː	stew	스뚜우	stuː stjuː
brew	브루우	bruː	pew	퓨우	pjuː

13 EY EY ey *ey* [에이, 이, 아이]

어휘	한글발음	발음기호	어휘	한글발음	발음기호
key	키이	kiː	hey	헤이	heɪ
eye	아이	aɪ	Seymour	씨모어ㄹ	ˈsiːmɔːr ˈsiːmɔː(r)

14 IA IA ia *ia* [이아, 아이아]

어휘	한글발음	발음기호	어휘	한글발음	발음기호
diary	다이아뤼	ˈdaɪəri	phobia	f포비아	ˈfəʊbiə
via	v바이어, v비어	ˈvaɪə; ˈviːə	dementia	디멘샤	dɪˈmenʃə

15 IE IE ie *ie* [이, 아이]

어휘	한글발음	발음기호	어휘	한글발음	발음기호
believe	빌리이vㅂ	bɪˈliːv	lie	을라이	laɪ
die	다이	daɪ	calorie	켈러뤼	ˈkæləri

16 IO IO io *io* [이오, 이어, 아이오, 아이어]

어휘	한글발음	발음기호	어휘	한글발음	발음기호
biology	바이얼러취	baɪˈɑːlədʒi / baɪˈalədʒi	trio	트리오, 츄리오	ˈtriːəʊ
mention	멘시언	ˈmenʃn	riot	롸이엇	ˈraɪət

17 OA OA oa *oa* [오우에이, 오우아, 오우]

어휘	한글발음	발음기호	어휘	한글발음	발음기호
boat	보웃ㅌ	bəʊt	coal	코울	kəʊl
oasis	오우에이시ㅅ	əʊˈeɪsɪs	foam	f포움	fəʊm

Week 1 | Unit 01. 알파벳 (alphabet)

18 OE OE oe *oe* [오우, 오, 오에, 이]

어휘	한글발음	발음기호	어휘	한글발음	발음기호
amoeba	어미버	əˈmiːbə	phoenix	f피닉ㅅ	ˈfiːnɪks
oboe	오우보우	ˈəʊbəʊ	foe	포우	fəʊ

19 OO OO oo *oo* [우, 으, 오아]

어휘	한글발음	발음기호	어휘	한글발음	발음기호
zoo	ㅎ주우	zuː	taboo	터부우	təˈbuː
good	그웃	gʊd	cool	쿠울	kuːl
cooperation	코우아뻐뤠이션	koʊˌɑːpəˈreɪʃn / koʊˌɒpəˈreɪʃn	book	부욱	bʊk

20 OU OU ou *ou* [오우, 오, 어, 아우, 우]

어휘	한글발음	발음기호	어휘	한글발음	발음기호
soul	쏘울	səʊl	bought	벗	bɔːt
tough	텊f	tʌf	dough	도우	dəʊ
hour	아우어ㄹ	ˈaʊər / ˈaʊə(r)	souvenir	수우버니어ㄹ	ˌsuːvəˈnɪr / ˌsuːvəˈnɪə(r)

21 oy, oi *oi, oy* [오이, 아이]

어휘	한글발음	발음기호	어휘	한글발음	발음기호
soy	쏘이	ˈsɔɪ	oyster	오이스터ㄹ	ˈɔɪstər / ˈɔɪstə(r)
choir	콰이어ㄹ	ˈkwaɪər / ˈkwaɪə(r)	boy	보이	bɔɪ
convoy	컨v보이	ˈkɑːnvɔɪ / ˈkɒnvɔɪ	ointment	오인트먼트	ˈɔɪnt.mənt

22 OW OW ow *ow* [오우, 아우]

어휘	한글발음	발음기호	어휘	한글발음	발음기호
own	오운	əʊn	owl	아울	aʊl
down	다운	daʊn	tow	토우	təʊ
sow	쏘우	səʊ	row	뤄우	rəʊ

23 UA UA ua *ua* [우아, 우어]

어휘	한글발음	발음기호	어휘	한글발음	발음기호
quarter	쿼터ㄹ	ˈkwɔːrtər ˈkwɔːtə(r)	Guam	구암	gwaːm
equal	이쿠얼	ˈiːkwəl	aqua	아쿠아	ˈɑːkwə ˈækwə

24 UE UE ue *ue* [우에, 우이, 으, 우]

어휘	한글발음	발음기호	어휘	한글발음	발음기호
hue	휴우	hjuː	guerilla = guerrilla	게뤼라	gəˈrɪlə
vague	v베이ㄱ	veɪg	question	쿠에스춴	ˈkwestʃən
cue	큐우	kjuː	glue	글루	gluː
true	츄루	truː	queue	키우	kjuː

25 UI UI ui *ui* [우이, 이, 아이]

어휘	한글발음	발음기호	어휘	한글발음	발음기호
Guinness	기니스	ˈgɪnɪs	equip	이쿠입	ɪˈkwɪp
quiet	콰이엇ㅌ	ˈkwaɪət	quick	쿠익	kwɪk
Buick	뷰익	ˈbjuːɪk	quite	콰잇ㅌ	kwaɪt

Week 1 | Unit 01. 알파벳 (alphabet)

26 uo, uoy *uo, uoy* [우어, 워, 우오]

어휘	한글발음	발음기호	어휘	한글발음	발음기호
quote	쿼웃ㅌ	kwəʊt	buoy	뷰이	ˈbuːi ; bɔɪ / bɔɪ
quota	쿠어타	kwəʊt	quoit	쿼잇	kɔɪt, kwɔɪt

27 UY UY uy *uy* [아이]

어휘	한글발음	발음기호	어휘	한글발음	발음기호
guy	가이	ɡaɪ	buy	바이	baɪ

28 YA YA ya *ya* [야, 예이, 예]

어휘	한글발음	발음기호	어휘	한글발음	발음기호
yard	야아ㄹㄷ	jɑːrd / jɑːd	yacht	야앗	jɑːt / jɒt
Yale	예엘	ˈjeɪl	yank	옝ㅋ	jæŋk

29 YE YE ye *ye* [아이, 이예, 이]

어휘	한글발음	발음기호	어휘	한글발음	발음기호
eye	아이	aɪ	rye	라이	raɪ
yes	예쓰	jes	dye	다이	daɪ

30 YO YO yo *yo* [이요]

어휘	한글발음	발음기호	어휘	한글발음	발음기호
yonder	야안더ㄹ	ˈjɑːndər / ˈjɒndə(r)	York	요오ㄹㅋ	jɔːrk / jɔːk
yogurt	요오거ㄹㅌ	ˈjəʊɡərt / ˈjɒɡət	yoke	요우ㅋ	jəʊk

31 YU YU yu *yu* [유우, 여어]

어휘	한글발음	발음기호	어휘	한글발음	발음기호
yummy	야미	ˈjʌmi	Yucatan	유카탄	jùːkətǽn
Yugo	유우고	juːgoʊ / juːgəʊ	yule	유을	juːl

32 WA WA wa *wa* [와, 워, 웨]

어휘	한글발음	발음기호	어휘	한글발음	발음기호
want	워언ㅌ	wɑːnt / wɒnt	wasp	워스웁	wɑːsp / wɒsp
swallow	스왈로우	ˈswɑːloʊ / ˈswɒləʊ	wander	완더ㄹ	ˈwɑːndər / ˈwɒndə(r)
wag	웩	wæg	swag	스웩	swæg

33 WE WE we *we* [위, 웨]

어휘	한글발음	발음기호	어휘	한글발음	발음기호
we	위이	wi, wiː	west	웨스ㅌ	west
well	웨엘	wel	weld	웰ㄷ	weld

34 WI WI wi *wi* [와이, 우이]

어휘	한글발음	발음기호	어휘	한글발음	발음기호
window	윈도우	ˈwɪndəʊ	will	위을	wɪl
wide	와이ㄷ	waɪd	with	위잇th	wɪð ; wɪθ
winery	와이너뤼	ˈwaɪnəri	win	윈	wɪn

Week 1 | Unit 01. 알파벳 (alphabet)

35 wo wo wo *wo* [워, 와]

어휘	한글발음	발음기호	어휘	한글발음	발음기호
woman	워먼	ˈwʊmən	wonder	원더ㄹ	ˈwʌndər ˈwʌndə(r)
wow	와우	waʊ	wolf	월f프	wʊlf

36 you *you* [유, 여]

어휘	한글발음	발음기호	어휘	한글발음	발음기호
you	유우	jə; 강 juː, ju; 강 juː	yours	유어ㄹㅈ	jərz; jɔːrz; jɔːz
young	영	jʌŋ	youth	유우th	juːθ

37 uu, eau, eou [우어, 어, 아, 오우]

어휘	한글발음	발음기호	어휘	한글발음	발음기호
vitreous	v비트뤼어ㅅ	ˈvɪtriəs	vacuum	v베큐엄	ˈvækjuːm
aqueous	에이퀴어ㅅ	ˈækwiəs	spontaneous	스판테이니어ㅅ	spɑːnˈteɪniəs spɒnˈteɪniəs
equuleus	이퀄리우ㅅ	ɛˈkwʊˌlɛs	bureau	뷰어뤄우	ˈbjʊrəʊ ˈbjʊərəʊ

★ 기본적인 알파벳 발음들을 공부해 보았습니다 영어는 새로운 단어를 만날 때마다 반드시 그 발음을 들어보아야 합니다. 그리고 입으로 서너 번 따라서 다음 번에 만났을 때는 입에서 기억이 나도록 해야 한다는 사실을 유념하세요.

UNIT 02
문법 용어 정리
Grammatical terms

PREVIEW

혹자는 문법용어가 너무 어렵고 한자위주라고 합니다. 사실 영어에서도 문법용어는 어렵습니다. 예를 들어, dative verb 하고 하면 영어원어민들도 무슨 의미인지 모르는 사람이 대부분입니다. 우리가 문법을 통해서 말과 글을 배우는 비모국어 환경에 있기 때문에 유감스럽게도 문법용어를 정확히 알아야 다음 수업들이 효과적이 됩니다. '이것 저것을 가리킬 때 쓰는 말'이라고 적을 수도 있지만 '지시대명사'라고 간단히 말하는 것이 이 분야의 관례이므로 어느 정도 그런 관계를 존중하면서 저술이 이루어짐을 양해해주시기 바랍니다.

UNIT 02 문법 용어 정리

1 영어학습, 여러분의 잘못이 아닙니다

★ 영문법에 대한 기본 지식과 용어에 대한 학습은 우리가 영어를 모국어로 배우지 않았기 때문에 그 대안으로 제시된 언어학습 접근법이라고 보시면 됩니다. 어떤 모국어도 문법을 먼저 배우고 글과 말을 배우지는 않습니다. 그것은 생존환경 자체에 언어학습이 포함되어 있기 때문에 그 습득은, 몰입을 기반으로 한 천문학적 빈도의 언어상황에 노출됨으로써 자연스레 얻어지는 결과입니다. 하지만 한국은 확실히 영어를 모국어로 하지 않고 있으며 2개 국어 병용 교육 또한 우리의 현실에서는 녹록치 않습니다. 하여, 본격적 영어교육이 실시된 대한민국에서 영어학습자들은, 거의 60년 간, 문법과 독해, 그리고 문제풀이 위주로 영어를 배우고 있습니다.

★ 그럼 문법교육이 잘못된 것인가? 그렇지 않습니다. 모국어로 영어를 배우는 영·미 학생들도 문법을 배웁니다. 그들의 초등학교에 해당하는 영어명칭은 학습의 사회적 등급을 기준으로 하는 'elementary school' 이지만, 원래 널리 통용되던 명칭은 'grammar school' 입니다. 즉 초등 6년은 문법을 배우는 과정이라는 의미입니다. 영어가 한국어와 달리 정황성보다는 법칙성에 더 의존하므로 그들은 6년 내내 문법을 배웁니다. 초등학교 1학년부터 문법을 배우며, 그들의 영어교과서 목차에는 우리의 문법책에서 볼 수 있는 [명사·대명사·형용사·부사·동사·접속사] 와 같은 8품사가 대표 범주로 등장하고, [문장·의문문·감탄문·명령문·주어·술어] 이런 문장구조에 관한 부분 또한 각 장을 이끌고 있는 대주제입니다. 1학년부터 6학년까지 내내 위와 같은 목차들을 그 수준을 높여가면서 배우는 것이 그들의 영어교육입니다. 물론, 이런 문법 지식의 응용에 해당하는 글쓰기가 부분 목차를 차지하면서 배운 문법을 바로 영작에 응용하는 방식으로 그들의 국어교육이 이루어집니다. 이것이 바로 그들의 영어교육과 우리의 영어교육 사이의 결정적 차이입니다.

★ 이에 비하여 한국에서는 초등학교 6년간의 국어학습의 목차가 [명사·대명사·동사·형용사·부사·접속사·전치사] 이런 방식으로 정해지지 않습니다. 우리는 초등과정의 국어를 장르별·수준별 국어저작물로 배웁니다. 즉, 처음부터 국어의 구조를 기반으로 배우는 것이 아니라 감상과 이해를 위주로 배우게 됩니다. 그래서 초등국어책에는 [동시·동요·일기·수필·짧은 소설] 등 저작의 장르가 그 단원을 이끌고, 이에 더불어서 부수적으로 문법이나 철자법을 배우는데, 그 이유는 영어와 국어가 구조적으로 매우 다르기 때문입니다. 그 결과, 문법위주의 영어학습에 많은 학습자들이 이의를 제기하고 그것을 잘못된 교육이라고 오해합니다. 혹자는

무슨, 일제시대학습법을 운운하는 매우 비과학적이고, 언어학습과는 상관없는 증오기반의 감성팔이를 하기도 합니다. 비판의식과 전문성도 없이 이에 동조하는 많은 학습자들이 있기 때문에 이런 매우 부적절한 언사들이 난무하는 것입니다.

★ 우리의 초기 영어교육에서 문법을 중시했던 것은 우연도 아니고 실수도 아닙니다. 다만, 우리는 영어의 몰입환경을 가질 수 없기에 이에 따른 응용수업인 영작과 말하기 등이 배제된 채 암기만을 요구하는 문법지식을 배웠고, 독해는 문법과 별 상관없이 문제풀이 기법연마를 중시했기 때문에 문법과 실제 언어의 응용이 완전히 따로 작용하게 된 것입니다. 이것이 오랫동안 대한민국에서 고등교육을 받으면서 영어학습에 근 10년 이상을 투자하고도 영어문맹을 양산해낸 주요 원인인 것입니다.

★ 다행스럽게도, 지금은 영어를 듣고 말하고 쓰는 기회들이 예전에 비해 훨씬 많아졌기 때문에 한국인의 영어이해도는 상당히 올라갔습니다. 즉 영어에 노출되는 환경이 매우 적극적이고 우호적이 된 것입니다. 그럼에도 불구하고, 여전히 제대로 쓰고·말하고·이해하는 영어, 즉 'proper English'의 실질적 습득과 활용능력에는, 발전의 여지가 많이 남아 있습니다. 가장 효과적인 영어구사자가 되기 위해서는, 올바른 문법수업과 함께 이것을 영작과 구조독해에 바로 응용하는 학습이 절실히 요구됩니다.

★ 이 책은, 그런 면에서 부족한 부분을 안고서 출간될 것입니다. 즉, 문법에 대한 응용부분이 빠진 채, 문법만을 설명하고 있는 것이 이 책의 한계입니다. 가까운 세월 안에 문법과 그에 해당하는 응용이 기반이 되는 더욱 발전적인 교재가 다시 만들어져야 하고, 저자의 신체적 저술활동 능력이 끝나기 전에 그것을 이루도록 노력하겠습니다. 부디 이 졸서에 대한 한계점을 용서해 주시고 앞으로도 관심을 가져주시기 바랍니다.

Week 1 | Unit 02. 문법 용어 정리 (Grammatical terms)

2 용어에 관한 정의

1 언어 단위에 관한 정의

1 단어

★ 최소한의 의미단위입니다. 'I think that you need to change your clothes.'라고 하면 총 9개의 단어로 이루어진 문장이 됩니다.

2 구

★ 두 개 이상의 단어가 모여서 하나의 완성된 의미를 이루는 단위입니다. 만약 'The roof top is very spacious.' 라고 하는 문장이 있다면, 'The roof top'은 주어가 되므로 명사구라고 합니다. 'I need to talk about it.'이라는 문장에서는 'talk about'이 두 개의 단어가 모여서 술어동사의 기능을 담당하므로 동사구라고 합니다. 'because of'는 두 개의 단어가 모여서 전치사의 역할을 하므로 전치사구라고 합니다. 'snow-white skin'이라고 하면 앞의 'snow-white'은 두 개의 단어가 모여서 'skin'이라는 명사를 꾸미게 되므로 형용사구라고 합니다. 'He smiles as if he were happy'에서 'as if' 는 두 개의 단어가 모여서 절과 절을 연결하는 접속사의 역할을 하므로 접속사구라고 합니다.

3 절

★ 주어와 술어동사가 들어간 의미단위를 '절'이라고 합니다. 명령문은 동사의 원형으로 시작하므로 주어가 안보일수 있지만, 실제로는 행위를 하는 주체가 명령을 듣는 대상인 2인칭 이므로 주어 'you'가 생략되어 있는 것입니다. '절'과 '문장'을 혼동하는 경우가 많습니다. '절'은 주어와 술어동사를 가져야 하지만 '문장'은 '마침표, 물음표, 느낌표' 중 하나로 마감한 의미단위이므로 '절이 곧 문장'이며 '문장이 곧 절'이 되는 것은 아닙니다. 예를 들어, 'Oh, my god!' 은 '하나의 문장'이지만 여기는 감탄사와 호격 명사가 있을 뿐이고 주어와 술어동사는 없기 때문에 '절'은 아닙니다. 'I don't have rich parents but I thank them for having me in this world.' 라고 하면 이 문장에는 '두 개의 절'이 존재합니다. 즉 'I don't have-'와 'I thank-'가 각각 주어와 술어동사이기 때문입니다. 'Come here' 라고 말하면 상대방에게 명령을 하는 형태이므로 이것도 실제로는 'You come here'의 내용이므로 '절'이 됩니다.

4 문장

★ 마침표(period), 물음표(question mark), 느낌표(exclamation mark)로 끝난 의미단위입니다. 커마(comma)나 콜론(colon) 및 써마이콜론(semi-colon)은 문장을 마감하는 단위가 아닙니다.

2 절의 구성 요소에 관한 정의

★ 보통의 경우, '절'은 주로 '문장'을 구성하는데 가장 많이 사용되는 단위이므로 '문장'과 '절'을 같은 개념으로 보기 쉽지만 그렇지 않다고 언급했습니다. 하지만, 용어의 설명에서 '절의 구성요소'는 '문장의 구성요소'와 같은 의도로 쓰이는 경우가 많습니다. '절'은 '주어·술어·목적어·보어' 이렇게 최대한 4가지 부품으로 구성됩니다. 물론 주어와 술어동사로만 '절'의 의미를 완성할 수도 있습니다. 이것을 신체를 구성하는 요소로 비유해서 이해하면 좋습니다. 주어는 머리, 술어동사는 몸통, 목적어는 팔, 보어는 다리로 비유한다면 최소한의 생명유지를 위해 우리는 머리(주어)와 몸통(술어)를 가져야 합니다. 그러므로 '절'의 최소단위가 주어와 술어인 것입니다. 머리에 붙어 있는 머리칼과 몸통 및 팔, 다리에 붙어 있는 다양하고 세밀한 신체요소는 수식어로 이해하시면 됩니다. 즉, 꾸미는 말의 대표인 형용사와 부사가 바로 '손톱, 발톱, 털' 등이 된다고 보시면 됩니다. 이런 수식어들이 없어도 절을 얼마든지 만들 수 있지만, 수식어가 있으면 더욱 정교한 의미를 전달할 수 있습니다.

1 주어

★ 영어로 'subject' 라고 하며 술어(predicate)와 합쳐서 최소한의 절 단위를 이룹니다. 주어의 자리에는 '명사·대명사·동명사·to 부정사·명사절'이 올 수 있습니다. 이 5가지는 모두 명사적 성격을 띠고 있으므로 통칭하여 명사상당어라고 부릅니다(뒷 페이지 예문에서 '붉은색'이 주어이고, '파란색'이 술어동사). 기호로는 'S' 라고 적습니다. 이에 비해 준동사의 주어는 문법용어로 '의미상 주어', 혹은 '내용상 주어'라고 합니다. 준동사는 '동명사, 부정사, 분사' 인데 이것들은 술어가 아니므로 그 앞에 절의 형식을 가진 주어를 쓸 수 없습니다. 하지만 다양한 방식으로 준동사도 의미상의 주어를 갖습니다. 예를 들어, 'I imagine that Jennifer and I are a couple'라는 문장에는 두 개의 절이 있고, 각각의 주어는 'I'와 'Jennifer and I'입니다. 그것에 걸리는 술어는 각각 'imagine'과 'are'입니다. 하지만 위의 내용을 'I imagine Jennifer and me being a couple' 이라고도 쓸 수 있습니다. 'imagine'이라는 동사는 그 뒤에서 '명사·대명사·명사절'도 받지만 '동명사'도 목적어로 받을 수 있기 때문에 첫 번째 예에서는 'that Jennifer and I are a couple'이라는 명사절을 목적어로 받았고, 두 번

Week 1 | Unit 02. 문법 용어 정리 (Grammatical terms)

째 예에서는 'being a couple' 이라는 동명사를 목적어로 받았습니다. 그 동명사 'being' 앞에 있는 'Jennifer and me' 가 바로 동명사의 '의미상 주어' 혹은 '내용상의 주어'가 됩니다. 이런 주어는 영어로 'agent' 라고 합니다. 주어가 아니라 '행위의 주체'라는 개념입니다. 이런 준동사의 주어는 각 해당영역에서 자세히 설명합니다.

0001	나는 용기가 필요하다.
	I need courage.
0002	내 친구는 더 많은 용기가 필요하다.
	My buddy needs more courage.
0003	용기를 갖고 있다는 것은 많은 것들을 바꿀 수 있다.
	Having courage could change many things.
0004	용기를 갖는 것은 어려워 보인다.
	To have courage seems hard.
0005	우리가 용기있다는 사실은 우리가 무엇인가를 바꿀 수 있다는 것을 의미한다.
	That we are courageous means we can change something.

2 술어

★ 영어로 'predicate' 이라고 하며 주어와 합쳐서 최소한의 절 단위를 이룹니다. 동사라는 용어는 품사적 구분이며 절의 구성 성분적 구분은 아닙니다. 따라서 주어의 상대개념은 '동사'가 아니라 '술어'라고 해야 합니다. 동사는 술어동사와 준동사(동명사·분사·부정사)로 나뉘며, 주어의 짝개념으로는 술어동사 혹은 술어라고 지칭해야 합니다. 대표적 동사인 'be'가 술어로 사용될 때의 모습은 주어의 인칭과 수, 그리고 시제에 따라 [is, am, are, was, were, have been, has been, had been, be being]입니다. 대표적 일반동사인 'do' 를 적용시키면 [do, does, did, have done, has done, had done, be done, have been done, has been done, be doing, be being done] 이 술어로 사용될 때의 모습입니다. 물론 여기에는 조동사가 개입하지 않았고, 조동사까지 개입시키면 훨씬 더 다양한 술어의 형태가 나옵니다. 위의 문장에서는 파란색 부분이 술어동사에 해당됩니다.

3 타동사의 목적어

★ 술어동사나 준동사의 자리에 타동사가 사용될 경우, 그것의 대상이 되는 명사상당어가 필요합니다. 이것을 타동사의 목적어라고 합니다. 동사는 목적어 없이 의미를 완성하는 자동사와 목적어가 있어서 의미를 완성하는 타동사로 대별되며, 상당수의 동사가 자동사와 타동사로 동시에 사용될 수 있습니다. 예를 들어서 'change'는 자동사와 타동사로 같이 사용될 수 있는데, 자동사일 때는 '바뀌다'이고 타동사일 때는 '바꾸다'입니다. 하지만 자동사로만 사용되거나 타동사로만 사용되는 동사들도 많이 있기 때문에 동사가 나올 때마다 그 용법과 정확한 의미를 기억하는 것이 좋습니다. 아래서 붉은색 부분은 타동사의 목적어입니다. 타동사 중에는 두 개의 목적어를 나란히 받을 수 있는 것들이 있습니다. 무엇인가를 주고 받는 의미로 사용되는 동사들이 이에 해당되는데 영어로는 'dative verb'라고 하고, 번역상으로는 수여동사 혹은 여격동사라고 합니다. 대표적으로 'give'가 있습니다. 수여의 상대방을 간접목적어(indirect object)라고 하고, 수여의 물품이나 개념을 직접목적어(direct object)라고 합니다. 줄여서 'I.O.' / 'D.O.'로 쓰기도 합니다.

0006	그는 바뀌었다.
	He has changed.
0007	그는 내 삶을 바꾸었다.
	He has changed my life.
0008	그는 온 세상을 놀라게 했다.
	He surprised the whole world. (타동사로만)
0009	그는 사망했다.
	He has died. (동족목적어 death를 제외하고는 자동사로만)
0010	그는 나에게(I.O.) 기쁨과 슬픔을(D.O.) 준다.
	He gives me pleasure and grief.
0011	그는 재밌게 보내는 것을 즐긴다.
	He enjoys having a good time.

Week 1 | Unit 02. 문법 용어 정리 (Grammatical terms)

0012	그는 나를 다시 보고 싶어한다.
	He wants to see me again.
0013	그는 그것을 할 수 있다고 생각한다.
	He thinks that he can do it.

★ 위의 예문들에서 마지막 3개에는 각각 '동명사·부정사·명사절 목적어'가 사용되었는데 동명사 'having' 이 그 목적어로 'a good time' 을 받았고, 부정사 'see' 가 'me' 를 목적어로 받았습니다. 명사절에서 사용된 술어동사 'can do' 도 그 목적어로 'it' 을 받았습니다. 이 모든 목적어들은 술어동사의 목적어이거나 준동사의 목적어입니다.

4 전치사의 목적어

★ [of, in, on, at, for, by, with, without, from, about, under, over, below, beneath, above, into, to] 를 비롯한 전치사들은 그 뒤에서 '명사·대명사·동명사' 그리고 [who, what, which, whom, where, when, why, how, whether] 등으로 시작하는 절이나 'wh- to VR' 구조를 받습니다. 붉은색 부분은 전치사의 목적어입니다.

0014	나는 너의 성공을 확신한다.
	I am sure of your success.
0015	나는 그녀에게 말하고 있는 중이다.
	I am talking to her.
0016	그는 굴을 하나 팜으로써 탈출했다.
	He escaped by digging a hole.
0017	그것은 당신이 그를 좋아하는지의 여부에 달려있다.
	It depends on whether you like him or not.
0018	우리는 다음에 무엇을 할지에 대해 대화해야 한다.
	We should talk about what to do next.

5 주격보어

★ 'be, become' 동사를 대표로 하여 주어에 대한 보충정보를 필요로 하는 동사를 'link verb' 라고 합니다. 자주 쓰는 약 20여개의 link verbs 들 중에서 be 는 보어자리에 '명사, 형용사, to 부정사, 동명사, 명사절'을 받습니다. 아래 예문들에서 붉은색 부분은 'be' 동사의 주격보어입니다.

0019	그는 외과의사이다.
	He is a surgeon.
0020	그는 또한 미남이다.
	He is handsome, too.
0021	그의 소망은 자신의 병원을 갖는 것이다.
	His wish is to have a clinic of his own.
0022	그의 취미는 진귀한 식물들을 모으는 것이다.
	His habit is collecting rare plants.
0023	사실은 그는 육류를 매우 좋아한다는 것이다.
	The truth is that he really likes meat.

6 목적격보어

★ 타동사가 목적어만으로는 의미를 완성하지 않고 목적어에 대한 보충정보를 받을 때 그것을 목적보어라고 합니다. 목적보어자리에는 '명사, 형용사, to VR' 등이 옵니다. 아래 예문들의 붉은색 부분은 타동사의 목적보어입니다.

0024	나는 그를 영웅으로 생각한다.
	I think him a hero.
0025	나는 그를 용기 있다고 파악한다.
	I find him courageous.
0026	나는 그가 세상을 구해주길 원한다.
	I want him to save the world.

Week 1 | Unit 02. 문법 용어 정리 (Grammatical terms)

3 영어의 품사공유적 성격

★ 품사는 각각의 단어에 대한 '기능적 정의'입니다. 영어에서는 품사를 8가지로 구분합니다. 그것들은 각각 '명사, 대명사, 형용사, 부사, 동사, 전치사, 접속사, 감탄사'입니다. 한국어에서 '구름'이라는 단어의 품사는 '명사'입니다. 즉, 어떤 물체나 개념에 대해 붙인 이름입니다. 한국어에서 '비오다' 라는 단어는 '동사'입니다. 동사는 어떤 움직임이나 상태에 대한 묘사어입니다. 한국어에서 '검은' 은 '형용사'입니다. 명사를 꾸미는 말이기 때문입니다. 한국어에서 '일찍'은 '부사'입니다. 동사를 꾸미기 때문입니다. 이렇게 품사는 각 단어가 그 의미를 제대로 전달할 수 있도록 상호간의 기능을 정의한 것이라고 보면 됩니다. '머리, 몸통, 팔, 다리'가 각각 '주어, 술어, 목적어, 보어'에 비유되었다면 '품사'는 우리의 신체를 이루고 있는 가장 대표적인 '구성물질'에 비유하시면 됩니다. 즉, [살, 뼈, 피부, 혈액, 내장기관, 털, 손발톱, 혈관, 힘줄] 등이 이에 해당한다고 보시면 됩니다. 신체구성물질 중에서 살과 뼈가 몸의 중심이 되는 것처럼 품사 중에서도 '명사, 동사, 전치사'가 가장 중요한 '구조적 기능을 담당'한다고 볼 수 있습니다. 형용사와 부사는 주로 수식어로 사용되기 때문에 자세한 정보를 주는 역할을 합니다. '접속사'는 우리 인체의 '관절'에 해당하는 부분이라고 보면 됩니다.

★ 중요한 것은, 영어는 한국어와 달리, 각 단어의 품사가 하나로 규정된 것이 아니라 다른 단어와 어떻게 상호작용하느냐, 즉 어디에 위치하는가에 따라서 여러 개의 품사기능을 할 수 있습니다. 'cloud, rain, black, early' 라는 4개의 단어가 각각의 문장 속에서 어떤 품사의 역할을 하는지 보겠습니다.

0027	우리는 구름 속을 들여다 보았다.
	We looked into the clouds. (명사 cloud)
0028	수증기는 유리창을 흐릿하게 할 수 있다.
	The steam can cloud up the windows. (동사 cloud)
0029	우리는 오후로 갈수록 더 많은 비를 예상한다.
	We expect more rain towards the afternoon. (명사 rain)
0030	비가 세차게 오고 있는 중이다.
	It is raining hard. (동사 rain)

0031	일부사람들은 악의적인 거짓말을 하면서 도덕적 가책을 느끼지 않는다.
	Some people feel no moral remorse in telling a black lie. (형용사 black)
0032	그들은 상중에 검은 옷을 입는다.
	They wear black in the mourning. (명사 black)
0033	나는 추세에 이른 적응자는 아니다.
	I am not an early adopter. (형용사 early)
0034	그는 꽤 일찍 그 새로운 시스템을 받아들였다.
	He adopted the new system rather early. (부사 early)

★ 위의 예문들에서 본 것처럼 철자상의 변화없이 단어들이 어디에 위치하고 어떤 단어와 상호작용하는가에 따라서 품사가 달라지는 것이 영어입니다. 한국어와는 완전히 다른 품사의 운용법입니다.

4 품사에 관한 정의

1 명사

★ '사람, 사물, 물질, 개념' 등에 붙이는 이름을 말합니다. '명사'임을 암시하는 어미들이 있는데 반드시 그런 것은 아니지만 보통의 경우 [-ity, -ety, -ness, -ment, -tion, -sion] 등이 접미어로 사용되면 주로 명사입니다.

0035	나는 기억 속에서 빈 공간을 느낀다.
	I feel emptiness in my memory.

2 대명사

★ 명사를 대신 지칭하는 말이며, [나, 당신, 그, 그녀, 그들, 그것들, 우리]와 같은 말들에 해당하는 [I, you, he, she, they, we] 등은 사람을 주로 지칭하는데 사용되므로 인칭대명사라고 합니다. 인칭대명사는 주어 자리가 아닌 목적어 자리에 오면 그 형태가 [me, you, him, her, them, us] 로 바뀝니다. 'you' 는 단수형과 복수형, 그리고 주격과 목적격의 모양이 같습니다. 그 외에 특정한 것을 지시하는 지시대명사로 [this, that, these, those, such, it], 수와 양에 관련된 수량대명사 [many, much, little, few, a lot], 특정한 것이 아니라 막연

Week 1 | Unit 02. 문법 용어 정리 (Grammatical terms)

한 모든 것을 지칭하는 부정대명사 [each, all, some, any, none, either, neither, both, one] 등이 있습니다.

0036	당신 둘 중 하나는 이것에 대해 책임져야 한다.
	Either of you must answer for this.

3 동사

★ 움직임이나 상태에 대한 묘사어입니다. 대표적으로 'be 동사'와 그 나머지 모든 동사를 지칭하는 '일반동사'가 있습니다. 동사는 술어로 사용될 경우 주어의 인칭과 수에 따라 그 모습이 바뀌며 '시제, 능동과 수동, 조동사 사용여부'에 따라 다양한 모습으로 바뀔 수 있습니다. 동사의 의미만을 정의한 기본형태를 '동사원형'이라고 합니다. 영어로는 'infinitive' 라고 하는데 'verb root' 나 'root verb' 라고 쓰기도 합니다. 이것을 약어로 'inf.' 혹은 'VR, RV'로 표기하기도 합니다. 한국어에서 '먹다' 가 '원형'이고 이것이 술어동사로 사용될 때에는 '먹는다, 먹었다, 먹을 것이다, 먹는 중이다, 먹을 수 있다, 먹었을 것이다, 먹었어야 했다, 먹힐 뻔 했다, 먹었음에 틀림없다, 먹었을지도 모른다' 등등의 표현으로 나올 수 있습니다. 술어동사가 '시제, 태, 조동사' 등과 합쳐져서 다양한 의미를 만들어 낸 결과입니다. 준동사는 한국어에서 '먹을, 먹기 위하여, 먹힌, 먹는 것, 먹히는 것' 등에 해당되며 그 의미는 동사 '먹다'에서 출발하되 그 기능은 다른 품사가 된 것을 말합니다. 영어에서는 'to eat, to be eaten' 이나 'eating' 혹은 'being eaten' 등의 형태입니다.

0037	그들은 어떠한 약초를 먹는 것처럼 보인다.
	They seem to eat some herbs.

4 형용사

★ 형용사는 상태나 성질, 모양에 대한 묘사어입니다. 한국어에서는 주로 자음 니은 (ㄴ)으로 끝나는 말입니다. 형용사는 명사의 앞 혹은 뒤에서 명사를 꾸미는 역할을 하거나 'be 동사'를 비롯한 'link verb' 뒤에서 주어에 대한 보충정보를 주는 '주격보어', 그리고 타동사의 목적어 뒤에서 목적어에 대한 보충정보를 주는 '목적보어'로 사용됩니다. 어간에 특정한 형용사형 어미를 붙여서 형용사임을 암시하는 단어가 매우 많습니다. 보통 [-ous, -ful, -less, -ive] 등이 형용사임을 알리는 어미입니다.

0038	나는 당신의 이해에 고맙다.
	I am thankful for your understanding.

0039	나는 고귀한 사랑을 기대하는 중이다.
	I've been expecting precious love.

5 부사

★ 동사나 형용사, 그리고 다른 부사나 절 전체를 수식하는 순수 수식어입니다. 주로 형용사 뒤에서 '-ly'를 붙여 만들게 되지만 자체로 부사인 많은 단어들이 있습니다.

0040	모두가 행복하게 살기를 소망한다.
	Everybody wishes to live happily.

6 전치사

★ '전치사 + 명사, 대명사, 동명사, wh-' 구조로 짝을 이루어 사용되며, 명사의 뒤에 놓여서 명사를 꾸미거나 동사나 형용사 뒤에서 사용됩니다. [in, at, of, on] 등 약 50여개가 있습니다.

0041	나는 그들(그것들)에 흥미가 없다.
	I have no interest in them.

7 접속사

★ 단어나, 구, 절 등을 연결하는 역할을 합니다. 대등접속사 혹은 등위접속사에 해당하는 [and, but, or, nor] 와 반드시 절과 절만을 연결하는 종속접속사 [that, if, though, because] 등이 있습니다.

0042	그와 나는 마치 우리가 집시들인 것처럼 여기 그리고 저기서 산다.
	He and I live here and there as if we were gypsies.

8 감탄사

★ 감탄이나 심한 감정을 표출할 때 사용하는 단어입니다. 부사처럼 순수 수식어이므로 없어도 절을 구성하는데는 지장을 주지 않습니다. [oh, wow, shit, damned, uh, oops, boy, man, my god, my goodness, holy shit, Jesus] 등 다양한 표현이 있습니다.

Week 1 | Unit 02. 문법 용어 정리 (Grammatical terms)

3 명사와 짝 개념

1 짝 개념

★ 한국어에서 [그 남자, 그 비행기, 보았다, 인천, 그 조종사] 라는 다섯 단어들을 상정해 봅니다. 여기서, '보았다'만 동사이고 나머지는 모두 명사입니다. 이 다섯 단어는 현재로서는 서로 어떤 관계가 되어 어떤 의미를 전달할지 알 수 없습니다. 한국어에서는, 이것들을 사용해서 특정한 의미를 주기 위해서는, 명사 뒤에 어떤 '토씨'들을 붙여야 합니다. 그렇지 않고는 이 5개의 단어들은 절대로 하나의 특정한 의미를 전달할 수 없습니다. 이제, 명사에 특정한토씨를 붙여 보겠습니다. [그 남자는, 인천행의 그 비행기를, 그 조종사와 함께, 보았다] 이렇게 각 명사들에 토씨를 붙이면 하나의 확실한 의미가 탄생합니다. 이 문장의 주어는 [그 남자는] 입니다. 주격조사가 붙었기 때문입니다. 이 문장에서 술어동사는 [보았다]입니다. 원형동사 '보다'에 시제를 주면서 술어동사가 되었습니다. 이 문장에서 목적어는 [그 비행기를]입니다. 목적격 조사가 붙었기 때문입니다. 이제, 두 가지 요소가 남았습니다. 하나는 [인천행의]이고, 마지막 것은 [그 조종사와 함께]입니다. [인천행의]는 명사를 수식하는 [행의]가 붙었기 때문에 비행기를 꾸며야 하고, [조동사와 함께]는 동사를 수식하는 토씨가 붙었으므로 [보았다]를 꾸며야 합니다. 이렇게 토씨를 붙여 놓으면, 위치가 어떻게 바뀌어도 의미는 변함없습니다. 예컨대, [그 남자는 그 조종사와 함께 보았다 인천행의 그 비행기를] 이렇게 어순을 배열해도 의미는 같습니다. [인천행의 그 비행기를 그 조종사와 함께 그 남자는 보았다] 라고 해도 의미는 같습니다.

★ 한국어에서는 이렇게 명사의 뒤에 붙는 토씨가 그 명사의 역할을 결정해 주기 때문에 토씨가 붙기 전까지는 문장의 의미가 최종적으로 결정되지 않습니다.

★ 이제 영어를 살펴보겠습니다. [the man, the airplane, saw, Incheon, the pilot] 이렇게 다섯 단어 중에서 'saw' 만 술어동사이고 나머지 4개는 모두 명사입니다. 예문의 한국어와 같은 의미를 만들기 위해서 영어는 과연 어떤 전략을 가지고 있을까요? 한국어처럼, 각 명사의 뒤에 어떤 토씨를 붙일까요? 결론적으로 영어는 각 명사의 역할을 결정하는 토씨를 전치사로만 표현하고 나머지는 어순으로 결정합니다. 술어동사를 기준으로, 배열순서만 정하면 확실한 의미가 성립되는 방식입니다. 술어동사 앞에 오는 명사는 주어, 그 뒤에 오는 명사는 대부분 목적어나 보어입니다. 보어를 받는 'link verb' 는 나중에 따로 설명하겠습니다. 그럼 여기서 주어의 역할을 할 수 있는 명사는 모두 몇 개일까요? 모두 4개입니다. 즉, [the man, the airplane, Incheon, the pilot] 이렇게 4개의 명사 중에서 하나를 'saw' 의 앞에 놓기만 하면 주어와 술어가 성립됩니다. 가능한 조합을 만들어 보겠습니다.

★ The man saw the airplane ... / The man saw Incheon ... / The man saw the pilot ... 이렇게 'The man'을 주어로 했을 경우 3개의 조합이 나올 수 있습니다. 다시 'The pilot'을 주어로 해서도 역시 3개의 조합이 나올 수 있습니다. [The pilot saw the man ... / The pilot saw Incheon ... / The pilot saw the airplane ...] 그럼 'the airplane'과 'Incheon'도 같은 경우의 수로, 각각 3개씩의 문장을 만들 수 있습니다. 물론 비행기나 인천이 saw의 주어가 되기 되려면 비유적 의미가 되어야 합니다. 그런데 처음 제시한 5단어 중에서 술어동사 'saw'를 포함하여 3개의 단어가 각각의 문장을 만들고 나면, 두 개의 명사들이 남게 됩니다. 즉, 'The man saw the airplane'에서는 'Incheon'과 'the pilot'이 아직 남아있습니다. 한국어에서, 처음 보여준 예문인 [그 남자는 인천행의 그 비행기를 그 조종사와 함께 보았다]라는 의미를 영어로 완성시키기 위해서는, [The man saw the airplane for Incheon with the pilot] 혹은, [The man saw with the pilot the airplane for Incheon] 이 되어야 합니다. 물론 [With the pilot, the man saw the airplane for Incheon] 도 가능합니다. 여기서 변함없이 지켜지는 하나의 어순은 주어인 'the man'이 'saw' 앞에 온다는 것과, 타동사의 목적어인 'the airplane'이 'saw' 뒤에 온다는 것입니다.

★ 주어와 목적어로 사용된 명사에는 아무것도 붙지 않았지만, 남겨진 두 개의 명사 앞에는 각각 'with'와 'for'가 붙어 있습니다. 영어에서는, 명사의 앞에 붙어 다른 단어와 관계를 설정하기 때문에, 이런 품사들을 '앞에 놓는다'는 의미로 prepositions 즉 전치사라고 부르지만, 이런 것들이 한국어에서는 명사의 뒤에 놓이기 때문에 후치사 (postpotitions)라고 부를 수도 있습니다. 한국어에서 이런 것들은 주격조사(은·는·이·가)나 목적격조사(을·를)을 제외하고는 명사 뒤에 붙는 토씨입니다.

★ 이제 제가 쓰는 용어인 [짝]을 설명하겠습니다. 영어에서 '짝'이란, 마치 자석의 N극과 S극처럼 아무런 연결어 없이 서로 붙어야 하는 관계를 말합니다. N극이 오면 S극이 자동으로 붙는 것이라고 생각하시면 됩니다. 이렇게 자동으로 짝을 이루는 사이는 총 6개 있으며, 그 중 3개가 가장 중요합니다. 그것은 각각 '주어와 술어(제1짝)', '타동사와 목적어(제2짝)', 그리고 '전치사와 목적어(제3짝)' 입니다. 물론, 'be 동사'를 대표적으로 하는 'link verb' 뒤에 와야 하는 주격보어가 4번째 짝, 그리고 수여동사가 목적어를 두 개 나란히 받을 때, 앞에 오는 목적어에 한국어로 '-에게' 라는 의미가 부여되면 이것을 제 5짝(간접목적어)이라고 하겠습니다. 마지막으로 타동사가 목적어를 받고 그 뒤에 다시 목적어에 관련된 보충 정보를 명사로 받을 경우 이 목적보어가 6번째 짝입니다.

Week 1 | Unit 02. 문법 용어 정리 (Grammatical terms)

★ 이 6개의 짝들은 서로 자석의 반대 극성이기 때문에 의미의 완성을 위해서 동사가 결정되면 자동으로 서로 짝 관계를 이룹니다. 아무런 토씨도, 연결어도 필요하지 않습니다. 접착제 없이 그냥 붙는 물건이라고 생각하시면 됩니다. 영어로 이렇게 6개의 짝이 사용된 문장을 각각 예로 들어 보겠습니다.

0043	그 남자는(1) 늦게 나타났다.
	The man appeared late. (주어 + 술어)
0044	그 남자는(1) 그 비행기를(2) 보았다.
	The man saw the airplane. (주어 + 타동사술어 + 목적어)
0045	그 조종사와 함께(3) 그 남자는(1) 그 비행기를(2) 보았다.
	With the pilot, the man saw the airplane. (전치사 + 목적어)
0046	그 조종사와 함께(3) 그 남자는(1) 인천행의(3) 그 비행기를(2) 보았다.
	With the pilot, the man saw the airplane for Incheon. (전치사 + 목적어)

★ 위의 예문에서 모든 명사는 '주어와 술어 짝', '타동사와 목적어 짝', '전치사와 목적어 짝' 관계에 있습니다. 그 외에 제4짝, 제5짝, 제6짝 관계의 명사들을 보겠습니다.

0047	그 남자는(1) 그 조종사이다(4).
	The man is the pilot. (be동사+보어)
0048	그 남자는(1) 그 조종사에게(5) 그 비행기를(2) 주었다.
	The man gave the pilot the airplane. (여격타동사+간접목적어+직접목적어)
0049	그 남자는(1) 그 조종사를(2) 독수리로(6) 부른다.
	The man calls the pilot eagle. (타동사+목적어+목적보어)

2 명사의 역할

★ 명사와 대명사는 8개의 품사 중에서 가장 많이, 그리고 자주 사용되는 것으로서 문장 내에서 '주어, 타동사의 목적어, 전치사의 목적어, 주격 보어, 목적격 보어, 동격' 이렇게 6개의 역할을 하며 대화체에서는 사람 또는 사물을 부를 때 사용하는 호격의 역할까지 하게 됩니다. 그 중에서 '주어'와 '타동사의 목적어', '전치사의 목적어'가 각각 제1짝, 제2짝, 제3짝이 되며 이 대표적 3개의 짝에는 '명사', '대명사', 그리고 '명사 상당어(부정사, 동명사, 명사절)'만 사용됩니다. 구체적으로 말하면, '주어'와 '타동사의 목적어' 자리에는 '명사, 대명사, 동명사, to부정사, 명사절'이 올 수 있습니다. 전치사의 목적어 자리에는 '명사', '대명사', '동명사' 그리고 'what' 과 같이 'wh' 로 시작하는 '명사상당어'가 올 수 있습니다. '주격보어'와 '목적격보어' 자리에는 '명사상당어' 외에 '형용사상당어'도 올 수 있습니다. 즉, 'he is a dentist' 도 가능하지만 'he is honest' 도 가능하며 'he made me a teacher' 도 가능하지만 'he made me happy' 도 가능하다는 의미입니다.

★ 현 단계에서는 명사와 대명사를 파악하는 방법과 그 역할을 살펴보겠습니다. 명사와 대명사는 모든 문장의 부품 중에서 가장 많이 사용되기 때문에 각각의 명사나 대명사가 하는 역할을 이해하는 것이 중요합니다. 영어는 품사공유어로서 같은 단어를 명사와 동사로 사용하는 경우가 많기 때문에 우선적으로 명사를 빨리 파악할 수 있어야 합니다.

★ 참고로 대명사도 명사와 같은 역할을 하지만, 대명사 중에서 인칭대명사는 주어자리에서 사용되는 형태와 목적어자리에서 사용되는 형태가 다르기 때문에 이것을 꼭 구별해서 기억해야 합니다. '주어 자리'에 오는 형태는 [I, we, you, you, he, she, they]입니다. 'you' 는 단수와 복수의 형태가 같기 때문에 [당신 = you], [당신들 = you]입니다. 그런데 이런 인칭대명사가 타동사의 목적어나 전치사의 목적어자리에 오면 [me, us, you, you, him, her, them]이 됩니다. 'you'는 주어자리와 목적어자리에서 사용되는 모양이 같습니다. 원칙적으로 주격보어는 주어의 모습으로, 목적격보어는 목적어의 모습으로 표기하지만 구어체에서는 섞어서 쓰는 경우가 많습니다.

★ 짝으로 사용된 단어는 혼자서는 존재할 수 없습니다. 예를 들어 'I a doctor' 라고 하면 주어 'I' 는 있지만 주어의 짝인 술어동사가 없으므로 성립되지 않습니다. 'is a doctor' 라고 하면 술어동사 'is' 는 있지만 주어가 없어서 성립되지 않습니다. 'I am' 이라고 하면 '존재하다' 라는 의미가 아닌 한, 술어동사인 'am' 이 있는데 그 보어가 없어서 성립되지 않습니다. 'I surprised' 라고 하면 타동사 'surprised(놀라게하다)'는 있는데 그 목적어가 없어서 성립되지 않습니다. 'I depend on' 이라고 하면 전치사 'on' 은 있는데, 전치사의 목적어가 없어

Week 1 | Unit 02. 문법 용어 정리 (Grammatical terms)

서 성립되지 않습니다. 이것이 바로 짝 관계에 입각한 '명사, 동사, 전치사'의 자연스런 결합을 의미합니다. 'I am a doctor' 라고 하면 모든 단어들이 짝을 갖추었기 때문에 성립됩니다. 'I need a doctor' 역시 성립됩니다. 'He is a doctor' 역시 성립됩니다. 'I surprised a doctor' 역시 성립됩니다. 'I depend on a doctor' 역시 성립됩니다. 모두 '짝'의 역할을 충실히 하고 있기 때문에 그 어순만 이상이 없으면 완벽히 성립하는 표현들입니다. 한국어와 달리 아무런 토씨를 붙이지 않았습니다.

3 명사 파악하기

★ 명사는 그 앞에서 '관사·소유격·수사·지시형용사·부정형용사' 등에 의해 1차로 수식을 받을 수 있으며 그 다음에 형용사로 다시 2차 수식을 받을 수 있습니다.

1 1차 수식어 : 대부분의 명사 앞에 붙는 수식어

도표 01 : 한정사의 예	
관사 (article)	a, an, the
소유형용사 (possessive)	my, our, your, his, her, their, Tommy's, its
수사 (number)	one, two, three, first, second, third
지시형용사 (demonstrative)	this, that, these, those
부정형용사 (indefinite)	all, every, either, neither, another, other, each, some, any, no, both

★ 위 도표에 있는 범주들 중에서 '관사'와 '소유형용사'는 늘 명사를 꾸미는 말입니다. 따라서 '관사와 소유격 뒤에는 항상 명사가 온다' 라고 이해하면 됩니다. 다만 '어퍼스트러피 + s'의 경우, 그것 자체가 '소유대명사'로 사용될 수 있습니다. 즉, 'Tommy's' 는 '타미소유의'라는 형용사적 의미도 있지만 '타미소유의 것'이라는 명사로 사용될 수도 있습니다. 그 밖의 수식어 중에서 'every' 와 'no' 는 수식어로만 사용되기 때문에 늘 뒤에 명사가 온다고 생각하면 됩니다. 나머지는 명사를 꾸미기도 하고, 그 자체가 명사로 사용되기도 합니다. 예컨대 'all'은 명사를 꾸며서 'all the money, all those boys, all men' 등의 형태로 나오기도 하지만, 그 자체가 '모든 것' 혹은 '모든 것들' 이라는 명사가 될 수도 있습니다.

★ 1차 수식어는 전문적 용어로 한정사(determiner)라고 부릅니다. 명사의 의미를 다른 것과 구별시켜주기 위해 특정한 의미를 부여해 한정시키는 역할을 하기 때문입니다. 다만 '셀 수 있는 명사의 단수형' 앞에서는 1차 수식어인 한정사 중 하나를 반드시 써야 합니다. 만약 우리가 '나는 삶을 계란을 하나 원합니다'라고 말한다면, [나, 계란] 이렇게 2개의 명사가 사용되는데 [나]는 주어이므로 주어 자리에 대명사가 사용된 것입니다. 그리고 '원하다' 라는 타동사의 목적어 자리에는 '계란'이 사용될 것입니다. 계란은 낱개로 셀 수 있는 말이며, 여기서는 '특정한 계란'이 아니라 '보통의 계란 중 하나'를 말합니다. 그런데 계란의 성질에 [삶은] 이라는 수식어가 사용되었습니다. 이것을 영어로 옮기면 'I want a boiled egg' 가 될 것입니다. 만약 'I want boiled egg' 라고 하면, 주어진 한국말을 영어로 잘못 옮긴 것이 됩니다. 영어에서 '셀 수 있는 명사의 단수형'에는 반드시 한정사 중 하나가 붙어야 하기 때문입니다. 따라서 'I want this boiled egg / I want the boiled egg / I want your boiled egg / I want one boiled egg, not two' 등은 모두 가능한 말입니다. 그러나 '개체화되지 않는 명사(불가산)' 와 '일반적 복수명사'의 경우는 한정사가 없어도 됩니다. 그래서 'I want water' 혹은 'I want books'는 가능한 표현입니다. 물은 물질로서는 개체화되지 않았고 'books'는 복수로 사용되었기 때문에 꼭 한정사가 필요한 것은 아닙니다. 이 경우에도 'I want the water' 나 'I want his books' 등으로 한정사를 쓸 수 있습니다. 물론 한정사가 붙었으므로 의미가 좁혀졌습니다. 그냥 '물' 이 아니고 '특정한 물'이 되었으며 그냥 '책들' 이 아니라 '그의 책들' 이 되었습니다. '셀 수 있는 명사'를 '개체'가 아닌 '물질'이나 '성분'으로 말할 때는 'a, an' 을 쓰지 않는데, 이 부분은 고급과정에서 다룹니다.

① 1차 수식의 예

[the boy, a boy, two boys, this boy, these boys, my boy, your boy, all boys, every boy, another boy]

② 중복된 1차 수식의 예

★ 특정한 1차 수식어는 중복되어서 앞에 올 수 있지만 모든 한정사가 중복될 수 있는 것은 아닙니다. 그리고 중복될 경우에도 그 순서가 정해져 있기 때문에 이것을 조심해야 합니다. 특히 'all' 은 'the, this, that, these, those' 및 소유격의 앞에서 함께 명사의 의미를 한정시킬 수 있는 대표적 수식어입니다.

★ [all the boys, all that jazz, all my heart, all three boys, the first boy, both the boys, either your boy, neither the boy, the two boys, the other boy, no two boys]

Week 1 | Unit 02. 문법 용어 정리 (Grammatical terms)

2 2차 수식어 : 1차 수식어 뒤에 붙일 수 있는 형용사상당어

도표 02 : 형용사의 예	
순수형용사	tall, small, happy, sad, honest, high, low 등
수량형용사	many, much, little, a little, few, a few, several, a lot of, most, plenty of 등
분사형용사	exciting, living, interesting, tiring, excited, lived, interested, tired 등

★ 1차 수식어와는 달리 2차 수식어는 성질이나, 상태 그리고 모양 등에 대한 묘사입니다. 이런 묘사어를 우리는 형용사라고 합니다. 이것은 선택적으로 사용하는 것이므로 꼭 필요한 것은 아닙니다. 명사에 대한 더 많은 정보를 주고 싶을 때 형용사를 앞에 두어서 꾸며주는 형태로 만드는 것입니다.

★ 동사의 어미에 'ing'를 붙이거나 '동사의 과거분사형'을 써서 형용사 역할을 하는 말들을 분사라고 합니다. 따라서 분사는 현재분사와 과거분사 두 가지가 있는데 모두 명사를 꾸미는 형용사 역할을 할 수 있습니다.

① 1 + 2차 수식의 예

[the tall boy, my lovely boy, this little boy, the first black boy, all these honest boys, another Latin American boy]

② 형용사 상당어가 다수로 붙은 수식의 예

[all these big wooden tables, your other torn pocket, the red European wine, those two small paper cups]

4 수식어가 붙은 명사와 대명사의 짝 찾기 연습

★ 이제 짝 개념에 대한 이해를 바탕으로 명사와 대명사를 찾고 그것의 각 역할을 밝히는 연습을 해 보겠습니다. 주어, 타동사의 목적어(타목), 전치사의 목적어(전목), 주격보어(주보), 목적격보어(목보), 간접목적어(간목), 직접목적어(직목) 등의 용어를 써서 번호가 주어진 명사의 역할을 밝혀보시기 바랍니다. 명사의 앞에서 붙은 수식어의 종류도 유심히 살펴보시기 바랍니다. 동격명사는 여기서 다루지 않겠습니다.

① Elephants are ② the largest land animals in ③ the world. ④ Whales are ⑤ the largest sea animals. ⑥ They are both ⑦ mammals. ⑧ These two huge animals may, in ⑨ fact, come from ⑩ the same biological family. ⑪ Biologists now believe that ⑫ the ancestors of ⑬ elephants once lived in ⑭ the sea, like ⑮ whales. There is ⑯ plenty of ⑰ evidence to support ⑱ this idea. For ⑲ example, ⑳ the shape of ㉑ an elephant's head is similar to ㉒ that of ㉓ a whale. ㉔ Another similarity is in ㉕ the fact that ㉖ both animals are ㉗ excellent swimmers. ㉘ Some elephants have chosen to swim for ㉙ food to ㉚ islands up to ㉛ 300 miles away. Like ㉜ the whale, ㉝ the elephant uses ㉞ sounds to show ㉟ anger or ㊱ other emotion. Finally, ㊲ both female elephants and ㊳ female whales stay close to ㊴ other females and help ㊵ them when ㊶ they give ㊷ birth.

★ 정답

① 주어	② 주격보어	③ 전치사의 목적어	④ 주어
⑤ 주격보어	⑥ 주어	⑦⑧ 주격보어	⑧ 주어
⑨ 전치사의 목적어	⑩ 전치사의 목적어	⑪ 주어	⑫ 주어
⑬ 전치사의 목적어	⑭ 전치사의 목적어	⑮ 전치사의 목적어	⑯ 주어
⑰ 전치사의 목적어	⑱ 타동사의 목적어	⑲ 전치사의 목적어	⑳ 주어
㉑ 전치사의 목적어	㉒ 전치사의 목적어	㉓ 전치사의 목적어	㉔ 주어
㉕ 전치사의 목적어	㉖ 주어	㉗ 주격보어	㉘ 주어
㉙ 전치사의 목적어	㉚ 전치사의 목적어	㉛ 전치사의 목적어	㉜ 전치사의 목적어
㉝ 주어	㉞ 타동사의 목적어	㉟ 타동사의 목적어	㊱ 타동사의 목적어
㊲ 주어	㊳ 주어	㊴ 전치사의 목적어	㊵ 타동사의 목적어
㊶ 주어	㊷ 타동사의 목적어		

WEEK 2

UNIT 03	UNIT 04	UNIT 05	UNIT 06
주어 (subject)	한국어와 영어의 차이 (linguistic difference)	전치사 (preposition)	동사 및 술어동사 (verb, predicate)

DAY 1

UNIT 03
1) 주어의 개념과 특징
2) 주어의 종류 : 5가지의 명사상당어

UNIT 04
3) 한국어는 토씨어, 영어는 위치어
4) 한국어는 품사 개별어, 영어는 품사 공용어
5) 한국어는 전치수식어, 영어는 전·후치수식어

DAY 4

UNIT 06
1) 동사의 5가지 활용
2) 과거분사
3) be 동사

DAY 2

UNIT 05
1) 전치사의 성질
2) '명사1+전치사+명사2'의 수식관계
3) 전치사+ VR -ing
4) 동사 + 전치사
5) '전치사 + 목적어'에 의한 부가정보

DAY 5

UNIT 07
4) have 동사
5) 기타 주요 일반 동사
6) 조동사
7) 올바른 동사 학습법

DAY 3

복습 주어와 전치사 유닛에서 배운 모든 문장들을 다시 따라 읽고, 영작하는 복습을 해 주세요. 각 유닛에서 배운 단어들도 반드시 암기해 주세요! 한국어와 영어의 차이점이라 생각되는 부분을 찾아서 표시하는 연습을 하세요!

DAY 6

복습 동사 및 술어동사 유닛에서 배운 모든 문장들을 다시 따라 읽고, 영작하는 복습을 해 주세요. 각 유닛에서 배운 단어들도 반드시 암기해 주세요!

UNIT 03

주어
Subject

PREVIEW

모든 말과 글은 기본적으로 어떤 행위나 상태에 대한 묘사입니다. 그러므로 그 행위나 상태에 대한 주체가 있어야 합니다. 우리는 이것을 '주어' 라고 합니다. 영어로는 'subject' 혹은 'agent' 로 표기합니다. 주어는 행위의 주체로서, 반드시 행위나 존재, 상태를 의미하는 술어동사 (predicate) 와 짝을 이룹니다. 기본적으로 문어에서는 거의 대부분의 문장이 '주어 + 술어' 로 이루어집니다. 한국어에서는 주어를 쓰지 않고 그냥 술어동사만으로도 의사소통을 하는 경우가 많기 때문에 여기에 익숙한 한국인들은, 제일 먼저 영문의 주어를 제대로 설정하고 또, 그것을 찾는 연습을 해야 영어적 사고에 익숙해 질 수 있습니다.

UNIT 03   주어 (subject)

1 주어의 개념과 특징

> **주어를 자주 생략하는 한국어   VS   거의 항상 표시하는 영어**
>
>
>
> "배 안고파?"   "Aren't you hungry?"
>
> "점심 늦게 먹었어."   "I have had a late lunch."

★ 모든 말과 글은 기본적으로 어떤 행위나 상태에 대한 묘사입니다. 그러므로 그 행위나 상태에 대한 주체가 있어야 합니다. 우리는 이것을 '주어'라고 합니다. 영어로는 'subject' 혹은 'agent' 로 표기합니다. 8품사 중에서, 명사 혹은 명사화된 말(명사상당어)이 주어의 역할을 할 수 있습니다.

★ 주어는 행위나 상태의 주체로서, 술어동사(predicate)와 짝을 이룹니다. 기본적으로 문어에서는 거의 대부분의 문장이 '주어 + 술어' 로 이루어집니다. 물론 직접화법에 의한 인용문에서, 그리고 명령문이나 감탄문에서는, 주어가 명시적으로 표기되지 않을 수 있지만, 실제 행위의 주체는 여전히 존재합니다.

★ 한국어는 정황성에 대한 암시가 많아서, 영어에 비해 주어를 생략한 표현들이 많기 때문에, 한국인들이 영문에 익숙해지기 위해서는 우선적으로 주어를 제대로 찾거나 설정하는 연습을 해야 합니다.

★ 다음 도표를 참고해 보면, 대화의 정황성이 생략된 주어를 가늠케 함에도 불구하고 영어가 한국어에 비해 주어를 대부분 명기하고 있다는 것을 알게 됩니다.

도표 03 : 한국어의 주어 생략	
한국어 예시	영어 예시
지금 갈꺼야?	Are you going now?
그가 올 때 까지 기다릴거야.	I will wait till he comes.
언제 오는데?	When will he come?

금방 올 거야.	He is coming soon.
배 안고파?	Aren't you hungry?
점심 늦게 먹었어.	I have had a late lunch.

★ '지금 갈꺼야? / 그가 올 때 까지 기다릴거야. / 언제 오는데? / 금방 올 거야. / 배 안고파? / 점심 늦게 먹었어.' 라는 6개의 한국어 대화문에서 '주어'는 '그' 라는 단어 하나가 등장합니다. 어차피 둘이 하는 대화이므로 '주어'는 '나' 아니면 '너' 둘 중 하나이겠지요. 한국어는 생략된 주어들을 알아서 파악해야 합니다.

★ 물론, 영어에서도 'He is coming' 이나 'Aren't you' 등을 생략할 수는 있지만 오해를 막기 위해서 주어를 명기하는 것을 원칙으로 합니다. 그러므로 영어학습의 초보단계에서는 주어 설정연습이 가장 중요합니다.

도표 04 : 같은 의미, 다른 주어

한국어 예시	영어 예시
나는 과일이 아니라 고기를 원한다.	I don't want fruit but meat.
내가 원하는 것은 과일이 아니라 고기이다.	What I want is not fruit but meat.
과일보다 고기가 좋다.	Meat is preferred to fruit for me.

★ 주어는 술어와 거의 동시에 짝을 이루기 때문에, 사실 '주어'와 '술어'는 함께 구상이 되어야 합니다. '나는 과일이 아니라 고기를 원한다 / 내가 원하는 것은 과일이 아니라 고기이다 / 과일에 비해 고기가 더 좋다' 에서처럼 주어를 무엇으로 하느냐에 따라 술어도 바뀝니다. 각각의 영문은 'I don't want fruit but meat / What I want is not fruit but meat / Meat is preferred to fruit for me' 이 되는데, '주어'가 바뀜에 따라 '술어'가 'want / be / be preferred' 로 같이 바뀌므로 자주 쓰는 술어동사를 100여개 정도 알고 있어야 합니다.

★ 여기서 100여개라는 것은 '의미군'으로 나눈 것이며, 이를 다시 '구조군' 으로 나눈 표현법을 익혀야 합니다. '의미군'이란 [요청, 기호표명, 거부, 인정, 의심, 허용, 판단, 감정, 묘사, 인지] 등을 의미하고 '구조군'이란, 소위 [완전 자동사, 불완전 자동사, 타동사, 수여동사, 작위동사, 수동태]등을 말합니다.

Week 2 | Unit 03. 주어 (subject)

2 주어의 종류 : 5가지의 명사상당어

> 명사(noun), 대명사(pronoun), 동명사(gerund)
> to 부정사(to infinitive), 명사절(noun clause)

★ '주어 자리'에는 명사 (noun), 대명사 (pronoun), 동명사(gerund), to VR (to infinitive), 명사절 (noun clause), 그리고 명사로 취급되는 다른 말들이 올 수 있습니다. 단, 형용사나 부사 혹은 전치사 등을 주어로 사용할 때는 인용부호를 써서 그것이 명사화되었다는 암시를 주어야 합니다.

★ " '아름다운' 이라는 말은 그녀의 매력에 대한 적절한 단어가 아니다." 를 영어로 옮길 때, " 'Beautiful' is not a proper word for her attractiveness." 가 됩니다. 즉, 위 예문에서 형용사 'beautiful' 을 주어로 썼는데, 이것을 인용부호에 가두어 명사화했다는 것을 암시합니다. 이제 주어로 흔히 사용되는 말들을 살펴보겠습니다.

1 사람이 행위의 주체일 때 (사람주어)

★ 사람을 주어로 할 때 가장 자주 사용되는 표현은 아래의 보기를 참고하시면 됩니다. 인칭대명사 [I, we, you, he, she, they] 외에 [this, that, these, those, it, they, few, some, any, all, each, both, either, neither, many] 등은 사람과 사물을 모두 지칭할 수 있습니다. 그러므로 문장 내에서 이런 대명사들이 무엇을 대신 받았는지 알아야 합니다. 특히 한국인들은 'they' 가 주어일 경우, 무조건 '그들' 이라는 '복수의 사람들'로 이해하는 경우가 많습니다. 'they' 는 사람과 사물을 모두 지칭할 수 있으므로 늘 지칭어가 무엇인지 살펴보는 습관을 기르실 것을 권고합니다.

도표 05 : 사람 주어 예시

한국어 예시	영어 예시	수	한국어 예시	영어 예시	수
나	I	단수	그 (특정한 남자1명)	he	단수
그녀 (특정한 여자1명)	she	단수	그들 (특정한 제3자들)	they	복수
우리(나를 포함한 여럿)	we	복수	모든 사람들	all	복수
사람들	people	복수	아무 (부정어)	nobody	단수
누군가	somebody	단수	많은 사람들	many	복수
여러 사람들	several	복수	몇몇 사람들	a few	복수
극소수들 (부정의 의미)	few	복수	Tom이라는 사람	Tom	단수
베이커씨 (존칭+성)	Mr. Baker	단수	한 남자	a man	단수
두 남자들	two men	복수	한 명의 한국인	a Korean	단수
그 여성	the woman	단수	한 나이든 여성	an old lady	단수
당신, 당신들	you	단·복수	한 아시아인	an Asian	단수
성별구분 없는 '그것'	it	단수	이 사람들	these	복수
어떤, 소수의 사람들	some	복수	그 사람들, 그런 사람들	those	복수
모든 사람	everybody	단수	누구라도	anybody	단수
이 사람, 이쪽	this	단수	: 화자와 시간, 거리, 정서적으로 가까운 사람		
그 사람, 그쪽	that	단수	: 화자와 시간, 거리, 정서적으로 먼 사람		

0050 나는 보스이다.

I am a boss.

0051 이쪽은 내 아저씨뻘 이다.

This is my uncle.

0052 그들은 내 형제 자매들이다.

Those are my siblings.

Week 2 | Unit 03. 주어 (subject)

0053	어떤 이들은 '네' 라고 말하지만 많은 이들이 '아니오' 라고 말한다.
	Some say yes, but **many** say no.
0054	여러 사람들이 나에게 동의했다.
	Several have agreed with me.
0055	몇몇 사람들은 여기에 남을 것이다.
	A few will remain here.
0056	탐은 그녀를 배웅할 것이다.
	Tom is going to see her off.
0057	한 남자가 내 위층으로 이사 들어왔다.
	A man moved into my upstairs.
0058	두 남자들이 그 평화시위에 합류했다.
	Two men joined the peace campaign.
0059	사람들은 그들의 운이 말해지도록 시키는 것(점보는 것)을 좋아한다.
	People like to have their fortune told.
0060	그 여성은 그 스파이더맨을 돕는 것처럼 보인다.
	The woman seems to help the spider man.
0061	한 노인 여성이 한 소년을 보고 소리를 지르고 있었다.
	An old lady was screaming at a boy.

2. 사물이 행위의 주체일 때 (사물주어)

★ 사물은 주로 눈이나 감각기관으로 인식이 가능한 '물체·동물·물건' 등에 붙여지는 이름입니다. '개체화된 상태'로 인식되면 '단·복수'가 가능하고, '양'으로 인식되면 '단수'입니다.

도표 06 : 사물 주어 예시

한국어 예시	영어 예시	수	한국어 예시	영어 예시	수
어떤 것	something	단수	모든 것	everything	단수
그 들판	the field	단수	아무것 (부정어)	nothing	단수
두 마리 새들	two birds	복수	많은 수	many	복수
이 건물	this building	단수	몇 개	a few	복수
소수 (부정어)	few	복수	소량	little	단수
다량	much	단수	그것들	they	복수
어떤 것	any	단수	어떤 것	anything	단수
책들	books	복수	자동차들	cars	복수
어떤 것, 어떤 것들	some	단·복수	여성 의인화된 사물·동물	she	단수
모든 것, 모든 것들	all	단·복수	남성 의인화된 사물·동물	he	단수
이것 (거리, 시간, 정서상 가까운 것)				this	단수
그것 (거리, 시간, 정서상 먼 것)				that	단수
그것 (특정한 것을 대신 받는 말)				it	단수

0062	책들은 나의 제일 좋은 친구이지만 그것들은 내 아이들에게는 적으로 보인다.
	Books are my best friends but they seem to be enemies to my children.
0063	자동차들이 나의 집 밖에서 밤낮으로 달린다.
	Cars run day and night outside my house.

Week 2 | Unit 03. 주어 (subject)

0064	그 들판은 황금색으로 보인다.
	The field looks golden yellow.
0065	새 두 마리가 나의 창틀에서 노래하고 있다.
	Two birds are singing at my window pane.
0066	이 건물은 다시 칠해질 필요가 있다.
	This building needs to be repainted.

3 물질이 주어일 때 (물질주어)

도표 07 : 주요 물질 주어의 예시

한국어	물, 기름	수은, 금	돌, 공기	쌀, 햄	밀, 치즈	우유, 김치
영어	water, oil	mercury, gold	stone, air	rice, ham	wheat, cheese	milk, kimchi

★ 물질은 기본적으로 자연계에 존재하는 '기체·액체·고체'입니다. 여기에다가, '인간이 만든 물질'과 '곡식'등도 포함할 수 있습니다. 물질은 낱개로 세는 것이 아니고 양으로 따지기 때문에, 기본적으로 단수(하나)로 취급합니다.

★ 물론 'a water' 라고 하면 물질로서의 물이 아니라, 상품으로서의 물 한 개가 됩니다. 이 경우는 'two waters' 로 써서 복수로 만들 수도 있습니다.

0067	물은 지구상에서 가장 중요한 물질이다.
	Water is the most important material on Earth.
0068	기름은 물과 섞이지 않는다.
	Oil doesn't mix with water.
0069	공기도 무게가 나가는가?
	Does air weigh?
0070	수은은 우리의 몸 안에 있으면 위험하다.
	Mercury is dangerous if inside our body.
0071	황금은 진귀한 금속이다.
	Gold is a rare metal.
0072	돌은 피라미드를 짓는데 요구되었다.
	Stone was needed for building a pyramid.

Week 2 | Unit 03. 주어 (subject)

4 개념, 현상이 주어로 사용될 때 (추상명사주어)

도표 08 : 추상명사 예시				
한국어	편의, 비	평화, 탈수현상	용기, 일출	정직, 시위, 증명
영어	convenience, rain	peace, dehydration	courage, sunrise	honesty, demonstration

★ 인간의 의식세계에서 만들어진 개념이나, 인간이 규정한 자연계의 현상을 말합니다. 위 추상명사 예시는 물건이나 사람 혹은 물질이 아닙니다. 이것은 정신세계를 규정하는 개념들, 혹은 자연계의 현상들입니다.

★ 이것은 낱개로 셀 수 없는 경우도 있고 셀 수 있도록 개별화할 수도 있습니다. 예를 들어 'I like rain' 이라고 하면 '나는 비가 좋다' 이지만 'A hard rain damaged my house' 라고 하면 구체적으로 '한 번의 폭우가 나의 집에 손상을 주었다' 가 되므로 개별화된 '한 차례의 비' 입니다. 예문들을 더 살펴보겠습니다.

0073	평화는 그 두 종족에게 어디에도 없다.
	Peace is nowhere for the two tribes.
0074	용기는 그 전사들 가운데서 가장 요구되는 자질들 중의 하나다.
	Courage is one of the most needed qualities among the warriors.
0075	정직은 결국 득이 된다.
	Honesty pays in the end.
0076	많은 시위들은 그 왕국에게 위협이다.
	Many demonstrations are a threat to the kingdom.
0077	탈수현상은 가을철에 쉽게 일어난다.
	Dehydration readily occurs during autumn season.
0078	비는 많은 식물들이 생존하도록 도움을 준다.
	Rain helps many plants to survive.
0079	일출은 그 기간 동안 발생하지 않는다.
	Sunrise doesn't happen during the period.

5 행위 ('-하는 것, -하기')가 주어일 때 (행위주어)

★ 행위주어는, 한국어에서 '-하는 것', '-하기' 에 해당하는 말입니다. 이것은 주로 동사의 원형에 'ing' 를 붙이거나 동사의 원형 앞에 'to' 를 붙여서 만듭니다. 기존에 진행되던 일, 혹은 습관성 일은 주로 'ing' 를 붙여서 만들고, 앞으로 있을 일이나, 아직 실현되지 않은 일은 주로 'to' 를 앞에 붙여서 만듭니다.

★ 행위자체가 하나면 단수로 취급합니다.

도표 09 : 행위 주어 예시

한국어 예시	영어 예시
빗속에서 걷는 것	walking(to walk) in the rain
유럽을 방문하는 것	visiting(to visit) Europe
전화에 응답하는 것	answering(to answer) the phone
그것을 뛰어 넘는 것	jumping(to jump) over it
학교에 걸어가는 것	walking (to walk) to school
내년 여름에 그를 방문하는 것	to visit him next summer

0080	일찍 잠자리에 드는 것은 당신의 건강에 좋다.
	To go to bed at early hours is good for your health.
0081	그렇게 멀리 걷는 것은 많은 칼로리를 태운다.
	To walk that far burns a lot of calories.
0082	박물관들을 방문하는 것은 내 취미들 중 하나다.
	Visiting museums is one of my hobbies.
0083	그 울타리 위로 당신 말을 점프 시킨 것이 말 골절의 원인이었다.
	Jumping your horse over the fence was the cause of its bone fracture.

Week 2 | Unit 03. 주어 (subject)

6 사실이 주어일 때 (주어와 술어를 포함하는 명사절주어)

★ 어떤 사실을 문장 전체의 주어로 만들 때는 '접속사 + 주어 + 술어'의 패턴을 사용합니다. 이 형태에서 가장 자주 사용하는 접속사는 'that' 이지만 'when, who, what' 등이 이끌고 있는 절도 주어의 자리에 자주 옵니다. 어떤 사실 자체는 하나의 개념이므로 단수 취급합니다.

도표 10 : 사실주어의 예시	
한국어 예시	영어 예시
'S가 P하다' 는 사실	that + S + P
'S가 누구(것)/무엇을 P하다'는 사실	who, what, whom, whose, which + S + P
'누가 (누구 것이)/무엇이 P하다'는 사실	who, what, whose, which + P
'S가 언제, 어디서, 왜, 어떻게 P하다'는 사실	when, where, why, how + S + P
'S가 P하는지, 아닌지'	whether + S + P

0084	그가 나의 집 근처에서 산다는 사실은 나를 위로한다.
	That he lives near my house comforts me.
0085	왜 그가 나의 집 근처에서 사는지는 명백하다.
	Why he lives near my house is very obvious.
0086	그가 어디에 묻혀 있는지는 수수께끼가 아니다.
	Where he is buried is not a mystery.

※ 간단하게 주어의 개념과 형태를 살펴보았습니다. 여러분들은 지금부터 모든 영문에서 주어를 찾는 연습을 해보시길 권고합니다. 아무런 어려움 없이 모든 주어를 찾는다는 것은 상당한 노력과 시간이 걸릴 것이며 그 때까지 주변에서 계속적으로 점검과 교정을 도와줄 사람이 필요할지도 모릅니다. 저자의 동영상 교육 사이트인 '바른영어훈련소', 'www.properenglish.co.kr'의 회원 자격을 취득한 후 개별적으로 학습상담을 할 수 있으니, 잘 이용하시기 바랍니다.

UNIT 04

한국어와 영어의 차이
linguistic difference

PREVIEW

지피지기면 백전백승이라 하던가요? 영어와 싸우다보면 그런 생각이 절로 들 때가 있습니다. 정녕, 외계어의 수준 같은 그 언어로 어떻게 정밀하고 때로는 농밀한 의사소통이 이루어지는지 저는 궁금할 때가 많았습니다. 상대의 다른 점이 무엇인가를 인식하고 그것이 어떻게 작용하는지를 파악해야 이 싸움에서 이길 수 있습니다.

UNIT 04 한국어와 영어의 차이 (linguistic difference)

한국어	VS	영어
토씨어 품사 개별어 전치 수식어		위치어 품사 공용어 전, 후치 수식어

1 한국어는 토씨어, 영어는 위치어

★ 한국어는 한 낱말의 역할을 그 낱말 뒤에 붙는 '토씨'로 정합니다.

" 이순신은 조선을 구했다. "

★ 예를 들어, 위 예문에서 '이순신'이 주어인 것은, 주격조사인 '은·는·이·가' 중 '이'가 붙어 있기 때문입니다.

★ '조선'이 목적어인 것은, 목적격조사인 '을·를·에게·랑·와' 중 '을'이 붙어 있기 때문입니다. '구했다'가 술어동사인 이유는 '구'라는 어간에 '하다' 라는 동사 토씨가 붙어있기 때문입니다.

이순신은 조선을 구했다. ≠ 이순신을 조선이 구했다.

★ '이순신을 조선이 구했다' 라고 하면 어순은 그대로 두어도 역할을 의미하는 토씨가 바뀌어서 내용이 달라집니다.

★ 한국어는 '주어, 술어, 목적어, 보어'가 위치에 의해 지배받지 않는 언어이므로, 주어진 예문에서 낱말들의 위치를 바꾸어도 토씨가 바뀌지 않는 한, 전달하는 의미는 같습니다. 그러므로, 한국어와 영어의 차이점으로 흔히 거론하는 주어와 술어의 위치에 의한 비교는 사실, 온당한 차이점이 아닙니다. 한국어에서는 '각 단어의 위치'가 '말의 의미를 정하는 요소'가 아니기 때문입니다.

이순신은 조선을 구했다.
= 조선을 이순신은 구했다.
= 구했다 이순신은 조선을.
= 구했다 조선을 이순신은.

★ 위의 예문은, 한국어에서, 토씨가 바뀌지 않은 채로, 각 단어의 위치만 바꾸었을 때도, 그 의미는 여전히 같다는 것을 보여줍니다.

Admiral Soon Shin Lee saved The Josun Dynasty. (O)

≠ Saved Soon Shin Lee The Josun Dynasty. (x)

≠ Saved The Josun Dynasty Soon Shin Lee. (x)

★ 이에 비하여, 영어는 '토씨'에 의해서가 아니라 '품사와 그 위치'에 의해서, 각 낱말의 역할이 결정됩니다. 첫 예문에서 어순은 술어동사 'saved'를 가운데 두고 앞의 명사가 주어, 뒤의 명사가 목적어입니다. 위의 문장을 'Saved Lee Soon Shin Josun' 혹은 'Saved Josun Soon Shin Lee'이라고 적을 수는 없습니다. (문학적 도치에서는 가능하기도 합니다만......)

Week 2 | Unit 04. 한국어와 영어의 차이 (linguistic difference)

Soon Shin Lee saved The Josun Dynasty.

(이순신이 조선을 구했다.)

The Josun Dynasty saved Lee Soon Shin.

(조선이 이순신을 구했다.)

★ 만약 'Josun saved Soon Shin Lee' 이라고 한다면 '조선이 이순신을 구했다' 라는 의미가 됩니다.

★ 영어는 이와 같이 특별한 도치가 적용되지 않는 한, 술어동사 앞의 것이 주어이고 술어동사 뒤의 것은 행위의 대상인 목적어 또는 주어에 대한 보충정보어인 보어가 됩니다. 따라서 항상 술어동사를 기준으로 그 앞과 뒤에서 행위의 주체인 주어와, 행위의 대상인 목적어를 찾는 연습을 많이 해야 하고 또 많은 문장을 실제로 만들어 보아야 합니다.

2 한국어는 품사 개별어, 영어는 품사 공용어

도표 11 : 영어의 품사 공용 예시 ①

한국어	품사 개별어
그녀는 나의 사랑이다.	명사 '사랑'
나는 그녀를 사랑한다.	동사 '사랑한다'
그녀는 나를 사랑한다.	동사 '사랑한다'

영어	품사 공용어
She is my love.	명사 'love'
I love her.	동사 'love'
She loves me.	동사 'loves'

★ 한국어에서는 모든 낱말의 품사가, 그 낱말의 뒤에 붙는 '토씨'에 의해 결정됩니다. 예를 들어 '사랑'이라는 단어는 명사로만 사용되며 '사랑하다'는 동사, '사랑하는, 사랑스러운'등은 형용사, '사랑스럽게'는 부사입니다.

★ 영어에서도 품사를 결정하는 토씨가 있지만, 상당수의 낱말들은 '문장 내에서의 위치'에 의해 그 품사를 스스로 결정하여 기능할 수 있습니다. 예를 들어 영어에서는 'love'라는 말이, 그 위치에 의해 '명사'와 '동사'로 둘 다 쓰입니다.

★ 'She is my love (그녀는 나의 사랑이다), Love makes everything possible (사랑은 모든 것을 가능한 상태로 만든다)' 같은 문장에서는 'love'가 각각 주격보어와 주어의 역할을 하는 '명사'입니다. 그런데 'I love her (나는 그녀를 사랑한다), She loves me (그녀는 나를 사랑한다)'에서는 'love, loves'가 각각 '술어동사'로 사용되었습니다.

Week 2 | Unit 04. 한국어와 영어의 차이 (linguistic difference)

도표 12 : 영어의 품사 공용 예시 ②	
한국어	품사 개별어
투표할 권리는 여성들에게 허용되지 않았다.	명사 '권리'
오른손을 들어라.	형용사 '오른쪽의'
당신은 당신 삶의 빗나간 여정을 바로잡을 수 있다.	동사 '바로잡다'
영어	품사 공용어
The right to vote was not allowed to women.	명사 'right'
Raise your right hand.	형용사 'right'
You can right the wrong course of your life.	동사 'right'

★ 다른 예로, 'The right to vote was not allowed to women (투표할 권리는 여성들에게 허용되지 않았다)' 라는 문장에서 'right' 는 '권리' 라는 명사입니다. 그런데 'Raise your right hand (오른손을 들어라)' 라는 문장과 'You can right the wrong course of your life (당신은 당신 삶의 빗나간 여정을 바로잡을 수 있다)' 라는 문장에서는 'right' 라는 단어가, 각각 '오른쪽의' 라는 형용사와 '바로 잡다' 라는 타동사로 사용되었습니다.

★ 한국어에서도 다의어는 물론 존재하지만 적어도 품사를 여러 개로 나누어 쓰는 경우는 극히 드문 일입니다. 이런 차이를 처음부터 제대로 인식하는 것이 매우 중요합니다.

3 한국어는 전치수식어, 영어는 전·후치수식어

★ 한국어에서 명사를 꾸미는 말은, 늘 명사의 앞에 놓이지만, 영어에서는 수식어의 종류에 따라, 수식어가 명사의 앞과 뒤에 놓입니다. 이것에 대한 이해와 응용은 영어를 실제로 쓰거나 읽는데 있어서 매우 결정적 요소이므로, 심화과정을 통해 제대로 반복해서 공부해야 합니다.

도표 13 : 전치수식 & 후치수식 예시

한국어 예시	영어 예시
그가 읽고 있는 그 책의 제목	the title of the book (which) he is reading
당신이 찾고 있는 빨간 색 그 구두	those (the) red shoes (that) you're looking for

★ '그가 읽고 있는 그 책의 제목'이라는 한국말에서 '그가 읽고 있는'이 '그 책'을 앞에서 꾸미고, '그가 읽고 있는 그 책의'가 다시 '제목'을 앞에서 꾸밉니다. 하지만 이것을 영어로 옮겨보면 'the title of the book (which) he is reading'이 되는데 'the title of the book'에서는 'of the book'이 'the title'을 뒤에서 꾸미고, '(which) he is reading'이 'the book'을 뒤에서 꾸밉니다.

★ 이런 수식의 순서 규칙은 앞으로도 많이 공부해야 하는 영역입니다. 조금 더 많은 예를 살펴보겠습니다.

★ '당신이 찾고 있는 빨간 색 그 구두'라는 한국어에서 '구두'라는 명사 앞에 있는 모든 말들이 '구두'를 꾸미고 있습니다. 이것을 다시 세분화해보면 '당신이 찾고 있는'과 '빨간 색'과 '그'라는 부분이 수식어들입니다. 이 수식어들을 분류해보면, 맨 앞의 것은 '절(주어+술어)형식의 수식어'이고, 두 번째 것은 '일반 형용사'이며 세 번째 것은 '지시형용사'입니다. 그러나 이 3개의 수식어가 모두 명사 '구두'의 앞에 옵니다.

★ 이것을 영어로 옮기면 'those (the) red shoes (that) you're looking for' 입니다. 즉, 'shoes'를 가운데 두고, 앞에서는 'those(the) red'가, 뒤에서는 'you're looking for'가 꾸밉니다. 이것을 다른 순서로 하는 방법은 거의 없다고 보면 됩니다.

★ 이렇게 명사의 앞에서 꾸미는 말과 뒤에서 꾸미는 말을 구분하기 위해서는 이 부분에 대한 명쾌한 지식이 있어야 합니다. 우리는 이것을 전치(전위)수식과, 후치(후위)수식이라고 부르며

Week 2 | Unit 04. 한국어와 영어의 차이 (linguistic difference)

공부하게 됩니다. 이 부분에 대한 공부가 끝나고 나면 영어에 엄청난 자신감이 생깁니다. 짧은 토막말과 토막글을 만들던 단계를 벗어나서 제대로 꾸밈말을 만들고 이해할 수 있기 때문에 수준 높은 원서를 이해할 능력을 갖추게 됩니다.

★ 지금은 개요에 대한 이해를 돕기 위해 서술하고 있지만 심화과정에서는 이 부분을 아주 자세하고 깨끗하게 다루게 될 것입니다.

UNIT 05
전치사
preposition

PREVIEW

전치사는 혼자서 사용되는 말이 아니고, 그 뒤에 반드시 자신의 짝을 가져야 하는 말입니다. 다시 말해, 전치사는 그 뒤에 반드시 명사, 대명사, 동명사, 또는 'wh-'에 의한 구조를 짝으로 받아야 합니다. 이것을 전치사의 목적어라고 합니다. 그러므로 인칭대명사를 그 짝으로 받을 때는 목적격을 사용해야 합니다.

UNIT 05 전치사 (preposition)

1 전치사의 성질

 전치사 + 목적어 (명사, 대명사, 동명사, wh-)

★ 전치사는 혼자서 사용되는 말이 아니고, 그 뒤에 반드시 자신의 짝을 가져야 하는 말입니다. 다시 말해, 전치사는 그 뒤에 반드시 명사, 대명사, 동명사, 또는 'wh-' 에 의한 구조를 짝으로 받아야 합니다. 이것을 '전치사의 목적어'라고 합니다. 그러므로 인칭대명사는 목적격을 사용해야 합니다. 우선 전치사 뒤에 붙는 말들에 유념하면서 아래 문장을 살펴봅시다.

0087	그는 나를 무서워한다.
	He is afraid of (I, me).

★ 전치사 'of' 뒤에서 인칭대명사가 올 때는 목적격을 써야 합니다. 'me' 가 정답입니다.

0088	그는 그 결과에 대해 걱정한다.
	He is anxious about the result.

★ 전치사 'about' 뒤에서 명사 'the result' 가 목적어로 왔습니다.

0089	그는 우리를 돌보는 것에 책임이 있다.
	He is responsible for (take, taking) care of (we, us).

★ 전치사 뒤에서는 동사를 쓸 수 없기 때문에 동사의 내용이 올 때는 늘 '-ing' 를 붙여서 동명사로 만들어 써야 합니다. 그래서 전치사 'for' 뒤에서 'taking' 이 온 것입니다. 전치사 'of' 뒤에서는 인칭대명사 목적격이 와야 하므로 'us' 가 정답입니다.

0090	그는 다음에 무엇을 할지 의식하고 있다.
	He is conscious of what to do next.

★ 전치사 'of' 뒤에서 'wh-' 가 이끄는 명사구가 왔습니다. 참고로 'wh- to VR' 구조는 명사의 역할을 합니다.

0091	그는 그가 어디를 향해 가는지 모르고 있다.
	He is ignorant of where he is going to.

★ 전치사 'of' 뒤에서 'wh-' 가 이끄는 명사절이 왔습니다.

0092	우주의 삶을 산다는 것은 어떤 모습일까?
	What is it like to live a life of the universe?
0093	나는 농촌에서의 삶에 대해 썼다.
	I've written about the life on a farm.
0094	그들은 바다 아래의 삶에 지겨워한다.
	They are tired of the life under the sea.

★ 전치사는 그 의미에 따라 적합한 것을 선택해야 합니다. 위의 예문에서 각각 'of, about, on, under' 가 명사와 함께 전달하고자 하는 의미를 명백히 했습니다.

0095	게다가, 비가 내리기 시작했다.
	In addition, it began to rain.

★ 이 예문에서처럼, '전치사와 그 목적어'가 comma에 의해 분리되어 추가적 정보를 줄 수 있습니다. 이것을 '부사구'라고 부를 수 있습니다.

Week 2 | Unit 05. 전치사 (preposition)

2 '명사1 + 전치사 + 명사2'의 수식관계

 명사1 + (전치사 + 명사 2)

★ '전치사 + 명사' 구조가 다른 명사의 뒤에 붙어서 앞의 명사를 꾸미는 경우가 많습니다. 각 전치사의 의미를 제대로 알고 있으면 많은 형태의 수식어를 만들 수 있습니다. 이제 가장 자주 사용되는 몇 개의 전치사로 앞의 명사를 꾸미는 사례를 보겠습니다.

도표 14 : 주요 전치사 + 목적어

① 명사 + of + 목적어

한국어 예시	영어 예시
광고의 한 형태	a form of advertising
고객의 명단	a list of consumers
사람들의 수천	thousands of people
그 화재의 원인	the cause of the fire
그 물의 대부분	most of the water
그 게임의 한 부분	one part of the game
컴퓨터 시대의 도래	the arrival of the computer age
우주의 창조	the creation of the universe
생명체의 등장	the appearance of life
연구자들의 한 집단	a team of researchers

② 명사 + on + 목적어

한국어 예시	영어 예시
그 산 정상 위의 눈	the snow on top of the mountain
그 테이블 위의 컵	the cup on the table
그 바다 위의 배	a ship on the sea
그 벽 위의 그림한 점	a picture on the wall
말 등 위의(탄) 한 남자	a man on horseback
미국의 자연미에 관한 책	a book on American natural beauty

③ 명사 + in + 목적어

한국어 예시	영어 예시
내 마음 속의 한 소녀	a girl in my heart
새장 안의 한 마리 새	a bird in the cage
내 청바지 안의 구멍	a hole in my blue jeans
역사속의 한 사건	a great event in history
그 모자 속(쓴)의 한 남자	a man in the hat
사랑 속(빠진)의 여인	a woman in love

④ 명사 + at + 목적어

한국어 예시	영어 예시
콜롬비아대학에 있는 과	a department at Columbia University
작업 중인 사람들	men at work
빠른 속도에 있는 차	a car at a high speed
실온에 있는 유제품	a milk product at room temperature

Week 2 | Unit 05. 전치사 (preposition)

⑤ 명사 + between + 목적어

한국어 예시	영어 예시
당신과 나 사이의 교환	an exchange between you and me
두 막(연극) 사이의 한 부분	a part between two acts
삶과 죽음사이의 한 지점	a place between life and death

⑥ 명사 + against + 목적어

한국어 예시	영어 예시
미국달러에 대한 금의 가치	gold value against the US dollar
창문에 부딪히는 바람	wind against the window
비만에 맞선 전쟁	war against obesity

⑦ 명사 + for + 목적어

한국어 예시	영어 예시
여름휴가를 위한 오두막	a hut for the summer vacation
국민을 위한 정부	a government for the people
그의 사망에 대한 이유	the reason for his death
아동용 도서	a book for children
비매품인 재킷 하나	a jacket not for sale
그 직업의 구직자	an applicant for the job
시애틀 행 버스	a bus for Seattle
5월 15일자의 약속	an appointment for May 15
8시 공연의 초대	the invitation for 8 o'clock show

⑧ 명사 + to + 목적어

한국어 예시	영어 예시
세계 평화를 향한 헌신	the dedication to the world peace
그 혜택에 대한 큰 공헌	the great contribution to the benefit
나의 아시아 쪽 첫 방문	my first visit to Asia
허리까지 온 그녀의 머리칼	her hair to her waist
끝까지의 거리	the distance to the end
서울까지의 긴 거리	a long distance to Seoul
나의 형제에게 쓴 편지	a letter to my brother
주 이탈리 한국대사	a Korean ambassador to Italy
내 방에 딸린 열쇠	the key to my room

⑨ 명사 + without + 목적어

한국어 예시	영어 예시
개들이 없는 삶	a life without dogs
점이 없는 얼굴	a face without any mole

⑩ 명사 + with + 목적어

한국어 예시	영어 예시
적포도주 한 병과 스테이크	a steak with a bottle of red wine
두건 달린 재킷	a jacket with a hood

Week 2 | Unit 05. 전치사 (preposition)

⑪ 명사 + under + 목적어

한국어 예시	영어 예시
해저의 생활	a life under the sea
포화를 맞고 있는 사람	a man under fire

⑫ 명사 + over + 목적어

한국어 예시	영어 예시
그 강에 걸쳐있는 다리	a bridge over the river
무지개 너머의 장소	a place over the rainbow
적에 대한 강점	advantage over the opponent

⑬ 명사 + from + 목적어

한국어 예시	영어 예시
배우자 아버지로부터의 편지	a letter from my father-in-law
마이애미 발 기차	the train from Miami
킹 목사로부터 따온 인용	quotation from Martin Luther King
범죄현장으로부터 50마일	50 miles from the scene of the crime

⑭ 명사 + by + 목적어

한국어 예시	영어 예시
호숫가의 집	a house by the lake
셰익스피어에 의한 희곡	a play by Shakespeare
비틀즈에 의한 노래	a song by Beatles

⑮ 명사 + about + 목적어

한국어 예시	영어 예시
곤충들에 관한 책	a book about insects

⑯ 명사 + below + 목적어

한국어 예시	영어 예시
영하의 온도	a temperature below zero
동물보다 못한 사람	a man below animals

⑰ 명사 + above + 목적어

한국어 예시	영어 예시
구름 위의 비행기	a plane above the clouds
연 6%가 넘는 인플레율	inflation rate above 6% a year
상상을 넘는 영화	a movie above imagination

★ 위의 표현들은 해당 전치사가 사용되는 가장 일반적인 활용법과 그에 어울리는 낱말들의 예입니다. 기억해 두면 매우 유용하게 써먹을 수 있을 것입니다. 나머지 전치사들과 더 자세한 의미는 심화과정에서 공부합니다.

Week 2 | Unit 05. 전치사 (preposition)

3 전치사 + VR-ing

전치사 + VR-ing : 행위가 전치사의 목적어

I am familiar with **watching sheep**. (나는 양들을 감시하는 것에 친숙하다)

★ 앞서 언급했듯이 전치사는 동사를 그 짝으로 받을 수 없습니다. 어떤 행위를 전치사의 짝으로 사용할 때는 동사의 원형에 'ing'를 붙여야 합니다. 이 경우 전치사의 목적어로 동명사가 되는 것입니다. 동명사는 동사의 원형에 'ing'를 붙여서 그것을 명사화한 말입니다. 영어로는 'gerund' 라고 합니다.

★ 아래의 문장들에서, 전치사 뒤에는 모두 동명사가 사용되었습니다. 왜냐하면 전치사는 동사를 목적어로 받을 수 없기 때문에 그것을 모두 동명사로 고쳐야 하기 때문입니다.

0096	그는 우리와 접촉하는 것을 두려워한다.
	He is afraid of contacting us.
0097	나는 양들을 감시하는 것에 친숙하다.
	I am familiar with watching sheep.
0098	그렇게 하는데 있어서 그는 오른쪽 발목을 겹질렀다.
	In so doing, he strained his right ankle.
0099	연고를 바름으로써 나는 태양화상을 진정시켰다.
	By applying some ointment, I soothed the sunburn.
0100	그는 시험에 준비되지 않은 채로 등교했다.
	He went to school without being prepared for the exam.

4 동사 + 전치사

동사 + 전치사 : 동사구 (phrasal verb)

동사의 뜻과 전치사의 뜻이 합쳐져서 새로운 의미의 동사구를 만듭니다.

★ 이 구조는 동사의 의미를 확장하기 위해, 동사 뒤에 전치사를 붙여서 동사구를 형성한 모습입니다. 한국에서는 이것을 '동사구' 혹은 '타동사구'라고 부르는데, 의미의 긴밀함을 위해서로 자주 어울리는 2개 이상의 단어군을 지칭하는 'collocation' 현상의 일종입니다. 영어에서는 이를 'phrasal verb', 즉, '구 동사' 혹은 '동사구'라고 부릅니다.

0101	나는 사과가 아니라 돈을 요구한다.
	I ask for money, not apology.
0102	그는 도교 쪽으로 돌아섰다.
	He turned to Taoism.
0103	그는 시민권에 대해 이야기하는 것을 좋아한다.
	He likes to talk about civil rights.

★ 이런 '동사구'는 각 동사와 전치사의 결합으로 많은 종류가 있으며, 기본과정에서는, 대략 200여개 이상을 암기하도록 권장합니다. 흔히 사용되는 것들 중에서 전치사를 기준으로 5종류를 소개합니다.

Week 2 | Unit 05. 전치사 (preposition)

도표 15 : 동사 + 전치사 구조의 주요 전치사

① for

한국어 예시	영어 예시	한국어 예시	영어 예시
무엇을 요구하다	ask for	무엇을 귀로 들어서 찾아보다	listen for
무엇을 찾아보다	look for	무엇을 추구하다	seek for

② to

한국어 예시	영어 예시	한국어 예시	영어 예시
무엇에 기여하다	contribute to	무엇 쪽으로 방향을 틀다, 혹은 무엇으로 바뀌다	turn to
무엇에게 말하다	talk to	무엇을 귀 기울여 듣다	listen to

③ at

한국어 예시	영어 예시	한국어 예시	영어 예시
무엇을 쳐다보다	look at	무엇보고 고함지르다	yell at
무엇보고 미소 짓다	smile at	무엇보고 크게 웃다, 비웃다	laugh at

④ in

한국어 예시	영어 예시	한국어 예시	영어 예시
무엇을 초래하다	result in	무엇을 반환하다	turn in
무엇을 제출하다	hand in	무엇을 신뢰하다	confide in

⑤ of

한국어 예시	영어 예시	한국어 예시	영어 예시
무엇에 대해 말하다	speak of	무엇에 대해 생각하다	think of
무엇에 대해 말하다	talk of	무엇에 대해 말하다	tell of

5 '전치사 + 목적어' 에 의한 부가정보

 전치사 + 목적어
= 시간, 장소, 방법 등의 부가정보 제공

★ 이 구조는 문장에 추가적 정보를 제공하기 위해 첨가하는 것인데, 추가적 정보란 [시간, 장소, 방법, 결과, 목적, 원인, 조건, 동시상황] 등을 말합니다. 이 구조는 주로 문장의 앞이나 뒤에 첨가되며, 콤마를 써서 가운데 삽입하기도 합니다. 이것을 문법 용어로는 '부사구'라고 합니다. 이런 부사구는 무궁무진하게 만들어질 수 있습니다. 본 과정에서는 대표적 정보마다 하나씩의 예시를 보여드립니다.

1 방법정보

0104 사실상, 그 요리법은 인도에서 처음 시작되었다.

In fact, the recipe originated in India.

2 시간정보

0105 1992년에 한 위대한 인물이 한국에서 태어났다.

In 1992, a great man was born in Korea.

3 장소정보

0106 그는 아프리카에서 고릴라들을 연구했다.

He studied the gorillas in Africa.

Week 2 | Unit 05. 전치사 (preposition)

4 결과정보

0107 그 종이는 조각나도록 찢겨졌다.

The paper was torn into pieces.

5 목적정보

0108 나는 딸을 위한 기념품을 사기위해 그 지역의 시장에 갔었다.

I have been to the local market for a souvenir for my daughter.

6 원인정보

0109 그 게임은 비 때문에 취소되었다.

The game was cancelled due to rain.

7 조건정보

0110 당신과 그 파티에 있다면 매우 기쁘겠습니다.

I would be very happy with you at the party.

8 동시상황정보

0111 그는 모자를 쓴 채로 식사를 했다.

He dined with his hat on.

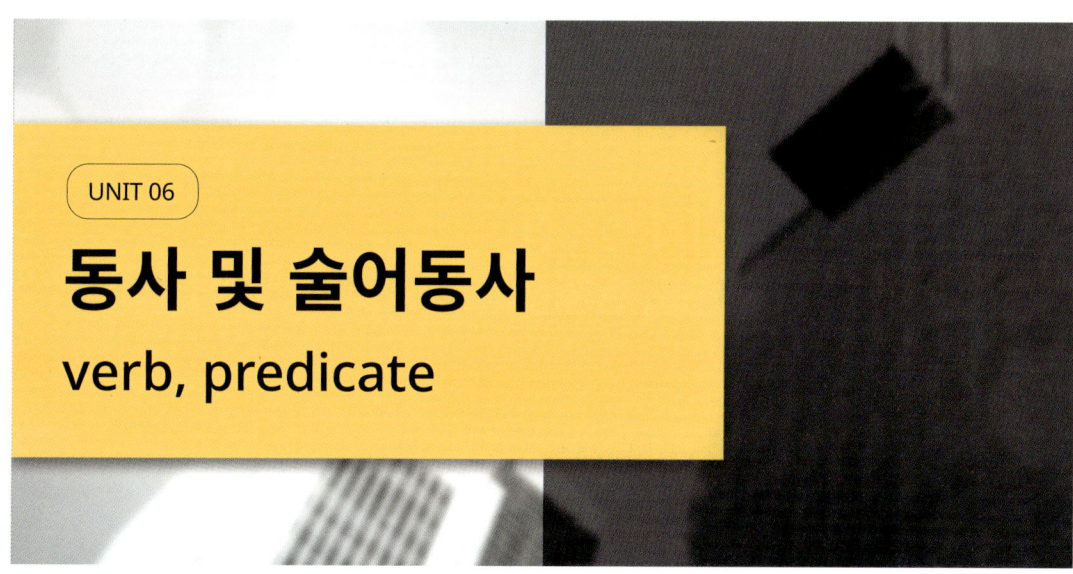

UNIT 06
동사 및 술어동사
verb, predicate

PREVIEW

동사들은 기본적으로 5개의 형태를 갖는데 각각을 동사의 원형 (verb root), 현재형 (present form), 과거형 (past form), 과거분사형 (past participle form) 이라고 부릅니다. 현재분사 (present participle) 는 동사의 원형에 'ing' 를 붙입니다.

UNIT 06 동사 및 술어동사 (verb, predicate)

1 동사의 5가지 활용

> **동사의 5가지 변화형**
> = 원형, 현재형, 현재분사형, 과거형, 과거분사형

★ 동사들은 기본적으로 5개의 형태를 갖는데 각각을 동사의 원형 (verb root), 현재형 (present form), 과거형 (past form), 과거분사형 (past participle form) 이라고 부릅니다. 현재분사 (present participle) 는 동사의 원형에 'ing' 를 붙입니다.

도표 16 : 동사의 5가지 변화형

구분	동사 원형	현재형	과거형	과거분사형	현재분사형
영어	verb root	present form	past form	past participle form	present participle
표시	VR	P(s)	-ed	p.p	-ing

★ 예를 들어 'be동사' 는 원형이 'be', 현재형이 'is, am, are', 과거형이 'was, were', 과거분사는 'been'. 현재분사는 'being' 입니다. 'have' 동사는 원형이 'have', 현재형이 'have, has', 과거형이 'had', 과거분사형이 'had' 이며 현재분사는 'having' 입니다. 'do' 동사는 현재형이 'do, does', 과거형이 'did', 과거분사형이 'done' 이고, 현재분사는 'doing' 입니다. 나머지 동사는 원형이 현재형에서 's' 를 붙이지 않은 모양과 같습니다. 아래의 3개의 동사를 제외하고는 현재형과 원형이 같은 모습입니다.

도표 17 : 주요 동사의 변화 형태

원형	현재형	과거형	과거분사형	현재분사형
be	am, are, is	was, were	been	being
do	do, does	did	done	doing
have	have, has	had	had	having

★ 규칙동사의 과거형과 과거분사형은 대부분 동사현재형 뒤에 'ed' 를 붙여서 만들지만 약

200여 개의 동사는 과거형, 과거분사형을 만드는 규칙이 별개로 정해져 있어서 이를 불규칙동사라고 하고 따로 그 형태를 암기해야 합니다. 분사는 추후 자세히 설명합니다.

도표 18 : 규칙동사의 기본 형태				
원형	현재형	과거형	과거분사형	현재분사형
want	want(s)	wanted	wanted	wanting
like	like(s)	liked	liked	liking

도표 19 : 과거분사 만드는 철자 규칙		
'e'로 끝난 경우	love → loved, die → died	만약 'e'로 끝나있으면 'd'만 붙입니다.
단모음 + 단자음	beg → begged	단모음 + 단자음으로 끝나면 끝자음 추가
모음 + 'c'	panic → panicked	'c' 다음에 'k' 추가
자음 + 'y'	marry → married	'y'를 'ie'로 변경

도표 20 : 현재분사 만드는 철자 규칙		
자음 + 'e'	love → loving	'e' 빼고 '-ing'
'ie'로 끝난 경우	die → dying, lie → lying	'ie'를 'y'로 바꾸고 'ing'
모음 + 'c'	panic → panicking	'c' 다음에 'k' 추가
단모음 + 단자음	beg → begging	단모음 + 단자음으로 끝나면 끝자음 추가

Week 2 | Unit 06. 동사 및 술어동사 (verb, predicate)

1 규칙변화 동사의 예

도표 21 : 규칙 변화 동사의 예시

현재형	과거형	과거분사형	현재분사형
want	wanted	wanted	wanting
need	needed	needed	needing
die	died	died	dying
picnic	picnicked	picnicked	picnicking
panic	panicked	panicked	panicking
love	loved	loved	loving

★ 불규칙변화란 동사의 과거형과 과거분사형이 '-ed'로 끝나지 않는 형태입니다. 대략 200여개의 불규칙동사가 있으며 그 형태는 크게 아래의 4가지로 구분됩니다.

2 불규칙변화 동사의 예

도표 22 : A - B - B 형태

현재형	과거형	과거분사형	현재분사형
think	thought	thought	thinking
buy	bought	bought	buying
make	made	made	making

도표 23 : A - B - C 형태

현재형	과거형	과거분사형	현재분사형
sing	sang	sung	singing
begin	began	begun	beginning
write	wrote	written	writing

도표 24 : A - B - A 형태

현재형	과거형	과거분사형	현재분사형
come	came	come	coming
run	ran	run	running
become	became	become	becoming

도표 25 : A - A - A 형태

현재형	과거형	과거분사형	현재분사형
put	put	put	putting
set	set	set	setting
cast	cast	cast	casting

2 과거분사 (past participle)

★ 동사의 변화형태 중, 세 번째 모양을 과거분사(past participle)라고 부르는데, 이 형태는 완료시제(have, has, had + p.p), 수동태(be p.p, get p.p), 또는 혼자 사용되어 분사형용사를 만듭니다. '분사'라는 영역에서 더 자세히 배우게 됩니다.

★ 여기서 미리 유념할 것은, '동사의 3단 변화형'에서 맨 앞의 두 개는 동사이고, 세 번째 것은 동사가 아니라는 것입니다. 예를 들어서 'want' 는 'want - wanted - wanted' 로 3단변화 되는데, 처음 것은 '원하다' 혹은 '원한다' 이고 두 번째 'wanted' 는 '원했다' 이지만 세 번째 'wanted' 는 형태상으로는 두 번째 'wanted' 와 같지만, 동사가 아니기 때문에 한국어에서 '-다' 로 끝나지 않습니다. 이것이 술어동사로서의 기능을 하기 위해서는, 다른 말들과 함께 와야 합니다. 의미가 완결되지 않았으므로 세 번째 'wanted' 는 'have (has) wanted / had wanted' 의 모양일 때, 비로소 각각 '원했다, 원했었다'이며 'is (was,am,are,were) + wanted' 등 'be wanted' 의 모양일 때는 '원해진다'가 됩니다. 이런 술어들을 각각 '완료시제'와 '수동태' 라고 합니다. '과거분사 wanted'를 단독적으로 굳이 표현하자면 '원했(완료)' 혹은 '원해진(수동)' 정도가 됩니다. 술어 어미인 '-다' 를 붙이기 이전의 상태라고 보시면 됩니다.

Week 2 | Unit 06. 동사 및 술어동사 (verb, predicate)

3 be 동사

1 각각의 주어와 어울리는 be 동사의 주요 형태

도표 26 : 인칭과 수에 따른 be 동사의 형태

인칭과 수	be 동사 현재, 과거	인칭과 수	be 동사 현재, 과거
I	am, was	We	are, were
He, She	is, was	They	are, were
You	are, were	Life	is, was
The car	is, was	The cars	are, were
A bear	is, was	Two bears	are, were
동명사, 부정사, 명사절 주어		단수동사	
Working for the company	is, was		
To see my parents again	is, was		
That he is alive	is, was		
What I did	is, was		

★ 이미 배웠듯이, 주어가 3인칭 단수 ('나, 너'가 아닌 제 3의 것을 의미하면서 개수가 하나이거나 하나의 물질, 개념, 면적, 부피, 중량, 체적 등을 의미하는 것)일 때, be 동사를 쓸 경우 is, was 입니다. 'to VR' 형태나 'VR-ing' 형태의 '행위주어'와 '접속사 + 주어 + 술어'의 '진술주어' 모두 3인칭 단수이므로 is, was 입니다.

★ 주어가 1인칭 단수인 'I' 일 때, 'be 동사'는 am, was 이고, 주어가 1인칭 복수 'we' 일 때, 'be 동사'는 are, were 입니다.

★ 주어가 2인칭 'you' 일 때와, 3인칭 복수 일 때는 are, were 를 'be 동사'로 사용합니다. 2인칭 'you' 는 '당신, 당신들'로 단·복수가 같습니다.

2 be 동사의 뒷 구조에 따른 의미

1 be + 전치사 : '-에 있다'

★ 'be 동사' 는 '존재하다' 라는 의미가 있습니다. 이 경우 '장소·시간·방식' 등을 의미하는 추가정보어와 함께 주로 사용됩니다. 이 추가정보어는 주로 한 단어 부사나 '전치사 + 명사' 의 모양으로 구성됩니다.

★ 또한, 'there be + 주어' 어순에서도 'be 동사'는 '존재하다' 라는 의미입니다. 이 때 'There' 는 문장의 앞에 와서, 단순히 절을 유도하는 역할만 합니다. 따라서 '거기에' 라는 장소의 의미는 없습니다. 만약 'There was a small armchair there.' 라고 한다면 앞의 'there' 는 의미는 없고 절 만을 유도하며, 뒤의 'there' 가 장소부사로서 '거기에' 에 해당됩니다.

0112	너의 운명은 내 손 안에 있다.
	Your destiny is in my hand.
0113	그 새는 작은 우리 안에 있다.
	The bird is in a small cage.
0114	그 기계는 사용 속에 있다. 즉, 사용 중이다.
	The machine is in use.
0115	그 고양이 새끼는 테이블 아래에 있다.
	The kitten is under the table.
0116	그 오두막은 호숫가에 있다.
	The cottage is by the lake.
0117	악어는 최상위 포식자들 가운데 있다.
	A crocodile is among the top predators.

Week 2 | Unit 06. 동사 및 술어동사 (verb, predicate)

0118	이 문제는 너와 나 사이에 있다. (즉, 너와 나 사이의 일이다.)
	This is between you and me.
0119	이 선물은 너를 위해 있는 것이 아니다. (즉, 네 것이 아니다.)
	This present is not for you.
0120	그녀는 거기에 있지 않다.
	She is not there.
0121	그 문제에 대한 해결책이 있다.
	There is a solution for the matter.
0122	그 지역에는 더 이상 벌들이 없었다.
	There were no more honeybees in the area.
0123	그녀가 있다.
	There she is.
0124	나는 생각한다, 고로 나는 존재한다.
	I think, so I am.

2 be + 명사 : '-이다'

★ 'be 동사'는, 뒤에서 명사를 받아서 주어의 정체나 신분을 밝힙니다. 한국어의 '-이다' 라고 해서하면 됩니다.

0125	그녀는 법률가(혹은 변호사)이다.
	She is a lawyer.
0126	그들은 목수들이다.
	They are carpenters.

3 be + 형용사 : '-하다'

★ 'be 동사'는, 뒤에서 형용사를 받아서 주어의 상태나 성질을 묘사합니다. 형용사에 어울리는 '-하다' 어미를 붙여서 이해하면 됩니다.

0127	그녀는 솔직하다.
	She is candid.
0128	그 해변은 암석이 많다. (즉, 울퉁불퉁하다.)
	The seashore is rocky.
0129	그 구름들은 하얗다.
	The clouds are white.

★ 국어의 표현들 중 '정직하다, 성실하다, 크다, 작다, 하얗다, 파랗다, 똑똑하다, 멍청하다, 길다, 짧다' 등, 성질이나 상태를 나타내는 표현들은 영어에서 하나의 동사로 표시하기 보다는 'be 동사' 와 '해당형용사'를 합쳐서 두 단어로 나타냅니다.

★ 'be 동사' 는 뒤에 'ing (현재분사)' 나 'p.p (과거분사)' 를 받아서, 성질이나 상태를 설명할 수 있습니다.

0130	그 게임은 흥미롭다.
	The game is exciting.
0131	그 등반가는 피곤했다.
	The climber was tired.

4 be + VR -ing / be + to VR

★ 'be 동사'는, 뒤에서 'ing' 혹은, 'to VR' 형태를 받아서 '-하는 것이다' 라는 의미를 만들 수 있습니다. 'ing'가 올 경우, '-하는 중이다'와 '하는 것이다'를 문맥으로 구분해야 합니다.

Week 2 | Unit 06. 동사 및 술어동사 (verb, predicate)

0132	그는 너무 많이 술을 마시는 중이다. (현재분사)
	He is drinking too much.
0133	그녀의 소망들 중 하나는 유럽으로 여행하는 것이다. 그러나 그녀의 나쁜 습관 중 하나는 술을 너무 많이 마시는 것이다. (동명사)
	One of her wishes is to take a trip to Europe but one of my bad habits is drinking too much.

★ 'be 동사'는, 뒤에 '-ing (현재분사)'를 받아서 행위가 진행됨을 표시할 수 있습니다. 동명사와 현재분사는 형태상으로는 동사의 원형에 '-ing'를 붙여서 만들지만, 동명사는 명사적 해석, 현재분사는 진행적 해석 혹은 형용사적 해석이라는 점이 다릅니다.

0134	그 남자는 한국 전통 음식 하나를 요리하고 있는 중이다. (현재분사)
	The man is cooking a Korean traditional dish.
0135	나의 아버지는 죽어가고 있는 중이다. (현재분사)
	My father is dying.

5 be + p.p / be + that + S + P

★ 'be 동사'는, 뒤에서 절이나 수동태를 의미하는 과거분사를 받을 수 있습니다. 수동태와 명사절 단원에서 많은 예문을 다루겠습니다.

0136	그 점포는 열시에 닫힌다.
	The shop is closed at ten.
0137	내 아이디어는 우리 모두가 검은 정장을 입는다는 것이다.
	My idea is that we all wear dark suits.

3 be 동사를 사용한 의문문 : Be + S ...? 구조

★ 의문문을 만들 때는 'be 동사'를 주어 앞으로 옮깁니다. 'there be + 주어' 구조에서, 실질적 주어는 'be' 동사 뒤에 있지만, 형식적 주어를 유도부사 'there'로 하기 때문에 의문문을 만들 때, 'be 동사'는 'there' 의 앞으로 옵니다. 그래서 'be + there + 주어?' 구조가 됩니다.

0138	그는 죽어가고 있는가?	
	Is he dying?	
0139	그녀는 거짓말을 하고 있었는가?	
	Was she telling a lie?	
0140	그 안에 누구 있습니까?	
	Is there anybody in there?	

4 be 동사의 부정문 : be + not

★ 보통 'be' 뒤에 'not' 을 붙여서 부정문을 만듭니다. 'no' 나 'never' 를 쓰기도 합니다.

0141	그것들은(그들은) 멋지지 않다.	
	They are not awesome.	
0142	그는 심리학자가 아니다.	
	He is not a psychologist.	

Week 2 | Unit 06. 동사 및 술어동사 (verb, predicate)

4 have 동사

도표 27 : 일반동사 have? 조동사 have?

일반동사 have		조동사 have	
현재시제	have	현재 완료	have p.p
현재시제(3인칭 단수)	has	현재 완료(3인칭 단수)	has p.p
과거형	had	과거 완료	had p.p
과거분사형	had		

★ 주어가 3인칭 단수이고 현재시제일 때는 'has' 를 쓰며, 나머지 주어는 현재형에서 'have' 를 사용합니다. 과거형은 모든 주어에서 'had' 를 사용합니다. 삼단변화형은 'have - had - had' 입니다. 여기서도 동사의 과거형과 과거분사형이 'had' 라는 형태로 동일하지만 언급했듯이 두 번 째 'had' 는 동사의 과거형이고 세 번째 'had' 는 자체로는 동사가 아니라는 것을 기억해주세요.

★ 덧붙여서 'have' 는 완료시제를 만드는 조동사로도 사용하기 때문에 많은 분들이 'have p.p, has p.p, had p.p' 구조에서 사용된 'have, has, had' 를 동사 'have, has, had' 와 혼동할 수 있습니다. 완료시제에서 사용되는 'have, has, had' 는 자체로는 동사가 아니기 때문에 'have' 동사가 가지는 고유한 의미는 없고 다만 그 뒤에 오는 'p.p' 즉 과거분사에서 사용된 동사의 의미를 가지고 해석이 됩니다.

1 have + 명사 / 대명사

★ '소유하다·먹다·마시다·겪다·경험하다' 등 폭 넓은 의미로 사용됩니다.

0143	나는 대가족을 가지고 있다.
	I have a large family.
0144	나는 늦은 점심을 먹었다.
	I had a late lunch.
0145	그들은 매우 즐거운 시간을 경험했다.
	They had a very good time.

2 have 의 부정문

★ 'do not have, does not have, did not have' 형태이지만, 영국영어에서는 'have not' 을 쓰기도 합니다.

0146	나는 나의 직업에 어떠한 문제도 가지고 있지 않다.
	I do not have any problem with my job.
0147	그녀는 남자 친구라고는 한 명도 가지고 있지 않다.
	She does not have any boyfriend.
0148	그들은 어제 그들의 점포로 오는 손님을 갖지 못했다.
	They did not have visitors to their shop yesterday.
0149	나는 어떠한 불평도 갖고 있지 않다.
	I have not any complaint. - 영국식

3 have 의 의문문

★ 'do, does, did + 주어 + have' 의 형태이지만, 영국 영어에서는 'have' 를 주어 앞으로 보내서 'Have you any courage?' 로 쓸 수 있습니다.

0150	당신은 증인을 가지고 있습니까?
	Do you have a witness?
0151	그것은 많은 다리를 가지고 있습니까?
	Does it have many legs?
0152	그녀는 악몽을 겪었습니까?
	Did she have a nightmare?

Week 2 | Unit 06. 동사 및 술어동사 (verb, predicate)

4 have + 명사 + 동사원형 / ing / p.p

★ 이 구조에서 'have'는 '시키다' 혹은 '예상하지 않고 겪다'라는 의미입니다. 매우 중요하니 반드시 기억해야 합니다. 명사 뒤에서 '동사원형' 대신에 'ing' 형태를 쓰기도 합니다. 만약 명사 뒤에서 'p.p' 즉, 과거분사가 오면 '바로 앞의 명사와 수동관계'가 됩니다.

0153	나는 학생들 중 하나에게 교실을 청소시킨다.
	I have one of the students clean the classroom.
	나는 교실을 학생들 중 하나에게 청소되게 한다.
	I have the classroom cleaned by one of the students.
0154	그녀는 아들이 입학시험에 떨어지는 일을 겪었다.
	She had her son fail in the entrance exam.

5 have + p.p

★ 이 구조에서 'have'는, 위에서 언급했듯이 본동사가 아닙니다. 이것은 시제의 의미를 보조하는 '조동사 have'입니다. 해석은 '-했다'처럼 과거형이지만, 실제의 의미는 과거의 행위를 현재의 결과와 연결시킬 경우에 사용합니다. 이 부분은 시제에서 자세히 배우겠습니다.

0155	나는 나의 할당량을 완수했다.
	I have completed my assignment.
0156	나는 어제 이후로 그를 보지 못했다.
	I have not seen him since yesterday.
0157	나는 미국을 두 번 갔다 왔다.
	I have been to America twice.

★ 이 용법에서는 의문문을 만들 때 'have, has'를 문장(주어)의 앞으로 옮깁니다. 왜냐하면 'have'가 완료시제를 만드는 조동사의 역할을 하기 때문입니다. 조동사는 주어 앞으로 옮김으로써 의문문이 구성됩니다.

0158	당신은 그 섬에 가 본적이 있습니까?
	Have you ever been to the island?

★ 이 용법에서는 부정문을 만들 때 'have, has' 뒤에 'not, never'를 붙이는데 역시 'have'가 완료시제를 만드는 조동사의 역할을 하기 때문입니다. 조동사는 그 뒤에 부정어를 붙여서 부정문을 만듭니다.

0159	그 사람은 아직 돌아오지 않았다.
	He has not come back yet.

5 기타 주요 일반 동사

★ 'be 동사'와 '조동사'를 제외한 나머지 동사들을 '일반 동사'라고 부릅니다.

1 일반 동사의 종류

도표 28 : 일반 동사의 종류	
정서표현	hate, adore (흠모하다), admire (존경하다), abhor (혐오하다) 류
단순행위	rise, walk, work, run, laugh, cry, live, die, sleep 류
인지	know, think, realize, understand 류
감정타동사	surprise (놀래키다), offend (불쾌하게하다), disappoint (실망시키다) 류
지식행위	read, write, debate (토론하다), learn, teach, persuade (설득시키다) 류
기타	do, make, take, get 류

★ 주어가 3인칭 단수이고 시제가 현재일 때, 일반 동사가 술어로 사용되면 끝에 's'를 첨가한다는 사실은 늘 기억하고 적용해야 합니다. 즉, 'I like you' 이지만, 'She likes you' 라는 것을 절대 잊지 마세요. 이 책이 끝날 때까지 내내 강조할 내용입니다.

Week 2 | Unit 06. 동사 및 술어동사 (verb, predicate)

2 일반동사의 부정문(negative) : do / does / did + not + VR

★ 일반동사는 'do not, does not, did not + 원형'의 구성으로 부정문을 만듭니다. 물론 부정어는 'not' 외에도 'never, seldom, scarcely, hardly, rarely, 전치사 + no + 명사'의 부사나 부사구를 사용해서 부정문을 만들기도 합니다. 부사구를 사용하는 방법은 부사라는 영역에서 자세히 다룹니다. 여기서는 'not'을 이용하는 방법만 터득하세요.

0160	나는 국수종류들을 좋아하지 않는다.
	I do not (=don't) like noodles.
0161	그것은 누워서 잠자지 않는다.
	It does not (=doesn't) sleep on its back.
0162	그 아이는 울지 않았고 그의 동생은 결코 울지 않았으며 그의 형은 우는 경우가 드물었다.
	The kid did not (=didn't) cry and his little brother never cried and his elder brother seldom cried.

3 일반동사의 의문문(interrogative) 구성 : do / does / did + S + VR?

★ 일반동사는 의문문을 만들 때 'do 조동사'를 사용합니다. 단순히 동사를 주어 앞으로 보내서 의문문을 구성하지 않는다는 점에 주의하세요. 'be 동사'의 경우 단순히 주어와 'be 동사'의 위치를 바꾸어 의문문을 구성하기 때문에 많은 학습자들이 여기서 혼동을 하게 됩니다. 일반동사의 의문문은 주어와 술어의 위치만 바꾸는 것이 아닙니다.

0163	당신은 일찍 일어납니까?
	Do you rise early? (Rise you early? 는 비문입니다.)
0164	그녀는 나의 논리를 이해했습니까?
	Did she understand my logic?
0165	그녀는 춤을 잘 춥니까?
	Does she dance well?

6 조동사 (helping verbs : modal and auxiliary)

도표 29 : 조동사의 기본 종류

현재형	can	may	must	will	shall
과거형	could	might	must	would	should

1 조동사의 역할

★ 동사 앞에서 동사의 의미를 좀 더 세분화해서 표현하도록 도와줍니다. 조동사는 인칭과 수에 변화가 없으며, 뒤에 동사의 원형을 받습니다. 따라서 '조동사 + 동사원형' 이라는 구조를 기억해야 합니다. 의문문은 조동사를 주어 앞으로 보내서 만들고, 부정문은 조동사 뒤에 'not, never' 를 붙입니다.

2 조동사의 종류

★ 기본 조동사로는 'can, may, must, will, shall' 과 이들의 과거형인 'could, might, must, would, should' 가 있으며, 'must' 는 '-해야 한다' 라는 의미일 경우 그 과거형이 'had to' 입니다.

1 can : '-할 수 있다, -해도 좋다, -할 가능성이 있다'

★ 'can' 이 언제나 능력의 의미만 전달하는 것은 아닙니다. 친한 관계에서는 허락을 구하고, 허락을 주는 의미로 사용하기도 합니다. 또 '능력과 관계없는 일반적 가능성'에 대해 말할 때도 'can' 을 쓸 수 있습니다.

★ 능력의 경우 이와 비슷한 'be able to VR' 가 있습니다. 이것은 단순히 능력만을 표현하는 것이 아니라 실제 발휘되거나 발휘된 적 있는 능력을 말합니다. 그래서 'he can speak Spanish' 가 '그가 스페인어를 말할 능력이 있다' 라면 'he is able to speak Spanish' 는 '그가 실제로 스페인어를 말한다' 라는 의미까지 담고 있습니다.

★ 또 'can' 의 과거형인 'could' 는 과거의 능력을 말하기도 하지만, 공손히 요청을 구할 때도 사용하며, 가정한 사실의 결과를 말할 때도 사용합니다. 'Can I use your bathroom?' 이 '당신의 화장실을 좀 써도 되겠느냐' 라면 'Could I use your bathroom?' 은 그것을 훨씬 더 공손하게 말하는 것입니다.

Week 2 | Unit 06. 동사 및 술어동사 (verb, predicate)

★ 또 만약 현재라는 시간 틀 안에서 'I can help you' 라고 쓰면 '내가 당신을 도울 능력이 있다' 이지만 'I could help you' 라고 하면 '내가 (어떤 조건이 충족되면) 당신을 도울 수도 있다' 라는 의미를 가지게 됩니다. 따라서 조동사의 과거형이 나오면 '무조건 과거이야기구나' 라고 생각해선 안 됩니다.

0166	그는 한국어를 말한다. (조동사가 없는 경우)
	He speaks Korean.
0167	그는 한국어를 말할 수 있다.
	He can speak Korean.
0168	내가 당신의 전화를 사용해도 좋은가?
	Can I use your phone?
0169	당신은 나의 화장실을 사용해도 좋다.
	You can use my bathroom.

2 may : '-해도 좋다 (허락), -할지도 모른다 (추측)'

★ 'may' 는 가능성이 반반인 추측의 상황과, 상대방에게 공손한 허락을 구하고 허락을 주는 경우에 사용하는 말입니다. 추측의 경우 시제를 무시하고 'may' 대신 'might' 를 사용해도 됩니다.

0170	내가 여기에 앉아도 될까요?
	May I sit here?
	네, 그러세요 / 아 죄송, 앉지 마세요.
	Yes, you may. / Oh, I'm afraid you may(must) not.
0171	그는 늦을 지도 모른다.
	He may be late. (He might be late.)

3 must : '-해야 한다(의무), -함에, -임에 틀림없다(단정)'

도표 30 : must 의 활용법

한국어 예시	영어 예시	과거형	부정문
-해야 한다	must VR	had to VR	must not VR
-할 필요가 없다	don't have to VR	didn't have to VR	

★ '-해야 한다'의 과거형은 'had to' 로 '-해야 했다' 입니다. 'must not' 은 '하지 말아야 한다' 이고 'don't have to VR' 는 '할 필요가 없다' 입니다.

★ 조동사 'should' 는 '원리·법률·도덕·정서상의 당위성'과 관련되어 '-해야 한다'인 반면 'must'는 주로 우발적·현안적 상황에서 '-해야 한다'로 사용합니다. 예를 들어, '학생들은 10시까지 기숙사에 돌아와야 한다' 라면, 규칙과 관련된 의무이므로 'Students should be at the dorm by ten' 입니다. 그런데 '나는 10시까지 집에 가야 해' 라면 'I must be home by ten' 이 좋습니다. 'have got to' 또한 'must' 와 유사한 의미입니다.

0172	나는 지금 집에 가야 한다.
	I **must go** home now.
0173	그 원숭이는 너의 흉내를 내고 있음에 틀림없다.
	The monkey **must be imitating** your action.

Week 2 | Unit 06. 동사 및 술어동사 (verb, predicate)

4 will : '-할 것이다' 주어의 의지, 혹은 시간이 흘러가서 발생하는 미래의 일

★ 'will'은 주어가 무엇인가를 하겠다는 의지를 표명할 때 사용하거나, 시간이 흘러서 저절로 이루어질 일들에 대한 예상에 사용합니다. 어떤 일이 규칙적으로 일어날 경우에는 굳이 'will'을 쓰지 않고 현재시제를 사용하지만 특별한 사안이 앞으로 벌어질 것을 예상하는 경우에는 'will'을 씁니다. 또, 어떤 경향에 대해서 말할 때도 'will'을 사용할 수 있습니다.

0174	조수(썰물과 밀물)는 바뀔 것이다. (일종의 경향에 대한 예측)
	The tide will turn.
0175	그녀는 내년에 20살이 될 것이고 나는 돌아올 것이다. (시간의 경과 + 의지)
	She will be 20 next year and I'll come back.

※ 나머지 조동사는 심화과정에서 배우게 됩니다.

도표 31 : can과 must, may 용법 정리

can			
-할 수 있다		S + can VR (능력, 가능성)	be able to VR (능력)
-할 수 있나? (능력, 허락, 가능성)		Can (may) + S + VR ?	Could + S + VR ?
must			
-해야 한다	S + must + VR	-하지 말아야 한다	S + must not (부정문)
-해야 했다	S + had to + VR	-할 필요 없다	S + don't have to VR
-함에 틀림없다	S + must + VR	-했음에 틀림없다	S + must have + p.p
may			
-해도 좋다	S + may + VR	-해도 되나요?	May + S + VR
-일지도 모른다	S + may + VR	-아닐지도 모른다	S + may not + VR

7 올바른 동사 학습법

'make'를 통한 올바른 동사 학습법

★ 영어단어 암기는 늘 고민거리였습니다. 그러나, 잘못된 단어학습법은 오히려 어휘의 운용을 비효율적으로 만들어서 역효과를 냅니다. 그림설명이나 일대일 한국말 정의로 영어단어를 외우려는 방식은 그 단어가 명사로만 사용되는 경우를 제외하고는 절대로 하지 마시기 바랍니다. 그 이유를 여기서 설명하기에는 어렵습니다. 심화학습을 하면서 왜 절대로 그런 품사결정적 의미를 암기하면 안 되는지 설명하겠습니다.

★ 영어실력을 늘리고 영어를 친근하게 만드는 어휘력향상의 최우선 순위는, 기본동사를 진짜 써먹을 수 있는 내 것으로 만드는 것입니다. 여기서 '내 것' 으로 만든다는 것은 단순한 의미의 암기가 아니라 그 '활용법'을 익혀야 한다는 것입니다. 영어동사의 활용이란 다름 아니라 그 동사의 '뒷 구조'를 함께 기억하는 것을 말합니다. 우리가 'find' 라는 동사를 '그 의미만으로 안다'면 보통 '찾다, 발견하다' 이런 한국말 대응어를 기억한다는 것입니다. 하지만 이렇게 기억하면 막상 'find' 를 써야 하는 경우, 그 뒤를 어떻게 구성해야 할지 막막합니다. 이것이 바로, 오랜 세월동안 한국에서 영단어를 잘못 공부해온 결과 빚어진 참담한 현실입니다. 기본동사는 영어의 심장과 같습니다. 반드시 그 동사의 뒷 구조와 함께 기억해야 합니다. 이제 'make' 를 가지고 실제 동사를 공부하는 방법에 대해 알아보겠습니다.

★ 우리는 흔히 'make'가 '만들다'이고, 그 이상은 문장속에서 의미를 유추할 수 있다고 생각합니다. 이것이 바로 영어를 추측에 의존한 잘못된 방식으로 접근하게 만드는 요인입니다. 언급했듯이, 영어는 동사를 기준으로 앞과 뒤의 구조에 의해서 의미가 전달되는 언어입니다. 그러므로 동사의 기본의미만 알고 그 뒤에 오는 구조를 모르는 것은, 오히려 의미를 아예 모르는 것보다 더 위험할 수 있습니다. 'make'의 구조적 'collocation'을 살펴보겠습니다. '콜로케이션' 이라는 단어는 반드시 사전에서 그 의미를 스스로 찾아 보시기 바랍니다.

Week 2 | Unit 06. 동사 및 술어동사 (verb, predicate)

1 make + 명사 : '-을 만들다, 창조하다, 이룩하다, 결과물을 만들다'

0176	그가 식당시설을 만들었다.
	He made the dining facilities.
0177	그녀는 자신의 옷을 만든다.
	She makes her own clothes.
0178	2 더하기 9는 11을 만든다.
	2 and 9 make(s) 11.

2 make + 행위명사 : '-한 행위를 만들다(즉, 어떤 행위를 하다)'

0179	그 소년들은 많은 소음들을 만들어냈다. (즉, 시끄럽게 굴었다.)
	The boys made a lot of noise.
0180	그녀는 나에게 좋은 인상을 만들려고 애썼다.
	She tried to make a good impression on me.
0181	나는 선택을 만들 수가 없다. (즉, 선택할 수 없다.)
	I can't make a choice.

도표 32 : make + 행위명사

한국어 예시	영어 예시
출발을 만들다 = 출발하다	make a start
결정을 만들다 = 결정하다	make a decision
추측을 만들다 = 추측하다	make a guess
논평을 만들다 = 논평하다	make a comment

3 make + 명사 + 형용사 : '-을 어떤 상태로 만들다'

0182 그 소식은 그를 슬픈 상태로 만들었다.

The news made him sad.

0183 내가 내 자신을 명백한 상태로 만들고 있는가? (즉, 나의 입장을 확실히 알겠는가?)

Do I make myself clear?

4 make + 명사 + 동사원형 : '-을 -하도록 만들다, 억지로 시키다'

0184 당신은 나를 울고 웃게 만든다.

You make me laugh and cry.

0185 무엇도 그녀가 마음을 바꾸도록 만들지 못할 것이다.

Nothing will make her change her mind.

0186 수사관은 내가 그 전체 이야기를 반복하도록 만들었다.

The inspector made me repeat the whole story.

5 make + A of B : 'B를 사용해서 A를 만들다'

0187 나는 너의 실패를 쟁점으로 만들고 싶지 않다.

I don't want to make an issue of your failure.

0188 그것을 습관으로 만들지 마세요.

Please do not make a habit of it.

0189 당신의 인생으로 무엇인가를 만들어라.

Make something of your life.

Week 2 | Unit 06. 동사 및 술어동사 (verb, predicate)

6 make + 주어와 동격명사 : '-이 되다'

0190	그녀는 훌륭한 아내가 될 것이었다.
	She would make a nice wife.
0191	그 책상은 식탁이 될 것이다.
	The desk will make a dining table.

7 make + 장소, 위치, 목적이 되는 시간이나 수단 : '가다, 이르다'

0192	몇 시로 할까요?
	What time shall we make it?
0193	오늘 저녁 당신의 파티에 못 갈 것 같아요.
	I don't think I can make your party this evening.
0194	마감시간을 맞출 수 있을까요?
	Can we make the deadline?
0195	그들은 귀환여행을 성공적으로 해낼 수 없었다.
	They didn't make the return journey.
0196	그는 마지막 기차를 잡을 수 없었다.
	He didn't make the last train.

8 make + it : '성공적으로 수행하다'

0197	죄송합니다, 성공할 수 없었습니다.
	I am sorry, I couldn't make it.

★ 이 정도가, 동사 'make'의 가장 기본적인 용도이고, 이 외에도 수동태를 비롯한 다양한 'collocation' 동사구들이 존재합니다. 예를 들어 'make up'은 '구성하다, 차지하다, 조작하다, 화해하다, 복구하다' 등의 의미가 있습니다.

0198	당신 둘 싸움을 그만두고 화해하지 그래?
	Why don't you two stop fighting and make up?
0199	그는 이야기 전체를 꾸며냈다.
	He made up the whole story.

★ 또, make for 에는 '-로 향해 가다' 라는 의미가 있습니다.

0200	그는 문 쪽으로 가려고 애썼다.
	He tried to make for the door.

★ 명사는 여러 가지 기본적 뜻들을 알면 되지만, 동사는 영문의 뒷 구조를 책임지며 그에 따른 각각의 고유한 의미로 해석되기 때문에, 단순히 대표적 의미의 암기로는 영어실력이 늘지 않습니다. 영어실력의 배양은 동사의 용법에 대한 자신감에서 비롯된다는 사실을 반드시 기억해 주기 바라며 '영단어 암기의 시작은 기본동사부터' 라는 것을 다시 한 번 말씀 드립니다. 조급해하지 말고 기본동사를 하루에 한, 두 개씩만 정리해 나가면 비교적 짧은 시간에 영어를 이해하고 쓸 수 있는 능력이 엄청나게 높아집니다.

WEEK 3

UNIT 07
의문문
(interrogative)

UNIT 08
후치수식
(post modifying)

DAY 1

UNIT 07
1) 단순 응답형 의문문
2) 의문사 사용 의문문 (1)

DAY 2

복습
의문문 유닛에서 배운 모든 문장들을 다시 따라 읽고, 영작하는 복습을 해 주세요. 각 유닛에서 배운 단어들도 반드시 암기해 주세요!

DAY 3

UNIT 07
2) 의문사 사용 의문문 (2)
3) 부가의문문

UNIT 08
1) 앞에서 꾸미는 말 : 관사, 소유격, 수사, 지시형용사, 부정형용사

DAY 4

복습
의문문 유닛에서 배운 모든 문장들을 다시 따라 읽고, 영작하는 복습을 해 주세요. 각 유닛에서 배운 단어들도 반드시 암기해 주세요!
앞서 배운 유닛의 평서문을 의문문으로 바꿔보세요!

DAY 5

UNIT 08
2) 뒤에서 꾸미는 말
① 명사 + 전치사 + 명사
② 명사 + to VR
③ 명사 + 분사구
④ 명사 + 관계사절
⑤ 명사 + 형용사구

DAY 6 ~ DAY 7

복습
동사 및 술어동사 유닛에서 배운 모든 문장들을 다시 따라 읽고, 영작하는 복습을 해 주세요. 각 유닛에서 배운 단어들도 반드시 암기해 주세요!

UNIT 07
의문문
interrogative

PREVIEW

한국어에서는 의문문을 만들 때, '-하다' 라는 평서문 맺음말을 '할까? 하니? 합니까?' 등 어미를 '까?' 등 으로 바꾸어서 만들지만, 영어에서는 이미 다루어 보았듯이 특정한 어순으로 만듭니다.

UNIT 07 의문문 (interrogative)

1 단순 응답형 의문문

'네', '아니오'로 대답하기

yes, no, exactly, that's right, definitely, sure, never, etc.

★ 이것은 대답이 'yes' 혹은 'no' 로 이루어질 수 있는 의문문입니다. 'yes' 를 대용해서 'exactly, that's right, definitely, of course, sure, certainly, affirmative' 등을 사용하기도 하고, 'no' 를 대신해서 'not really, never, in no way, no way, negative, of course not' 등을 사용할 수도 있습니다.

1 be 동사 의문문, 조동사 의문문 : be + S ? / 조동사 + S ?

★ 술어동사가 'be 동사 (is, am, are, was, were)' 이거나 '조동사 (have, has, had + p.p 의 완료시제에서 have, has, had 도 조동사 입니다)' 일 경우 해당 'be 동사' 나 '조동사' 를 '주어의 앞' 으로 옮겨 주기만 하면 바로 의문문이 됩니다.

0201	그는 착합니까?
	Is he nice?
0202	당시 그는 기혼자였습니까?
	Was he married?
0203	그 남자는 나를 쳐다보고 있나요?
	Is the man looking at me?
0204	그 자동차는 차고에 있습니까?
	Is the car in the garage?

0205	그 참호에는 3명의 병사가 있었습니까?
	Were there 3 soldiers(내용주어) in the foxhole?
0206	그는 이곳에 2주간 있었습니까?
	Has he been here for 2 weeks?
0207	그들은 새로운 계획을 만들었습니까?
	Have they made up a new plan?
0208	그 나뭇가지는 당신의 체중을 지탱할 수 있습니까?
	Can the branch hold your weight?

2   일반 동사 의문문 : <u>do / does / did</u> + S + VR?

★ 'do, does, did' 중 하나를 '시제와 인칭 및 수'에 맞게 선택하여, 주어 앞에 두고 그 뒤에 주어와 동사의 원형을 써서 만듭니다. 평서문과 어순을 비교해 보세요.

0209	그는 늦게 일어납니까?
	He gets up late. → Does he get up late?
0210	그들은 어제 도착했습니까?
	They arrived yesterday. → Did they arrive yesterday?
0211	그는 많은 친구들을 가지고 있습니까?
	He has many friends. → Does he have many friends?
0212	그와 그의 여자형제는 서울에서 머무나요?
	He and his sister stay in Seoul. → Do he and his sister stay in Seoul?

Week 3 | Unit 07. 의문문 (interrogative)

3 부정의문문의 구성

도표 33 : not을 축약해서 의문문 만들기	
be 동사	(Isn't / Wasn't / Aren't / Weren't) + 주어 ?
조동사	(Can't / Won't / Wouldn't) + 주어 + 동사원형 ?
일반동사	(Don't / Doesn't / Didn't) + 주어 + 동사원형 ?

★ 'not'을 분리시키면, 주어 뒤에 둡니다.

0213	그는 행복하지 않나요?
	Isn't he happy? 혹은 Is he **not** happy?
0214	당신은 이것이 안보이십니까?
	Can't you **see** this? 혹은 Can you **not** see this?
0215	당신은 그 제안을 받지 않습니까?
	Don't you **accept** the offer? 혹은 Do you **not** accept the offer?

2　의문사 사용 의문문

구체적으로 답하기
누가, 언제, 어디서, 무엇을, 왜, 어떻게 하였나요?

1 의문대명사 의문문 : what, who, whom, which, whose...?

1 의문대명사가 목적어나 보어인 경우

도표 34 : 의문대명사가 주어가 아닌 경우 의문문 공식				
what ?	who ?	whom ?	which ?	whose ?
what + be + 주어	who + be + 주어	whom + be + 주어	which + be + 주어	whose + be + 주어
what + 조 + 주어	who + 조 + 주어	whom + 조 + 주어	which + 조 + 주어	whose + 조 + 주어
what + do + 주어	who + do + 주어	whom + do + 주어	which + do + 주어	whose + do + 주어

★ 물어보고자 하는 명사의 내용을 의문사로 지정하여, 문장 앞에 해당 의문사를 두고 뒤를 위의 구조처럼 만들면 됩니다.

0216	그는 무엇을 하는 사람이지요? / 그는 이발사입니다.
	What is he? / He is a barber.
0217	내가 무슨 말을 할 수 있나요? / 나는 어떤 것도 말할 수 있습니다.
	What can I say? / I can say anything.

Week 3 | Unit 07. 의문문 (interrogative)

0218	당신은 그곳에 누구와 함께 가고 싶나요?
	Whom do you want to go there with?
0219	나는 친구와 함께 그곳에 가고 싶습니다.
	I want to go there with my friend.
0220	이것은 누구의 것입니까? / 이것은 그녀의 것입니다.
	Whose is this? / This is hers.
0221	당신은 어떤 것을 더 좋아합니까? / 나는 상대적으로 더 작은 것이 좋습니다.
	Which do you like better? / I prefer the smaller one.
0222	그 희곡은 누구에 의해 저술되어 있나요?
	By whom is the play written? Whom is the play written by?
	그 희곡은 '셰익스피어' 에 의해 저술되어 있습니다.
	The play is written by Shakespeare.
0223	당신은 나를 무엇으로 취급하나요? / 당신은 나를 바보로 취급합니다.
	What do you take me for? / You take me for a fool.

2 의문대명사가 주어를 물어볼 경우

도표 35 : 의문대명사가 주어인 경우 의문문 공식

누가?	무엇이	어떤 것이	누구의 것이
who ?	what ?	which ?	whose ?
who + be	what + be	which + be	whose + be
who + 조	what + 조	which + 조	whose + 조
who + 술어동사	what + 술어동사	which + 술어동사	whose + 술어동사

★ 이 경우 '의문사 + 술어동사' 어순, 즉 평서문과 의문문의 어순이 같습니다.

0224	누가 어젯밤 당신을 보았나요? / 나의 이웃이 어젯밤 나를 보았습니다.
	Who saw you last night? / My neighbor saw me last night.
0225	무엇이 그를 그렇게 말하게 했나요?
	What made him say so?
	동료의 성공에 대한 시샘이 그를 그렇게 말하도록 만들었습니다.
	The jealousy over his colleague's success made him say so.
0226	누구의 것이 좋아 보입니까? / 내 것이 좋아 보입니다.
	Whose looks good? / Mine looks good.
0227	어떤 것이 제일 잘 팔릴까요? / 파란 것이 제일 잘 팔릴 것 같아요.
	Which can sell best? / The blue one can sell best.
0228	누가 영어를 말할 수 있나요? / 그의 아들이 영어를 말할 수 있습니다.
	Who is able to speak English? His son is able to speak English.

Week 3 | Unit 07. 의문문 (interrogative)

2 의문형용사 의문문 : what + 명사, which + 명사, whose + 명사...?

★ 규칙은 의문대명사 의문문과 동일합니다.

0229	그는 어떤 종류의 사람입니까?
	What kind of person is he?
0230	내가 그 경고에 어떤 색을 이용할 수 있습니까?
	What color can I use for the warning?
0231	당신은 어떤 책을 더 좋아하십니까?
	Which book do you like better?
0232	이것은 누구의 전화기입니까?
	Whose phone is this?
0233	어떤 사이즈가 당신에게 맞나요?
	What size fits you?
0234	어떤 구성원이 스페인어를 할 수 있나요?
	Which member is able to speak Spanish?
0235	누구의 이름 아래서 그 계약서는 서명되었습니까?
	Under whose name was the contract signed?
0236	그 자동차 사고는 몇 시에 일어났나요?
	At what time did the car accident occur?

3 의문부사 의문문 : where, when, why, how ..?

도표 36 : 의문부사 의문문 공식	
be 동사	where, when, why, how + be + S ?
조동사	where, when, why, how + 조동사 + S + VR ?
일반동사	where, when, why, how + do, does, did + S + VR ?

★ 물어보고자 하는 '장소·시간·원인·방법'에 관한 정보를 선택하여, 그에 해당하는 의문사를 문장 앞에 두고 그 뒤는 단순 응답형 의문문과 같은 순서로 구성합니다.

0237 저는 어디에 있습니까? (즉, 여기가 어디지요?) / 당신은 안전한 곳에 있습니다.

Where am I? / You are **in a safe place**.

0238 그는 언제 귀가합니까? / 그는 8시경에 귀가합니다.

When does he come back home?
He comes back home **at around 8 o'clock**.

0239 그녀는 왜 울고 있나요? / 그녀의 아버지가 돌아가셨기 때문입니다.

Why is she crying? / **Because** her father has died.

0240 어떻게 그를 더 이상 원치 않는다고 말하지요? / 겸손하지만 확실한 방식으로 말하세요.

How can I say that I no more want him?
Say so **in a polite but firm manner**.

0241 우리는 어디서 만나지요? / 버스정류장에서 만납시다.

Where shall we meet? / Let's meet **at the bus stop**.

0242 당신은 그녀를 언제 마지막으로 보았나요? / 나는 그녀를 3일전에 마지막으로 보았어요.

When did you see her last? / I saw her last **3 days ago**.

Week 3 | Unit 07. 의문문 (interrogative)

4   how come + 주어 + 술어동사 ?

★ 이 의문문은 방법에 대한 궁금증을 강조하려고 사용합니다. 한국어의 [어찌하여, 어째서, 도대체 어떻게] 라는 뉘앙스를 가집니다. 주의할 점은 이것은 뒤에서 '주어 + 술어동사' 의 어순으로 나온다는 것입니다. 원래 [how does it come that S + P ?] 구조에서 생략된 것입니다.

0243	우리 약속에 당신은 왜 나를 바람맞혔나요? / 정말로 미안합니다.
	How come you stood me for our appointment? / I am so sorry.
0244	어떻게 그는 그토록 짧은 시간 안에 많은 것을 성취할 수 있었을까?
	How come he achieved a lot in so short a time?

5   when, where 의 의문대명사 활용

★ 이 두 의문사는 명사자리에도 쓸 수 있습니다. 즉, 주어, 타동사의 목적어, 전치사의 목적어, 보어 자리에도 의문사 'where, when' 을 쓸 수 있습니다.

0245	언제가 당신에게 편하신가요? / 내일 오후 7시가 편합니다.
	When (주어) is convenient for you? 7 p.m tomorrow is convenient for me.
0246	어디가 당신에게 편하신가요? / 내 거주지가 저에게 제일 편합니다.
	Where (주어) is convenient for you? My residence is the most convenient for me.
0247	당신은 어디 출신인가요? / 저는 캐나다 출신입니다.
	Where (전치사 from의 목적어) are you from? / I am from Canada.

6 how + 형용사 ? / how + 부사 ?

★ 'How' 는 뒤에서 '형용사·부사'를 붙여서 '정도를 묻는 용법'에 사용될 수 있습니다. 한국어의 [얼마나 -한, 얼마나 -하게] 에 해당하는 의문문입니다.

0248	얼마나 일찍 제가 돌아와야 하나요? / 늦어도 열시까지요.
	How early do I have to come back? / By ten at the latest.
0249	제가 얼마나 많은 양을 당신에게 빚지고 있나요? / 십 달러입니다.
	How much do I owe you? / Ten dollars.
0250	여기서 그 센터까지 얼마나 멀지요? / 2 마일입니다.
	How far is it from here to the center? / Two miles.
0251	당신은 지금까지 얼마나 많은 책을 읽었나요? / 백 권이 넘습니다.
	How many books have you read yet? / More than a hundred.
0252	그 자리는 몇 명에게 열려있나요? / 최대 5명에게 그렇습니다.
	For how many people is the position open? / For up to five.

Week 3 | Unit 07. 의문문 (interrogative)

3 부가 의문문

상대방의 동의를 구하고 싶을 땐?

Aren't you? Can't you? Isn't he?

★ 이것은 상대방의 동의를 구하기 위해 평서문의 끝에 첨가하는 의문문으로서, 주어의 뒷부분은 다시 쓰지 않습니다. 조심할 것은, 긍정평서문의 뒤에서는 부정부가의문문으로, 부정평서문의 뒤에서는 긍정부가의문문으로 만든다는 것입니다.

0253	그는 잘 생겼어요, 그렇지 않나요? (긍정문 + 부정부가의문문)
	He is handsome, isn't he?
0254	당신은 이 강을 헤엄쳐 건널 수 있어요, 그렇지 않나요? (긍정문+부정부가의문문)
	You can swim across this river, can't you?
0255	그들은 당신의 도착을 알고 있어요, 그렇지 않나요? (긍정문+부정부가의문문)
	They are conscious of your arrival, aren't they?
0256	물은 섭씨 100도에서 끓어요, 그렇지 않나요? (긍정문+부정부가의문문)
	Water boils at 100 degrees Celsius, doesn't it?
0257	저는 당신을 알지 못해요, 그렇지요? (부정문+긍정부가의문문)
	I don't know you, do I?
0258	저는 바느질 잘 못해요, 그렇지요? (부정문+긍정부가의문문)
	I am not good at sewing, Am I?

★ 긍정, 부정을 막론하고 'right'을 쓸 수 있습니다.

UNIT 08
후치수식
post modifying

아버지가 사주신 그 가방은 예쁘다.

The bag my father bought for me is pretty.

PREVIEW

영어와 한국어의 가장 큰 차이 중 하나는 명사를 꾸미는 수식어의 위치와 관련되어 있습니다. 영어는 명사를 꾸미는 수식어가 명사의 앞, 뒤에 둘 다 올 수 있는데 반하여, 한국어는 명사의 앞에만 수식어가 놓입니다. 이 점 때문에 영어를 말하거나 쓰는데 있어서 한국인들은 많은 어려움을 겪습니다. [수식어 + 명사] 와 [명사 + 수식어]의 구별을 다루어 보겠습니다. 수식어가 명사의 앞에 올 경우 한국어와 어순이 같기 때문에 쉽게 이해하지만 수식어가 명사의 뒤에 올 경우는 따로 그 패턴을 기억해야 합니다.

UNIT 08 후치수식 (post modifying)

1 명사의 앞에서 꾸미는 말

 관사, 소유격, 수사, 지시형용사, 부정형용사

★ [a, an, the, this, that, these, those, one, two, first, second, all, another, any, some, no] 등의 한 단어 형용사나, 일반 형용사, 복합명사를 구성하는 또 다른 명사 수식어들은 명사의 앞에서 명사를 꾸밉니다.

0259	한 예쁜 소녀가 거리를 걸어 내려가네요.
	A pretty girl is walking down the street.
0260	나는 행복한 결혼생활을 원했어요.
	I wanted a happy marriage.
0261	더러운 언어를 사용하지 마세요.
	Do not use a dirty language.
0262	내 자동차 열쇠는 어디 있나요?
	Where are my car keys?
0263	나는 시청으로 가고 있어요.
	I am heading for the city hall.
0264	우리는 이 대기오염으로 고생하고 있어요.
	We are suffering from this air pollution.
0265	또 다른 에너지 위기가 예상됩니다.
	Another energy crisis is expected.

2. 명사의 뒤에서 꾸미는 말

전치사 + 명사, to VR, 분사구, 관계사절, 형용사구

★ '두 단어 이상으로 길어지는 수식어'는 하이픈에 의해 연결되는 경우와, 계량정보, 그리고 복합명사, 이렇게 3가지 경우를 제외하고는 보통 '명사의 뒤'에 놓입니다.

★ 우선 두 단어 이상이면서도 명사의 앞에서 명사를 꾸미는 경우를 살펴보면, [This is a man-made machine] 의 경우 하이픈에 의해 연결되어 있는 'man-made'가 명사 'machine'의 앞에 와 있습니다. 다음으로 [He is a ten-year-old boy] 의 경우 하이픈이 사용된 계량정보의 수식어입니다. [I work for an environment protection association]의 경우, 환경보호(environment protection)라는 것이 복합명사이고, 그 다음에 협회 (association)라는 단어까지 길게 하나로 연결되었습니다. 이런 경우들을 제외하고, 두 단어 이상으로 길어지는 수식어들은 명사의 뒤에 옵니다. 그 종류는 크게 5가지입니다.

1 명사 + 전치사 + 명사

'토씨 + 명사'	The house <u>on the hill</u> 언덕 위에 있는 집

★ 명사의 뒤에 있는 '전치사 + 명사'가 앞의 명사를 수식합니다. 명사형 수식어 입니다.

0266	그녀는 내 인생의 여인입니다.
	She is the woman of my life.
0267	이 부산행 기차는 급행입니까?
	Is this train for Busan an express?

Week 3 | Unit 08. 후치수식 (post modifying)

0268	나는 시베리아 출신의 한 남자를 만났어요.
	I met a man from Siberia.
0269	당신은 사용 중인 그 기계에 매우 주의해야 합니다.
	You had better be very careful with the machine in use.
0270	그 언덕 위의 집은 낭만적으로 보입니다.
	The house on the hill looks romantic.

2 명사 + to VR

'-할 명사'	water to drink
	마실 물

★ '-할 명사' 로 해석하는 동사형 수식어입니다. 앞의 명사와 뒤의 동사원형 사이의 관계는 '주어술어관계', '타동사의 목적어관계', '전치사의 목적어관계', '용도관계' 등 입니다.

0271	나는 읽을 책이 한 권 필요합니다. (read의 목적어가 book)
	I need a book to read.
0272	냉장고 안에 마실 물이 있습니다. (drink의 목적어가 water)
	There is water to drink in the refrigerator.
0273	그녀는 그녀를 사랑할 남자가 필요합니다. (love her의 주어가 man)
	She needs a man to love her.
0274	우리는 들어가 살 집을 지을 것입니다. (in 의 목적어가 house)
	We will build a house to live in.

0275	그는 죽을 명분이 필요했어요. (for의 목적어가 cause)
	He needed a cause to die for.
0276	나에게 그것을 자를 무언가를 찾아줄 수 있나? (with의 목적어가 anything)
	Can you find me anything to cut it with?

3 명사 + 분사구

1 명사 + ing (현재분사구) : 현재분사구 = '현재분사 + 다른 단어'

'-하고 있는 명사'	the man working for me
	나를 위해 일하고 있는 남자

★ '-하고 있는 명사' 로 이해하면 됩니다. 분사가 한 단어로 오면, 주로 명사의 앞에서 수식하지만, 분사 뒤에 다른 말들이 함께 오면 명사의 뒤에서 수식합니다.

★ 현재분사는 기본적으로 '진행의 의미' 혹은 '능동 진행의 의미'를 가지고 있습니다. '현재분사 ing' 가 수식어로 사용될 수는 있지만 'be + ing 형태의 술어동사'로는 쓸 수 없는 것들이 있습니다. 동작이 없는 '상태동사'들이 이에 해당됩니다.

★ 예를 들어, [The only man knowing the passcode has been murdered]는 성립되지만 [The only man who was knowing the passcode has been murdered]로는 대체할 수가 없습니다. 왜냐하면 'know'는 '일반인지동사'로서 동작이 없기 때문에 '술어동사의 진행형'을 쓸 수 없습니다. '명사 + knowing' 을 쓸 경우는 수식어로써 정보만을 제공하는 것이지, 진행의 의미까지 제공하지는 않습니다. 그래서 관계사절로 옮길 경우는 [The only man who knew the passcode has been murdered]가 되어야 합니다.

★ 반면에 [The man picking up the oranges is my uncle]의 경우는 [The man who is picking up the oranges is my uncle]로 고쳐도 됩니다. 왜냐하면, 'pick up' 은 동작동사이기 때문에 '술어동사의 진행형'이 가능하기 때문입니다.

Week 3 | Unit 08. 후치수식 (post modifying)

0277	그는 나를 위해 일하고 있는 유일한 남자다. (진행)
	He is the only man working for me.
0278	우리는 중천에 걸려있는 달 아래서 집으로 돌아오는 길을 찾았다. (진행)
	We found our way back home under the moon hanging in the middle of the sky.
0279	나는 목숨을 걸고 달리는 토끼 한 마리를 보았다. (진행)
	I saw a rabbit running for its life.
0280	서로 마주 보고 있는 집 두채가 있다. (능동진행)
	There are two houses facing each other.

2 명사 + p.p (과거분사구) : 과거분사구 = '과거분사 + 다른 단어'

'-된 명사'	an apple fallen from the tree
	그 나무에서 떨어진 사과

★ '-된 명사, -한 명사'로 이해하면 됩니다. '타동사의 과거분사'가 올 경우는 '수동수식', '자동사의 과거분사'가 올 경우, '완료수식'의 의미로 이해하면 됩니다.

★ 다만, '자동사의 과거분사'가 그 동사의 현재형이나 과거형과 형태가 동일하면, 술어동사와 수식분사가 구별되지 않기 때문에 '관계사절로 수식'해야 합니다.

★ 예를 들어, [The apple fallen from the tree is not rotten]이라고 하면 'fallen'이 불규칙동사로서 [fall, fell]이라는 현재형, 과거형 술어동사와 쉽게 구별되므로 주어의 뒤에 와도 술어동사로 착각하지 않고 '완료수식'으로 이해됩니다.

★ 반면에, [The man lived here for six years is our guide]라고 할 경우, 'lived'의 과거형과 과거분사형이 동일한 형태이므로 'lived' 이하를 '완료형 수식분사구'로 이해하기 어렵습니다. 그래서 이 경우에는 [The man who has lived here for six years is our guide]로 관계사절을 써서 수식해야 합니다.

★ 타동사의 경우에도 '완료수동을 강조'할 때는 관계사절을 사용하는 것이 좋습니다.

0281	나는 그 나무에서 떨어진 사과 하나를 주웠다. (완료수식)
	I picked up an apple fallen from the tree.
0282	그들은 유명한 주방장에 의해 요리된 스테이크를 나에게 제공했다. (수동수식)
	They served me a steak done by a famous chef.
0283	그 형사에 의해 방문당한 용의자는 어쩔 줄 몰라 했다.(수동수식)
	The suspect visited by the inspector was at a loss what to do.
0284	'큰 손' 이라고 불리는 한 남자가 주식시장을 좌우하려고 애쓰고 있다. (수동수식)
	A man called 'Big Hand' is trying to take the control of the stock market.

4 명사 + 관계사절

1 명사 + who / which / that + 술어동사

★ 특정한 사실로 명사를 꾸밀 때는 주로 두 가지 형태의 '절'을 만들어 명사 뒤에 놓습니다. 이것을 관계사절(relative clause)이라고 합니다. 주어를 꾸미고 싶을 때에는 주어와 술어동사 사이에 [who, which, that] 중 하나를 놓으면 됩니다.

★ 이 때 [who, which, that]을 '관계사주격' 이라고 부르는데, 쉽게 말하면 관계사절 내에서 그 단어들이 '주어의 역할'을 한다는 것입니다. 이것은 '앞에 있던 명사'가 원래 '주어'였는데 그것을 '피수식어'로 바꾸기 위해 그 명사의 술어 앞에 관계대명사를 집어넣은 것에 불과합니다. 아래 예문들에서 보듯이, 주어와 술어 사이에 관계대명사만 넣으면 관계대명사 이하의 절이 수식절로 바뀌는 것입니다.

Week 3 | Unit 08. 후치수식 (post modifying)

0285

그 남자는 나를 많이 도왔다. (주어+술어)

The man helped me a lot.

나를 많이 도왔던 그 남자 (주격관계사삽입)

the man who helped me a lot

0286

낙타는 모래 속에서 잘 걸을 수 있다. (주어+술어)

The camel can walk well in the sand.

모래 속에서 잘 걸을 수 있는 낙타 (주격관계사삽입)

the camel which can walk well in the sand

0287

그 음식은 비타민 C가 풍부하다. (주어+술어)

The food is rich in vitamin C.

비타민 C 가 풍부한 그 음식 (주격관계사삽입)

the food which is rich in vitamin C

0288

그 관광가이드는 많은 언어를 말할 수 있다. (주어+술어)

The tour guide is able to speak many languages.

많은 언어를 구사할 수 있는 그 관광가이드 (주격관계사삽입)

the tour guide who is able to speak many languages

0289

그 남자는 그 취임식에 초대 받았다. (주어+술어)

The man is invited to the inauguration ceremony.

취임식에 초대받은 그 남자 (주격관계사삽입)

the man who is invited to the inauguration ceremony

0290	그 벌들은 꿀이 있는 꽃들을 찾는데 애를 먹고 있다. (주어+술어)
	The bees are having a hard time finding nectar flowers.
	꿀이 있는 꽃들을 찾는데 애를 먹고 있는 그 벌들 (주격관계사삽입)
	the bees which are having a hard time finding nectar flowers

★ 이 관계사주격 바로 뒤에 'be 동사'가 나오고, 다시 그 뒤에 '형용사'나 'ing, p.p' 형태가 있으면 '관계사주격'과 'be 동사'를 둘 다 생략할 수 있습니다. 그러면 남겨진 부분은 자연스럽게 '분사후치수식구'가 됩니다. 다만 생략된 'be 동사'의 시제가 추론될 수 있거나 중요하지 않을 경우에 한합니다. 즉, 위의 예문들은 바로 아래처럼 괄호 안의 것을 생략하고 쓸 수 있습니다. 여기서는 'be 동사'들이 모두 단순현재형이기 때문에 '관계사 주격 + be 동사'를 생략해도 무방합니다.

※ '관계사주격 + be 동사' 생략가능

The food (which is) rich in vitamin C

The tour guide (who is) able to speak many languages

The man (who is) invited to the inauguration ceremony

The bees (which is) having a hard time finding nectar flowers

2 명사 + (whom / which / that) + 주어 + 술어동사

I helped the man a lot

⇒ The man (whom) I helped a lot

★ 주어 이외의 명사를 꾸밀 때는 '평서문 절'에서 해당 명사를 원래의 자리에서 빼서, 그 절의 앞으로 보내기만 하면 됩니다. 이것을 '앞으로 던지기' 라고 기억하세요.

★ 영어는, 여러차례 언급했지만, 어순을 중시하는 언어이므로 주어 이외의 명사는 원래의 자리에서 빼서 맨 앞으로 보내기만 하면 '나머지 절'이 자동으로 그 명사를 수식한다고 보면 됩니다. 이 때 피수식어(꾸밈을 받으려고 앞으로 온 명사) 뒤에서 관계사인 'who(m), which, that' 등을 써도 되지만, comma 없이 그냥 꾸미는 용도일 경우 관계사를 생략하는 것이 보통입니다.

Week 3 | Unit 08. 후치수식 (post modifying)

★ 다만 전치사 뒤에 있었던 명사를 절의 앞으로 보내는 경우는, 짝이었던 전치사를 명사 바로 뒤로 데려올 수 있습니다. 이 경우에는 반드시 'whom 이나 which' 를 그 전치사 뒤에 붙여서 [명사 + 전치사 + whom / which] 의 모양을 만들어야 합니다.

★ 예를 들어서 원래 문장이 [The young man wants to live in this flat]이라고 할 때, 만약 전치사 'in' 의 목적어인 'this flat' 을 피수식어로 만들고 싶으면 이 명사를 문장의 제일 앞으로 보내서 [This flat (which) the young man wants to live in]으로 만들면 됩니다. 이 때 'This flat' 다음에, 관계대명사 'which' 혹은 'that' 을 넣어도 되지만 이렇게 수식의 목적을 가질 때에는 생략하는 경우가 더 많습니다. 여기서 만약 원래 명사의 짝이었던 전치사 'in' 을 그 명사의 바로 뒤로 데려가서 두 단어들 간의 관계를 빨리 보여주고 싶을 때에는 [This flat in which the young man wants to live] 이 됩니다. 전치사를 명사 다음으로 데려오는 경우에는 반드시 'which' 나 'whom'을 써야 합니다.

0291	나는 그 남자를 많이 도왔다.
	I helped the man a lot.
	내가 많이 도왔던 그 남자
	the man (whom) I helped a lot
0292	나는 그 남자와 식사했다.
	I dined with the man.
	내가 함께 식사한 그 남자
	the man (whom) I dined with = the man with whom I dined
0293	그 기차는 그 도시행이다.
	The train is bound for the city.
	그 기차의 행선지인 그 도시
	the city (which) the train is bound for = the city for which the train is bound

★ 더욱 다양한 관계사절의 구성과 구조 및 해석은 고급과정에서 다루기로 하겠습니다.

5 명사 + 형용사구

The basket <u>is</u> full of flowers
⇒ The basket <u>**full of flowers**</u>

★ ['be 동사' + 형용사 + 다른 단어]구조에서 'be 동사'만 제거하면 바로 '형용사구 후치수식어'됩니다. 특별히 시제가 중요할 때는 'who, which, that + be동사 + 형용사' 구조를 씁니다. 형용사 뒤에는 '전치사'나 'to VR', 혹은 '절' 등의 다른 단어들이 올 수 있습니다. 여기서는 전치사가 오는 경우만 소개합니다.

0294	그 소녀는 날벌레들을 무서워했다.
	The girl was afraid of the bugs.
	날벌레들을 무서워했던 그 소녀 (be동사인 was만 제거)
	the girl afraid of the bugs
0295	그 바구니는 꽃들로 가득하다.
	The basket is full of flowers.
	꽃들로 가득한 그 바구니 (be동사인 is만 제거)
	the basket full of flowers

WEEK 4

UNIT 09 타동사와 수동태 (passive form)

UNIT 10 등위접속사 (coordinate conjunction)

UNIT 11 명사절과 접속사 (noun clause)

UNIT 12 부사절과 접속사 (adverbial clause)

DAY 1 ~ DAY 2

UNIT 09
1) 자동사
2) 보어를 받는 자동사
3) 타동사
4) 목적어를 2개 갖는 타동사
5) 목적보어를 갖는 타동사
6) 수동태를 쓰는 이유
7) 수동태의 기본 형태 : 'S + be p.p'
8) 'be p.p' 구조의 뒤
9) [동사+전치사] 형태의 타동사구
10) 복문 수동태(it be p.p that S_2+P_2)
11) 목적어를 두 개 갖는 주요 타동사의 수동태 전환
12) 목적어 뒤에 목적보어가 있는 절의 수동태
13) '타동사+명사1+전치사+명사2' 구조의 수동태
14) get p.p : 수동의 동작 강조

DAY 3

UNIT 10
1) 등위접속사의 개념
2) 등위접속사의 성질
3) 등위접속사의 종류

DAY 4

UNIT 11
1) 접속사 that
2) 접속사 if, whether
3) 접속사 'wh-'

DAY 5 ~ DAY 7

UNIT 12
1) 시간의 부사절
2) 장소의 부사절
3) 원인, 이유의 부사절
4) 목적의 부사절
5) 결과의 부사절
6) 방법의 부사절
7) 비례의 부사절
8) 조건의 부사절
9) 무상관(양보)의 부사절
10) 정도의 부사절
11) '부사절 접속사 + S_2 + be' 구조에서의 생략

마지막 기초영문법

UNIT 09
타동사와 수동태
passive form

PREVIEW

동사는 목적어를 받지 않고 의미를 완성할 수 있는 자동사(verb intransitive)와 목적어를 받아서 의미를 완성하는 타동사(verb transitive)로 구분할 수 있습니다. 많은 동사들은 자동사와 타동사의 역할을 동시에 할 수 있지만, 어떤 동사들은 오로지 자동사로, 또 어떤 동사들은 오로지 타동사로만 쓰입니다.

UNIT 09 타동사와 수동태 (passive form)

1 자동사 (verb intransitive)

★ '주어'와 '술어동사'만으로 의미를 완성할 수 있습니다. 동사의 뒤에서 동사에 대한 추가적 정보를 주는 수식어를 쓸 경우 이를 부사(한 단어), 부사구(두 단어이상)라고 하며 부사구의 가장 흔한 형태는 [전치사 + 명사]입니다. '장소·시간·방법·목적·이유·수단·결과' 등 다양한 정보를 제공하는데 사용됩니다. 하지만 의미를 완성하기 위한 최소한의 필요조건은 '주어'와 '술어자동사' 뿐입니다. 이런 동사들을 한국어로 만든 영문법에서는 '완전자동사' 혹은 '1형식 동사' 로 일컫습니다. 예문에서 밑줄 친 부분은 부사나 부사구입니다.

0296	그는 작년에 조그만 마을에서 행복하게 살았다.
	He lived happily in a small town last year.
0297	그는 걸인에서 영화배우로 출세했다.
	He rose from a beggar to a movie star.
0298	그는 바닥에 누웠다.
	He lay on the floor.

2 보어를 받는 자동사 (link verb)

★ 자동사 중에서 일부는 그 뒤에 주어에 대한 보충정보를 제공하는 명사나 형용사 등을 받아서 의미를 완성합니다. 이런 동사를 '불완전자동사' 혹은 '2형식 동사'라고 부르기도 하는데, 영어에서는 연결형동사(link verb) 라고 합니다. 이 동사 뒤에 오는 명사는 목적어가 아니라 주어를 보충설명하는 말이라는 의미로 주격보어(subject complement)라고 합니다. 주격보어를 받는 동사들은 심화진도에서 더 다루어보고 여기서는 'be 동사'와 'look' 동사 예문만 보겠습니다.

0299	그는 밤에는 요리사이다.
	He is a cook at night.
0300	그는 이 정장 속에서 (입고서) 멋져 보인다.
	He looks awesome in this suit.

3 타동사 (verb transitive)

★ 타동사는 언급했듯이 '동사의 대상'을 받습니다. 이를 목적어(object)라고 합니다. 일종의 짝인 것입니다. [명사, 대명사, 동명사, to VR, 명사절] 이렇게 5가지가 타동사의 목적어 역할을 할 수 있으며 대부분의 타동사는 '명사'와 '대명사'를 목적어 자리에 자유롭게 쓸 수 있습니다. 나머지는 해당영역에서 정확히 배우겠습니다.

★ 이렇게 명사와 대명사를 타동사의 목적어 자리에 놓고 어순을 완성한 문장을 '능동형 문장'이라고 합니다. 즉, 주어가 어떤 행위를 하는 주체라는 것입니다. 그런데 타동사의 목적어인 명사와 대명사를 주어자리에 옮겨 놓고 같은 의미가 되도록 하기위해서는 동사를 '수동형'으로 바꾸어야 합니다. 한국말에서는 [되다, 받다, 당하다] 등의 말을 사용하지만 영어에서는 동사를 [be p.p, get p.p] 형태로 만듭니다. 'get p.p'는 '수동의 동작을 강조'하는 표현에서 쓰는데 나중에 그 차이를 다루기로 하겠습니다.

★ 아래의 예문들에서는 타동사 [want, hope, realize, enjoy] 가 '명사, 대명사, to VR, that 명사절, wh- 명사절, 동명사'를 목적어로 받았습니다.

0301	그는 자몽 하나를 원했다.
	He wanted a grapefruit(명사목적어).
0302	그는 그녀를 보는 것을 원했다.
	He wanted to see her(to부정사 목적어).
0303	그는 모든 것이 이상 없기를 바란다.
	He hopes that everything is alright(that 절 목적어).
0304	그는 무엇이 잘못되었는지를 깨달았다.
	He realized what went wrong(wh 절 목적어).
0305	그는 그녀와 함께 있는 것을 좋아했다.
	He enjoyed being with her(동명사 목적어).

Week 4 | Unit 09. 타동사와 수동태 (passive form)

4 목적어를 2개 갖는 타동사 (dative verb)

★ '주고 받는 행위'와 관련된 타동사는 목적어를 2개 나란히 받을 수 있습니다. 이런 동사를 한국어문법용어로는 '수여동사', '여격동사' 혹은 '4형식 동사' 라고 부릅니다.

★ 2개 중 앞의 목적어는 '-에게'에 해당하고, 뒤의 목적어는 '-을, 를'에 해당합니다. 다만 순서가 바뀌어서 '-을, 를' 에 해당하는 명사가 동사 바로 뒤에 오기도 합니다. 이럴 때는 '-에게'에 해당하는 명사가 적절한 전치사와 함께 뒤에 오며, 이 때 주로 사용하는 전치사는 'to, for' 입니다.

0306	그는 그녀에게 그녀가 원하는 모든 것을 주었다.
	He gave her everything she wanted. He gave everything she wanted to her.
0307	나는 그 소년에게 나의 도시락을 허용해 주었다.
	I allowed the boy my lunch bag. I allowed my lunch bag for(to) the boy.

목적보어를 갖는 타동사

★ 어떤 타동사는 '명사 목적어'를 받고 다시 그 뒤에 'to VR' 이나, 또 다른 명사, 혹은 형용사를 받아서 의미를 완성하기도 합니다. 이 경우, 목적어 뒤에 있는 'to VR' 이나, 명사 혹은 형용사는, 바로 앞의 목적어와 연관된 말입니다. 즉, 목적어의 '행위·정체·상태'를 보충설명하는 말이 바로 목적어 뒤에 온다는 뜻입니다. 이런 것들을 우리는 목적보어(object compliment) 라고 합니다. 이 구조에서 수동태를 만들면 'be p.p' 뒤에서, 목적보어였던 'to VR, 명사, 형용사' 등이 붙어 나오게 됩니다.

0308	그는 그녀가 돌아오길 원했다.
	He wanted her to come back. (She was wanted to come back)
0309	그는 내가 죽어 있는 상태이길 원했다.
	He wanted me dead. (I was wanted dead)
0310	그는 나를 가수로 파악했지만 나는 아니었다.
	He found me a singer, which I wasn't. (I was found a singer)

★ 부가정보, 즉 부사나 부사구(주로 전치사 + 명사)는 위에서 소개한 모든 형식의 술어동사에 붙여서 사용할 수 있습니다.

0311	그는 3년 전에 요리사였다.
	He was a cook 3 years ago. (시간부가정보)
0312	그는 그녀를 몹시 원했다.
	He wanted her badly. (방법부가정보)

Week 4 | Unit 09. 타동사와 수동태 (passive form)

6 수동태를 쓰는 이유

★ 타동사 뒤에 목적어로 명사나 대명사를 갖는 문장은, 대부분 수동태라는 형식을 통해 같은 의미의 문장으로 구조전환 할 수 있습니다. 이를 수동태라고 하는데 능동태에서의 목적어가 수동태에서는 주어자리에서 먼저 나오게 되므로, 먼저 나오는 것을 강조하려는 의도와 함께, 능동태 상에서 주어를 밝히기 어려운 경우, 또는 능동의 주어를 밝히는 것이 중요하지 않은 이유 등으로 수동태를 만듭니다.

★ 옮겨진 한국어가 다소 어색하게 들릴지라도 수동태의 개념을 확실히 익히기 위해, 초반에는 직역에 가까운 해석을 하는 것이 좋습니다. 즉, [주어가 -당하다, 주어가 -되다, 주어가 -받다] 이런 개념들이 자연스럽게 인식될 때까지, 그럴듯한 한국어로 의역하려는 시도를 하지 말라는 뜻입니다.

7 수동태의 기본 형태 : 'S + be p.p'

★ 영어에서 등장하는 수동태의 가장 기본적인 모습을 약간의 예문으로 개괄해 보겠습니다. 언급했듯이 능동태 상에서 타동사의 목적어였던 명사를 주어자리로 옮기고 술어동사를 'be p.p' 구조로 바꾸는 것이 수동태의 핵심입니다.

0313	나는 그에 의해 필요로 되어 졌다.
	I was needed by him.
0314	그것은 그에 의해 행해져야 한다.
	It must be done by him.
0315	내 차는 도난당했다. (훔친 주체를 알 수 없음).
	My car was stolen.
0316	그 살인자는 어젯밤 교수형 당했다. (교수형 시킨 주체를 알 수 없음)
	The murderer was hanged last night.
0317	나의 집은 침입 당했다. (누가 침입했는지 알 수 없음)
	My house was broken in.

★ [have p.p, has p.p, had p.p] 등의 완료시제를 사용했을 경우 각각의 수동태는 [have been p.p, has been p.p, had been p.p]입니다.

0318	그는 나를 보았다.
	He has seen me.
0319	나는 그에게 목격 당했다.
	I have been seen by him.

★ 조동사를 사용하는 경우, 조동사는 그대로 두고, 조동사 뒤에서 'be p.p'를 만듭니다. 조동사는 뒤에서 동사의 원형을 받기 때문에 'be 동사'는 원형인 'be'가 됩니다.

0320	그는 이것을 해야 한다.
	He must do this.
0321	이것은 그에 의해 행해져야 한다.
	This must be done by him.

8 be p.p 구조의 뒤

★ 'be p.p'의 뒤에는 '전치사, to VR, 명사, 형용사' 등이 올 수 있습니다. 물론 보어가 올 때는 명사나 형용사가 오기도 합니다. 보통 'p.p' 뒤에서 'by + 명사'가 오면, 그 부분은 능동의 행위자가 됩니다. 즉, 능동의 주어가 수동태가 되면서, '전치사 by' 뒤에 오는 경우가 많습니다. 행위자를 밝히는 것이 중요하지 않을 때는 'by 이하'를 쓰지 않습니다.

0322	그는 나에게 입을 맞추었다.
	He kissed me.
0323	나는 그에게 입맞춤 당했다.
	I was kissed by him.

Week 4 | Unit 09. 타동사와 수동태 (passive form)

9 [동사 + 전치사] 형태의 타동사구

 look at, listen to

★ 이런 구조는 수동태를 만들 때 해당 전치사를 반드시 함께 써주어야 합니다. 즉, [be p.p + 전치사] 형태가 되는데 이때 전치사를 빠뜨리지 않도록 주의해야 합니다.

0324	그는 또 하나의 전쟁을 생각했다.
	He thought of another war.
	또 다른 전쟁이 그에 의해 생각되어졌다. (전치사 'of' 를 빠뜨리지 마세요)
	Another war was thought of by him.

도표 37 : [be p.p + of, about] 형태의 수동태를 만드는 주요 타동사구

한국어 예시	영어 예시	수동태로 표현하기
-에 관하여 생각하다	think of (about)	be thought of (about)
-에 관하여 말하다	tell of (about)	be told of (about)
-에 관하여 말하다	speak of (about)	be spoken of (about)
-에 관하여 말하다	talk of (about)	be talked of (about)
-에 관하여 불평하다	complain of (about)	be complained of (about)

0325	언제 출발할지에 관해 논의되었다.
	When to start was talked about.

도표 38 : [be p.p + for] 구조의 수동태를 만드는 타동사구

한국어 예시	영어 예시	수동태로 표현하기
-을 찾아보다	look for	be looked for
-을 찾아보다	search for	be searched for
-을 요구하다	ask for	be asked for
-을 추구하다, 찾다	seek for	be sought for
-을 부르러 사람을 보내다	send for	be sent for
-을 설명하다	account for	be accounted for
-을 책임지다	answer for	be answered for
-을 보살피다	care for	be cared for

0326 그 환자는 즉각 보살펴져야 한다.

The patient **must be instantly cared for**.

도표 39 : [be p.p + to] 구조의 수동태를 만드는 타동사구

한국어 예시	영어 예시	수동태로 표현하기
-로 선회하다	turn to	be turned to
-에 의존하다	look to	be looked to
-에 주목하다	attend to	be attended to
-에게 말 붙이다	speak to	be spoken to
-에게 말 붙이다	talk to	be talked to
-에 기여하다	contribute to	be contributed to

0327 소수의 의견에도 주목이 되어야 한다.

Minority opinions **should also be attended to**.

Week 4 | Unit 09. 타동사와 수동태 (passive form)

도표 40 : [be p.p + in] 구조의 수동태를 만드는 타동사구

한국어 예시	영어 예시	수동태로 표현하기
-을 제출하다	turn in	be turned in
-을 초래하다	result in	be resulted in
-을 믿다	believe in	be believed in
-을 거래하다	deal in	be dealt in
-에 탐닉하다	indulge in	be indulged in
-을 집어넣다, 투입하다	put in	be put in

0328   빌려간 장비들이 아직 반환되지 않았다.

Rental gears have not been turned in yet.

도표 41 : [be p.p + at] 구조의 수동태를 만드는 타동사구

한국어 예시	영어 예시	수동태로 표현하기
-을 쳐다보다	look at	be looked at
-을 비웃다, 보고 웃다	laugh at	be laughed at
-을 보고 짖다	bark at	be barked at
-을 응시하다	gaze at	be gazed at
-을 보고 고함지르다	yell at	be yelled at
-에게 코웃음치다	sneer at	be sneered at

0329   어떤 생각도 비웃음 당해선 안 된다.

No ideas should be sneered at.

도표 42 : [be p.p + on] 구조의 수동태를 만드는 타동사구

한국어 예시	영어 예시	수동태로 표현하기
-을 설득하다	prevail on	be prevailed on
-에 기대다	rest on	be rested on
-을 명상하다	ponder on	be pondered on
-을 침해하다	infringe on	be infringed on
-에 수술하다	operate on	be operated on
-에 의존하다	depend on	be depended on
-에 의존하다	count on	be counted on
-에 기대다	rely on	be relied on

0330 나의 아버지는 그 의사에게서 수술을 받았다.

My father was operated on by the doctor.

10 복문 수동태 (it be p.p that S₂ + P₂)

★ 목적어가 명사절일 때 '수동단문'과 '수동복문' 두 가지의 수동태가 존재합니다. 수동태 복문은 [it be p.p that S₂ + P₂] 의 형태로 사용됩니다. 이를 다시 단문화하면 'that 절' 속의 주어를 수동주어로 삼고 'be p.p' 를 쓴 후 'that 절' 속의 술어동사를 ' to VR ' 로 전환하여 그 뒤에 붙입니다. 이는 [S₂ + be p.p + to V₂R] 로 간단 공식화해서 기억하세요.

0331 그들은 그가 그 카지노를 방문한다고 생각한다.

They think that he visits the casino.

그가 그 카지노를 방문한다고 생각된다.

It is thought that he visits the casino.
He is thought to visit the casino.

Week 4 | Unit 09. 타동사와 수동태 (passive form)

11 목적어를 두 개 갖는 주요 타동사의 수동태 전환

★ 언급했듯이 타동사가 뒤에서 두 개의 목적어를 나란히 받는 경우, 원칙적으로 두 개의 수동태가 생길 수 있습니다. 이런 구조에서 자주 사용되는 동사들을 소개합니다.

★ [명사1] 은 '-에게' 로 해석되는 간접목적어(indirect object)이고, [명사2] 는 '-을, 를' 로 해석되는 직접목적어(direct object)입니다. 아래 표는 이런 동사구조를 수동태로 만드는 공식입니다.

도표 43 : 복문 수동태, 수여동사의 수동태 전환 공식			
$S_1 + P_1 +$ that $+ S_2 + P_2$			
수동복문식	It be p.p that $+ S_2 + P_2$	수동단문식	$S_2 +$ be p.p $+$ to V_2R
S + P (dative verb) + 명사1 + 명사2			
⇒ 명사1 + be p.p + 명사2 (수동태 1)			
⇒ 명사2 + be p.p + 전치사 + 명사1 (수동태 2)			

0332 그가 나에게 그 비밀을 말했다.

He told me the secret.

그에 의해 나에게 그 비밀이 말해졌다.

I was told the secret by him.

그 비밀이 그에 의해 나에게 말해 졌다.

The secret was told to me by him.

1 'give, tell, ask, allow' 등의 수동태

★ 위의 동사를 사용하면 '간접·직접 목적어'가 각각 수동태의 주어가 될 수 있습니다. 직접목적어가 수동태의 주어가 될 경우 'be p.p' 뒤에서 '전치사 + 간접목적어' 가 붙습니다. 전치사는 주로 'to, for' 등 입니다.

0333	그는 나에게 많은 용돈을 허락했다.
	He allowed me much pocket money.
	나에게 많은 용돈이 허락되어졌다.
	I was allowed much pocket money.
	많은 용돈이 나에게 (나를 위해) 허락되었다.
	Much pocket money was allowed to (혹은 for) me.

2 'make, find, buy, call' 등의 수동태

★ 위의 동사를 사용하면 '직접목적어'를 수동태의 주어로 삼는 것이 일반적입니다. 이 때 '간접목적어'는 전치사와 함께 'be p.p' 뒤에 옵니다.

0334	그는 나에게 대합조개탕을 만들어 주었다.
	He made me a clam chowder.
	대합조개탕이 나를 위해 만들어졌다.
	Clam chowder was made for me.

3 'forgive, envy, spare, save' 등의 수동태

★ 위의 동사를 사용하면 '간접목적어'를 수동태의 주어로 삼는 것이 일반적입니다.

0335	그는 나에게 나의 무례함을 용서해주었다.
	He forgave me my rudeness.
	나는 그에게 나의 무례함을 용서받았다.
	I was forgiven my rudeness by him.

4 직접목적어가 절 (S + P) 인 경우의 수동태

★ '명사절 직접목적어'가 수동태의 주어가 될 경우, 보통 '형식주어(가주어) it'을 앞세우고, 내용주어(진주어) 'that 절'은 문미로 보냅니다.

Week 4 | Unit 09. 타동사와 수동태 (passive form)

0336	나는 그에게 그의 아버지가 돌아가셨다고 말했다.
	I told him that his father had passed away.
	그에게 그의 아버지가 돌아가셨다는 말이 전해졌다.
	He was told that his father had passed away.
	그의 아버지가 돌아가셨다는 사실이 그에게 말해졌다.
	It was told to him that his father had passed away. (가주+진주)

12 목적어 뒤에 목적보어가 있는 절의 수동태

★ 언급했듯이 목적어 뒤에 'to VR, 명사, 혹은 형용사'가 붙어서 목적어의 '행위·정체·상태' 등을 보충 설명할 경우, 수동태를 만들면 'p.p' 뒤에 목적보어가 붙어서 나옵니다. 도표화 하면 다음과 같습니다.

도표 44 : 목적보어의 수동태	
S + P + O + to VR	S + P + O + VR
⇒ O + be p.p + to VR	⇒ O + be p.p + to VR
S + P + O + 명·형	
⇒ O + be p.p + 명·형	

★ 'be p.p' 수동태를 만들고 난 후, 그 뒤에 목적보어였던 것을 붙여줍니다. 다만 'to' 가 붙지 않았던 '원형부정사(VR) 목적보어'는 'to VR' 로 환원시켜서 붙입니다.

0337	그는 나를 화나게 만들었다.
	He made me upset.
	나는 화난 상태로 만들어졌다.
	I was made upset.

0338	그는 나를 천재로 파악한다.
	He finds me a genius.
	나는 천재로 파악되고 있다.
	I am found a genius.
0339	그는 내가 그 경주에서 이길 것으로 기대했다.
	He expected me to win the race.
	나는 그 경주에서 이길 것으로 기대되었다.
	I was expected to win the race.
0340	그는 내가 그 제안을 수락하도록 만들었다.
	He made me accept the offer.
	나는 그 제안을 수락하도록 강요되었다.
	I was made to accept the offer.

13 '타동사 + 명사1 + 전치사 + 명사2' 구조의 수동태

★ '타동사의 목적어'와 '전치사의 목적어'가 함께 사용되어 문장의 의미를 완성하는 구조입니다. 물론 '타동사의 목적어'가 수동태의 주어가 되고 'be p.p'를 쓴 후 전치사와 그 목적어는 뒤에 그대로 붙이게 됩니다. 이런 형태는 매우 자주 나오며 많은 종류가 있지만 여기서는 몇 개만 소개합니다.

0341	나는 나의 배를 수돗물로 채웠다.
	I filled my stomach with tap water.
	나의 배는 수돗물로 채워졌다.
	My stomach was filled with tap water.

Week 4 | Unit 09. 타동사와 수동태 (passive form)

도표 45 : 'be p.p + 전치사' 구조의 수동태

한국어 예시	영어 예시	수동태로 표현하기
A를 B로 채워 넣다	stuff A with B	A be stuffed with B
A에게서 B를 빼앗다	rob A of B	A be robbed of B
A에게서 B를 빼앗다	deprive A of B	A be deprived of B
A를 B로부터 끌어내다	derive A from B	A be derived from B
A를 B에게 기여하다	contribute A to B	A be contributed to B
A를 B에게 대비시키다	prepare A for B	A be prepared for B

14 get p.p : 수동의 동작 강조

★ 'be p.p' 이외에 'get p.p' 도 수동의 의미를 갖습니다. 'get p.p' 는 주로 수동의 동작을 강조합니다.

0342	그는 총을 맞았다.
	He got shot.
0343	그는 총에 맞은 상태였다.
	He was shot.
0344	그는 기혼의 상태이다. 기혼자이다.
	He is married.
0345	그는 결혼을 했다. (과거에 결혼이라는 행위를 했다)
	He got married.
0346	그 문은 닫혀 있다.
	The door is closed.
0347	그 문은 오후 9시에 닫힌다.
	The door is closed at 9 p.m.

★ '의문문·명령문의 수동태'를 포함한 심화영역은 고급진도에서 다루기로 하겠습니다.

UNIT 10
등위접속사
coordinate conjunction

PREVIEW

접속사는 우리의 몸에서 관절에 비유되거나, 생활에서는 접착제에 비유될 수 있습니다. 영어에서는 두 개의 단어가 서로 '주어와 술어', '타동사와 목적어', '전치사와 목적어', '동사와 보어' 등의 짝 관계에 있다면, 그 두 단어는 아무런 제한 없이 서로 순서대로 놓을 수 있습니다. 그러나 이런 짝 관계 혹은 수식어 관계가 아닌 모든 두 부분은 연결어를 사용해서 붙여야 합니다.

UNIT 10 등위접속사 (coordinate conjunction)

1 등위접속사의 개념

 A + 등위접속사 + B (A와 B의 병렬)

★ 접속사는 우리의 몸에서 관절에 비유되거나, 생활에서는 접착제에 비유될 수 있습니다. 영어에서는 두 개의 단어가 서로 '주어와 술어', '타동사와 목적어', '전치사와 목적어', '동사와 보어' 등의 짝 관계에 있다면, 그 두 단어는 아무런 제한 없이 서로 붙여 놓을 수 있습니다. 그러나 이런 짝 관계 혹은 수식어 관계가 아닌 모든 두 부분은 연결어를 사용해서 붙여야 합니다.

★ 만약 'He his wife are happy' 라는 글이 있다면, 이 글은 어법상 옳지 않습니다. 그 이유는 주어가 두 개인데 이를 연결하는 접속사가 없기 때문입니다. 문맥상 [그와 그의 아내는 행복하다]를 의도한다면, 플러스 개념 혹은 첨가 개념의 접속사 'and'를 사용해서 'He and his wife are happy.' 라고 써야 합니다.

★ 만약 'He likes needs me' 라는 글이 있다면 술어동사가 2개 인데 이를 연결하는 접속사가 없기 때문에 틀린 문장이 됩니다. 접속사 'and' 를 넣으면 '좋아하고 필요로 한다' 가 되고 'or' 를 넣으면 '좋아하거나 필요로 한다' 가 됩니다.

★ 만약 'He is young energetic' 이라는 글이 있다면 be 동사의 보어가 접속사 없이 2개가 되었기 때문에 역시 'young' 과 'energetic' 사이에 접속사 'and' 나 'or'를 넣어야 의미가 통합니다.

★ 만약 'He sat between you me' 라는 글이 있다면 전치사 'between' 이 목적어를 2 개 받았기 때문에 그 사이에 'and' 를 넣어서 'between you and me'가 되어야 합니다.

★ 만약 'He talked sincerely honestly to me' 라는 글이 있다면 부사가 2 개 사용되면서 접속사가 없기 때문에 이 역시 두 개의 부사 사이에 'and' 혹은 'or'를 넣어서 연결해 주어야 합니다.

★ 만약 'He talked to me I listened to him' 이라는 글이 있다면 절과 절이 접속사 없이 연결되었기 때문에 역시 의미상 'and' 를 써서 'He talked to me and I listened to him' 이 되어야 합니다. 절과 절을 연결할 때에는 다른 접속사를 써서 'When he talked to me, I listened to him' 로 표현할 수도 있습니다. 이 때는 하나의 절이 다른 절에 대해 부가정보를 제공하는 것이 됩니다. 'when' 을 쓸 경우에는 시간의 부가정보를 제공하게 됩니다.

★ 접속사는 문법적으로 같은 역할을 하거나 같은 자리에 올 수 있는 '단어·구·절'을 연결하는 등위접속사(and, but, or, nor)와 절과 절을 연결하는 경우에만 쓰이는 종속접속사(that, if, because, when,....)로 나누어집니다. 등위접속사에 대해 먼저 알아보겠습니다.

Week 4 | Unit 10. 등위접속사 (coordinate conjunction)

2 등위접속사의 성질

 단어·구·절 + and / but / or / nor + 단어·구·절

★ 등위접속사(and, but, or, nor)는 '단어·구·절'을 모두 연결할 수 있습니다. 하지만, 그 이름에서 알 수 있듯, 서로 대등한 역할을 하거나 서로 위치를 바꾸어도 이상이 없는 경우에 한하여 사용합니다.

★ 예를 들어 'He and me are enemies' 는 구어체, 즉 말로 하는 언어에서는 가능한 문장이지만 문어체, 즉 글로 쓰는 경우에는 '등위접속사 and'가 연결하는 두 단어의 역할이 주어이므로, 둘 다 주격으로 써 주어야 합니다. 그런데 'He' 는 주격이지만 'me' 는 목적격이므로 'me'를 'I' 로 바꾸어 'He and I are enemies' 가 올바른 문장입니다.

★ 다른 예로 'He needed you and I' 라고 한다면 '타동사 needed' 의 목적어 자리에 'I' 를 쓸 수 없으므로, 역시 'me' 가 되어야 합니다. 참고로 'you' 는 주어와 목적어의 모양이 같습니다.

★ 이번에는 품사의 연결을 살펴봅니다. 'He went back hurriedly and happy to his home' 이라는 문장의 의도가 [그는 서둘러서 그리고 행복하게 그의 집으로 돌아갔다] 라면, 앞의 [서둘러서] 는 부사 'hurriedly' 로 표현되었지만 뒤의 [행복하게] 가 형용사 'happy' 로 되어 있어서 술어동사를 수식할 수 없습니다. 따라서 'happily' 가 되어야 합니다.

★ 다음 예문들에서 등위 접속사가 연결하는 두 부분을 찾아보고 정확한 의미를 파악해 보세요.

0348	나는 나를 항상 도와주는 것에 대해 당신과 당신의 여자형제에게 감사합니다.
	I thank you and your sister for helping me all the time.

0349	가서 그것이 누구인지 보자.
	Let's go and see who it is.
0350	그는 심하게 부상입어서 입원중이다.
	He is badly hurt and hospitalized.
0351	나는 그와 이야기하고 그의 이야기를 듣고 싶다.
	I want to talk to and listen to him.
0352	나는 모든 이들을 내 말을 경청하게 하고 나에게 주목하게 만든다.
	I make everybody listen and pay attention to me.
0353	그는 아프고 기분도 안 좋다.
	He is sick and in a bad mood.
0354	그는 아프고 부상도 당했다.
	He is sick and injured.
0355	그는 때로는 걷고 때로는 달리고 있는 중이다.
	He is sometimes walking and sometimes running.
0356	나는 당신의 종이며 언제나 당신에게 충실하다.
	I am your servant and faithful to you.
0357	나는 당신을 사랑해왔고 앞으로도 늘 사랑할 것이다.
	I have loved and will always love you.
0358	내 아들과 딸은 동물학을 전공한다.
	My son and daughter major in zoology.

Week 4 | Unit 10. 등위접속사 (coordinate conjunction)

3 등위접속사의 종류

1 and

1 명령문 (동사원형으로 출발하는 문장) + and + S + will VR

★ 이것은 매우 자주 나오는 형태로 [-해라, 그러면 주어는 -할 것이다] 라고 해석됩니다. 명령문은 '긍정·부정' 모두 다 사용합니다.

0359	두드려라, 그러면 문이 열릴 것이다.
	Knock, and the door will open.
0360	내 이름을 불러라, 그러면 내가 그곳에 갈 것이다.
	Call my name, and I will be there.
0361	내 아내가 되어주세요, 그러면 당신이 이후 영원히 행복할 것입니다.
	Be my wife, and you will be happy ever after.
0362	가까이 오지 마세요, 그러면 당신은 안전할 것입니다.
	Don't come near, and you will be safe.

2 3 개 이상의 연결 : ' A, B, and C '

★ 3 개 이상이 'and' 로 연결될 때는, 마지막 요소 앞에 comma 와 'and' 를 사용하고 나머지는 comma 로 처리할 수 있습니다.

0363	그는 성실하고 정직하고 재미있다.
	He is sincere, honest, and humorous.

0364	그들은 최고의 전자제품을 만들어내기 위해 저임금, 풍부한 노동력, 훌륭한 근로 조건 그리고 협조적인 정부 정책들을 이용할 수 있다.
	They can make use of low wages, plentiful workforce, good working conditions, and cooperative government policies to produce the best quality electronic goods.

3 A and B 덩어리의 단일개념

★ 원래 'A and B'는 두 개를 의미하므로 복수개념이지만, 두 개를 하나로 합쳐서 완성시킬 경우는 단일개념으로 보아 단수 취급합니다. '과유불급·진퇴양난·동상이몽·오월동주·경국지색·와신상담' 등 한자의 고사 성어를 보면 앞의 두 글자와 뒤의 두 글자가 합쳐져서 하나의 개념을 만들고 있습니다. 영어에서도 이런 완성개념을 and 를 사용해서 만들며 단수로 취급합니다.

0365	뺑소니는 치명상을 준다.
	The hit and run causes a fatal wound.
0366	어머니와 자녀지간은 가장 끈끈한 결속들 중 하나이다.
	Mother and child is one of the strongest bonds.
0367	잔과 받침 셋트가 하나 필요합니다.
	A cup and saucer is needed.
0368	실이 들어간 바늘이 바닥에서 발견되었다.
	A needle and thread was found on the floor.
0369	느리지만 꾸준함이 경주를 이긴다.
	Slow and steady wins the race.
0370	공부만하고 놀지 않으면 아이가 멍청해진다.
	All work and no play makes Jack a dull boy.
0371	일찍 자고 일찍 일어나기가 당신을 건강하게 만든다.
	Early to rise and early to bed makes you healthy.

Week 4 | Unit 10. 등위접속사 (coordinate conjunction)

4 both A and B

★ 'and' 가 'both' 를 함께 사용했을 때에는 '둘 중의 둘' 이라는 100% 를 의미합니다. 이것은 늘 복수개념입니다. 다만 앞에 'not' 이 올 경우 부분부정이 되어 절반의 부정을 의미합니다.

0372	그는 그것을 너와 그 자신 둘 다를 위해 했다.
	He did it both for you and for himself.
0373	우리는 당신과 당신의 아내 둘 다를 고용하지는 않을 것입니다.
	We won't hire both you and your wife.

2 등위접속사 or

★ 'or' 는 기본적으로 '둘 중 하나를 선택'한다는 의미입니다. 주어끼리 연결되면, 뒤에 나오는 주어에 술어동사를 일치시킵니다.

1 선택의 or : A or B 가 주어를 연결할 때 술어는 B 주어에 일치

0374	제이슨 혹은 그의 형제들이 이것을 책임지고 있다.
	Jason or his brothers are responsible for this.

2 무상관의 or : (whether) A or B, S + P

★ '문두·문중·문미'에서 '콤마에 의해 [A or B]' 가 분리되어 있으면 'A이건 B이건 간에 상관없이' 라는 무상관 혹은 양보의 의미가 됩니다. 이 때 'A' 앞에 'whether' 를 넣어도 됩니다.

0375	크든 작든, 모든 국가는 그것이 인류전체의 공통의 가치를 훼손하지 않는 한, 자신의 방식대로 살 권리를 가져야 한다.
	Every country, great or small, must have the right to live in its own way as long as it does not harm the common value of all mankinds.

3 명령문, or + S + will VR

★ 한국어에서 [-해라, 그렇지 않으면 -할 것이다] 에 해당합니다. 명령문은 긍정과 부정 모두 사용할 수 있습니다.

0376	내 말을 들어라, 그렇지 않으면 후회할 것이다.
	Listen to me, or you will be sorry.
0377	다시 늦지 마세요, 그렇지 않으면 해고될 것입니다.
	Don't be late again, or you'll be laid out.

4 동격의 A or B

★ 실질적으로 A 와 B가 같지만 서로 다른 단어를 사용합니다. 보통 A에는 '전문용어' 또는 '요약어'를 쓰고, B에는 '일반용어' 또는 '풀이하거나 부연하는 용어'를 사용합니다.

0378	그는 폐소공포증 혹은 좁은 곳이나 갇힌 곳에 있는 두려움으로 고생하고 있다.
	He is suffering from claustrophobia or the fear of being in small or enclosed places.

3 not only(merely, just, simply) A but (also) B = B as well as A

★ 'A 뿐만 아니라 B 도' 라는 의미입니다. 뒤에서 'also'를 생략하고 사용하거나 'also' 대신 'as well' 이나 'too' 를 쓰기도 합니다. 'only' 대신 다양한 부사를 쓸 수 있습니다. 접속사 'but' 대신 comma 로 대체하기도 합니다. 주어끼리 연결할 때는 'B'에 술어동사를 일치시키며 절과 절을 연결할 때에는 'not only' 다음의 절을 반드시 의문문 어순으로 도치시킵니다. 'as well as' 를 쓸 때는 앞의 것이 나중에 해석됩니다.

0379	그는 커피를 좋아할 뿐만 아니라 코카콜라도 너무 마신다.
	He not only likes coffee but also drinks too much Coke.

Week 4 | Unit 10. 등위접속사 (coordinate conjunction)

0380	Tom 뿐만 아니라 그의 남자형제들도 나를 좋아한다.
	Not only Tom but his brothers also like me. Tom's brothers as well as Tom like me.
0381	그들은 한국말을 잘 할 수 있고 그들의 부모도 그것을 배우고 싶어 한다.
	Not only can they speak Korean well but their parents want to learn Korean too. (의문문 어순 도치)

4 either A or B

★ 이 형태는 기본적으로 or 의 용법과 동일합니다. 다만, 동격의 용법으로는 잘 사용하지 않습니다.

5 부정어 (not, neither..) A nor B

★ nor 는 A 부분에도 반드시 부정어가 있어야 하며, B 부분에는 nor 외에 다른 부정어를 쓰지 않습니다. 'A도 아니고 B도 아니다'라는 의미입니다. 조심할 것은 'nor' 가 절과 절을 연결할 때 nor 뒤에 오는 절은 반드시 의문문의 어순으로 써야 한다는 것입니다.

0382	빨간색도 파란색도 너에게 어울리지 않는다.
	Neither red nor blue color suits you.
0383	나는 육류를 좋아하지도 먹지도 않는다.
	I do not like nor eat meat.
0384	학생들은 그 책에 흥미가 없었고 교사 역시 그 책에 대해 언급하지 않았다.
	The students were not interested in the book nor did their teacher comment on it. (의문문 어순 도치)

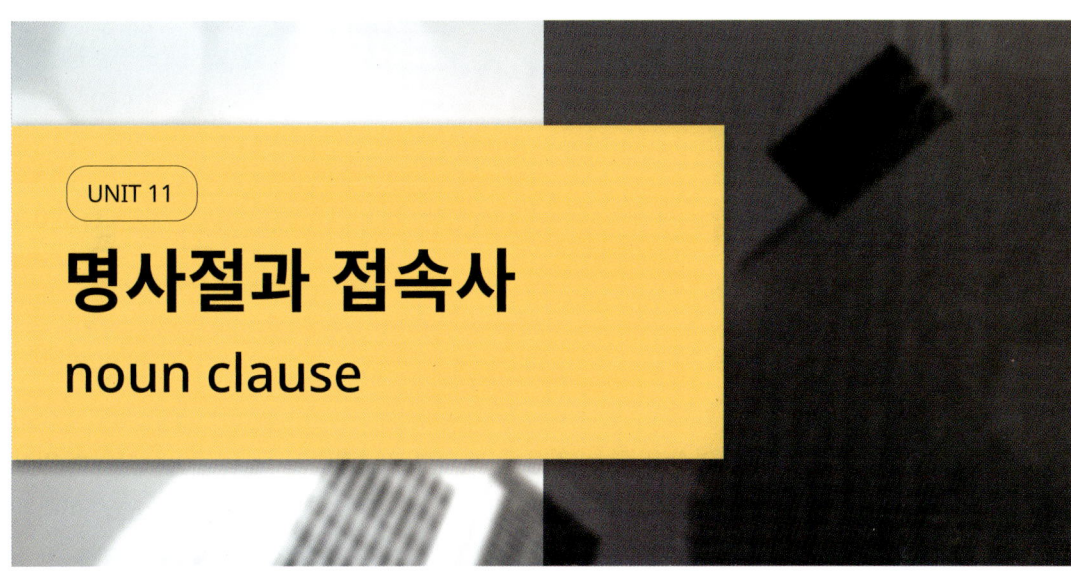

UNIT 11

명사절과 접속사
noun clause

PREVIEW

명사절이란 하나의 절이 전체 문장 속에서 '주어·목적어·보어·동격'의 역할을 하는 경우에 그 절을 품사적으로 구분하여 붙이는 이름입니다. 명사절이란 이름이 붙는 이유는 '주어·목적어·보어·동격'의 역할을 하는 품사가 명사이기 때문입니다. 이 명사절은 주절과 연결될 때 그 앞에 접속사를 붙입니다. 명사절 앞에 붙이는 접속사는 크게 세 가지 종류가 있습니다.

UNIT 11 명사절과 접속사 (noun clause)

1 접속사 that

> that + S + P : 'S가 -하다는 것, S가 -하다는 사실'

★ '접속사 that'은 자체적으로는 독립된 의미를 갖지 않고, that 뒤에 오는 절이 명사화 되었다 라는 '마디표시의 역할'을 합니다. 한국어에서 [-가 -하다는 것, -가 -하다는 사실] 정도가 됩니다. 맨 앞에서 주어절의 역할을 하는 경우를 제외하고, '접속사 that'은 생략될 수 있으며 특히 '타동사의 목적어 자리'에 올 경우에 생략되는 경우가 많습니다. 참고로 'that' 이라는 단어는 '종속접속사'나 '관계사' 그리고 '지시대명사', '지시형용사', '지시부사' 등으로도 자주 사용되므로 전체구조를 잘 보면서 각각의 역할을 구분해야 합니다.

1 that 절이 주어 자리에 올 때

★ 형태상으로 [That S_2 + P_2 ... + P_1...] 으로 나타납니다. 전체문장의 주어인 'S_1'은 'that 절' 자체이며 단수로 취급되므로 'P_1'은 단수동사를 써야합니다.

0385	그가 이곳에 매우 자주 온다는 것은 너에게 무엇인가를 의미한다.
	That he comes here so often means something to you.
0386	그가 그토록 젊어서 죽었다는 것은 받아들이기 어렵다.
	That he died so young is unacceptable.

2 가주어(형식주어, 흔적주어) it 과 함께 문미에서 사용되는 that 주어절

★ 순서상으로 'that 주어절'은 맨 뒤에 오게 됩니다. 문장의 앞에서는 주어가 있었다는 흔적만을 남기기 위해 형식상의 주어로 'it'을 사용합니다. [It + P_1.. + that + S_2 + P_2..] 의 구조가 사용되며 'P_1'은 단수동사를 합니다.

0387	그가 이곳에 매우 자주 온다는 것은 당신에게 무엇인가를 의미한다.
	It means something to you that he comes here so often.

0388	그가 매우 젊어서 죽었다는 것은 받아들이기 어렵다.
	It is unacceptable that he died so young.

3 타동사의 목적어 자리에 오는 that 절

★ 타동사 뒤에 'that 절'이 목적어로 올 수 있으며, 목적어를 2 개 받는 수여동사 중에서 'tell, show, promise, teach, convince, assure' 등의 직접목적어 자리에 'that 절'을 받을 수 있습니다. 목적보어를 받는 'think, find, make' 와 같은 동사의 경우, 목적어 자리에 가목적어(형식목적어)인 'it' 을 쓰고 목적보어까지 쓴 후, 진목적어로 'that 절'을 써서 'find it + 명사·형용사 + that 절' 구조가 됩니다.

0389	나는 당신이 나보다 그를 더 좋아한다는 것을 이해합니다.
	I understand that you like him more than me.
0390	그는 나에게 자신이 완벽한 남자친구가 되겠다고 약속했다.
	He promised me that he would make a perfect boyfriend.
0391	나는 그가 오래 동안 혼자살고 있다는 것을 이상하다고 생각한다.
	I think it weird that he has lived alone for so long. (가목+진목)

4 in that 절과 except that 절

★ 일반적으로 전치사 뒤에서는 'that 절'을 목적어로 쓰지 않습니다. 하지만 전치사 'in, except, save, but'등은 'that 절'을 목적어로 받을 수 있습니다.

0392	그는 많은 형제자매를 가지고 있다는 점에서 행복하다.
	He is happy in that he has many siblings.
0393	그는 완벽하다는 점을 빼고는 완벽하다. (즉, 결점이 하나 정도 있으면 좋겠다.)
	He is perfect except that he is really perfect.

Week 4 | Unit 11. 명사절과 접속사 (noun clause)

5 be + that 절

★ 'be 동사'는 뒤에서 'that 절'을 바로 받을 수 있습니다. 이 경우, 'that 절'은 주어와 동격적 의미가 됩니다. 즉, 주어의 개념에 대한 설명을 'that 절'로 표시하는 것입니다.

0394	그의 생각은 우리 모두가 이 오두막에서 함께 머물자는 것이다.
	His idea is that we all stay together in this cabin.
0395	우리의 결론은 이 동굴 안에 무엇인가 살아있는 것이 있다는 것이다.
	Our conclusion is that there is something alive in this cave.

6 개념명사 + that 절 (동격절)

★ 동격절은 앞의 명사에 대한 내용을 'that 절'로 설명하는 것입니다. 보통의 경우 해당명사와 'that' 절은 붙어서 나오지만, 떨어져서 나올 때도 있습니다. '동격의 that 절' 앞에 사용되는 명사는 개념을 설명하는 명사이어야 합니다. 물건이나 물질 등은 개념명사가 아니기 때문에 동격절을 받을 수 없습니다. '생각, 결론, 제안, 충고, 이론, 가설, 가정, 소식, 정보, 사실, 꿈'을 각각 의미하는 'idea, thought, conclusion, suggestion, advice, theory, assumption, presumption, news, information, fact, dream' 이런 단어들은 '동격의 that 절'과 주로 어울립니다.

0396	여성이 남성보다 오래 산다는 사실은 사회학적 관점에서는 매우 당연하다.
	The fact that woman outlives man is very natural in the view of sociology.
0397	나는 언젠가 우리가 전쟁 없는 세상에서 살 거라는 꿈이 있다.
	I have a dream that someday we will live in a world of no war.

2. 접속사 if, whether

 if / whether + S + P : 'S가 -하는지 아닌지'

★ 명사절에 사용되는 두 번째 접속사 'if, whether'의 의미는 '인지, 아닌지'입니다. '여부'의 가능성을 알립니다.

1 주어의 역할

★ 주어절의 역할을 할 때 'if'는 사용하지 않고, 'whether 절'을 사용합니다. '가주어·진주어 구조'에서는 주어절에 'if'를 쓸 수 있습니다. 'Whether 절'은 뒤에서 보통 'or B' 혹은 'or not'이라는 말과 호응합니다. 'if or not'이라고 붙여서 쓰는 경우는 거의 없지만 'if...... or not'이라고 분리해서 쓸 수는 있습니다. 이 절이 주어일 때, 술어동사는 단수 형태입니다.

0398	그가 오느냐 아니냐는 중요하다.
	Whether he will come or not is important.
	= It is important whether he will come or not.
	= It is important whether or not he will come.
	= It is important if he will come or not.

2 타동사의 목적어 역할

0399	나는 그가 만족한지 아닌지 안다.
	I know whether he is satisfied.
0400	나는 그가 너를 좋아하는지 아닌지 말해주겠다.
	I will tell you whether he likes you.

Week 4 | Unit 11. 명사절과 접속사 (noun clause)

3 전치사 + whether 절

★ 전치사의 목적어 자리에는 'if 절'은 사용하지 않고 'whether 절'을 사용합니다.

0401	나는 그가 원주민인지 아닌지가 궁금하다.
	I am curious about whether he is a native.
0402	그가 승진할지 말지에 대해 언급해 주세요.
	Please make a comment on whether he will be promoted.

4 be + whether (if) 절

★ 'be 동사' 바로 뒤에 붙여서 사용함으로써 주어에 대한 보충설명을 합니다. 'if 절'도 쓸 수 있습니다.

0403	질문은 그가 그것을 아느냐 아니냐이다.
	The question is whether(if) he knows it or not.

3. 접속사 'wh-'

 wh- + (S) + P

★ 'wh-' 형 접속사의 종류로는 'who·what·whom·whose·which', 'where·when·why·how' 가 있습니다. '누가, 무엇이, 누구를, 무엇을, 누구의 것이, 누구의 것을, 어떤 것이, 어떤 것을, 어디가, 어디를, 언제가, 언제를, 왜, 어떻게' 이런 의미의 절을 만들 때 사용됩니다.

1 주어절로 사용될 경우

★ 문장의 맨 앞에 옵니다. 단수 취급됩니다.

0404	그가 원하는 것은 이것이다.
	What he wants is this.
0405	그가 자란 곳은 이 도시에 있다.
	Where he grew is in this city.
0406	그녀가 나를 왜 떠났는지는 수수께끼이다.
	Why she left me is a mystery.
0407	그가 그녀를 설득한 방식은 놀라왔다.
	How he could persuade her was amazing.
0408	누가 그 시스템을 고안했는지 밝혀질 것이다.
	Who invented the system will be revealed.
0409	그들이 돌아온 시점은 내가 모르는 무엇인가이다.
	When they came back is something I do not know.

Week 4 | Unit 11. 명사절과 접속사 (noun clause)

2 타동사의 목적어로 사용될 경우

0410	나는 그가 원하는 것을 알게 되었다.
	I learned what he wanted.
0411	나는 그녀가 성장한 곳을 물어볼 것이다.
	I will ask where she grew up.
0412	당신이 그녀가 당신을 떠난 이유를 아는가?
	Do you know why she left you?
0413	나는 그녀가 가난한 사람들을 돕는 방식을 이해한다.
	I understand how she helps the poor.
0414	나는 누가 그렇게 말했는지를 궁금히 여겼다.
	I wondered who said so.
0415	나에게 언제 그들이 여기 올지를 말해 달라.
	Tell me when they will be here.

3 전치사의 목적어로 사용될 경우

0416	나는 그가 나를 위해 마련하는 것 위에서 잘 것이다.
	I will sleep on what he prepares for me.
0417	그것은 당신이 어디에 있느냐에 달려있다.
	It depends on where you are.
0418	그는 그녀가 언제 행복한지를 모른다. (of 생략가능)
	He is ignorant of when she feels happy.
0419	나는 당신을 현재의 장소에서 당신이 있기 원하는 곳으로 데려가겠다.
	I will take you from where you are to where you want to be.

4 be동사 뒤에서 주격보어로 사용될 때

0420 이것이 내가 생계를 하는 방식이다.

This is how I earn a living.

0421 내일이 당신이 그녀를 처음 만나게 될 때일 것이다.

Tomorrow will be when you will first meet her.

0422 그것이 그가 도시에서 살기 원치 않는 이유이다.

That is why he doesn't want to live in the city.

★ 'how'는 뒤에 형용사나 부사를 붙여서 'how + 형·부 + 주어 + 술어' 구조가 되면, '어떻게' 가 아니라 '얼마나 -한', '얼마나 -하게' 입니다.

0423 얼마나 많은 돈이 그 사업계획에 필요 되는지가 논의될 것이다.

How much money is needed for the project will be discussed.

0424 얼마나 많은 차가 한국으로 수출되는지 나에게 말해 줄 수 있습니까?

Will you tell me how many cars are exported to Korea?

0425 나는 그 당시 그녀가 얼마나 슬펐는지 알지 못한다.

I don't know how sad she was at that time.

0426 그녀가 아침에 얼마나 일찍 일어나는지 당신은 아시나요?

Do you know how early she gets up in the morning?

★ 'wh-' 명사절은 심화학습이 필요하므로 고급과정에서 자세히 다루겠습니다.

UNIT 12
부사절과 접속사
adverbial clause

PREVIEW

하나의 문장 안에 두 개의 절(주어 + 술어)이 있고, 이 두 개의 절이 각각 독립적으로 구조와 의미가 완성되어 있을 경우, 그 중 하나의 절은 다른 하나의 절에 대해 '시간·장소·원인·방법·결과·목적·비례·정도·조건·양보' 등의 내용으로 부가정보를 제공하게 됩니다. 이 경우 각각의 절을 '주절'과 '부사절(부가절, 종속절)'이라고 부릅니다.

UNIT 12 부사절과 접속사 (adverbial clause)

1 시간의 부사절

 주절 + 시간정보의 부가절

Don't count the chickens **before they are hatched**.

1 when + S₂ + P₂ : '-할 때'

0427	내가 어렸을 때 나는 허약했다.
	When I was young, I was weak.
0428	나는 저녁을 먹고 있었다, 그때 그가 들어왔다.
	I was having supper, **when he came in**.

★ 'when 절'이 뒤에 올 경우, 앞에서부터 해석하고 이어서 'when'은 [그 때] 로 해석하면 좋습니다.

2 after + S₂ + P₂ : '-한 후'

0429	은퇴하고 난 후 나는 시골지역으로 이주할 것이다.
	After I retire, I will move to the rural area.
0430	그가 은퇴한 3년 후, 암으로 사망했다.
	3 years after he retired, he died of cancer.

★ 'after'는 전치사로 사용되어 뒤에 명사나 동명사를 받을 수도 있습니다. 또, '0430 예문' 처럼 'after' 앞에 수사와 단위명사를 넣어서 구체적 시점을 밝힐 수도 있습니다.

3 before + S₂ + P₂ : '-하기 전에'

0431	은퇴하기 전에 나는 딸의 결혼비용을 모아놓을 것이다.
	Before I retire, I will save some money for my daughter's wedding.
0432	그 문이 열리기 한 순간 전에 그는 피할 수 있었다.
	A moment before the door opened, he managed to escape.

★ 'before'는 전치사로 사용되어 뒤에 명사나 동명사를 받을 수도 있습니다. 또, 'after' 처럼 'before' 앞에도 수사와 단위명사를 넣어서 구체적 시점을 밝힐 수 있습니다.

4 since + S₂ + P₂ : '-한 이후로'

0433	이 마을로 이사 온 이후 그는 궁핍한 사람들을 돕고 있는 중이다.
	He has been helping the needy since he moved into this village.

★ 이 경우, 주절은 완료나 완료진행 시제를 주로 사용합니다. 따라서, 전체적으로 [S₁ + have, has, had (been) + p.p / S₁ + have, has, had been + ing, since S₂ + P₂] 라는 패턴이 됩니다. 'since' 역시 전치사로 사용될 수 있으며, 이 때 since 뒤에는 시점을 의미하는 명사가 옵니다.

5 until (till) + S₂ + P₂ : '-할 때까지'

0434	나는 죽을 때까지 너를 사랑하겠다.
	I will love you until I die.

Week 4 | Unit 12. 부사절과 접속사 (adverbial clause)

★ 'until' 또한 전치사로 사용될 수 있어서 뒤에 명사를 받을 수 있습니다. 조심할 것은 전치사로 사용될 때, 'by' 를 써야하는 경우와 혼동하지 않아야 한다는 것 입니다. 전치사 'until' 과 'by' 는 둘 다 특정한 시기를 기준으로 잡고 '그 때 까지' 혹은 '그 무렵까지' 라는 의미로 사용하는데, 주절의 동사가 지속성 동사면 'until (till)' 을 쓰고, 주절의 동사가 일회성 혹은 완료성 동사면 'by'를 써야 합니다. 위의 예문에서는 주절의 동사가 지속성을 가진 'love' 이기 때문에 'until' 이 자연스럽습니다. 하지만 만약 '7시까지 도착할 것이다' 라고 한다면 '도착하다' 라는 동사는 지속성 동사가 아니라 일회에 걸쳐 완료되는 의미를 가지고 있으므로 'by' 를 써서 'I should arrive by 7' 혹은 'I will have arrived by 7'이 올바른 표현이 됩니다. 이 부분은 심화과정에서 더 자세히 다루어 볼 것입니다.

6 while + S₂ + P₂ : '-하는 동안', ' -하는 반면' (= whereas)

0435	쇠는 뜨거울 동안 두드려야 한다, 반면에 맥주는 차가울 때 마셔야 한다.
	Strike the iron **while it is hot**, while you must drink beer while it's cold.

★ 'while'은 '-하는 동안'과 '-하는 반면'이라는 두 개의 의미를 가지고 있습니다. 상반된 두 사실을 대조할 때는 '반면'이라는 의미로 사용합니다. 문맥을 보면서 '부대상황'인지 '대조'인지를 결정해야 합니다.

7 as soon as + S₂ + P₂ : '-하자마자'

0436	그는 집에 오자마자 컴퓨터 게임을 한다.
	As soon as he comes home, he plays computer games.

★ 이 접속사는 원래 비교구문의 'as .... as' 구조에서 파생된 것입니다. 이와 동일한 의미로 사용되는 패턴은 매우 많이 있습니다. 특히, 'no sooner ... than' 을 사용하는 구조는 '도치구'조와도 관련되어 있기 때문에 매우 자세한 응용지식이 필요하지만, 기초과정에서는 생략하도록 하겠습니다.

8 once + S₂ + P₂ : '일단 -하면'

0437 일단 당신이 그녀 곁에 오면 당신은 그녀와 사랑에 빠질 것이다.

Once you come near her, you will fall in love with her.

★ 'once'는 '부사'일 경우 '한 때, 옛날에'이며, '빈도부사'일 경우 '한 번' 이라는 의미입니다. 그렇지만 절과 절을 연결하는 '접속사'일 경우는 '일단 -할 때, 일단 -하고 나면' 이라는 의미입니다.

9 every time (= each time, whenever) + S₂ + P₂ : '-할 때 마다'

0438 그는 샤워를 할 때 마다 이빨을 닦는다.

Every time he takes a shower, he brushes his teeth.

★ 이 단어는 구조상으로는 명사처럼 보이지만 실제로는 절과 절을 연결하는 접속사로 주로 사용됩니다. 이런 형태의 접속사로 'the first time(처음 -할 때)', 'the last time(마지막으로 -할 때)' 등이 있습니다.

10 by the time + S₂ + P₂ : '-할 무렵까지'

0439 해가 질 무렵이면 나는 돌아왔을 것이다.

By the time the sun sets, I will have come back.

★ 'by the time + 절'은 원래 'the time' 뒤의 관계사절이 앞의 'the time'을 꾸민 후 '전치사 by'를 'the time' 앞에 붙여서 부사화한 것입니다. 이것은 주로 주절에 완료시제를 사용합니다. 의미상 'until'과 유사하지만 이미 언급했듯이 'until'은 주절에 '지속성 동사'를 쓰고, 'by the time'은 주절에 '완료성 동사'를 씁니다. 위의 예문에서는 '해가 지는 시간' 이 한계 시점이며, 그 한계 이내에 어떤 행위가 완료된다라는 의미입니다.

Week 4 | Unit 12. 부사절과 접속사 (adverbial clause)

2 장소의 부사절

주절 + 장소 정보의 부가절

Where ignorance is bliss, wisdom is folly.

1 where + S₂ + P₂ : '-하는 곳에서'

★ 'where 절'이 주절의 뒤에 올 경우 주절부터 해석하고 'where' 는 '그곳에서' 라고 해석하면 좋습니다.

0440	의지가 있는 곳에 길이 있다.
	Where there is a will, there is a way.

2 wherever (= no matter where) + S₂ + P₂ : '-하는 어떤 곳에서라도'

★ Wherever 는 '장소가 어디이든 상관이 없다' 라는 의미입니다. 역시 주절이 앞으로 오고 부사절이 뒤로 갈 수 있습니다.

0441	그는 어디 가더라도 친구를 쉽게 사귄다.
	Wherever (No matter where) he goes, he makes friends easily.

3 원인, 이유의 부사절

주절 + 원인·이유의 부가절

Fingerprints are special because they are unique for every person.

1 because + S₂ + P₂ : '-의 이유로(-이기 때문에), 왜냐하면'

★ 'why' 로 물어볼 경우는 거의 'because' 로 대답합니다. [not, because] 와 같은 고급용법은 심화과정에서 배웁니다. 'because of' 는 전치사이므로 뒤에 절을 받지 않고 명사를 받아야 한다는 점을 조심하세요.

0442	그는 매우 내성적이라는 이유로 친구가 거의 없다.
	Because he is very introverted, he has few friends.
0443	그는 쉴 필요가 있다. 왜냐하면 그는 과로했기 때문이다.
	He needs to rest, because he has overworked himself.

2 since + S₂ + P₂ : '-의 이유로, 왜냐하면'(이미 알려진 이유)

★ 'since' 는 'because' 의 의미를 가지고 있지만, 보통 '변하지 않는 일반적 원리'나 '알려진 사실'을 이유로 제시할 때 사용합니다. '개별적이고 가변적인 이유'에는 'because'를 씁니다. 예를 들어서 [한국에서는 남자들이 군복무를 해야 하기 때문에] 라고 한다면 이것이 한국의 일반적이고 불가변적 상황에 대한 묘사이므로 'because' 보다는 'since'를 써서 [Since men in Korea have to take the military service as their duty,] 가 좋습니다. 물론 두 접속사는 서로 대체 가능한 경우도 많습니다. 화자와 청자의 입장이 다르기 때문입니다.

Week 4 | Unit 12. 부사절과 접속사 (adverbial clause)

0444 그는 직업을 구하는데 애를 먹고 있다. 왜냐하면 (늘) 그는 자신이 잘하는 것을 입증할 수 없기 때문이다.

He is having a hard time getting a job, since he can't prove what he is good at.

3 as + S₂ + P₂ : '-의 이유로, 왜냐하면'

★ 'because' 보다는 조금 덜 격식적인 표현입니다. 하지만 '접속사 as' 는 워낙 다양한 의미로 사용되기 때문에 세심한 구별이 필요합니다. 그래서 문맥을 제대로 알아야 'as' 의 정확한 의미를 결정할 수 있습니다.

0445 내가 너무 늦었기 때문에 나는 극장에 들어가지 못했다.

As I was too late, I couldn't get into the theater.

4 목적의 부사절

주절 + 목적의 부가절

Turn off the light **so that I can sleep well**.

★ 이것은 어떤 행위를 할 때 특정한 목적을 염두에 두고 있다는 것을 표현합니다.

1 in order that (= so that) + S + may, can : '-할 수 있도록'

0446 나는 연구에 몰두하기 위해서 일을 그만 두었다.

I stopped working, so that I might concentrate on my study.

2 lest + S + (should) + VR : '-하지 않기 위하여'

★ 'lest' 는 'not' 의 뜻이 포함된 말이므로 다른 부정어를 쓰지 않습니다. 또 'lest' 절에는 조동사 'should'를 쓰거나 이를 생략하고 동사원형을 바로 쓸 수 있습니다.

0447	나는 다른 차가 내 차와 충돌하지 않도록 내 차의 100미터 뒤에 위험 알림판을 세웠다.
	I stood a warning board a hundred meters behind my car lest another car (should) hit mine.

5 결과의 부사절

주절 + 결과의 부가절

The light was on so that I couldn't sleep well.

★ 이것은 앞의 내용에 대한 결과를 표시하며 순서상 반드시 주절 뒤에 옵니다. 접속사로는 so that 이나 so 혹은 and so 를 사용하며, 앞 문장에 마침표를 찍은 후에는 부사인 'thus, therefore, consequently, accordingly' 로 접속사를 대체할 수 있습니다.

1 so that (= so, and so) + S_2 + P_2 : '그래서, 그 결과, 따라서, -하다'

2 and thus (= therefore, consequently, accordingly) + S_2 + P_2 : '그래서, 그 결과, 따라서, -하다'

0448	나는 그가 질렸다. 그래서 더 이상 주변에 그가 없길 원했다.
	I had enough of him, so I no more wanted him around.

Week 4 | Unit 12. 부사절과 접속사 (adverbial clause)

6 방법의 부사절

주절 + 방법의 부가절

As one sows, so shall he reap.

★ 이것은 두 개의 절이 이루어지는 방식이 유사하다는 것을 암시합니다. 접속사는 대표적으로 'as'를 사용하지만 구어체에서는 'like'를 훨씬 더 많이 사용하는 편입니다. 정통문법에서는 'like'를 전치사로 보아서 뒤에 절을 쓰는 것을 꺼리지만, 이제는 'like'를 접속사로 써서 뒤에 절을 붙이는 것이 상당히 보편화되어 있습니다. 따라서 조만간 문어체에서도 'like'를 'as 대용의 방법절'에 사용하게 될 것입니다. 다른 표현법으로 'in the way 절'이 있는데 'way' 뒤의 절은 문법적으로는 앞의 'way'를 꾸미는 관계사절입니다. 그런데 'way' 앞에 'in'을 붙여서 최종적으로 부사화한 것입니다. '전치사 in'은 생략되는 경우가 많습니다. 그러므로 명사 'the way + 절' 형태로 '방법의 부사절'을 만들 수 있습니다.

1 as + S₂ + P₂ : '-하듯이, 하는 방식대로, -하는 것처럼'

0449	당신이 로마에 있을 때에는 로마인들이 하는 방식대로 해라.
	Do as the Romans do when you are in Rome.

2 like, (in) the way + S₂ + P₂ : '-하듯이'

0450	당신이 로마에 있을 때에는 로마인들이 하는 방식대로 해라.
	Do like (the way, in the way) the Romans do when you are in Rome.

7 비례의 부사절

주절 + 비례의 부가절

The more broken dishes, the more luck for the year.

★ 이것은 두 개의 사실이 서로 비례하여 '증감관계'에 있을 경우 사용합니다. 따라서 이 두 개의 절에는 각각 '증감과 관련된 동사'가 사용되거나, '비교급의 형용사나 부사'가 사용된다는 특징이 있습니다. 다양한 변화형은 심화과정에서 다루겠습니다.

1 as + S_2 + P_2(증감동사, 혹은 비교급) , S_1 + P_1(증감동사, 혹은 비교급) : '-할수록, -하다'

★ 이 구조에서는 각각의 절에 증감과 관련된 술어동사 혹은 형용사, 부사의 비교급을 반드시 써야 합니다.

0451 운동을 많이 할 수록, 당신은 더 많은 물을 마실 필요가 있다.

As you do more exercise, you need to drink more water.

2 the 비교급 + S_2 + P_2 , the 비교급 + S_1 + P_1 : '-할수록, -하다'

★ 만약 부사절과 주절에 모두 비교급이 있으면 이 구조를 사용할 수 있습니다. 이 때는 앞의 '정관사 the'가 접속사의 역할을 하게 되므로, 다른 접속사를 쓰지 않습니다. 각 절에 있었던 비교급을 그 절의 앞으로 보내면서 '정관사 the'를 붙입니다.

0452 야채를 더 자주 먹을수록, 당신은 암에 걸릴 가능성이 적어진다.

The more often you eat vegetable, the less likely you are to have cancer.
= As you eat vegetable more often, you are less likely to have cancer.

Week 4 | Unit 12. 부사절과 접속사 (adverbial clause)

8 조건의 부사절

주절 + 조건의 부가절

If you laugh, blessings will come your way.

★ 이것은 어떤 것을 조건으로 삼는다는 것인데 가정법의 영역에서 더 자세히 다루게 됩니다. '접속사 if'는 명사절에서 사용될 경우 '-인지, 아닌지' 이지만, 조건의 영역에서 다루면 '만약 -하다면' 입니다. 'unless' 는 이미 부정의 의미를 담고 있는 접속사이기 때문에 다시 부정어를 사용하지 않아도 '-하지 않는다면' 입니다.

1 if + S_2 + P_2 : '만약 -하다면'

0453	만일 당신이 우리 집에 온다면 무기를 휴대하지 말 것을 확실히 해라.
	If you come to my house, be sure that you carry no weapon.

2 unless + S_2 + P_2 : '만약 -하지 않는다면'

0454	만일 초대받지 않은 상태라면 당신은 입장할 수 없습니다.
	Unless you are invited, you can not come in.

9 무상관(양보)의 부사절

주절 + 무상관(양보)의 부가절

Though you don't like it, you must do what you have to do.

★ 문법에서 말하는 '양보'라는 것은 '하나의 사실이 다른 하나의 사실에 늘 굴복한다'는 의미인데, 이것은 매우 이해하기 어려운 용어입니다. 한국에서는 전통적으로 양보절이라는 말을 썼지만, 무상관 혹은 무관계, 즉 '하나의 절'이 '다른 하나의 절'에 아무런 영향을 끼치지 못한다는 의미로 이해하면 더욱 쉽습니다.

1 though, although, even though + S_2 + P_2 : '비록 -함에도 불구하고'

0455	비록 그가 매우 어리지만 그는 그 부서를 책임지고 있다.
	Though he is very young, he is in charge of the department.

2 even if + S_2 + P_2 : '설령 -라 해도'

★ '설령'은 그 사실이 확정된 것이 아니라 가정된 것이라는 것을 암시합니다.

0456	설령 그가 젊다 해도 그는 이 일을 맡을 수 없다.
	Even if he is young, he can't take this task.

Week 4 | Unit 12. 부사절과 접속사 (adverbial clause)

10 정도의 부사절

주절 내의 형용사·부사의 정도 + 비유절

I was **so hungry that** I could eat a whole cow.

★ 이것은 어떤 상태가 매우 대단해서 특정한 결과를 낳을 정도라는 표현입니다. 따라서 정도의 부사절은 주절에서 반드시 'so, sufficiently, enough' 등의 부사로 특정한 형용사나 부사를 꾸며주고, 그 뒤에 접속사 that (생략가능) 을 써서 종속절을 표시합니다. 이것은 'so that'이 붙어서 나오는 '단순 결과절'과는 다르므로 주의해야 합니다. '매우 –해서 –할 정도이다'로 해석하며 'so' 대신 'such'를 쓸 경우 명사와 호응합니다. 주절의 어순은 'so·sufficiently + 형용사, 부사'이고 '형용사·부사 + enough' 이며 'such + 명사' 이며 뒤에 'that 절'이 올 때 '접속사 that'은 생략될 수 있습니다.

1 so·sufficiently + 형용사·부사 ... + (that) + 절
= 형용사·부사 + enough ... + (that) + 절

0457 그는 나에게 매우 낯익어서 우리가 오래 친구였다 라는 생각이 들 정도이다.

He is **so familiar** to me (that) I think we have been friends for long.
= He is **familiar enough** to me (that) I think we've been friends for long.

2 such + (a, an) + (형) + 명 + (that) + 절
: '매우 –한 명사 여서 –할 정도이다'

★ 이 때 'such' 대신 'so'를 쓴다면 'so + 형용사 + a,an + 명사'의 어순이 됩니다. 이렇게 어순이 도치되는 현상은 심화과정에서 자세히 설명합니다. 아래의 어순 공식을 꼭 기억하세요.

★ 어순 공식 : [such + a, an + 형용사 + 명사 = so + 형용사 + a, an + 명사]

0458	그는 배달서비스가 없이는 살 수 없을 정도로 게으른 사람이다.
	He is such a lazy man that he can't live without delivery services. He is so lazy a man that he can't live without delivery services.

11 부사절에서 'S₂ + be' 구조의 생략

★ 부사절에서 'S₂'가 주절의 주어인 'S₁'과 같고, 부사절 주어 다음에 'be 동사'가 올 경우 'S₂ + be' 구조는 생략될 수 있습니다. 언어도 경제성을 추구하기 때문이며, 접속사가 'when, until, while, if, unless, though, once' 일 때, 자주 일어나는 현상입니다. 이렇게 제 2주어와 'be 동사'가 생략되고 나면, 그 뒤에는 주로 'ing, p.p 분사' 혹은 '형용사·명사·전치사' 등이 남겨집니다.

0459	그가 어렸을 때 그는 게을렀다. = 어렸을 때 그는 게을렀다.
	When he was young, he was lazy. = When young, he was lazy.
0460	일단 그에게 초대 받으면 당신은 그의 영원한 친구가 될 수 있다.
	Once invited by him, you can be his permanent friend.
0461	접종받지 않으면 당신은 그 병에 걸릴 가능성이 높다.
	Unless vaccinated, you are likely to contract the disease.
0462	비록 나로부터 멀리 있었지만 그는 나에게 무슨 일이 일어나고 있는지를 알았다.
	Though far away from me, he knew what was happening to me.
0463	내가 어렸을 때, 그녀는 아버지와 이혼했고 새 출발을 찾아 나섰다.
	While I was young, she divorced my father and looked for a new start.

★ '예문 0463'의 경우는 S₂가 S₁과 다르기 때문에 'I was'가 생략되지 않습니다. 비교급과 관련된 부사절은 다른 영역에서 공부하겠습니다.

WEEK 5

UNIT 13
형용사 (adjective)

UNIT 14
부사 (adverb)

DAY 1

UNIT 13 — 1) 주요 형용사형 어미

DAY 4

복습 — 형용사 유닛에서 배운 모든 문장들을 다시 따라 읽고, 영작하는 복습을 해 주세요. 형용사 유닛에서 배운 단어들도 반드시 암기해 주세요!

DAY 2

UNIT 13
- 2) 형용사의 두 가지 역할
- 3) 뒤에서 전치사, 부정사 또는 절을 유도하는 형용사

DAY 5

UNIT 14
- 1) 부사 개념
- 2) 부사의 형태
- 3) 부사의 쓰임
- 4) 부사의 위치와 어순

DAY 3

UNIT 13
- 4) no, all, both, either, neither, half, double 의 위치
- 5) 수량형용사
- 6) the + 형용사
- 7) 분사의 형용사적 용법
- 8) 형용사의 어순
- 9) 부사? 형용사 ?

DAY 6 ~ DAY 7

복습 — 부사 유닛에서 배운 모든 문장들을 다시 따라 읽고, 영작하는 복습을 해 주세요. 부사 유닛에서 배운 단어들도 반드시 암기해 주세요!

UNIT 13

형용사
adjective

PREVIEW

형용사는 사람 또는 사물의 성질과 상태를 묘사하는 말입니다. 의미별로 구별해 보자면 '크기·모양·색깔·치수' 등을 묘사하는 말들과, '가치'나 '성질'을 묘사하는 말들로 대별될 수 있습니다. 형용사는 크게 두 가지 역할을 합니다. 하나는 명사를 꾸미는 것입니다. 명사를 꾸밀 때 형용사는 보통 명사의 앞에 오지만 특정한 명사를 꾸밀 때는 명사의 뒤에 옵니다. 또, 형용사가 뒤에서 [전치사 + 명사] 구조나 절을 데리고 올 때에는 명사의 뒤에서 꾸미게 됩니다. 형용사의 두 번째 역할은 보통 'link verb'라고 하는, 동사 뒤에서 주어에 대한 서술을 돕는 보어역할입니다. 가장 자주 사용되는 'link verb'는 'be 동사'입니다. 따라서 'be + 형용사' 구조로 매우 자주 사용됩니다. 형용사는 타동사의 목적어 뒤에 바로 놓일 수도 있습니다. 이 경우 목적어에 대한 성질이나 상태를 제공하게 되며 이것을 목적보어라고 부릅니다. 정리하면, 형용사는 명사를 꾸미는 수식용법, 그리고 보어의 역할을 하는 용법 이렇게 두 가지가 있다고 보면 됩니다.

UNIT 13 형용사 (adjective)

1 주요 형용사형 어미

★ 처음부터 형용사의 역할을 할 수 있도록 태어난 단어들도 있지만, '형용사형 어미'를 붙여서 형용사를 만들 수 있습니다. 다음에 소개하는 도표들은 '주요 형용사형 어미'입니다. 품사 단원에서는 품사별 역할과 특징을 이해하는 것도 중요하지만, 어휘력을 늘리는 것이 우선입니다. 따라서 기본과정에서 요구되는 핵심어휘들은 반드시 반복해서 기억해야 합니다. 다음에 소개하는 '어미별 형용사'는 빈도수의 차이는 있지만, 일상생활은 물론, 입시를 비롯한 각종시험에서 매우 자주 등장하는 단어들입니다. 이 책이 사전의 기능을 대체할 수는 없기 때문에 최우선적으로 사용되는 단어들을 적었습니다. 그에 따른 예문들을 찾아보시고, 이 단원이 끝날 때까지 소개한 모든 어휘들을 기억하시기 바랍니다.

1 특정 어미(語尾) 없는 형용사 : 자체가 형용사로 사용 가능

★ 어떤 단어들은 동사나 명사에서 파생되었다기보다는, 그 자체가 형용사로 먼저 등장했습니다. 이런 단어들은 라틴어나 고대 그리스어 등의 외래어에서 온 말도 있지만 보통은 '앵글로 언어'나 '켈트 언어'에서 바로 등장한 것들이 많고 독립적인 스펠링을 가지고 있습니다. 따라서 이런 형용사들은 특정한 형용사형 어미인 '-ous, -ive, -al, -ent, -ant, -y, -ly, -able, -ible' 등으로 끝나지 않습니다. 물론 이런 형용사들도 굳이 어미들 간의 공통점을 기준으로 조합해 볼 수는 있습니다. 예컨대, 'sad, mad, bad'가 모두 형용사로서 끝이 '-ad'로 끝났지만 이것을 어근에서 형용사를 만드는 어미로 볼 수는 없습니다. 덧붙여서, 영어는 품사를 함께 공유할 수 있는 언어이므로 'early, fast, high, hard'등은 형용사와 부사로 동시에 사용할 수 있으며 'some, many, much, all, any, each' 등은 형용사와 명사로 동시에 사용할 수 있습니다.

도표 46 : 일반 형용사

happy	행복한	He is a happy person.
sad	슬픈	He is wearing a sad look.
big	크기가 큰	The goal keeper has big hands.
small	크기가 작은	The car is so small.
honest	정직한	We want an honest person for this position.
good	좋은, 쓸모 있는	You are good for nothing.
bad	나쁜	They seem to be bad boys.
little	크기나 무게가 작은	The kid is too little to get on this machine.
many	수가 많은	Too many cooks spoil the broth.
few	수가 적은	I have few things to say to you.
long	길이나 시간이 긴	It's been a long time since I talked to you.
short	길이나 시간이 짧은	The jacket is too short.
black	검은	I like the black cat.
cold	차가운, 냉정한	He is as cold as ice.
heavy	무거운	The room is full of heavy air.
round	둥근	I am going to buy a round saucer.
flat	납작한	You can cut this flat piece of metal with scissors.
all	모든	I disagree that all is well that ends well.
some	어떤	Some people say love is holding on.
mad	광적인	He is mad about the new fashion.

Week 5 | Unit 13. 형용사 (adjective)

2 명사 + y : '해당 명사의 성격이 강한'

★ 어떤 명사에 '알파벳 y'를 붙이면 '그 명사의 성격이 강한' 이라는 의미의 형용사가 됩니다. [juice, box, might, sugar, salt, shit, wind, wing, wood, yum] 이라는 단어를 가지고 'y' 어미 형용사를 만들어 보겠습니다.

0464	나는 즙이 많은 과일을 먹고 싶다.
	I would care for a juicy fruit.
0465	너의 셔츠는 매우 헐렁해 보인다.
	Your shirt seems so boxy.
0466	너는 전지전능한 브루스라는 영화를 보았니?
	Did you watch the movie Bruce almighty?
0467	이 빵은 설탕같이 달다.
	This bread tastes sugary.
0468	나의 국수는 너무 짠 맛이 나.
	My noodle tastes too salty.
0469	그런 더러운 계획에는 끼고 싶지 않다.
	I don't want to get involved in such a shitty plot.
0470	나는 바람 부는 밤에는 잠이 잘 들지 않는다.
	I have trouble falling asleep at windy night.
0471	그 생물은 날개가 있나요?
	Is the living creature wingy?
0472	나무가 우거진 땅을 좀 사고 싶습니다.
	I would like to purchase a piece of woody land.

0473	내가 어제 먹었던 것은 정말 맛난 길거리 음식이었다.
	What I had yesterday was a really yummy street food.

★ 그 외의 주요 '-y' 어미 형용사는 다음과 같습니다.

도표 47 : '명사 + y' 형용사

airy	바람 통하는, 비현실적인	baggy	불룩한, 헐렁한
bloody	피 묻은, 잔인한	bony	뼈 성분의, 뼈가 튀어나온
bubbly, foamy	거품 많은, 명랑한	buggy	빈대생긴, 미친, 오류생긴
catchy	흥미를 끄는, 외우기 쉬운	cloudy	구름 낀, 흐릿한, 수상한
creamy	부드러운, 크림이 있는	curly	구부러진, 둥글게 말린
dirty	흙먼지 묻은, 더러운	doggy	개와 관련된, 뽐내는
dusty	먼지가 낀	easy	손쉬운
fatty	지방이 많은, 느끼한	faulty	결함이 있는
filthy	불결한, 오물 묻은	fleshy	다육질의, 살집이 있는
flowery	꽃이 있는, 화려한	foggy	안개 낀, 흐릿한
fruity	과일 맛의, 낭랑한	funny	재미있는, 의심스런, 미친
girly	소녀의, 나체사진이 많은	goaty	염소 같은, 음란한
grassy	풀의, 풀로 덮힌	greedy	탐욕스런, 갈망하는
guilty	죄스러운, 유죄의	hairy	털이 많은, 위험한
handy	편리한, 가까운, 손재주의	healthy	건강한, 온전한
horny	뿔의, 성적으로 흥분된	hungry	배고픈, 열망하는, 불모의
icy	얼음의, 쌀쌀맞은	itchy	가려운, 갈망하는
leggy	다리가 날씬한, 가느다란	lousy	불결한, 형편없는
lucky	운이 좋은	meaty	고기가 많은, 내용 충실한
moody	시무룩한	moony	달 밝은, 얼빠진
noisy	시끄러운	oily	기름기 있는, 미끄러운

Week 5 | Unit 13. 형용사 (adjective)

phony	가짜인, 허위의, 거짓말인	piggy	돼지모양의, 뚱뚱한
picky	까다로운	rainy	비가 오는, 형편이 나쁜
risky	위험한, 무모한, 음란한	rocky	암석이 있는, 울퉁불퉁한
roomy	넓찍한, 여유 있는	rosy	장밋빛의, 행복한, 낙관적
rubbery	고무 같은, 탄력 있는	sandy	모래의, 엷은 갈색의
scanty	부족한, 빠듯한	seedy	씨가 많은, 지쳐 있는
showy	보여주는, 눈길을 끄는	skinny	가죽만 남은, 마른
sleepy	졸리는	smelly	냄새나는, 악취 나는
smoky	연기 나는, 흐릿한	soapy	비누의, 비누성분의
spooky	으스스한	starry	별이 총총한
sticky	끈적이는	stony	돌 같은, 무뚝뚝한
stormy	폭풍 치는	sunny	햇빛강한, 명랑한
tangy	톡 쏘는, 짜릿한	tasty	맛있는, 매력적인
tricky	쉽지 않은, 교활한	watery	묽은, 물기 있는
weedy	잡초 많은, 변변치 못한	whirly	빙빙 도는, 소용돌이치는
wiggly	꿈틀거리는, 파동치는	windy	바람부는

3 - ful : '성격으로 가득 찬'

★ '-ful' 어미 형용사는 'full' 이라는 자체의 의미에서 파생되었다고 보면 됩니다. 특정 명사나 동사 뒤에 붙여서 '그 성격으로 가득한' 이라는 의미의 형용사를 만듭니다.

0474	나의 관점에서 보면 그것은 낭비적인 방법들입니다.
	Those are wasteful methods from my point of view.
0475	나는 취미가 비슷한 그 사람과 멋진 저녁시간을 가졌습니다.
	I had a wonderful evening with the guy who has the same taste as mine.
0476	'정의로운' 이라는 말을 강조하는 사람들은 스스로 먼저 정의로워야 합니다.
	Those who emphasize the word 'rightful' should be rightful themselves first.

도표 48 : '-ful' 어미 형용사

artful	교활한, 기교 있는	awful	끔찍한, 심한, 지독한
beautiful	아름다운	brimful	가장자리까지 가득한
careful	조심스런, 주의하는	cheerful	기운 솟는, 쾌활한
colorful	다채로운, 화려한	delightful	즐거운
distasteful	싫은, 불쾌한, 맛없는	doubtful	아니라고 의심하는
faithful	충실한, 충성의, 배반 없는	fearful	두려움으로 가득한
forgetful	잘 잊는, 건망증 심한	fruitful	결실을 맺는
graceful	우아한	harmful	해가 되는
hateful	증오 가득한	healthful	건강에 도움이 되는
helpful	도움이 되는	hopeful	희망찬
hurtful	상처가 되는	joyful	즐거움 가득한
lawful	합법적인	lustful	욕망이 강한, 탐내는

Week 5 | Unit 13. 형용사 (adjective)

masterful	솜씨 좋은, 명인의, 거만한	meaningful	의미심장한
merciful	자비스러운	mindful	염두에 두는, 신경 쓰는
painful	고통스런	peaceful	평화스러운
pitiful	불쌍한, 비참한	powerful	강력한
purposeful	고의적인, 의도를 가진	regretful	후회하는, 뉘우치는
respectful	존경심 있는, 예의바른	resourceful	자원 풍부한, 재치 있는
restful	평온한, 평안을 주는	revengeful	복수심에 찬
rightful	올바른, 정의로운, 합법의	shameful	부끄러운, 수치스러운
sinful	죄스러운	soulful	감동적인, 진실 된
spiteful	앙심 품은, 심술궂은	successful	성공적인
tasteful	유쾌한, 맛있는	tearful	눈물 많은
thankful	감사하는	thoughtful	사려 깊은
truthful	진실 된	useful	쓸모 있는
wasteful	낭비하는	wonderful	멋있는, 놀랄만한
wrongful	나쁜, 사악한, 불법적인	youthful	젊은, 기운찬

4 - less : '성질이 부족한'

★ '-less' 어미의 형용사는 '-ful' 어미 형용사의 반대개념으로 이해하시면 편합니다. '부족한'이라는 의미를 가지고 있습니다.

0477	우리는 늙지 않는 인류의 이상들을 쉽게 포기해서는 안 됩니다.
	We should never throw away the ageless ideals of mankind.
0478	이 새들은 날지 못하므로 언젠가 날개 없는 동물로 바뀌게 될지도 모릅니다.
	Since these birds cannot fly, they may become wingless animals sometime.
0479	나는 이 나라에서 태어나 자라서 그것을 놀랄 일 없는 것으로 파악하고 있다.
	Since I was born and bred in this country, I find it wonderless.
0480	누구의 생각도 가치 없지 않습니다.
	No one's ideas are worthless.
0481	어떤 이들은 그 조각이 팔이 없어서 더 아름답다고 말합니다.
	Some say that the statue is the more beautiful because it is armless.
0482	그는 자전거를 탈 때 손가락 없는 가죽 장갑을 착용한다.
	He wears fingerless leather gloves when riding a bike.
0483	시간은 걸리겠지만 끊임없는 노력은 반드시 보답한다.
	Though it may take time, the ceaseless effort pays in the end.
0484	우리 앞에 놓인 세상은 끝없는 지평을 가진 무한한 곳입니다.
	The world lying before us is boundless with endless horizons.

★ 예문 외에 자주 사용되는 '-less' 어미 형용사를 뒤의 도표에서 소개합니다.

Week 5 | Unit 13. 형용사 (adjective)

도표 49 : '- less' 어미 형용사

aimless	목적 없는	airless	공기 없는
bloodless	냉혹한, 핏기 없는	body(i)less	실체 없는, 몸체 없는
boneless	뼈 없는, 가시 없는	borderless	국경 없는, 끝없는
bottomless	바닥없는, 하의 없는	buttonless	단추 없는
burdenless	부담 없는, 짐 없는	careless	부주의한
causeless	명분 없는, 이유 없는	childless	자녀 없는
cloudless	구름 없는, 명쾌한	colorless	무색의, 단조로운
contentless	내용 없는, 핵심 없는	crimeless	범죄 없는
dangerless	위험 없는, 안전한	debtless	부채 없는, 빚 없는
doubtless	의심 없는, 확실한	earless	귀 없는, 들리지 않는
endless	끝없는	eyeless	눈 없는, 맹목적인
faceless	얼굴 없는, 기호 없는	faultless	결함 없는, 완벽한
fearless	두려움 없는, 대담한	formless	형태 없는
frameless	틀 없는	fruitless	결실 없는, 열매 맺지 않는
gearless	기어 없는	groundless	근거 없는, 기초 없는
guideless	안내 없는	hairless	털 없는, 무모의
headless	머리 없는, 지도자 없는	helpless	무능력한, 난처한
hopeless	희망 없는	handless	손 없는, 솜씨 없는
jointless	이음매 없는	joyless	기쁨 없는
lawless	무법의, 비합법적인	legless	다리 없는, 만취한
lifeless	생명 없는, 죽은	limitless	한계 없는
lidless	뚜껑 없는	meaningless	의미 없는
merciless	자비 없는, 무자비한	motionless	움직임 없는
nameless	이름 없는,	ageless	영원한, 불로의
noiseless	소음 없는, 조용한	numberless	번호 없는

odorless	냄새 없는	oilless	기름기 없는, 주유불필요한
painless	고통 없는	passionless	열정 없는, 냉정한
pathless	길 없는, 최초의	pauseless	쉼 없는, 쉬지 않는
planless	계획 없는	plotless	줄거리 없는
pocketless	주머니 없는	pointless	무딘, 요점 없는
powerless	무력한, 효과 없는	priceless	귀중한, 값을 매길 수 없는
purposeless	목적 없는	restless	쉬지 않는, 불안 초조한
roofless	지붕 없는, 집이 없는	rootless	뿌리 없는, 근거 없는
ruleless	제멋대로인, 규제 없는	ruthless	무자비한, 냉혹한
saltless	소금기 없는, 기운 빠진	seamless	매끈한, 이음새 없는
sapless	수액 없는, 생기 없는	selfless	사심 없는
skinless	껍질 없는	sleeveless	소매 없는
speechless	말할 수 없는, 무언의	soulless	혼이 없는
soundless	소리 없는, 조용한	thoughtless	생각 없는
sexless	성별 없는, 성행위 없는	tasteless	맛이 없는
tearless	눈물 없는, 무정한	timeless	시간을 초월한, 영원한
topless	상반신을 노출시킨	toothless	이빨 없는
useless	쓸모없는	valueless	가치 없는
wireless	무선의, 전선 없는	weaponless	무기 없는
weightless	무게 없는, 무중력의	windless	바람 없는, 평화로운

Week 5 | Unit 13. 형용사 (adjective)

5 '-ous' 어미의 형용사

★ 매우 많은 형용사가 '-ous' 형 어미를 가지는데, 이 경우 다른 품사로 사용되는 경우는 없고 오로지 형용사로만 사용됩니다.

0485	그 동물은 매우 사회적이어서 함께 모여 산다.
	The animal is so gregarious that they live in groups together.
0486	나는 속으로 그 부모들의 우쭐해하는 태도를 비웃습니다.
	I laugh secretly at the pretentious manners of their parents.
0487	한국팀은 이전의 기록을 깨뜨릴 가능성이 큽니다.
	Team Korea is likely to break the previous record.
0488	토마토는 한 때 독성이 있다고 여겨졌다.
	Tomatoes once were thought to be poisonous.
0489	과테말라는 중미 라틴 아메리카에서 가장 인구가 많은 나라이다.
	Guatemala is the most populous country in central Latin America.
0490	그 번창하는 사업을 포기한 후 그는 새로운 사업을 시작했다.
	After abandoning the prosperous business, he started a new one.
0491	그는 매우 종교적인 사람이다.
	He is a very religious person.
0492	그것이 내가 들어보았던 가장 터무니없는 이야기였다.
	That was the most ridiculous story I'd ever heard.

0493	정의로운 사람들의 이름을 팔아서 정권들은 살아남으려 애씁니다.
	Regimes try to survive by selling the names of righteous people.
0494	사람들은 정부가 그들의 기본권을 제한하려할 때 반항적이 된다.
	People become rebellious when authorities try to limit their basic freedom.
0495	모든 훈련생들은 어떤 엄격한 과정을 거쳐야 한다.
	All the trainees have to get through some rigorous process.
0496	그 어떤 현명한 사람도 그런 일은 하지 않으려 한다.
	No sagacious person would do such a thing.
0497	그는 돈 문제에 있어선 양심적인 태도를 유지했다.
	He has kept a scrupulous attitude in money matters.
0498	그 식물은 곤충을 먹는 충식성이다.
	The plant is insectivorous, which means it preys on insects.
0499	그 방이 넓다고 말하는 당신은 진심인가?
	Are you serious telling that the room is spacious?
0500	동시통역사라는 것이 얼마나 어려운지 당신은 아는가?
	Do you know how hard it is to be a simultaneous interpreter?
0501	나는 그들이 그 연설에 자발적 박수를 친다고 생각하지 않는다.
	I don't think they make spontaneous applauses to the speech.
0502	그는 나의 개입에 대해 의심했다.
	He has been suspicious of my involvement.
0503	고객들은 그 차의 감각적 디자인에 끌린다.
	Customers are attracted to the sensuous design of the car.

Week 5 | Unit 13. 형용사 (adjective)

0504 그 리조트는 화려한 숙박시설로 잘 알려져 있다.

The resort is well known for its sumptuous accommodations.

0505 당신이 그것을 한다면 배반의 행위로 기억될 것이다.

It will be remembered as a treacherous deed if you do that.

0506 결승전을 이김으로써 엄청난 영광을 가져올 수 있다.

You can bring tremendous honor by winning the final match.

0507 당신은 그 문제에서 만장일치의 합의에 이르도록 강요받아서는 안 된다.

You must not be forced to reach a unanimous agreement in that matter.

0508 나는 그 오줌냄새 나는 변기를 더 이상 참을 수 없다.

I can't stand the urinous toilet any more.

0509 그 산은 최근에 지진활동의 다양한 신호들을 보여 주었다.

The mountain has recently shown various signs of volcanic activity.

0510 그의 진술은 진실인 것으로 들린다.

His statement sounds to be veracious.

0511 나는 그들이 행복하게 노래 부르는 것을 듣는 것으로부터 대리만족을 얻었다.

I got some vicarious pleasure from hearing them sing happily.

0512 일단 경제가 이 덫에 빠지면 그 악순환에서 머물게 될 것이다.

Once the economy falls into this trap, it will stay in the vicious cycle.

0513 말할 필요 없이 그들이 그 전쟁에서 승리했다.

Needless to say, they were victorious in the war.

0514	그는 힘 있는 문체로 글을 쓴다.
	He writes in vigorous style.
0515	그 고객은 환불을 받는 것에 대해 목소리를 매우 높였다.
	The customer was very vociferous about getting her refund.
0516	내가 게걸스런 섭식자인 반면, 나의 형제는 열렬한 독서자이다.
	While I am a voracious eater, my brother is a voracious reader.
0517	내 유년기의 한 멋진 해가 잊혀 질 수 없다.
	One wondrous year of my childhood is unforgettable.
0518	남한의 학부모들은 자녀들을 위한 더 많은 교육에 엄청나게 열렬하다.
	South Korean parents are zealous for more education for their children.
0519	그는 분쟁에서 죽을 가능성이 큰 호전적인 사람이다.
	He is a pugnacious person who is likely to die in a conflict.

도표 50 : '-ous' 어미 형용사

advantageous	유리한, 장점이 있는	ambidextrous	양손을 쓰는, 다재다능한
anonymous	익명의, 이름 없는	anxious	걱정하는, 갈망하는
audacious	대담한, 뻔뻔한	barbarous	야만스런
cancerous	종양이 있는, 암적인	cantankerous	괴짜인, 괴팍한, 심술궂은
capricious	변덕이 심한	carnivorous	육식을 하는
conscious	의식이 있는, 정신이 바른	conspicuous	눈에 띄는
continuous	지속적인	courageous	용기 있는
covetous	탐욕스런, 몹시 갈망하는	credulous	남을 잘 믿는, 속기 쉬운
curious	호기심 많은	dangerous	위험한
delicious	맛있는	desirous	몹시 갈망하는

Week 5 | Unit 13. 형용사 (adjective)

dextrous	손재주 있는	disastrous	재앙의, 재난의
dubious	수상한, 의심스런, 모호한	enormous	엄청난
envious	부러워하는	erroneous	잘못이 있는, 실수가 있는
fabulous	거짓말 같은, 멋진, 엄청난	fallacious	오류가 있는
famous	유명한	ferocious	사나운
frivolous	경박한	furious	분노한
generous	관대한, 너그러운, 후한	glorious	영광스런
gorgeous	멋진, 화려한, 우아한	gregarious	모이기를 좋아하는
hazardous	위험한	herbivorous	초식성의
hideous	끔찍한, 가증스런	hilarious	유쾌한, 즐거운
humorous	재미있는	impetuous	충동적인
incredulous	의심 많은, 남을 믿지 않는	indigenous	토착적인
industrious	근면한	infectious	감염적인, 전염성의
ingenuous	순진한, 솔직한	jealous	질투하는
joyous	즐거운	judicious	신중한, 현명한
luscious	감미로운, 달콤한	malicious	심술궂은
meticulous	세심한, 소심한	momentous	중요한
monotonous	단조로운	mountainous	산 같은
mysterious	수수께끼 같은	nervous	초조한
notorious	악명 높은	numerous	수가 많은
nutritious	영양가 높은	oblivious	망각하는
obvious	명백한	omnivorous	잡식성의
ostentatious	허세부리는, 화려한	pious	독실한, 경건한
poisonous	독성이 있는	populous	인구가 많은
precarious	불확실한, 위태로운	precious	귀중한, 고귀한

6 '-some' 어미의 형용사

0520 남부 플로리다에서는 모기들이 특별히 성가신 상태가 되었다.

In southern Florida, mosquitoes have become particularly bothersome.

0521 여기 사람들이 아이들을 교육시키는 것은 부담스런 일이다.

It is burdensome for people here to educate their children.

0522 그는 나에겐 소름끼치는 인물이 되었다.

He has been a gruesome character for me.

0523 나는 어떤 날 밤 적막한 도로를 걷고 있었다.

I was walking down a lonesome street one night.

0524 그의 강연은 지루한 설교로 변하고 있었다.

His lecture was turning into a tiresome sermon.

0525 나는 그 골치 아픈 곤충들을 어떻게 다루어야 할 지 궁금하다.

I am wondering how I can handle those troublesome insects.

0526 김치 같은 발효음식이 건강에 좋다.

Fermented food such as kimchi is wholesome.

0527 공룡들은 대개 무시무시한 생명체로 묘사된다.

Dinosaurs are generally portrayed as fearsome creatures.

0528 그것은 3인조 경주이다.

It is a threesome race.

Week 5 | Unit 13. 형용사 (adjective)

0529 그 멋진 성은 블타바 강을 바라보는 언덕위에 위치해 있다.

The awesome castle is located on a hill overlooking the Vltava River.

도표 51 : '-some' 어미 형용사

awesome	대단한, 멋진	blithesome	즐거운
bothersome	귀찮은	burdensome	부담스런
cumbersome	다루기 힘든, 성가신	fearsome	무시무시한
foursome	네 명이 하는	frolicsome	흥겨운, 들뜬
fulsome	아첨하는	gruesome	오싹한
handsome	잘 생긴, 상당한	lightsome	재빠른
lissome	날렵한, 나긋나긋한	lithesome	나긋나긋한, 유연한
loathsome	역겨운	lonesome	외로운
lovesome	사랑스러운	meddlesome	참견하는
mettlesome	기운찬	noisome	해로운
quarrelsome	싸우기 좋아하는	threesome	셋이서 하는
toothsome	맛 좋은, 섹시한	troublesome	골치 아픈
unwholesome	건강에 나쁜	venturesome	모험을 좋아하는
wearisome	피곤하게 만드는	wholesome	건강에 좋은
winsome	매력적인	worrisome	꺼림칙한

7. '-tive, -sive(-cive)' 어미 형용사 (일부는 명사로도 쓰임)

★ 유명한 형용사형 어미입니다. 이것은 가끔씩 '해당 성격을 가진 물건이나 사람'을 의미하는 명사로 사용되기도 하는데 대표적으로 'representatives'가 있습니다. 이 단어는 형용사로는 '대표적인, 대변하는' 이고, 명사로는 '대표자 내지는 대변자'입니다.

0530	비너스는 여성미를 대표하는 조각상이다.
	Venus is a sculpture representative of feminine beauty.
0531	그녀의 주장이 강하고 독립적인 특성 때문에 그녀는 한국의 현대 대중문화의 아이콘이 되었다.
	Due to her assertive and independent nature, she has become a modern popular cultural icon of Korea.
0532	그의 연설은 그다지 설득적이지 않았다.
	His speech was not that persuasive.
0533	우리가 개혁적인 정책을 만들 때 스스로가 개혁의 대상인지를 먼저 보아야 한다.
	We had better see if we are the first to reform when we make reformative policies.

도표 52 : 주요 '-ive' 어미 형용사

abrasive	연마되는, 벗겨지는	active	능동적인
additive	부가적인	adhesive	들러붙는, 점착성의
affirmative	긍정적인	aggressive	공격적인
appreciative	진가를 이해하는	apprehensive	걱정스런, 불안한
assertive	주장이 강한	attentive	주목하는
captive	포로가 된	circumspective	용의주도한
cognitive	인식하는, 인지하는	cohesive	결합시키는
collective	집합적인	comparative	비교하는

Week 5 | Unit 13. 형용사 (adjective)

competitive	쟁쟁한	comprehensive	이해하는
compulsive	강박적인	conclusive	결론적인
conducive	도움이 되는	conjunctive	결합하는
connective	연결하는	consecutive	연속적인
conservative	보수적인	creative	창의적인
cumulative	축적되는	cursive	필기체의
dative	여격의, 수여관계의	deceptive	기만적인
decisive	결정적인, 단호한	defensive	방어적인
demonstrative	노골적인, 실증적인	descriptive	묘사적인
destructive	파괴적인	digestive	소화를 돕는
distinctive	뚜렷한	effective	효과적인
elusive	파악하기 어려운	excessive	과도한
exclusive	배타적인	executive	집행적인, 관리적인
expensive	비용이 많이 드는	explosive	폭발성의
expressive	표현하는, 강렬한	extensive	확장적인
festive	축제의, 흥겨운	figurative	비유적인
fugitive	도망친, 금방변하는	gustative	미각의, 맛의
imaginative	상상력 많은	imperative	긴급한, 명령적인
impressive	인상적인	inclusive	포괄하는
informative	정보를 주는	innovative	혁신적인
instinctive	본능적인	instructive	교훈적인
intensive	강렬한, 집중적인	interactive	상호작용의
interrogative	물어보는, 의문하는	introspective	성찰하는, 내성적인
intuitive	직관적인	invasive	침략하는
inventive	발명의	irrespective	관련없는, 상관없는
locomotive	움직이는, 이동하는	lucrative	수익을 남기는
massive	대규모의	negative	부정적인, 소극적인

objective	객관적인	offensive	무례한, 공격적인
oppressive	억압적인	passive	수동적인
pensive	수심에 잠긴	perceptive	지각하는, 인지하는
positive	긍정적인, 적극적인	possessive	소유하고 있는
preventive	예방적인	primitive	원시적인
productive	생산적인	progressive	진보적인
punitive	징벌적인, 처벌의	putative	추정되는, 소문에 의한
receptive	수용적인, 예민한	recessive	후퇴하는, 열성의
reflective	반사하는, 성찰하는	regressive	역행하는, 퇴화하는
relative	상대적인, 관련된	repetitive	반복적인
reprehensive	책망하는	reproductive	재생하는, 번식하는
repulsive	혐오스러운	respective	각각의
responsive	반응하는	retractive	움츠리는, 수축성의
retroactive	소급적인, 반동적인	retrospective	회고하는
seductive	유혹적인	selective	선별적인
subjective	주관적인	submissive	복종하는
successive	계승하는	suggestive	연상적인, 도발적인
suppressive	억압적인	talkative	수다스러운
tentative	잠정적인	votive	봉헌한, 신에게 바친

8 '-al' 어미 형용사

0534 나는 마음이 맞는 동료와 적성에 맞는 일을 해서 행복하다.

I am very happy that I have a congenial job with a congenial partner.

Week 5 | Unit 13. 형용사 (adjective)

도표 53 : 주요 '-al' 어미 형용사

abnormal	비정상적인	aboriginal	토착의, 원주민의
accidental	우발적인	actual	실질적인
additional	추가적인	agricultural	농업의
annual	해마다의	artificial	인공적인
biannual	1년에 두 번, 2년마다	bicentennial	2백년 주기의
bilateral	쌍방의, 좌우대칭의	botanical	식물학의
brutal	야만적인, 사나운	casual	우연한, 즉석의
causal	인과관계의	celestial	하늘의, 천문학적인
centennial	백 주년의	central	중심적인
chemical	화학적인	clinical	임상적인, 병상의
coastal	해안의	collateral	부수적인
colloquial	구어체의	colonial	식민지의, 군락의
colossal	거대한, 훌륭한	commensal	공생의, 함께 먹는
commercial	상업적인	communal	공동사회의
conditional	조건적인	confidential	비밀의
continental	대륙의	controversial	찬반을 다투는
conventional	전통적인	corporal	육체의, 신체의
criminal	범죄의	critical	결정적인, 비판적인
crucial	중요한, 결정적인	cultural	문화적인
cynical	냉소적인	dental	치과의, 이빨의
digital	손가락의, 계수적인	dismal	우울한
diurnal	주광성의, 태양의	divisional	분할적인
ecological	생태적인	educational	교육적인
emotional	감정적인	environmental	환경적인
ephemeral	단명한, 덧없는	equal	동등한
essential	핵심의, 필수의	ethical	윤리적인

experimental	실험적인	external	외부의
facial	얼굴의	factual	사실적인
fatal	치명적인, 운명적인	fictional	허구적인
final	최종적인	financial	재정상의
formal	형식적인	fraternal	형제관계의
frontal	정면의	functional	기능적인
fundamental	근본적인	general	일반적인
geological	지리적인	global	지구전체의
governmental	정부의	gradual	점진적인
gravitational	중력의	habitual	습관적인
herbal	풀의	horizontal	수평의
hysterical	신경과민의	identical	동일한
illegal	불법적인	immoral	비도덕적인
immortal	불멸의	impartial	공평한
incidental	사건에 의한	individual	개별적인
industrial	산업의	influential	영향력이 큰
informal	비형식적인	initial	초기의
instrumental	도구적인	intellectual	지적인
intentional	의도적인	internal	내부의
international	국제적인	ironical	역설적인
lateral	측면의, 옆으로의	legal	합법적인
lethal	죽음의	literal	문자의
liturgical	예배의	local	국지적인
logical	논리적인	magical	마법의

Week 5 | Unit 13. 형용사 (adjective)

0535	눈송이의 결정들은 **대칭적 모습으로** 자라는 경향이 있다.
	The crystals in the snowflakes tend to grow in **a symmetrical manner**.
0536	그 작곡가의 악보는 나에게 너무 **예측불허로** 보인다.
	The musical notes of the composer seem to me too **whimsical**.

manual	손을 쓰는, 노동의	maternal	어머니의
maximal	최대한의	medical	의료적인
medicinal	치료약의	medieval	중세의
mental	정신적인	minimal	최소한의
monumental	기념비적인	moral	도덕적인
mortal	죽을 운명의	multilateral	다면적인
municipal	시의, 지방자치의	musical	음악적인
mutual	상호적인	national	국가적인
natural	자연적인	neutral	중립적인
nocturnal	야행성의, 밤의	normal	평범한
observational	관찰적인	occasional	때때로의
official	공식적인	operational	가동 중인, 운영 중인
optional	선택적인	original	독창적인
paradoxical	역설적인	parental	부모의
partial	부분적인, 편파적인	paternal	아버지의
peripheral	주변의	perpetual	영속적인
personal	개인적인	physical	신체의, 물리적인
pivotal	중추의, 회전축의	political	정치적인
postal	우편의	potential	잠재적인
practical	실용적인	primeval	고대의, 원시적인

prodigal	방탕한, 풍부한	professional	전문직업적인
provincial	지방의	provisional	잠정적인
psychological	심리적인	racial	인종적인
rational	이성적인	regional	지역적인
rental	임대의	residential	거주의
rhythmical	율동적인	rural	시골의
satirical	풍자적인	sceptical(skeptical)	회의적인
seasonal	계절적인	sentimental	슬픈, 감상적인
sequential	순차적인	signal	탁월한, 신호적인
special	특별한	spiritual	정신의
social	사회적인	societal	사회활동적인
structural	구조적인	substantial	실질적인, 상당한
superficial	피상적인	surgical	외과적인
technical	기술적인	temporal	현세의, 덧없는, 시간의
terminal	종말적인	terrestrial	지구의, 육지의
territorial	영토를 가진	textual	원문의, 본문의
theoretical	이론적인	tidal	조수의, 주기적인
traditional	전통적인	tribal	부족의, 씨족의
trivial	사소한	tropical	열대의
typical	전형적인	unilateral	일면적인
universal	보편적인, 우주의	usual	일상적인
vernal	봄의, 향긋한	vertical	수직의
viral	세균의	virtual	사실상의, 가상의
visual	시각적인	vital	중대한, 생명 관련된
vocal	목소리의	zoological	동물학적인

Week 5 | Unit 13. 형용사 (adjective)

9 '명사 + ly' 어미 형용사

★ '형용사 + ly' 는 부사이지만 '명사 + ly' 는 형용사입니다. 혼동하는 경우가 많으므로 늘 신경 써야 할 형용사입니다. 예를 들어 'wisely' 라고 하면 '형용사 wise' 에 'ly' 를 붙여서 '부사' 를 만들었습니다. 따라서 '현명하게' 입니다. 하지만 'friendly'는 '명사 friend' 뒤에 'ly'를 붙였으므로 '형용사' 가 됩니다. 따라서 '다정한, 친근한' 입니다.

0537	그 두발미용사는 다정하게 나에게 내 취향을 물었다.
	The hairdresser asked about my favor in a friendly manner.
0538	나는 신의 음성을 들었다고 생각했다.
	I thought I heard a godly voice.
0539	그 적시타가 없었다면 우리는 졌을 것이다.
	Without the timely hit, we would have lost the match.

도표 54 : 주요 '명사 + ly' 어미 형용사

bodily	신체상의	brotherly	형제간의
costly	비용이 드는	daily	매일의
earthly	세속적인	fatherly	아버지의
friendly	친구의	godly	신의
headly	머리의	heavenly	천국의, 하늘의
hourly	매시간의	humanly	인간의
kingly	왕의	knightly	기사의, 충성스런
lovely	사랑스러운	manly	남자다운
monthly	매달의	motherly	어머니의
nightly	밤의	orderly	질서 있는, 명령의
saintly	성자의	sisterly	자매의
timely	시간에 맞는	weekly	매주의

wifely	아내다운	womanly	여성스러운
worldly	세상의, 세속적인	yearly	매년의

10 '-able, -ible' 어미 형용사 : '-당할 수 있는, -될 수 있는'

★ 이 어미의 형용사는 두 개의 핵심 아이디어가 융합되어 있는데, '수동'이면서 동시에 '가능'이라는 것 입니다. 그런데 이것이 한국어로 번역될 때 '능동'의 의미로 혼동되는 일이 발생합니다. 예를들어 'visible'을 '볼 수 있는'이라고 번역하면, 이것은 '두 개의 서로 다른 의미'로 오해될 수도 있는데, 한국어에서 '그는 볼 수 있다'라고 하면, '그의 시각적 능력'을 의미할 수도 있지만, 보는 주체를 다른 사람으로 하여 '그가 보이는 대상'이 될 수도 있기 때문입니다. 즉, '그는 요즘 이곳에서 볼 수 있다'라고 하면 '그가 보이는 대상'이 됩니다. 하지만 영어의 'visible'은 오로지 '수동 + 가능'의 의미만 있기 때문에, 'He is visible = He can be seen'입니다. '그가 눈에 띌 수 있다' 다시 말해 '제 3자가 그를 볼 수 있다'라는 뜻 입니다. 이 어미는 [수동 + 가능] 의 뜻 입니다.

0540	접힐 수 있는 휴대폰들이 인기를 끌었습니다.
	The foldable phones were popular.
0541	이 옷감은 매우 신축성이 뛰어나서 스포츠인들이 매우 좋아합니다.
	This cloth is so stretchable that athletes are very fond of it.
0542	모든 질병이 다 치유될 수 있는 것은 아닙니다.
	Not every disease is curable.
0543	그는 어떤 수단으로도 치료가 불가능하다.
	He is not healable by any means.
0544	그 커플은 죽을 때까지 떼어 놓을 수 없다.
	The couple is inseparable until they die.
0545	그 임무는 달성하기에 불가능해 보인다.
	The mission seems to be impossible to achieve.

Week 5 | Unit 13. 형용사 (adjective)

0546	당신은 그 믿을 수 없는 비난을 수용하기로 동의했나요?
	Have you agreed to accept the improbable accusation?
0547	그는 충분히 탄핵될 수 있는 것으로 판명되었다.
	He turned out to be impeachable enough.
0548	그들은 아이스크림처럼 사라지기 쉬운 음식들에게는 모방제품을 이용합니다.
	They can even use imitative props for perishable foods like ice cream.

도표 55 : 주요 '-able, -ible' 어미 형용사

able	할 수 있는	acceptable	수용 가능한
accessible	접근 가능한	achievable	성취 가능한
adaptable	적응 가능한, 융통성 있는	adoptable	채택 가능한
adorable	사랑받을 수 있는	agreeable	상냥한, 동의할만한
amenable	잘 따르는, 순종적인	amicable	우호적인, 평화적인
approachable	접근 가능한	attachable	붙일 수 있는
attainable	획득 가능한	available	쓸모 있는
avoidable	회피 가능한	audible	들릴 수 있는
bearable	견딜 수 있는	believable	믿을 수 있는
breakable	깨뜨릴 수 있는	capable	할 수 있는
challengeable	도전, 이의제기 가능한	changeable	변화될 수 있는
chewable	씹을 수 있는	combustible	연소 가능한
comfortable	편안한	comparable	비교될 수 있는
compatible	공존 가능한	conceivable	있을 수 있는
considerable	상당한	consolable	위안 가능한
controllable	통제 가능한	convertible	전환 가능한
correctible	교정 가능한	culpable	비난 받을 만한

deceivable	기만 가능한	defeatable	물리칠 수 있는
defendable	방어 가능한	deniable	부인 가능한
destroyable	파괴 가능한	detachable	분리 가능한
detectable	발견 가능한	digestible	소화 가능한
disputable	반박 가능한	dissectible	해부 가능한
drinkable	마실 수 있는	durable	튼튼한, 내구성 있는
eatable	취식 가능한	edible	취식 가능한
endurable	견딜 수 있는	enjoyable	즐길 만한
erasable	삭제 가능한	expandible	확장 가능한(부피)
extendable	확대 가능한(길이)	extinguishable	진압 가능한
fashionable	유행의, 상류사교계의	favorable	선호할 만한
feasible	실현 가능한	flammable	불 붙일 수 있는
flexible	유연한	formidable	강력한, 위협적인
fusible	녹을 수 있는	gullible	속기 쉬운
honorable	고귀한, 명예로운	horrible	무시무시한
imaginable	상상 가능한	inaudible	들릴 수 없는
inconceivable	상상할 수 없는	indelible	지울 수 없는
indisputable	반박이 불가능한	indistinguishable	구별이 불가능한
insensible	분별력 없는	insuperable	극복하기 어려운
intelligible	이해할 수 있는	invaluable	가치로 따질 수 없는
invariable	한결같은	invincible	무적의
invisible	보이지 않는	irreversible	돌이킬 수 없는
irrevocable	취소 불가능한	keepable	유지될 수 있는
knowledgeable	박식한	likable	좋아할 만한
lovable	사랑받을 만한	manageable	조절 가능한
measurable	측정 가능한	memorable	기억 가능한
movable	이동 가능한	mutable	변화 가능한

Week 5 | Unit 13. 형용사 (adjective)

negligible	하찮은, 무시할 만한	negotiable	양도, 교섭 가능한
notable	주목할 만한	observable	관찰 가능한
obtainable	획득 가능한	omittable	생략 가능한
palatable	입에 맞는	payable	지불 가능한
playable	경기 가능한	plausible	그럴듯한
pliable	유연한, 휠 수 있는	practicable	실행 가능한
predictable	예상 가능한	preferable	더 나은, 바람직한
presumable	추정 가능한, 있음직한	preventable	예방 가능한
probable	있을 수 있는	profitable	이익을 주는
quenchable	달랠 수 있는, 끌 수 있는	questionable	의심 가능한
reasonable	이성적인	receivable	수용 가능한
rechargeable	재충전 가능한	recognizable	인정 할 수 있는
reconstructible	재건 가능한	redeemable	상환할 수 있는
regrettable	후회될 만한	reachable	도달 가능한
readable	읽을 수 있는	reliable	신뢰 가능한
remarkable	놀라운, 주목할 만한	removable	제거 가능한
renewable	갱신 가능한	repairable	수리 가능한
repeatable	반복 가능한	replaceable	교체 가능한
respectable	존경받을 만한	responsible	책임지는
reversible	돌이킬 수 있는	revokable	취소 가능한
satiable	만족시킬 수 있는	sensible	분별력 있는
shrinkable	축소 가능한	stable	안정적인
stoppable	제지 가능한	suitable	적절한, 알맞은
susceptible	민감한, 영향 잘 받는	tearable	찢을 수 있는
terrible	끔찍한	tolerable	인내할 수 있는
touchable	손댈 수 있는	trackable	추적 가능한
treasurable	소중한	unbelievable	믿을 수 없는

unbreakable	깨질 수 없는	unfavorable	좋아할 수 없는
unplayable	경기할 수 없는	unsatiable	만족시킬 수 없는
unstoppable	멈출 수 없는	untouchable	손댈 수 없는
valuable	가치 있는	variable	다양하게 바뀌는
visible	눈에 보이는	vulnerable	취약한
washable	세탁 가능한	wearable	착용 가능한
winnable	이길 수 있는, 얻을 수 있는	workable	사용, 가공, 실행 가능한

11 '-ic' 어미 형용사

0549 John Connor는 종말후의 세계에서 구세주가 된다.

John Connor becomes the savior of the post-apocalyptic world.

도표 56 : 주요 '-ic' 어미 형용사

academic	학문적인	acetic	초의, 아세트산의, 신
acidic	산성의	aesthetic	미적인
agrestic	시골의, 촌티 나는	altruistic	이타적인
analytic	분석적인	angelic	천사의
aortic	대동맥의	apologetic	사과하는
aquatic	물의	arctic	북극의, 몹시 추운
aromatic	향기로운	artistic	예술적인
aseptic	무균의	athletic	운동의
Atlantic	대서양의	atomic	원자의, 핵의
authentic	진품의	autistic	자폐의
automatic	자동적인	ballistic	탄도의, 화가 난
Baltic	발트해의	basaltic	현무암의

Week 5 | Unit 13. 형용사 (adjective)

basic	기본적인	biotic	생물의
bureaucratic	관료적인	catastrophic	재앙적인
chaotic	혼돈의	chronic	만성적인
civic	시민의	classic	전형적인, 고전적인
comic	웃긴	cosmetic	화장의, 미용의
cubic	육면체의	didactic	교훈적인
dogmatic	독단적인	domestic	국내의, 가정 내의
dramatic	극적인	dynamic	역동적인
ebonic	흑인 특유의	eccentric	별난, 범상치 않은
economic	경제적인	ecstatic	황홀한
elastic	탄력적인	electric	전기의
emphatic	단호한	energetic	활력적인
enthusiastic	열성적인	ethnic	인종의, 민족의
euphonic	듣기 좋은, 화음의	exotic	이국적인
fantastic	환상적인	frantic	광적인
galactic	은하의, 젖의	generic	일반적인, 속에 속한
genetic	유전적인	gigantic	거대한
graphic	도표의	gymnastic	체육의
historic	역사적인	horrific	공포스러운
iconic	형상적인, 우상 적인	idealistic	이상적인
intrinsic	본질적인	linguistic	언어적인
lunatic	광적인	majestic	장엄한
materialistic	물질적인	melodic	선율적인
metallic	금속의	monolithic	획일적인, 독재적인
monotonic	단조로운	mosaic	잡동사니의
nomadic	유목하는	optimistic	낙관적인
organic	유기체의	panoramic	개관적인

248 | 마지막 기초영문법

pathetic	측은한	pessimistic	비관적인
phonetic	음성학의	plastic	가소성의, 비닐의
pneumonic	폐렴의	pragmatic	실용적인
problematic	문제성의	psychic	정신병적인
romantic	낭만적인	sarcastic	빈정대는
satanic	악마의	scenic	경치 좋은, 풍경의
scientific	과학적인	scholastic	학문의, 학자의
specific	구체적인, 특정한	spheric	구체의, 둥근
sporadic	산발적인	static	정적인, 움직이지 않는
strategic	전략상의	symbolic	상징적인
synthetic	합성의	terrific	끔찍한, 멋진
theistic	유신론의	thematic	주제별의
toxic	독성의	tragic	비극적인

12 '-ant, -ent' 어미 형용사 (일부는 명사로도 쓰임)

★ 일부 단어는 명사로도 사용됩니다. 명사로 사용되었을 때는 어떤 행위를 하는 사람이라는 의미입니다. 행위자를 뜻하는 많은 어미들, 예컨대 [-er, -or, -ist, -ant, -ee, -tive] 등의 것들 중 하나입니다.

0550	종신교사들은 직업안정성 때문에 자기만족적이 된다.
	Tenured teachers become complacent because of their job security.
0551	당신의 반항적 태도에는 무엇이 잘못되었는가?
	What is wrong with your defiant attitude?

Week 5 | Unit 13. 형용사 (adjective)

0552	인종에 대한 노골적인 차별은 도대체 얼마나 더 오래 지속될 것인가?
	How longer will blatant discrimination against ethnic groups last?
0553	살인이 아닌 초범에 대해 관대한 처벌을 내리는 것은 형사법의 기본원리이다.
	It is a basic principle to make a clement punishment for non ex-convict as long as he is not in a murder case.
0554	많은 태평양지역 국가들이 폭풍치는 바다에 경계하고 있다.
	Many countries in the Pacific region are vigilant for stormy seas.
0555	기후불안의 결과로서 우기 동안이나 그 후 간헐적 폭우를 가질 가능성이 크다.
	We'll most likely have intermittent heavy rains during or after the monsoon as a result of the atmospheric instability.
0556	그는 그의 연설하는 능력에 대해 자신감이 없다.
	He is diffident about his ability to make a speech.
0557	전통적으로 십대들은 그들의 청년기 동안 학습에 집중하도록 촉구 받는다.
	Traditionally, teenagers have been encouraged to focus on their studies during their adolescent years.
0558	그의 말들은 그의 행동들에 일치하지 않는다.
	His words are not congruent with what he does.
0559	환희에 찬 구조팀은 자신들이 한 일에 대해 매우 자랑스러워 보인다.
	The jubilant rescue team seems to be proud of what they've done.

도표 57 : 주요 '- ent, -ant' 어미 형용사

absent	부재의	abundant	풍부한
accordant	조화로운	adamant	단호한, 요지부동의
adjacent	인접한	adolescent	청년의

affluent	풍부한	ancient	고대의
apparent	명백한	arrogant	교만한
ascendant	우세한, 상승하는	beneficient	자선심 풍부한
blatant	총명한, 밝은	brilliant	온유한, 관대한
buoyant	부력의, 쾌활한	clement	관대한, 포근한
competent	경쟁력 있는	concurrent	동시에 일어나는
congruent	조화되는	consistent	일관적인
constant	끊임없는	convenient	편리한
current	현재의	decadent	퇴폐적인
decent	고상한	delinquent	나쁜 행실의
dependent	의존적인	descendant	하강하는, 열세의
desiccant	건조성의	different	서로 다른
diffident	내성적인, 수줍어하는	discrepant	서로 어긋나는
dissonant	불협화음의	distant	거리가 먼
dominant	지배적인	dormant	휴면 중인
efficient	효율적인	emergent	등장하는, 신생의
eminent	저명한	evident	명백한, 증거 있는
excellent	탁월한	existent	실재하는
exuberant	무성한, 풍부한	flamboyant	허세부리는
fluent	유창한	fragrant	향기로운
frequent	빈번한	gallant	씩씩한, 정중한
hesitant	망설이는	ignorant	무지한
impeccant	죄 없는, 결백한	impotent	무능한, 힘없는
important	중요한	incessant	잇따른
independent	독립적인	indignant	화난
inherent	타고난	insistent	집요한, 끈덕진
intelligent	지적인	intermittent	간헐적인

Week 5 | Unit 13. 형용사 (adjective)

invariant	한결같은	irrelevant	관련 없는
jubilant	환희에 찬	luminant	빛을 내는
magnificent	거대한, 엄청난	maleficent	악의를 품은
malignant	악성의	obedient	순종적인
observant	엄수하는, 잘 지켜보는	occurrent	우연한, 현재진행의
opponent	반대의, 적수의	opulent	풍요로운
patient	인내하는	pendent	매달린, 미결의
permanent	영구적인	persistent	지속하는, 끈덕진
pleasant	유쾌한	pliant	유연한, 잘 휘는
poignant	애처로운	potent	강력한
predominant	우세한, 지배적인	pregnant	임신한, 충만한
prominent	두드러진, 튀어 나온	present	현재의, 참석한
prudent	신중한	pungent	신랄한, 자극적인
redundant	반복적인	relevant	유관한, 적절한
radiant	빛나는	regnant	우세한, 군림하는
reliant	의존적인	reluctant	꺼리는
resilient	회복력 있는, 끈질긴	resonant	잘 울리는, 공명되는
scant	부족한	significant	의미심장한
silent	고요한	stagnant	정체된
succulent	즙이 많은	sufficient	충분한
tolerant	다른 것을 참아내는	transient	덧없는
triumphant	승리의	turbulent	사나운, 거친
undulant	파상적인, 물결 같은	unobservant	부주의한, 규칙을 안지키는
urgent	긴급한	vacillant	우유부단한
vehement	맹렬한	vigilant	경계하는
violent	폭력적인	vacant	텅 빈

13 '-lar, -ar' 어미 형용사

0560	그는 관절주머니 인대 손상을 가지고 있다.
	He has capsular ligament damage.
0561	그 미래의 교통기관은 관처럼 생긴 통로를 이용할 것입니다.
	The future transportation will use a tubular route.

도표 58 : 주요 '-lar, -ar' 어미 형용사

angular	모서리 있는	binocular	두 눈으로 보는
biovular	이란성의	cellular	단세포의, 구획적인
circular	순환적인	dissimilar	서로 다른
familiar	낯익은	insular	섬나라의, 편협한
irregular	불규칙적인	linear	직선의
lunar	달의	molecular	분자의
muscular	근육의, 남성적인	oracular	신탁의
particular	특별한	peculiar	특이한
peninsular	반도의	perpendicular	수직의
polar	극의	popular	인기 있는
rectangular	사각의	regular	규칙적인
secular	세속의	similar	유사한
singular	단독적인	spectacular	장관의, 화려한
solar	태양의	tentacular	촉수 모양의
tessellar	모자이크 모양의	testicular	고환의
triangular	삼각형의	tubular	관 형태의

Week 5 | Unit 13. 형용사 (adjective)

14 '-ry, -ary' 어미 형용사

0562	영국처럼, 캐나다는 의회민주주의와 입헌군주제를 가지고 연방적으로 통치된다.
	Like the U.K., Canada is federally governed with a parliamentary democracy and a constitutional monarchy.
0563	회유책은 우리가 유리할 때 사용하는 것입니다.
	A conciliatory policy is adopted when we are a top dog.
0564	그 음료수는 무료 (호의로 제공하는) 이므로 그냥 드실 수 있습니다.
	The beverage is complimentary so you can drink it for free.
0565	그 순간적인 황홀감을 위해서 당신은 너무 많은 것을 희생한다.
	You sacrifice too much for the momentary rapture.
0566	폐의 건강을 위해 당신은 이 숲속으로의 산책을 잘 이용해야 합니다.
	Avail yourself of the walk into this forest for your pulmonary health.

도표 59 : 주요 '-ry' 어미 형용사

angry	화난	arbitrary	독단적인
auditory	청각의, 귀의	beneficiary	신하로서의
binary	쌍으로 된	complementary	상호보완적인
complimentary	무료의, 칭찬하는	conciliatory	달래는, 회유적인
contemporary	동시대의, 현대의	customary	관습적인
documentary	기록의, 문서의	elementary	초보적인, 원소상의
evolutionary	진화적인	extraordinary	특별한
illusory	가공의, 실체 없는	imaginary	상상의, 가공의
inflammatory	자극적인, 염증의	legendary	전설적인
literary	문학의	mandatory	강제적인, 의무상의

military	군대의	momentary	순간적인
monetary	돈과 관련된	necessary	꼭 필요한
obligatory	의무적인	ordinary	평범한
pecuniary	돈과 관련된	planetary	행성의
primary	초등학교의, 기본적인	pulmonary	폐의, 폐에 해로운
revolutionary	혁명적인	rudimentary	초보적인, 미발달된
sanitary	위생상의	satisfactory	만족스러운
secondary	이차적인	sedentary	앉은 자세의
sensory	감각과 관련된	slippery	미끄러운
stationary	머무는, 움직이지 않는	temporary	일시적인, 잠시의
terminatory	말단의, 끝을 형성하는	ternary	3중의, 세 개로 이루어진
unitary	단일성의	urinary	오줌의, 소변상의
visionary	시각적인	voluntary	자발적인

15 '-ish' 어미 형용사

★ '-ish'는 '본질적으로 어떤 성격을 가진' 이라는 의미입니다. 예를 들어, 색깔명사 뒤에 '-ish' 가 올 때는 '그런 색깔을 띠는' 정도의 의미입니다. 또한, 이 어미는 고유형용사를 만들 때 주로 사용되기도 합니다.

★ 고유명사에 따라 서로 다른 어미로 고유형용사를 만들기도 하는데, 그런 예는 아래 도표에 별표를 달아 표기하였습니다.

0567	식간에 차를 마시는 것은 영국식 전통이 되었습니다.
	Having tea between meals has become a British tradition.
0568	그는 사악한 계획에 의해 지하 감옥에 갇혔다.
	He was imprisoned in a dungeon through a fiendish scheme.

Week 5 | Unit 13. 형용사 (adjective)

도표 60 : 주요 '-ish' 어미 형용사

baddish	좀 나쁜, 그리 좋지 않은	baldish	머리가 약간 벗어진
bearish	곰 같은, 하락세의	bookish	독서를 좋아하는
boorish	책을 좋아하는, 탁상공론의	brownish	촌스러운, 야비한
bullish	갈색을 띤	childish	유치한
Danish	덴마크의	English	잉글랜드의
faddish	일시적으로 유행하는	Finnish	핀란드의
foolish	바보스런	greenish	녹색의
Irish	아일랜드의	kiddish	아이 같은, 유치한
oddish	기묘한, 조금 색다른	Polish	폴란드의
reddish	불그스름한	roundish	둥근
Scottish	스콧틀랜드의	selfish	이기적인
sluggish	느린, 달팽이 같은	snobbish	속물적인
Spanish	스페인의	squarish	사각형의
Swedish	스웨덴의	tallish	높은 위치의
tannish	황갈색을 띤	Turkish	터키의
warmish	온기 있는	waspish	말벌의, 심술궂은
yellowish	노란 빛을 띠는	yiddish	유대어의
*Czech	체코의	*Dutch	네델란드의
*French	프랑스의	*Greek	그리스의
*Iraqi	이락의	*Israeli	이스라엘의
*Swiss	스위철랜드의	*Yemeni	예멘의

16 '-le, -tuple' 어미 형용사 : '-tuple' 은 배수를 뜻하는 라틴어

0569 그 학교의 아이들은 고분고분해 보였다.
The children at the school looked docile.

0570 그는 술술 내뱉는 언변을 가진 것으로 보인다.
He seems to have a facile tongue.

0571 그를 소생시키기 위한 그들의 노력은 무익했다.
Their efforts to revive him were futile.

0572 프로골퍼가 8차례 보기를 하는 것이 가능할까?
Is it possible for a pro golf player to have an octuple bogey?

0573 나의 짐 가방에 깨어짐 주의 표시를 하나 붙여주세요.
Please attach a fragile warning tag to my suitcase.

도표 61 : 주요 '-le, -uple' 어미 형용사

agile	민첩한, 기민한	ample	충분한
docile	고분고분한	facile	손쉬운, 유창한
fragile	연약한	futile	무익한
juvenile	청소년의, 젊은	simple	단순한
versatile	다재다능한	volatile	불안정한, 휘발성의
single	하나의	double	두 배의
triple	세 배의	quadruple	네 배의
quintuple	다섯 배의	sextuple	여섯 배의
septuple	일곱 배의	octuple	여덟 배의
nonuple	아홉 배의	dectuple	열 배의

Week 5 | Unit 13. 형용사 (adjective)

17 '-an' 어미 형용사 : 일부에서는 명사로도 가능

★ 나라나 대륙에서 온 단어는 고유형용사 및 고유명사로 '해당국가나 지역 출신의 사람'을 말할 수도 있습니다.

0574	세종대왕은 해시계 (앙부일구), 물시계 (자격루), 측우기, 그리고 천문관측기구인 혼천의를 발명함으로써 농경사회의 사람들을 도와주려 애썼다.
	King Sejong tried to help the people in an agrarian society by inventing a sundial (angbuilgu), a water clock (jagyeokru), a rain gauge (cheukugi), and an astronomical observation instrument (honcheonui).
0575	그는 제왕절개로 태어났다.
	He was born through a cesarian section.

★ 'cesarian' 이라는 단어는 원래 'Julius Caesar' 에서 나온 말입니다. 씨이저(카이사르)는 자연분만이 아니라 제왕절개로 태어났다는 설이 있어서 '탄생을 위해 배를 가르는 씨이저 분만식의' 라는 의미로 'cesarian' 이 만들어 졌습니다.

도표 62 : 주요 '-an' 어미 형용사

African	아프리카의	agrarian	농업의
Alaskan	알래스카의	Algerian	알제리의
American	미국의, 미대륙의	amphibian	양서류의
Arabian	아라비아의	Asian	아시아의
Australian	호주의	Austrian	오스트리아의
Brazilian	브라질의	Cambodian	캄보디아의
Canadian	캐나다의	Caledonian	스코틀랜드의
cesarian	제왕절개의, 시저의	Colombian	콜롬비아의
Cuban	쿠바의	Egyptian	이집트의
European	유럽의	German	독일의
Hawaiian	하와이의	Hungarian	헝가리의
Indian	인도의	Indonesian	인도네시아의
Iranian	이란의	Italian	이탈리아의
Kenyan	케냐의	Korean	한국의
Malaysian	말레이시아의	Manchurian	만주지역의
Mexican	멕시코의	millenarian	지복천년신앙의
Mongolian	몽골리아의	Moroccan	모로코의
Newguinean	뉴기니의	Norwegian	노르웨이의
Peruvian	페루의	Qatarian	카타르의
Russian	러시아의	Scandinavian	스칸디나비아의
Siberian	시베리아의	Singaporean	싱가포르의
Syrian	시리아의	tellurian	지구의, 지구인
Tibetan	티벳의	Tunisian	튀니지의
Ukrainian	우크라이나의	urban	도시의

Week 5 | Unit 13. 형용사 (adjective)

18 '-ite, -ate, -ete' 어미 형용사 : '-ate' 는 '동사'나 '명사' 어미로도 가능

★ '-ate' 어미 단어가 발음이 '에잇'이 되면 동사이고 '잇' 이면 형용사나 명사입니다.

도표 63 : 주요 '-ite, -ate, -ete' 어미 형용사

adequate	충분한, 적절한	animate	생명이 있는
appropriate	적절한	approximate	대략의, 어림잡은
articulate	똑똑하게 말을 잘하는	aureate	화려한, 황금빛의
collaborate	협력적인	compassionate	동정적인, 공감하는
concrete	단단한, 구체적인	considerate	사려 깊은
cordate	심장모양의	coronate	관을 쓴, 관상부가 있는
definite	명확한	deliberate	고의적인, 신중한, 느긋한
delicate	섬세한	desolate	황량한, 쓸쓸한
desperate	필사적인	discrete	분리된, 별개의
doctorate	박사의	elaborate	정교한
exquisite	정교한, 절묘한	favorite	좋아하는, 마음에 드는
fortunate	운이 좋은	illegitimate	불법의, 사생아의
illiterate	문맹의, 무식한	immediate	즉각적인
inadequate	불충분한	inanimate	생기 없는, 생명 없는
inconsiderate	배려심 없는	indefinite	무한한, 정해지지 않은
innate	타고난	intermediate	중간의, 중급의
intricate	복잡한, 미묘한, 얽힌	legitimate	합법적인
literate	읽고 쓸 줄 아는, 교양의	moderate	온건한, 중도의
obsolete	퇴락한, 한물간	opposite	반대의
passionate	열정적인	private	사적인
proportionate	비율에 맞는, 비율적인	roseate	장밋빛의, 낙관적인
separate	분리된, 따로 떨어진	serrate	톱니 모양의
temperate	절제하는, 온대지역의	ultimate	궁극적인
unfavorite	아주 싫어하는	unfortunate	불운한

0576	그 기계는 5개의 개별 기능 부속품으로 구성되어 있습니다.
	The device is composed of 5 discrete units.
0577	6개월의 나이에, 실질적으로 우리 하나 하나는 생명체와 무생명체 사이를 구분지을 수 있다.
	At the age of six months, virtually every one of us is able to differentiate between animate and inanimate objects.
0578	당신은 우리가 타고난 선함을 가지고 있다고 생각하는가, 혹은 인간본성이 악하다고 생각하는가?
	Do you think we have innate goodness or human nature is evil?
0579	그녀의 역할을 위해 그녀는 복잡한 궁궐요리법에 대해 배웠다.
	For her role, she learned about the intricate royal court cuisine.
0580	종이우편, 백과사전, 그리고 필름사진이 모두 버림받은 것처럼, 도서관도 한물간 느낌이 되고 말았다.
	Just like paper mail, encyclopedias, and film photography have all gone by the wayside, so has the library become an obsolete sentiment.

19 '-like' : 명사 뒤에 붙어서 '-같은' 이라는 의미

★ 이 접미어는 명사와 바로 붙여서 쓸 수도 있고, 신조어적 느낌일 때는 보통 하이픈 (-) 을 삽입해서 씁니다. 이것은 어떤 대표적 성질을 가진 명사 뒤에 자유자재로 붙여서 만들 수 있기 때문에 활용성이 매우 넓은 어미입니다.

0581	아르헨티나 출신의 리오넬 메시는 그의 게임을 신 같은 수준으로 가져가길 원하는 것처럼 보인다.
	It appears that Lionel Messi from Argentina wants to take his game to a godlike level.

Week 5 | Unit 13. 형용사 (adjective)

0582	그녀의 흥미진진한 생각과 아이디어들은 어린애 같은 흑백으로 그려져 있다.
	Her interesting thoughts and ideas are drawn in childlike black and white.
0583	그 동물은 꼬리 같은 신체일부를 가지고 있다.
	The animal has a tail-like body part.

도표 64 : 주요 '명사-like' 어미 형용사

angel-like	천사 같은	jellylike	젤리 같은
fish-like	물고기 같은	animal-like	동물 같은
meat-like	육류 같은	fruit-like	과일 같은
adult-like	성인 같은	woman-like	여성 같은

20 '-ese' 어미 형용사 : 고유형용사나 고유명사를 만드는 어미

★ '-ese' 를 붙여서 만들어진 고유 형용사는 '-an' 처럼 명사로도 쓰일 수 있습니다.

0584	한 용기 있는 중국인이 중국공산당 정부의 독재적 통치를 비판했다.
	A courageous Chinese criticized the dictatorship of the Chinese government.

도표 65 : 주요 '-ese' 어미 형용사

Bhutanese	부탄의, 부탄인	Chinese	중국의, 중국인
Japanese	일본의, 일본인	Lebanese	레바논의, 레바논인
Portuguese	포르투갈의, 포르투갈인	Sudanese	수단의, 수단인
Surinamese	수리남의, 수리남인	Vietnamese	베트남의, 베트남인

2 형용사의 두 가지 역할

1. 명사 꾸미기 (명사의 앞 혹은 뒤에 놓임)
2. 보어 (주격 보어, 목적격 보어)

1 명사를 꾸미는 역할 (수식용법)

★ 형용사의 '수식용법'이라는 것은 '명사를 꾸미는 쓰임새'를 말합니다. 명사는 어떤 사물이나 개념에 붙여진 이름이지만, 그것의 성질이나 형태를 묘사하는 말을 붙여줌으로써, 정보가 훨씬 더 구체적이 되기 때문에 형용사를 세밀하게 발달시킨 언어일수록, 수준 높은 문화와 기술을 가지게 됩니다.

★ 하나의 아이디어에서 출발한 형용사라도, 그 의미를 다양하게 파생시킬 수 있습니다. 예를 들어, '상상'이라는 아이디어에서는 '상상의, 상상력이 풍부한, 상상될 수 있는' 등의 세분화된 형용사들이 나올 수 있습니다. 위에서 배운 형용사들은, 그 끝에 사용된 어미들로, 바로 이런 세분화된 의미를 전달하고 있습니다. 물론 위에서 소개한 어미들이 형용사형 어미의 전부는 아닙니다.

★ 한국어에서는 형용사가 명사를 꾸밀 때, 늘 '형용사 + 명사'의 어순입니다. 그러나 영어에서는 형용사가 명사의 앞과 뒤에 모두 올 수 있습니다. 라틴어 계열에서 유래한 형용사와 명사는 원래 그 어울림, 즉, 'collocation'의 위치가 [명사 + 형용사]였습니다. 그래서 지금도, 이런 어순이 습관적으로 많이 남아 있습니다. 하지만 현대영어에서는 주로 한 단어 형용사들은 명사의 앞에서 명사를 꾸미는 방향으로 정착되었습니다. 하지만 형용사가 다른 단어들과 함께 구를 이룰 때에는, 명사의 뒤로 가서 앞의 명사를 꾸미게 됩니다.

Week 5 | Unit 13. 형용사 (adjective)

1 전치수식 (형용사 + 명사 어순)

★ 형용사는 관사(a, an, the), 소유격(my, your, Tommy's), 수사(one, two, first, second), 지시형용사(this, that), 부정형용사(all, every, some, no, any, each, such) 뒤에 와서 명사를 꾸밉니다. 이런 말들을 문법에서는 '한정사'라고 합니다. 물론 한정사 없이 바로 형용사만으로도 명사를 꾸밀 수 있습니다.

0585	어두운 밤이었다. (관사+형용사+명사)
	It was a dark night.
0586	그것은 내 할머니의 좋은 식당이었다. (소유격+형용사+명사)
	It's my granny's nice restaurant.
0587	우리는 모든 환상적인 파티에 가고 싶다. (부정형용사+형용사+명사)
	We long to attend every fantastic party.

2 두 단어 이상의 형용사구(복합형용사) 전치수식

★ 형용사가 구를 이루어 길어지더라도, 하이픈 등에 의해 연결되거나 긴밀한 관계를 가지고 자주 사용되는 형용사구는, 명사의 앞에서 명사를 꾸밀 수 있습니다.

0588	그는 단지 세 살짜리 소년이었다.
	He was just a three-year-old boy.
0589	그녀는 집에 주로 머무는 아내이다 - 외출하지 않는다.
	She is a stay-at-home wife.
0590	이것은 멋지게 조각된 조각상이다.
	This is a nicely-carved statue.

3 특정 대명사 후치수식 (대명사 + 형용사 어순)

★ 형용사가 특정한 명사나 대명사를 꾸밀 때 습관적으로 뒤에 오는 경우가 있습니다. 대명사 중에서 어미가 [-thing, -body, -one] 인 [something, anything, everything, nothing, someone, anyone, everyone, somebody, everybody, anybody, nobody]라는 대명사는 형용사가 이 대명사의 뒤에 와서 꾸미게 됩니다. 사실, 고어 영어에서는 라틴어처럼 형용사가 명사의 뒤에 오는 경우가 매우 많았습니다. 그러나 현대 영어로 옮겨 가면서 한 단어 형용사는 주로 명사의 앞에 오게 된 것인데, 아직 '명사 + 형용사' 수식순서의 흔적이 남아 있는 것들이 있으며 이것은 따로 기억해야 합니다.

0591	차가운 마실 것이 필요합니다.
	I need **something cold** to drink.
0592	오늘 특별한 일이 없습니다.
	I have **nothing special** to do today.
0593	나는 이 자리에 누구라도 키 큰 사람이 필요하다.
	I need **anybody tall** for this position.
0594	이 사태는 전능한 신의 도움이 필요하다.
	This situation needs a little help from **God almighty**.
0595	유엔사무총장이 이 분쟁을 화해시키는데 도움을 줄 수도 있다.
	A help from the UN **Secretary General** might conciliate this conflict.

4 형용사구 후치수식 (명사 + 형용사 + 추가어)

★ 형용사는 그 뒤에서 '전치사, to VR, 절' 등을 이어 받아서 정보가 추가된 상태로 명사를 꾸밀 수 있으며, 이때는 명사의 뒤에 오게 됩니다. 예를 들어서, '그는 독립적인 소년이다' 라고 할 때는 'He is an independent boy' 라고 하지만 '그는 부모로부터 경제적으로 독립한 소년이다'라고 할 때는 'He is a boy economically independent of his parents' 가 됩니다. 아래 예문에서는 'full' 이라는 형용사 뒤에 'of hope' 이 붙어 있으므로 이 형용사구 전체가 명사의 뒤로 가게 됩니다.

0596	희망으로 가득 찬 그 사람들은 서쪽으로 항해를 시작했다.
	The men full of hope started sailing to the West.

Week 5 | Unit 13. 형용사 (adjective)

2 주어나 목적어를 보충 설명하는 역할

1 주격보어 역할

★ 주어의 상태를 설명하기 위해 'link verb(2형식 동사)' 뒤에 오는 형용사를 말합니다. 대표적인 'link verb'는 'be 동사'와 'become 동사'가 있고, 그 외에도 다양한 동사들이 뒤에서 형용사를 받아서 의미를 완성합니다.

도표 66 : 형용사를 보어로 받는 주요 'link verb'

feel	+ 감정형용사, 촉감형용사	어떤 감정을 느끼다, 어떤 촉감으로 느껴지다
sound	+ 형용사	어떤 상태로 들리다
smell	+ 형용사	어떤 냄새가 나다
look	+ 형용사	어떤 상태로 보이다
taste	+ 형용사	어떤 맛이 나다
prove	+ 형용사	어떤 상태로 판명되다
turn out	+ 형용사	어떤 상태로 판명되다
go	+ 형용사	어떤 상태가 되다
get	+ 형용사	어떤 상태가 되다
grow	+ 형용사	어떤 상태가 되다
turn	+ 형용사	어떤 상태로 바뀌다
run	+ 형용사	어떤 상태로 흐르다
weigh	+ 무게	어떤 무게가 나가다
stand	+ 길이	어떤 길이로 서다
seem	+ 형용사	어떤 상태로 보이다
come	+ 형용사	어떤 상태가 되다
be	+ 형용사	어떤 상태이다
become	+ 형용사	어떤 상태가 되다
appear	+ 형용사	어떤 상태로 보이다
keep	+ 형용사	어떤 상태를 유지하다
remain	+ 형용사	어떤 상태를 유지하다
fall	+ 형용사	어떤 상태가 되다

0597	그 책은 새것이었다.
	The book was new.
0598	이 차는 맛이 좋다.
	The tea tastes good.
0599	그녀의 목소리는 아름답게 들린다.
	Her voice sounds beautiful.
0600	이 음식은 쉽게 상한다.
	This food easily goes bad.
0601	당신의 신발 끈이 풀렸다.
	Your shoes have come untied.
0602	그의 말은 맞는 것으로 판명되었다.
	His words proved right.
0603	이 과일은 매우 달콤한 냄새가 난다.
	This fruit smells very sweet.
0604	그 젊은이는 좌절감을 느꼈다.
	The young man felt discouraged.
0605	이 가죽은 부드럽게 느껴진다.
	This leather feels so soft.
0606	그 소년은 123센티미터의 키이다.
	The boy stands 123cm.
0607	그 새끼 돼지는 50 킬로의 무게이다.
	The piglet weighs 50 kg.

Week 5 | Unit 13. 형용사 (adjective)

0608	그는 전화상에서 매우 피곤한 상태로 들렸다.
	He sounded so tired on the phone.
0609	그의 얼굴은 창백하게 변했다.
	His face turned pale.
0610	날씨가 점점 추워지고 있다.
	It is getting colder and colder.
0611	그 소식에 그는 오싹해졌다.
	His blood ran cold at the news.
0612	나이를 먹으면 당신은 무엇을 할 것인가?
	What will you do when you grow old?
0613	당신의 두 번째 할부금이 도래했습니다.
	Your second installment has fallen due.

2 목적보어 역할

★ 목적어의 상태를 설명하기 위해 목적어 뒤에 형용사가 올 수 있습니다. 이런 구조에서 사용되는 주요 동사들을 기억하는 것이 우선입니다. 한국어에서는 이런 구조를 가질 수 있는 동사를 5형식동사라고 명명하지만 영어에서는 'factitive verb' 라고 합니다. 학문적으로는 작위동사라고 번역되기도 합니다.

도표 67 : 목적보어에 형용사를 받을 수 있는 주요 동사

make	+ 명사 + 형용사	무엇을 어떤 상태로 만들다
find	+ 명사 + 형용사	무엇을 어떤 상태로 파악하다
keep	+ 명사 + 형용사	무엇을 어떤 상태로 유지하다
think	+ 명사 + 형용사	무엇을 어떤 상태라고 생각하다
believe	+ 명사 + 형용사	무엇을 어떤 상태라고 믿다

feel	+ 명사 + 형용사	무엇을 어떤 상태로 느끼다
consider	+ 명사 + 형용사	무엇을 어떤 상태로 여기다
leave	+ 명사 + 형용사	무엇을 어떤 상태로 내버려두다
get, hold	+ 명사 + 형용사	무엇을 어떤 상태로 만들다, 파악하다
want, like	+ 명사 + 형용사	무엇을 어떤 상태로 원하다

0614 나는 그 임무를 어렵다고 파악했다.

I found the mission tough.

0615 그 음식을 뜨거운 상태로 5분간 내버려두세요.

Leave the dish hot for 5 minutes.

0616 나는 그를 산채로 원한다.

I want him alive.

0617 나는 그가 책임이 있는 것으로 파악했다.

I held him responsible.

0618 나는 내 커피가 약한 상태이길 원한다.

I like my coffee mild.

0619 그는 나를 항상 행복하게 만든다.

He always makes me happy.

0620 너는 책상을 깨끗하게 유지한다.

You keep your desk clean.

0621 우리는 그 영화가 흥미롭다고 생각한다.

We think the movie interesting.

Week 5 | Unit 13. 형용사 (adjective)

3 보어 자리에만 오는 형용사 (서술 형용사)

★ 일부 형용사들은, 명사의 앞에서 명사를 꾸밀 수 없고 주격보어나 목적격보어로만 사용됩니다. 다만, 이것들은 관계사절을 써서 명사의 뒤에 놓이는 후치수식구로 이용하면, 명사를 꾸밀 수 있습니다. 예를 들어 'alive' 는 '살아있는' 이라는 형용사인데 명사의 앞에서 명사를 꾸미지는 않습니다. 따라서 '살아있는 나비'라는 말을 영어로 'alive butterfly' 라고는 쓸 수 없습니다. 하지만 'a butterfly which is alive' 라고 하면 'alive' 가 'be 동사 is' 의 주격보어로 사용된 상태에서, 관계사절이 결국 명사를 꾸미게 되므로, 수식의 효과를 볼 수 있습니다. 아래의 도표는 명사의 앞에서 명사를 꾸미지 않고 서술보어로만 사용하는 형용사를 일부 소개한 것입니다.

도표 68 : 명사의 앞에서 명사를 꾸밀 수 없는 형용사

형용사	한국어 예시	올바른 표현	잘못된 표현
alive	살아있는 벌레	living bug	alive bug
alike	서로 닮은 그림들	similar paintings	alike paintings
afraid	겁먹은 아이	timid kid	afraid kid
alone	혼자인 고객	lone customer	alone customer
afloat	떠다니는 삶	drifting life or life afloat	afloat life
afire	불붙은 집	burning house	afire house
awake	잠깬 환자	awakened patient	awake patient
ignorant	무식한 남자	uneducated man	ignorant man
glad	반가운 부모님들	happy or loving parents	glad parents
liable	책임있는 사람	responsible man	liable man

0622	그는 내가 무엇인가를 두려워한다고 생각하는데 나는 확실히 두렵다.
	He thinks me afraid of something and I am sure afraid.
0623	나는 그가 살아있다고 생각하고 그는 살아 있다.
	I think him alive and he is alive.

0624	그들은 서로 닮아 보인다.
	They look alike.
0625	나를 혼자인 상태로 내버려두라 왜냐하면 난 늘 혼자이니까.
	Leave me alone because I am always alone.
0626	나는 당신을 만나서 반갑다.
	I am glad to meet you.
0627	나는 갈 준비가 되어 있다.
	I am ready to go.
0628	그는 그 돈을 지불할 책임이 있다.
	He is liable to pay the money.

4 수식어로만 사용하는 형용사(한정 형용사)

★ 이 형용사들은, 반대로 '형용사 + 명사' 어순에서 처럼 수식어로만 사용하고 보어로는 쓰지 않습니다. 일부 형용사들은 뒤에서 꾸밀 수 있는데 철자가 조금 달라지기도 합니다. 예를 들어, '실내에서의 삶' 이라고 말할 때 'indoor life' 로 하거나 'life indoors' 로 표현하지만 'my life is indoor' 라고는 하지 않습니다. 'main subject' 는 맞는 표현이지만 'this subject is main' 이라고 하면 매우 어색합니다.

0629	저의 주된 관심은 가격입니다.
	My main concern is the price.
0630	일부 부자들은 실내 수영장을 가지고 있다.
	Some rich people have indoor swimming pools.
0631	그 마을의 전 시장이 주최자이다.
	Its host is the town's former mayor.

Week 5 | Unit 13. 형용사 (adjective)

도표 69 : 명사를 앞에서 꾸미는 데에 주로 사용되는 형용사 (한정적 용법)

main gate	정문	a coordinate authority	동등한 권위
only house	유일한 집	outer space	대기권 밖의 우주
indoor pool	실내 풀	the latter half of the year	하반기
inner pocket	안주머니	modern art	현대미술
former secretary	전 비서	western movie	서부영화
upper jaw	윗 턱	pulmonary disease	폐병
whole grain	전립상태의	elementary school	초등학교
outdoor activity	야외활동	solar panel	태양전지판

5 '수식어로 사용될 때'와 '보어로 사용될 때'의 의미가 달라지는 형용사

★ 형용사의 종류에 따라 '명사를 꾸밀 때'와 '보어로 사용될 때' 의미가 달라지는 경우가 있습니다. 적지 않은 형용사가 이에 해당되지만 우선적으로 꼭 알아야 하는 몇 가지를 소개합니다.

도표 70 : 한정과 서술의 의미차이 형용사

수식어		보어	
a certain boy	특정한 소년	be certain	확실하다, 확신하다
ill news	나쁜 소식	be ill	아프다
a conscious young man	생각 있는 젊은이	be conscious	의식(신체상의)이 있다
the present cabinet	현재의 장관들	be present	존재하다, 참석해 있다
the late writer	고인이 된 작가	be late	늦다
an apt driver	재능 있는 운전자	be apt to VR	-할 가능성이 크다
an under servant	지체가 낮은 하인	be under	영향이 나타나다

0632	어떤 소년이 널 보러 왔었다.
	A certain boy came to see you.
0633	그들이 틀림없이 동의할 것이다.
	They are certain to agree.
0634	그는 현재의 직장에 안주하고 있다.
	He is content with his present job.
0635	그녀는 회의에 참석하지 않았다.
	She was not present at the meeting.
0636	그것은 작년 말에 일어났다.
	It happened late last year.
0637	그들은 이미 사망한 프레디 머큐리를 그리워한다.
	They miss the late Freddie Mercury.
0638	너무 늦었다.
	It was too late.
0639	그는 재능 있는 학생이다.
	He is an apt student.
0640	부자들은 가난한 사람들을 멸시하는 경향이 있다.
	The rich are apt to despise the poor.
0641	그녀는 그 경험의 후유증을 겪지 않았다.
	She suffered no ill effects from the experience.
0642	그녀는 한 달 동안 아팠다.
	She fell ill for a month.

Week 5 | Unit 13. 형용사 (adjective)

3 뒤에서 전치사, 부정사 또는 절을 유도하는 형용사

be + 형용사 + 전치사
be + 형용사 + to VR
It is + 형용사 + that 절

★ 'collocation 현상'의 일환으로서, 어떤 형용사들은 의미의 완성을 위해 뒤에 '전치사·부정사·절'을 받습니다. 그러므로 이 형용사들은 단독적으로 의미를 기억하지 말고 반드시 '뒤에 오는 형태'를 함께 기억해야 합니다.

1 be 동사 + 형용사 + 전치사

1 형용사 + of

★ 아래의 형용사들은 '전치사 of' 와 함께 목적어를 받을 수 있습니다. 보어로 사용될 때 주로 'be 동사' 뒤에서 사용되지만 다른 'link verb' 뒤에도 옵니다.

도표 71 : 뒤에서 전치사 of 를 주로 받는 형용사

be afraid of	-을 두려워하다	be proud of	-을 자랑스러워하다
be aware of	-을 알고 있다	be conscious of	-을 알고 있다
be ignorant of	-을 모르고 있다	be fond of	-을 좋아하다
be full of	-으로 가득하다	be sure of	-을 확신하다
be independent of	-에서 독립해 있다	be free of	-가 없다
be suspicious of	-을 의심하다	be respectful of	-을 존경하다

★ 형용사는 목적어를 짝으로 갖지 못합니다. 그런데 형용사가 타동사적 의미를 가질 때는, 목적어를 매개하기 위해, 전치사를 사용합니다. 그중에서 가장 많이 사용되는 전치사가 'of' 입니다. 따라서 앞으로 많은 형용사들이 'of' 를 매개해서 목적어를 받는다고 기억하면 좋습니다.

0643	나는 그들이 싸우는 이유를 모르겠다.
	I am **ignorant of** the reason for their quarrel.
0644	그는 등산을 좋아하게 되었다.
	He has become **fond of** mountain climbing.
0645	그는 부모로부터 독립한 것으로 보인다.
	He seems **independent of** his parents.

2 형용사 + to (전치사)

도표 72 : 뒤에서 전치사 to 를 주로 받는 형용사

be adverse to	-에 적대적이다	be equal to	-을 감당하다, -에 대등하다
be similar to	-에 유사하다	be open to	-에 개방되어 있다
be vital to	-에 필수적이다	be opposite to	-에 반대하다, 맞서다
be indifferent to	-에 무관심하다	be equivalent to	-에 대등하다
be essential to	-에 필수적이다	be responsive to	-에 반응하다
be important to	-에 중요하다	be close to	-에 가깝다
be adherent to	-에 붙어 있다, 충실하다	be loyal to	-에 충성스럽다
be faithful to	-에 충실하다	be kind to	-에 친절하다
be friendly to	-에 다정하다	be attentive to	-에 주목하다

★ 여기서 사용되는 형용사는 주로 '어떤 특정한 방향으로 성질이 미치는 것'과 관련된 의미들이 많습니다. 예를 들어 'open' 이라는 형용사는 '개방된' 혹은 '개방적인'이라는 의미인데 이 형용사는 개방의 '방향'이나 '범주'와 잘 어울리기 때문에 뒤에 전치사 'to' 혹은 'toward'가 자주 오게 됩니다. 또, 이런 형용사 중에서 비교의 의미를 갖는 어미 '-or' 로 끝나는 형용사는 전치사 'to' 가 'than' 의 의미를 대신합니다. 예를 들어 'prior' 는 '-에 우선하는' 이라는 의미입니다. 여기서 비교대상이 되는 말 앞에 전치사 'to' 를 붙여서 사용합니다. 그래서 'The repair is prior to everything else' 이런 구조로 문장을 만듭니다.

Week 5 | Unit 13. 형용사 (adjective)

도표 73 : 뒤에서 than 의 의미로 전치사 'to' 를 주로 받는 비교급 형용사

major to	-보다 우세한, 수가 많은	minor to	-보다 수가 적은
senior to	-보다 나이가 많은	junior to	-보다 나이가 적은
inferior to	-보다 열등한	anterior to	-보다 시기적으로 앞선
posterior to	-보다 시기적으로 뒤에 있는	exterior to	-보다 위치상으로 바깥에 있는
interior to	-보다 위치상으로 안에 있는	superior to	-보다 우등한

0646 그녀는 아침에 일어나는 것을 매우 싫어했다.
She was averse to getting up in the morning.

0647 그는 나보다 수학에서 우등하다.
He is superior to me in math.

0648 그 토론은 방청객들에게 개방될 것이다.
The debate will be open to the audience.

3 형용사 + for (전치사)

도표 74 : 뒤에서 전치사 for 를 주로 받는 형용사

be famous for	-로 유명하다	be notorious for	-로 악명 높다
be bound for	-로 향하다	be responsible for	-에 책임 있다
be anxious for	-을 갈망하다	be liable for	-에 책임 있다
be eager for	-을 갈망하다	be ready for	-에 준비되어 있다
be sorry for	-에 유감이다, 동정 한다	be thankful, grateful for	-에 대해 감사하다

★ 이런 형용사들은 주로 '원인'이나 '근거', '획득의 목표'나 '방향' 관련된 의미를 필요로 합니다.

0649 이 열차는 뉴욕 행 입니다.
This train is bound for New York City.

0650	그녀는 부모님의 승낙을 간절히 바라고 있다.
	She **is eager for** her parents' approval.
0651	그의 빚은 내가 **책임집니다**.
	I **am liable for** his debts.

4 형용사 + on, at, in, about, with, from 등

★ 형용사 뒤에 오는 전치사는 매우 많습니다. 그리고 같은 형용사라도 뒤에서 어떤 전치사와 어울리느냐에 따라 다른 의미를 전달할 수 있습니다. 'anxious' 라는 형용사는 뒤에서 'for' 가 오면 '무엇을 열망하는' 이라는 의미이지만 'about' 이 오면 '무엇에 대해 근심하는' 이라 는 의미가 됩니다. 덧붙여서 'familiar' 는 [그는 그 동네에 친숙하다 - He is familiar with the neighborhood] 가 되기도 하고 [가까운 동네가 그에게 친숙하다 - The vicinity is familiar to me] 가 되기도 하면서, 주어와 전치사의 목적어가 무엇이냐에 따라 전치사가 바뀌기도 합니다. 결론적으로, 형용사는 동사와 둘이서 의미를 완성하는 것들도 있지만, 뒤에 전치사를 붙여서 그 목적어와 함께 의미를 완성하는 경우가 매우 많습니다.

도표 75 : 뒤에서 기타 전치사를 주로 받는 형용사

be dependent on	-에 의존적이다	be good at	-에 능하다
be poor at	-에 형편없다	be skillful at	-에 재주 있다
be familiar with	-과 친숙하다	be comparable with	-과 비교될 수 있다
be congruent with	-에 조화되다	be consistent with	-에 일치하다
be mad at	-에 미쳐있다	be slow at	-에 둔하다
be quick at	-에 기민하다	be anxious about	-에 대해 걱정하다
be crazy about	-에 대해 열광하다	be different from	-와 다르다
be rich in	-에 있어 풍부하다	be abundant in	-에 있어 풍부하다
be careful about	-에 대해 신경 쓰다	be curious about	-에 대해 궁금해하다
be sympathetic with	-에 동정하다, 공감하다		
be inquisitive as to, about	-에 대해 궁금해하다		
be effective in, against	-에 있어서, -에 대항하여 효과적이다		

Week 5 | Unit 13. 형용사 (adjective)

0652	추론은 사실에 근거해야 한다.
	Inferences must be based on facts.
0653	평생 부모님께 의지하며 살 수는 없다.
	You can't be dependent on your parents all your life.
0654	그는 캐나다로 이민가려는 생각에 사로잡혀 있다.
	He is obsessed with the idea of emigrating to Canada.
0655	그는 각 방면에 아는 사람이 많다.
	He is acquainted with all classes.
0656	그는 영어가 서툴다.
	He is poor at English.
0657	저한테 화내지 않을 거죠?
	You won't be mad at me?
0658	그의 아들은 학문 익히기가 더뎠다.
	His son was slow at his letters.
0659	염려할 대상이 없다.
	There's nothing to be concerned about.
0660	아이들은 비디오 게임에 열광적이다.
	Children are crazy about video games.
0661	이 음식은 비타민 C가 풍부하다.
	This food is rich in vitamin-C.
0662	메가씨티는 일반도시와는 차이가 있다.
	Megacities are different from normal cities.

2 be + 형용사 + to VR

★ 형용사 뒤에 'to VR' 를 써서 의미를 완성하는 것들도 매우 많습니다. 대표적인 것들을 한 번 보겠습니다.

도표 76 : 뒤에서 to VR 를 주로 받는 형용사

be hesitant to VR	-하기를 망설이다	be good to VR	-하기에 적합하다
be anxious to VR	-하기를 갈망하다	be glad to VR	-해서 반갑다
be sorry to VR	-해서 유감이다	be afraid to VR	-하기를 두려워하다
be prone to VR	-하는 경향이 있다	be apt to VR	-할 가능성이 크다
be liable to VR	-할 가능성이 크다	be likely to VR	-할 가능성이 크다
be going to VR	-할 작정이다, 할 것이다	be ready to VR	-할 준비가 되어있다
be able to VR	-할 수 있다	be reluctant to VR	-하기를 꺼려하다
be sure to VR	-할 것이 확실하다	be certain to VR	-할 것이 확실하다
be about to VR	-하려는 순간이다	be willing to VR	기꺼이 -할 것이다

0663	이 문제는 시험에서 질문될 가능성이 커 보인다.
	This question seems likely to be asked on the exam.
0664	우유가 막 변하려 한다.
	The milk is about to be on the turn.
0665	그녀는 자신의 비밀을 밝히길 꺼려했다.
	She was reluctant to reveal her secret.

Week 5 | Unit 13. 형용사 (adjective)

3 It is + 형용사 + that 절

★ 이 구조에서는 'that 절'을 진주어 즉, 내용주어로 합니다. 따라서 '사람이나 사물'이 주어가 아니고 '내용'이 '주어'가 되므로, 주로 어떤 사실에 대한 이성적 판단에 근거한 형용사들이 보어로 오게 됩니다. 절이 주어가 될 경우 [크다, 작다, 정직하다, 성실하다, 뜨겁다, 차갑다, 둥글다, 길다] 등의 '물질의 성질에 관한 형용사'나 '사람의 정서에 관한 형용사'는 보어로서 부적합 합니다. 대신 [옳다, 그르다, 명백하다, 의심스럽다, 가능성 있다, 현명하다, 잘된 일이다, 안된 일이다, 당연하다, 이성적이다] 등의 '이성적 판단을 표현하는 형용사'들이 보어로서 어울립니다. 특정한 형용사가 보어로 올 때는 'that 절'에서 조동사 'should'를 사용하는 경우도 있습니다.

도표 77 : '가주어, 진주어 that 절'서 주로 사용하는 보어형용사

it is obvious that 절	명백하다	it is apparent that 절	명백하다
it is clear that 절	분명하다	it is doubtful that 절	의심스럽다
it is dubious that 절	의심스럽다	it is stupid that 절	멍청한 일이다
it is wise that 절	현명한 일이다	it is fortunate that 절	다행스런 일이다
it is right that 절	옳은 일이다	it is wrong that 절	잘못된 일이다
it is true that 절	맞는 일이다	it is possible that 절	가능한 일이다
it is likely that 절	가능성 많은 일이다	it is unlikely that 절	가능성이 낮다
it is probable that 절	가능성 많은 일이다	it is regretful that 절	후회스런 일이다
it is unbelievable that 절		믿을 수 없는 일이다	
it is strange, weird that 절		이상한 일이다	
it is unfortunate that 절		불행한 일이다	

0666	당신이 다음에는 더 잘할 것이 확실하다.
	It is obvious that you will do better next time.
0667	그가 선거에서 질 가능성이 크다.
	It is likely that he will lose the election.

4 no, all, both, either, neither, half, double 의 위치

★ 형용사 중에서 위의 것들을 '부정형용사'라고 부릅니다. 이것은 일반 형용사보다 순서상 먼저 명사를 꾸미게 되는데 만약 이런 '부정형용사'들이 '관사'나 '소유격' 혹은 '지시형용사'와 함께 명사를 수식하게 될 때는 특정한 어순을 지켜야 합니다. 이것은 특정한 논리라기보다는 발음상 그리고 오랜 관습상 굳어진 순서이므로 이 어순을 지키는 것이 좋습니다.

0668	이 모든 대화가 식욕을 만들어 냈다. (떠들고 나니 배가 고프네요.)
	All this talking has worked up an appetite.
0669	내 부모님 두 분 모두 살아 계신다.
	Both my parents are alive.
0670	나는 질문의 절반을 답 달리지 않은 상태로 두었다. (반 정도는 답도 못썼다.)
	I left half the questions unanswered.

★ 이런 부정형용사들은 no 와 every 를 제외하고 '부정대명사'로 사용될 수도 있습니다. 다시 말하면 '명사의 역할'도 할 수 있습니다. 이 경우 뒤에서 '전치사와 그 목적어'가 수식을 할 수도 있습니다.

0671	위의 모든 것이 포함될 것입니다.
	All of the above are to be included.
0672	우리 둘 다 돈을 벌어옵니다. (우리는 맞벌이 부부입니다.)
	Both of us bring home the bacon [groceries].

Week 5 | Unit 13. 형용사 (adjective)

5 수량형용사

★ 수나 양과 관련된 형용사를 수량형용사라고 합니다.

1 수와 관련되 수식어

도표 78 : 수와 관련된 수식어

each, every + 단수	각각의, 모든	* all + 복수	모든 수의
both + 복수	양쪽 다의	* no + 단수, 복수	존재하지 않는
* plenty of + 복수	다수의	few, a few + 복수	거의 없는 수의, 소수의
many + 복수	다수의	several + 복수	몇몇 수의
a number of + 복수	많은 수의	* some, any + 복수, 단수	어느 정도 수의
* most + 복수	대부분 수의	* a lot of, lots of + 복수	다수의

2 양과 관련된 수식어

도표 79 : 양과 관련된 수식어

* some	어느 정도 양의	much	다량의
little	거의 없는 양의	a great deal of	다량의
* a lot of, lots of	다량의	* all	모든 양의
* no	없는 양의	* plenty of	다량의
* most	대부분의 양의	* any	어느 정도 양의
a little	소량의	an amount of	다량의

★ 도표 내에서 앞에 '*별 표시'가 붙은 형용사들은 '양'과 '수'에 둘 다 사용할 수 있습니다. 예를 들어 별 표시가 된 'most'가 형용사로 사용되었을 경우 [most seats] 라고 하면 '대부분의 좌석들'이 되는데 '좌석'은 셀 수 있으므로 '대부분'의 라는 형용사와 어울릴 때 당연히 복수로 써야 합니다. 그러나 [most water] 라고 하면 '대부분의 물'이 되는데 물은 물질개념이므로 양으로 따집니다. 그러므로 복수형으로 쓰지 않습니다. waters 로 쓸 수 있는 경우는 추후 공부합니다.

★ 또한 [all, many, much, several, little, a little, few, a few, some, any, each, both, most] 등의 단어는 명사를 꾸미지 않고, 그 자체가 바로 대명사의 역할을 할 수도 있는데, 이 때는 뒤에서 전치사와 목적어의 조합이 꾸밀 수도 있습니다. 예를 들어 'All the people love them' 에서는 'all the' 가 수식어로서 뒤의 'people' 을 꾸미고 있기 때문에 주어는 'people' 이 됩니다. 하지만 'All of the people love them' 에서는 'all' 자체가 '대명사 주어' 이고 뒤에서 'of the people' 이 앞의 대명사 'all' 을 꾸미게 됩니다.

0673	많은 수의 애완동물이 한국에서 길러집니다.
	Many pets are kept in Korea.
0674	그 애완동물들의 많은 수가 버려지기도 합니다.
	Many of the pets are also abandoned.
0675	소수의 사람들이 이 잔인한 게임을 즐깁니다.
	A few people enjoy this brutal game.
0676	그들 중 이 게임에 반대하는 사람들은 거의 없습니다.
	Few of them object to this game.
0677	많은 연료가 이용되었습니다.
	Much fuel has been used.
0678	당신이 말한 많은 양이 녹음되었습니다.
	Much of what you said has been recorded.
0679	많은 방들이 예약되었습니다.
	Plenty of rooms have been booked.
0680	많은 공간이 나무를 위해 보존되어 있다.
	Plenty of space has been reserved for trees.

Week 5 | Unit 13. 형용사 (adjective)

0681	그 재료는 거의 재활용되지 않는다.
	Little of the material is recycled.
0682	돈이 전혀 남지 않았다.
	No money is left.
0683	어떤 사람도 눈에 보일 수 없다.
	No man can be seen.
0684	나는 약간의 꽃들을 원한다.
	I want some flowers.
0685	나는 약간의 금을 원한다.
	I want some gold.
0686	많은 공간이 있다.
	There is a lot of space.
0687	이 호텔에 많은 방들이 있다.
	There are a lot of rooms in this hotel.
0688	대부분의 소녀들이 그 소년 밴드를 좋아한다.
	Most girls like the boy band.
0689	대부분의 돈이 티켓을 사는데 사용된다.
	Most money is spent on buying the tickets.
0690	사방이 조용하다.
	All is calm.
0691	내 반의 모두(모든 학생들)는 총명하다.
	All in my class are bright.

6 the + 형용사

★ 형용사는 '정관사 the'와 함께 사용하면, 어떤 집단적 성격을 대변하기도 합니다. 따라서 그 뒤에 사람들이라는 명사를 굳이 쓰지 않아도 '특정한 사람들'이라는 '복수'를 의미하기도 합니다. 예를 들어 'the young people'은 그냥 'the young'이라고만 써도 같은 의미가 될 수 있습니다. 이것은 어미에 's'가 없어도 '복수'로 사용됩니다.

★ 또, 형용사가 사람의 성격보다는 '상황적 특성'을 강조해서 '정관사 the'와 함께 추상적 의미를 가진 명사로 사용되기도 합니다. 예를 들어 'the unusual'이 '특이한 일'이라는 의미로 해석될 수도 있습니다.

0692	빈자들이 더 많은 음식이 필요하다.
	The poor (Poor people) need more food.
0693	우리는 아픈 사람들을 보살펴야 한다.
	We should care for the sick (sick people).
0694	젊은 사람들은 대개 여행을 좋아한다.
	The young (Young people) usually like traveling.
0695	장애자들을 위한 주차공간들이 있다.
	These are parking spaces for the disabled (disabled people).
0696	예상치 못한 일이 종종 터지기 마련이다.
	The unexpected will happen every now and then.
0697	나는 불가능해 보이는 것을 하겠다.
	I will take the seemingly impossible.

Week 5 | Unit 13. 형용사 (adjective)

도표 80 : 자주 사용되는 'the + 형용사'의 복수 의미

the young	젊은이들	the old	늙은이들
the ugly	추한 사람들	the innocent	순수한 사람들
the high	지체 높은 사람들	the low	비천한 사람들
the poor	가난한 사람들	the sick	아픈 사람들
the needy	궁핍한 사람들	the rich	부유한 사람들
the fortunate, lucky	운 좋은 사람들	the dead	죽은 사람들

★ 분사 역시 형용사로 취급되기 때문에 이 규칙에서 사용될 수 있습니다. 다만 분사는 단수형과 복수형으로 모두 사용할 수 있습니다.

도표 81 : 자주 사용되는 'the + 분사'의 의미

the accused	피고인, 피고인들	the visited	방문당한 사람, 사람들
the murdered	살해당한 사람, 사람들	the injured	부상당한 사람, 사람들
the invited	초대받은 사람, 사람들	the disabled	장애자, 장애자들
the dying	죽어가는 사람, 사람들	the respected	존경받는 사람, 사람들
the retarded	지체인, 지체인들	the deceased	사망자, 사망자들
the cured	치료된 사람, 사람들	the blessed	축복받은 사람, 사람들

분사의 형용사적 용법

★ 분사는 동사의 원형에 '-ing'를 붙이는 현재분사(present participle)와 동사의 3단변화 중 세 번째 것인 과거분사(past participle)가 있습니다. 일단 현재분사는 모두 '-ing'로 끝나기 때문에 모습이 일원화되어 있습니다. 반면 과거분사는 규칙형 동사라면 끝이 '-ed'로 끝나지만 불규칙동사들이 있기 때문에 그 모습이 일원화되어 있지 않습니다.

★ 현재분사는 'be + ing' 형태로 진행의 의미를 만드는데 사용됩니다. 과거분사는 'be + p.p' 형태로 '수동의 의미'를 만들거나 'have, has, had + p.p' 구조로 '완료시제'를 만드는데 사용됩니다. 이 경우 분사는 모두 술어동사의 일부로 사용됩니다.

★ 그런데 분사는 단독적으로 사용되어 형용사의 의미를 갖기도 합니다. '-ing'가 명사를 꾸밀 때에는 '진행적 의미'의 형용사가 됩니다. 예를 들어, 'the rising sun'이라고 하면 'rise'라는 동사의 현재분사인 'rising'이 형용사처럼 사용되면서 'sun'을 수식했습니다. 진행적 의미가 있기 때문에 '뜨고 있는 해'로 이해하면 됩니다. 만약 'the fallen leaves'라고 하면 'fall'이라는 동사가 자동사이므로 'fallen'은 'have fallen'처럼 완료적 의미를 갖는 형용사가 되어 '떨어진 나뭇잎들'이 됩니다. 그런데 'the shaven head'라고 하면 동사 'shave'가 '면도하다'라는 의미가 있고 이것은 타동사이므로 'shaven'은 'be shaven'이라는 수동의 의미에서 따온 형용사가 됩니다. 그래서 '면도된 머리'가 됩니다.

★ 이렇게 분사는 단독적으로는 형용사처럼 사용됩니다. 분사가 뒤에 다른 단어를 더 붙여서 꾸밀 경우 명사의 뒤에 오게 됩니다.

도표 82 : 분사의 해석법

자동사 ing	'-하고 있는'	진행의 의미
타동사 ing	'-하고 있는'	능동적 진행의 의미
자동사 p.p	'-한'	완료적 의미
타동사 p.p	'-된'	수동적 의미

0698 잠자는 저 아기를 봐라.

Look at the sleeping baby.

Week 5 | Unit 13. 형용사 (adjective)

0699	침대위에서 잠자는 저 아기를 봐라.
	Look at the baby sleeping on the bed.
0700	나는 (사람들을) 지루하게 만드는 영화를 보는 것을 참을 수 없다.
	I can't bear to see a boring movie.
0701	관객들을 지루하게 만드는 그 스토리를 우리는 조금 바꾸어야 한다.
	We need to make some change to the plot boring the audience.
0702	지루해진 관객들은 하품을 하기 시작했다.
	The bored audience began to yawn.
0703	그 꼬마에 의해 그려진 그림이 출품되었다.
	The picture painted by the kid made an entry.
0704	그 개발도상국은 곧 선진국대열에 진입할 것이다.
	The developing country will soon join the group of developed nations.

★ 감정유발동사에서 만들어진 '-ing 분사'는 감정을 생기게 하는 형용사이고, 'p.p 분사'는 특정한 감정이 생긴 형용사를 의미합니다.

도표 83 : 감정표현분사

amazing	놀라게 하는	amazed	놀란
amusing	즐겁게 하는	amused	즐거워진
astonishing	놀라게 하는	astonished	놀란
confusing	혼동시키는	confused	혼동당한
depressing	우울하게 만드는	depressed	우울해진
exciting	흥분시키는	excited	흥분된
fascinating	매혹시키는	fascinated	매혹된
moving	감동시키는	moved	감동받은

touching	감동시키는	touched	감동받은
pleasing	즐겁게 하는	pleased	즐거워진
disappointing	실망시키는	disappointed	실망당한
embarrassing	당황시키는	embarrassed	당황된
startling	당황시키는	startled	당황된
shocking	충격을 주는	shocked	충격 받은
terrifying	겁주는	terrified	겁먹은
exhausting	탈진시키는	exhausted	탈진된
threatening	위협하는	threatened	위협받은
frightening	놀라게 하는	frightened	놀란
bewildering	당황시키는	bewildered	당황된
annoying	짜증나게 하는	annoyed	짜증난
irritating	성가시게 하는	irritated	짜증난
saddening	슬프게 하는	saddened	슬퍼진
satisfying	만족시키는	satisfied	만족된
tempting	유혹하는	tempted	유혹된

0705 그의 언어는 짜증나게 한다.

His language is irritating.

0706 그의 짜증나게 하는 언어가 둘 관계를 끝냈다.

His irritating language led to the two being broken up.

0707 그 혼란은 주는 설명서는 문제가 있다.

There is something wrong with the confusing manual.

0708 혼란스런 사장은 그 결정을 미루었다.

The confused boss put off the decision.

Week 5 | Unit 13. 형용사 (adjective)

8 형용사의 어순

지시 + 수량 + 대소 + 성상 + 모양 + 색깔 + 신구 + 재료 + 고유

These three big rare long dark old wooden Korean wands.

★ 형용사는 두 개 이상 사용될 때, 특정한 어순이 적용됩니다. 보통 한정사에 해당하는 [관사, 소유격, 수사, 지시형용사, 부정형용사]가 가장 먼저 명사를 꾸미고, 그 다음에 형용사나 분사가 오는데 [크기 성질, 나이, 색깔, 재료, 고유 형용사] 의 어순으로 배열합니다. 예를 들어 [이 커다란 고급의 오래된 갈색의 나무로 된 한국제 가구는 매우 진귀합니다] 를 이 규칙대로 배열하면 [This big decent old brown wooden Korean furniture is a very rare thing] 이 됩니다.

0709	나는 이 모든 네 개의 커다란 플라스틱 장난감을 구매할 것입니다.
	I will buy all / these / four / big / plastic / toys.
0710	그는 그의 작은 월급의 절반을 저축했습니다.
	He has saved half / his / small / salary.
0711	그 난쟁이들은 한 작은 오래된 나무집 안에서 살았습니다.
	The dwarfs lived in a / little / old / wooden / house.
0712	나의 값비싼 새 갈색 구두를 길들이기 힘들다.
	It is hard to break in my / expensive / new / brown / shoes.

9 부사? 형용사?

★ 영어는 품사 공용어이기 때문에 같은 단어로 다양하게 품사를 나누어 쓸 수 있습니다. 그 중에서 형용사와 부사로 함께 사용하는 단어들을 살펴보겠습니다. 보통, 방법과 관련된 부사를 만들 때에는 형용사 뒤에 '-ly'를 붙여서 만듭니다. 즉, 'wise'가 'wisely' 혹은 'true'가 'truly'가 되는 방식입니다. 그런데 이렇게 철자의 변화를 주지 않고 같은 단어로 형용사와 부사를 쓰는 단어들이 상당수 있습니다. 아래 도표에서 몇 예를 소개 합니다.

도표 84 : 형용사, 부사 공용어

단어	형용사	부사
deep	깊은	깊게
early	이른	일찍
fast	빠른	빠르게
hard	세찬	세차게
here	이곳의	이곳에서
high	높은	높게
late	늦은	늦게
low	낮은	낮게
today	오늘날의, 오늘의	오늘날에, 현재에
upstairs	위층의	위층으로, 위층에서
yesterday	어제의, 과거의	어제에

Week 5 | Unit 13. 형용사 (adjective)

0713	부지런한 새가 벌레를 잡는다.
	The early bird catches the worm. (형용사)
0714	나는 오늘 아침 일찍 일어났다.
	I got up early this morning. (부사)
0715	오늘날의 아이들은 책을 잘 읽지 않는다.
	Children today seldom read. (형용사)
0716	나는 오늘 그 아이를 검사했다.
	I had the child examined today. (부사)
0717	아래층 사람들은 예의바르다.
	Folks downstairs are very polite. (형용사)
0718	나는 아래층으로 내려가고 싶지 않다.
	I don't want to go downstairs. (부사)

★ 그 외에도 부사로 착각하기 쉬운 형용사들에 주의해야 합니다. 이미 어미별 형용사에서 소개했지만 명사 뒤에서 '-ly'를 붙이면 형용사가 된다는 것을 기억해야 합니다. 형용사 뒤에서 '-ly'를 붙이면 부사가 됩니다. 'manly, friendly, lovely, lonely' 등은 형용사입니다.

UNIT 14

부사
adverb

PREVIEW

부사는 오직 수식의 역할만 하며, 명사를 제외한 모든 것을 수식할 수 있습니다. 기본적으로 동사를 수식하고 그 외에 형용사, 부사, 구, 절을 수식합니다. 부사는 '장소, 시간, 방법, 원인, 부정, 빈도' 등을 표현하는 보조정보입니다. 부사가 동사를 수식할 때 그 위치는 주로 동사 앞, 동사 뒤, 혹은 목적어나 보어의 다음에 옵니다. 부사가 형용사나 부사를 수식할 때는 꾸미고자하는 형용사나 부사의 바로 앞에 옵니다. 문장전체를 수식하는 부사는 문장의 맨 앞에 두고 보통은 커마(comma)를 찍습니다.

UNIT 14 부사 (adverb)

1 부사의 개념

 동사, 형용사, 부사, 절 꾸미기

★ 부사는 오직 '수식의 역할'만 하며, 명사를 제외한 모든 것을 수식할 수 있습니다. 기본적으로 '동사를 수식'하고 그 외에 '형용사·부사·구·절'을 수식합니다. 부사는 '장소·시간·방법·원인·부정·빈도' 등을 표현하는 보조정보입니다. 부사가 동사를 수식할 때 그 위치는 주로 동사 앞, 동사 뒤, 혹은 목적어나 보어의 다음에 옵니다. 부사가 형용사나 부사를 수식할 때는 꾸미고자 하는 형용사나 부사의 바로 앞에 옵니다. 문장전체를 수식하는 부사는 문장의 맨 앞에 두고 보통은 커마(comma)를 찍습니다.

0719	내 형제는 어렸을 때 빠르게 달릴 수 있었다.
	My brother could run swiftly when he was young.
0720	조심해! 물이 매우 뜨거워.
	Watch out! The water is extremely hot.
0721	그는 매우 잘 요리를 한다.
	He does the cooking quite well.
0722	불행히도, Harry 와 Sally 는 서로를 만나지 못했다.
	Unfortunately, Harry and Sally did not see each other.

2 부사의 형태

형용사 + ly / 그 외 부사

1 형용사로부터 파생된 부사

★ 대부분의 형용사 어미에 '-ly'를 붙이면 부사가 됩니다. 이것은 주로 어떤 행위가 일어나는 방법에 관한 묘사에 많이 사용됩니다. 예를 들어 'I love you'에 'really'를 붙여서 'I really love you'가 되면 '정말로 사랑한다'라는 의미가 되어 사랑하는 방식에 대한 부가정보를 주는 것입니다. 맞춤법에 유념할 점이 몇 가지 있습니다. '자음 + y'로 끝나면 'y'를 '-i'로 바꾸고 '-ly'를 붙입니다. '-le'로 끝난 형용사는 'e'를 빼고 'y'만 붙입니다. '-ic'로 끝난 형용사는 'ally'를 붙입니다. 예외적으로 'public'은 그냥 '-ly'만 붙입니다. 아래의 도표를 참조하면 됩니다.

도표 85 : '형용사 + ly' 형태의 주요부사

형용사	부사	형용사	부사
real	really	careful	carefully
precarious	precariously	independent	independently
academic	academically	happy	happily
mechanical	mechanically	attentive	attentively
simple	simply	busy	busily
public	publicly	handsome	handsomely

Week 5 | Unit 14. 부사 (adverb)

2 '-ly'를 붙이지 않는 부사

도표 86 : '-ly' 어미형태가 아닌 주요부사

부사	의미	부사	의미
very	매우	so	매우
still	여전히, 그럼에도 불구하고	yet	아직, 벌써, 그러나
much	많이	well	잘, 훌륭하게
then	그 당시, 그러고 나서	here	여기서, 여기로
there	거기서, 거기로	up	위로, 완전히
down	아래로	off	벗어나서, 떨어져
away	멀리서	the way	그런 식으로
this way	이런 식으로, 이리로	downstairs	아래층에서, 아래층으로
in	안으로, 안에서	out	밖으로, 밖에서, 완전히

3 형용사와 부사의 형태가 같은 경우

★ 이 단어들은 형용사와 부사로 모두 사용될 수 있습니다. 명사를 꾸밀 경우에는 명사의 뒤에 놓이는 '특정한 것'들이 있습니다. 'well'의 경우 형용사일 때는 '건강한'이고, 부사일 때는 '잘'에 해당하는 말입니다. 'low'와 'deep'은 각각 물리적 높이와 깊이를 의미합니다.

도표 87 : 주요 형용사, 부사 공통어

단어	형용사의미	부사의미	단어	형용사의미	부사의미
fast	빠른, 고정된	빠르게	there	그곳의	그곳에서
hard	세찬, 어려운, 딱딱한	세차게, 열심히	low	낮은	낮게
early	이른	일찍	high	높은	높게
late	늦은, 고인이 된	늦게	deep	깊은	깊게
enough	충분한	충분히	long	긴, 오랜	길게, 오래

단어	형용사의미	부사의미	단어	형용사의미	부사의미
much	많은(양)	많이	then	그때의	그 때
more	더 많은(양,수)	더 많이	home	집의	집에서
today	오늘날의	오늘(날)에	well	건강한	잘, 훌륭하게
here	이곳의	이곳에서	upstairs	윗 층의	윗 층으로

0723 그는 빠른 주자이다.

He is a fast runner.

0724 그는 빠르게 달린다.

He runs fast.

0725 그는 세찬 비속에서 일했다.

He worked in the hard rain.

0726 비가 세차게 내리는 동안 그는 밖에서 일했다.

He worked outdoors while it was raining hard.

0727 그는 일찍 일어나는 사람이다.

He is an early riser.

0728 그는 일찍 일어났다.

He got up early.

0729 오늘날의 아이들은 독서를 잘 안합니까?

Do children today seldom read?

0730 나는 오늘 그를 만났습니다.

I met him today.

Week 5 | Unit 14. 부사 (adverb)

0731	그는 지각하는 사람입니다. (그는 나중에 온 사람입니다.)
	He is a late comer.
0732	그는 직장에 늦게 옵니다.
	He comes late to work.
0733	나는 집에 있는 사람들을 걱정합니다.
	I am worried about the people home.
0734	그는 집에 일찍 도착했습니까?
	Did he arrive home early?
0735	그는 건강합니까?
	Is he well now?
0736	그는 잘 읽습니다.
	He reads well.
0737	그는 깊게 다이빙했습니다.
	He dove deep.
0738	그는 얼마나 낮게 날 수 있습니까?
	How low can he fly?
0739	얼마나 많은 돈을 당신은 필요로 합니까?
	How much money do you need?
0740	나는 그에게 많이 감사하고 싶습니다.
	I would like to thank him much.

4 '부사 + ly' 로 또 다른 부사를 만들 경우

★ 이미 부사로 사용되는 단어 뒤에 다시 '-ly' 를 붙여서 새로운 의미를 만듭니다. 일부 '-ly' 형 부사는 물리적 의미가 아닌 정신적 의미로 이해해야 합니다.

도표 88 : '부사 + ly'로 또 다른 부사를 만드는 주요 단어

단어	부사의미	단어	부사의미
hard	열심히, 세차게	hardly	거의 아니게
late	늦게	lately	최근에
high	높게(물리적)	highly	높게, 귀하게(정신적)
near	근처에서	nearly	거의
deep	깊게(물리적)	deeply	깊게(정신적)
low	낮게(물리적)	lowly	비천하게(정신적)

0741	그 배관공은 열심히 일한다.
	The plumber works hard.
0742	그 소작농부는 좀처럼 일하지 않는다.
	The peasant hardly works.
0743	그는 늦게 일어났다.
	He got up late.
0744	그 병사는 전쟁터로부터 최근에 돌아왔다.
	The soldier came back lately from the front.
0745	그는 높게 등반했다.
	He climbed high.

Week 5 | Unit 14. 부사 (adverb)

0746	그 비평가는 나를 높게 평가한다.
	The critic thinks **highly** of me.
0747	그 회계사는 근처에서 살았다.
	The accountant lived **near**.
0748	그 말기암 환자는 거의 죽었다.
	The terminal cancer patient is **nearly** dead.
0749	그 탐험가는 그 동굴 속으로 깊게 하강했다.
	The explorer descended **deep** into the cave.
0750	그는 그녀의 말에 깊게 상처 입었다.
	He was **deeply** wounded at her remarks.
0751	그는 그 공을 낮게 던지려고 애썼다.
	He tried to pitch the ball **low**.
0752	그들은 전쟁 동안 모든 사회적 지위를 잃고 매우 비천하게 살았다.
	He lived very **lowly** during the war, losing every social status.

3 부사의 쓰임

1 동사 수식

★ 부사는 다양한 정보로 동사를 꾸밀 수 있습니다. '방법·장소·시간' 등의 정보이외에도 '수단·결과·원인' 등 다양한 말들을 첨가하여 동사를 꾸밉니다. 조심할 것은 부사를 알아보는 것입니다. 부사는 형태상으로는 '형용사 + ly' 가 가장 많습니다. 그런데 이것은 주로 '방법에 관한 정보'이며 한국어에서 '-하게' 와 비슷하게 해석됩니다. 그러나, '형용사 + ly' 가 붙지 않는 단어도 부사로 사용되어 동사를 꾸미는 것이 많습니다. 그리고 가장 편하게 '동사를 수식'하는 방법은 '전치사 + 명사'의 형태를 만드는 것입니다. 이것은 정말로 무궁무진하게 많은 정보를 만들어 낼 수 있습니다.

0753	Chris는 경계하면서 운전한다.
	Chris drives vigilantly.
0754	당신은 공공장소에서 시끄럽게 말해선 안 된다.
	You must not speak loudly in public places.

★ 동사는 그 뒤에서 '전치사에서 유래'한 '한 단어'를 부사로 사용하는 경우가 많습니다. 원래는 전치사이므로 뒤에 목적어인 명사가 와야 하지만 명사를 생략하고 전치사 고유의 뜻으로만 동사를 꾸미면서 일종의 동사구를 형성합니다. 이렇게 명사 목적어가 생략된 전치사에서 유래한 부사는 주로, [in, on, around, about, off, up, down, out] 등이 있습니다.

0755	밤에 돌아다니는 그 동물은 야행성이다.
	The animal which moves around at night is nocturnal.
0756	우리가 무대를 볼 수 있게 아래로 앉아 주세요.
	Please sit down so that we can see the stage.
0757	들어오세요.
	Come in, please.

Week 5 | Unit 14. 부사 (adverb)

2 형용사 수식

★ 형용사를 수식하는 부사는 형용사의 정도를 나타내는 것이므로, 한국어에서 '매우·꽤·엄청나게·너무·충분히' 등에 해당됩니다. [very, pretty, quite, so, rather, too, extremely, awfully...] 등이 형용사의 앞에서 꾸미지만, '충분하게' 에 해당하는 'enough'은 반드시 형용사의 뒤에 위치해야 합니다.

0758	그건 너무 안 좋습니다.
	That's too bad.
0759	이 피자는 맛이 정말로 좋습니다.
	This pizza tastes really good.
0760	그는 은퇴하기에 충분히 나이 먹었습니다.
	He is old enough to retire.

3 부사 수식

★ 부사는 자신 이외의 다른 부사를 꾸밀 수 있습니다. 한국어에서 '매우·대단히·엄청나게'에 해당하며, 형용사를 수식하는 부사와 같은 종류를 사용합니다.

0761	'Cindy(신디)'는 영어를 매우 분명하게 발음하며 말합니다.
	Cindy speaks English quite articulately.
0762	그 택시기사는 정말 열심히 일했습니다.
	The cabbie has worked really hard.

4 문장 전체 수식

★ 문장 전체의 의미를 주관적으로 표현하는 부사입니다. 문장의 앞에서 부사를 쓰고 커마(comma)를 찍은 후에 주어와 술어를 적습니다. [fortunately, luckily, sadly, surprisingly, naturally, strangely, usually, basically...] 등이 주로 사용됩니다.

0763	다행히도, 우리는 약간의 돈이 있었다.
	Luckily, we had some money.
0764	불행히도, 그는 귀환여행에서 성공하지 못했다.
	Unfortunately, he didn't make the return journey.
0765	놀랍게도, 그 전쟁포로들은 모두 살아서 돌아왔다.
	Surprisingly, the POW all got back alive.

5 숫자 수식

★ 숫자를 수식하는 부사는 한국어에서 '약, 대략' 정도가 되는데 계량의 수치에 대한 정확성을 나타내는 표현입니다. 영어에서는 [some, about, around, roughly, approximately...] 등이 주로 사용됩니다.

0766	대략 3백명의 사람들이 있습니다.
	There are some 3 hundred people.

6 동명사 수식

★ 동명사도 동사에서 온 말이므로 부사가 꾸미는 것은 당연합니다. 다만, 부사가 아닌 형용사를 써서 동명사를 꾸밀 수도 있습니다. 이럴 경우에는, 동명사를 명사화된 것으로 취급합니다.

0767	안전하게 운전하는 것이 겨울철에는 가장 중요한 일이다.
	Driving safely is the most important thing in winter. (부사)
0768	안전운전이 겨울철에는 가장 중요하다.
	Safe driving is the most important in the wintertime. (형용사)

Week 5 | Unit 14. 부사 (adverb)

7 to VR (to부정사) 수식

★ 부사가 'to VR' 을 수식할 경우 'to' 와 '동사원형(VR)' 사이, 혹은 '부정사구'의 뒤에 놓습니다. 이 때 부정사구의 뒤에 부사를 놓으면 그것이 술어동사와 연동되어서 해석될 수도 있으므로 조심해야 합니다. 혼동을 피하기 위해서는 'to + 부사 + 동사원형' 순서를 쓰면 됩니다.

0769	그는 일찍 일어나려고 결심했다.
	He decided to early get up. He decided to get up early.
0770	그는 자리에서 일어나기로 몰래 결심했다.
	He secretly decided to get up from the bed.
0771	그는 그 아이를 조심스럽게 다룰 것을 제안했다.
	He offered to carefully deal with the child.
0772	그는 그 아이를 다룰 것을 조심스럽게 제안했다.
	He carefully offered to deal with the child.

4 부사의 위치와 어순

1 '형용사 + ly' 형태의 양태부사

★ 이 부사는 주로 동사의 앞에 오거나, 오해의 소지가 없을 경우 문장의 끝에 옵니다.

0773	그는 천천히 나에게 걸어 왔다.
	He slowly walked up to me.
	그는 나에게 천천히 걸어 왔다.
	He walked up to me slowly.

2 빈도부사

★ 어떤 일이 얼마나 자주 일어나는지, 즉, 빈도를 표현하는 부사입니다. 한국어에서 '항상, 자주, 대개, 종종, 가끔, 어쩌다 한 번씩, 드물게, 매우 드물게' 등에 해당하는 말입니다.

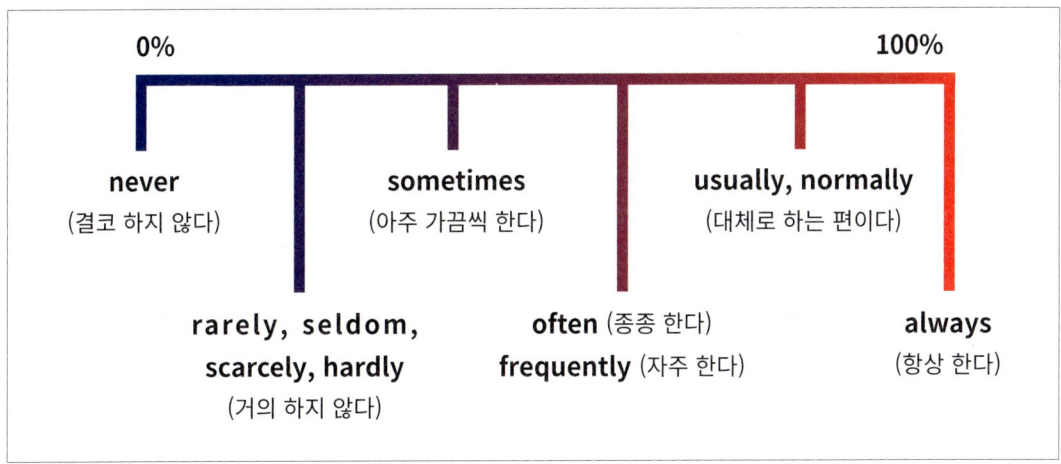

★ 'always, usually, often, sometimes' 등, 빈도부사의 위치는 'be 동사'나 '조동사'의 뒤, 그리고 '일반동사'의 앞 입니다. 그러나 강조구문이나 생략구문에서는 'be 동사'나 '조동사'의 앞에 두어야 합니다.

Week 5 | Unit 14. 부사 (adverb)

0774	그는 대체로 저녁식사 후에 산책을 합니다.
	He usually takes a walk after dinner.
0775	나는 그녀가 항상 유쾌해서 그녀를 좋아합니다.
	I like her because she is always cheerful.
0776	그는 툭하면 늦습니다.
	He is frequently late.

3 정도부사

★ 형용사나 부사를 수식하는 정도부사 'very·pretty·quite' 등은 형용사나 부사의 바로 앞에 옵니다. 분사도 형용사의 일종이므로 분사를 수식할 때도 분사 앞에 옵니다.

0777	그는 심하게 부상당했고 나는 매우 충격 받았다.
	He was badly hurt and I was pretty shocked.
0778	그녀는 엄청 금방 올 것입니다.
	She will come very soon.

4 'enough' 의 위치

★ 이미 언급했듯이 형용사나 부사의 뒤에 오지만, 명사를 꾸밀 경우 'enough' 는 '형용사로 사용'되어 명사의 앞에 옵니다.

0779	우리는 아직 충분한 시간이 있습니까?
	Do we still have enough time?
0780	아닙니다. 우리는 막차를 놓칠 수 있을 정도로 이미 충분히 늦었습니다.
	Negative. We are late enough to miss the last train.

5 부사 + 형용사 + a(an) + 명사 어순

★ 특정한 부사가 형용사를 꾸밀 경우 그 부사와 형용사간의 긴밀도가 높아서 '부정관사 a, an'을 그 사이에 비집고 넣을 수가 없습니다. 부사가 없을 경우에는 명사를 꾸미는 어순이 'a, an + 형용사 + 명사' 이지만 특정 부사가 형용사를 꾸밀 때에는 부사와 형용사를 먼저 쓰고 관사와 명사는 뒤에 둡니다. 이런 종류의 부사는 [so, as, too, how] 가 있고 양보의 부사절을 이끄는 접속사 'however' 도 여기에 포함됩니다.

1 as + 형 + 관 + 명

0781 그는 자기가 감당할 수 있을 만큼 호화로운 차를 살 것이다.

He will buy as luxurious a car as he can afford.

2 so + 형 + 관 + 명

0782 그는 매우 멋진 남자여서 모든 처녀들의 눈길을 받고 있다.

He is so awesome a man that every spinster pays attention to him.

3 too + 형 + 관 + 명

0783 그는 거절하기에는 너무 겸손한 사람입니다.

He is too polite a person to refuse.

4 how + 형 + 관 + 명

0784 우리가 얼마나 재주 많은 보스를 가지고 있느냐는 행운이다.

It is lucky how versatile a boss we have.

5 however + 형 + 관 + 명

0785 그가 아무리 멋진 외모를 가진 남자라 해도 나는 연애할 생각이 없다.

However good looking a man he is, to fall in love comes to me the last.

WEEK 6

unit 15
수일치
(number agreement)

unit 16
동명사
(gerund)

DAY 1 ~DAY 2

UNIT 15
1) 동사의 어미에 따른 변화
2) 접속사 'or, nor, as well as, not only-but also' 가 주어를 연결 할 때
3) 유도부사 there + 술어동사 + 주어
4) 'A of B 형태'의 주어
5) 'A + 전치사 + B' 형태의 주어
6) 선행명사 + who, which, that (관계사주격) + 술어동사
7) every + 단수가산명사 + 단수술어동사
8) 어미에 원래 's'가있는 단수취급명사
9) 주어 and 주어
10) 쌍으로 된 물건
11) many + 복수명사 = many + a, an + 단수명사
12) the + 형용사(분사) = 복수보통명사
13) a number of + 복수가산명사, the number of + 복수가산명사
14) 시간, 거리, 가격, 무게
15) 집합명사의 단수, 복수 활용

DAY 4

UNIT 16
3) be + VR –ing
4) 타동사 + 동명사 목적어
5) 전치사 + 동명사 목적어

DAY 5

UNIT 16
6) 동명사? 현재분사?
7) 능동의 형태로 수동관계인 동명사
8) 동명사의 의미상의 주어
9) 동명사의 시제

DAY 3

UNIT 16
1) 동명사 개념
2) 동명사 주어

DAY 6

복습
동명사 유닛에서 배운 모든 문장들을 다시 따라 읽고, 영작하는 복습을 해 주세요. 동명사 유닛에서 배운 단어들도 반드시 암기해 주세요!

UNIT 15

수일치
number agreement

PREVIEW

영어는 한국어와 달리 수를 중시하는 언어입니다. 우리는 주어의 수에 따라 술어동사를 바꾸지 않습니다. 그러나 일부 언어는 주어의 인칭과 수에 따라 술어동사의 모양을 바꿉니다. 라틴어 계열이 대표적으로 그런 언어입니다. 하지만 영어는 이에 비해서 다소 소박한 일치규칙을 가지고 있습니다. 즉, 주어가 3인칭 단수일 경우 현재시제의 술어동사 끝에 's'를 붙여서 구별하는 정도입니다. 또 하나 수를 일치시켜야 하는 경우가 있습니다. 명사를 대명사로 받을 때 단·복수를 구별해야 합니다. 복수명사를 대명사로 다시 받을 때 'it'을 쓰면 곤란합니다, 대신 'them' 등으로 받아야 하겠지요. 그러므로 각 대명사의 단·복수 형태를 잘 기억해서 앞에 나온 명사와 그 수를 일치시켜 주어야 합니다.

UNIT 15 수일치 (number agreement)

1 동사의 어미에 따른 변화 : '주어가 3인칭 단수일 때'

1 '-o, -x, -s, -sh, -ch' 로 끝나는 동사는 '-es' 를 첨가

도표 89 : '-es' 첨가어

동사	3인칭 단수 술어동사 현재형	예문
box	boxes	He boxes his junior on the cheek.
do	does	She does everything on her own.
miss	misses	He misses her much.
toss	tosses	He tosess and catches a ball.
watch	watches	The boy watches the sheep.
mix	mixes	Mother mixes every ingredient.
go	goes	She goes with a light lunch.
polish	polishes	The man polishes my car.
wash	washes	She washes the dishes.
match	matches	It matches his hair.

2 자음 + y 는 '-ies' 로 변환

★ 'study, fly, copy, bully' 등의 단어는 자음과 'y' 로 끝납니다. 이런 단어가 주어를 삼인칭 단수로 받고 현재시제에서 's' 를 첨가할 경우 각각 'studies, flies, copies, bullies' 의 모습이 됩니다. '모음 + y' 로 끝난 경우에는 해당되지 않으니 주의 바랍니다. 3인칭 단수주어의 현재시제에서 'have 동사' 는 'has' 로 바뀝니다.

0786	나는 컴퓨터 공학을 공부한다.
	I study computer science.

0787	그녀는 현대 미술을 공부한다.
	She studies modern art.
0788	그는 내 아들을 괴롭힌다.
	He bullies my son.
0789	그는 많은 책들을 산다.
	He buys many books.
0790	Andy는 차를 가지고 있다.
	Andy has a car.

2 접속사 'or, nor, as well as, not only-but also' 가 주어를 연결 할 때

★ 'A as well as B' 의 경우에는 앞의 A에 술어를 일치시키고, 나머지는 모두 뒤의 B에 술어 동사를 일치시킵니다.

0791	나뿐만 아니라 그녀도 날씬하다.
	She as well as I is skinny.
0792	그와 나 둘 중 하나가 학생이다.
	Either he or I am a student.
0793	그 자전거들도 혹은 그 자동차도 실제로 작동을 하지 않는다.
	Neither the bikes nor the car actually works.
0794	너뿐 아니라 그녀도 예뻐.
	Not only you but also she is pretty.

Week 6 | Unit 15. 수일치 (number agreement)

3 유도부사 there + 술어동사 + 주어

★ 'there' 뒤에서 'be 동사'를 비롯한, 완전자동사가 올 경우 그 뒤의 주어에 술어동사를 일치시켜야 합니다.

0795	아주 뚜렷한 차이가 있습니다.
	There is a very distinct difference.
0796	이 도시에는 규모가 큰 미술관이 없다.
	There are no major art galleries in this city.
0797	올해에는 주변에 보이는 관광객이 더 적어진 것 같다.
	There seem to be fewer tourists around this year.

4 'A of B 형태'의 주어

★ 수식 관계상 A가 술어동사에 일치하는 주어입니다. 하지만 A에 특정한 대명사가 올 경우 단수·복수를 구별해야 합니다. 예를 들어, 'all of 명사' 의 구조에서는 'all' 이 '복수명사'와 '전체를 양으로 다루는 명사'를 모두 받을 수 있기 때문에 'of 뒤에 오는 명사'를 보고서 최종적으로 단·복수를 결정해야 합니다. 만약, 'All of the apples' 를 주어로 삼을 경우 '그 사과들 모두' 가 되어서 복수주어가 됩니다. 하지만 'All of the apple' 을 주어로 삼을 경우, '그 사과 전부' 가 되어서 '양 개념'이 됩니다. 그러므로 이 경우는 단수주어가 됩니다.

★ 특히 'crew, family, group' 등의 집합적 명사들이 이 구조에 걸릴 경우 더 조심해야 합니다. 집합체를 구성하는 인원들이 복수로 되어 있기 때문에 'of 앞'에 오는 명사가 단수형이어도 복수로 취급될 수 있기 때문입니다.

도표 90 : 부정대명사의 단, 복수

주어의 형태	수	주어의 예시	be, do, have의 현재형
all of 복수	복수	All of us	are, do, have
all of 단수	단수	All of it	is, does, has

주어의 형태	동사의 수	주어의 예시	be, do, have의 현재형
some of 복수	복수	Some of them	are, do, have
some of 단수	단수	Some of the wood	is, does, has
any of 복수	단수	Any of my books	is, does, has
any of 단수	단수	Any of my money	is, does, has
rest of 복수	복수	The rest of them	are, do, have
rest of 단수	단수	The rest of it	is, does, has
each of 복수	단수	Each of them	is, does, has
both of 복수	복수	Both of us	are, do, have
either of 복수	단수	Either of my parents	is, does, has
neither of 복수	단수	Neither of my arms	is, does, has
one of 복수	단수	One of the players	is, does, has
분수 of 복수	복수	A third of the trees	are, do, have
분수 of 단수	단수	A third of the tree	is, does, has
none of 복수	복수	None of them	are, do, have
none of 단수	단수	None of it	is, does, has
several of 복수	복수	Several of the buildings	are, do, have
many of 복수	복수	Many of my friends	are, do, have
much of 단수	단수	Much of his sorrow	is, does, has
(a) little of 단수	단수	A little of your time	is, does, has
(a) few of 복수	복수	A few of them	are, do, have
% of 복수	복수	30 percent of the people	are, do, have
% of 단수	단수	30 percent of it	is, does, has
a lot of 복수	복수	A lot of people	are, do, have
a lot of 단수	단수	A lot of money	is, does, has

Week 6 | Unit 15. 수일치 (number agreement)

0798	그 소음 전부가 고학년의 수업을 방해합니다.
	All of that noise bothers the senior classes.
0799	그녀의 반 친구들 모두가 매우 슬펐습니다.
	All of her classmates were very sad.
0800	그 승무원들의 나머지들은 억류되었고 연료의 나머지는 태워졌다.
	The rest of the crew were interned and the rest of the fuel was burned.

5 'A + 전치사 + B' 형태의 주어 : A명사에 일치

★ 'of' 이외의 전치사가 주어 뒤에 붙어올 경우, 이것은 단순한 수식에 불과하기 때문에 항상 제일 앞에 있는 명사에 술어동사를 일치시키면 됩니다.

0801	그 선반 위의 책들은 매우 낡아 보인다.
	The books on the shelf look very old.
0802	그녀의 친구들과 함께 Anne 역시 초대받았다.
	Anne with her friends is invited, too.

6 선행명사 + who / which / that (관계사주격) + 술어동사

★ 이 구조에서 관계대명사 다음에 나오는 술어동사는 '선행명사'의 수에 일치시키면 됩니다. 관계대명사를 빼는 순간 늘, 앞의 선행명사가 바로 주어가 되어 그 뒤의 술어동사에 일치해야 하기 때문입니다.

0803	가난한 자들은 축복을 받을 것이다.
	Those who are poor shall be blessed.

0804	이 섬은, 제주도라고 불리는데, 아름다운 해변들로 유명하다.
	This island, which is called Jejudo, is famous for its beautiful beaches.

★ 이 구조에서 주의할 것이 있습니다. 관계대명사주어 앞에 선행명사가 하나일 경우는 당연히 그 명사에 술어동사의 수를 일치시키면 됩니다. 하지만 '명사1 + 전치사 + 명사2 + 관계대명사주격' 의 구조일 경우 선행명사를 결정해야 하는 문제가 생깁니다. 따라서 이 경우는 의미를 판단하여 이를 바탕으로 선행명사를 결정한 후 수를 일치 시킵니다.

0805	몸집에 비해 꽤 길어 보이는 날씬한 다리들을 가진 그 동물은 기린으로 불린다.
	The animal with slim legs which seem rather long for the body is called a giraffe.
0806	순한 것처럼 보이는 긴 다리를 가진 그 동물은 기린으로 불린다.
	The animal with long legs which seems to be gentle is called a giraffe.
0807	Billie는 그 기계를 다루는 방법을 알고 있는 남자들 중 하나이다.
	Billie is one of the men who know how to handle the machine.
0808	Billie는 그 남자들 중 그 연설에 의해 감동을 받은 유일한 한 명이다.
	Billie was the only one of the men who was moved by the speech.

7 every + 단수가산명사 + 단수술어동사

★ 'every' 는 의역상 '모든' 이지만 원래 의미가 '개개의' 이므로 뒤에 반드시 단수가산명사를 받고, 따라서 술어동사도 단수형으로 받습니다.

0809	사랑을 하는 사람은 누구나 사랑받는 사람들의 많은 좋은 점들을 찾아낸다.
	Every lover finds many graces in the beloved.

Week 6 | Unit 15. 수일치 (number agreement)

8 어미에 원래 's'가 있는 단수취급 명사

★ 명사의 뒤에 원래 's'가 붙어 있는 주어는 복수를 의미하는 것이 아니므로 조심해야 합니다. 특히 학문을 의미하는 일부 단어들은 모두 단수지만 단어의 끝이 '-ics'입니다.

도표 91 : 's' 어미 단수명사

단어	뜻	단어	뜻
blues	우울증	atomics	원자학
measles	홍역	economics	경제학
diabetes	당뇨병	ethics	윤리학
rabies	광견병	physics	물리학
billiards	당구	mathematics	수학
bowls	보울링	linguistics	언어학
darts	화살촉던지기놀이	politics	정치학
cards	카드놀이	dynamics	운동학
The United Nations	국제연합	The United States	미합중국
The Philippines	필리핀	The Netherlands	네덜란드

0810	정치학은 내가 좋아하는 것이 아닙니다.
	Politics is not my cup of tea.
0811	당뇨병은 전염성으로 간주되는 질병이 아니다.
	Diabetes is not a disease that is considered contagious.

9 주어 and 주어

★ 원래 복수지만, 하나로 합쳐져서 단일한 물건이나 개념이면 단수 취급합니다.

0812	그와 나는 적이다.(개별개념)
	He and I **are** foes.
0813	햄과 치즈는 비싸지 않았다.(개별개념)
	Ham and cheese **were** not costly.
0814	햄치즈 샌드위치는 나의 일상적인 점심식사였다.(단일개념)
	A ham and cheese **is** my usual sandwich for lunch.
0815	느리고 꾸준하면 경주를 이긴다.(단일개념)
	Slow and steady **wins** the race.

10 쌍으로 된 물건

★ 완성된 물건 자체는 하나지만, 두 부품의 대칭 또는 쌍을 중시하여 복수 취급합니다.

0816	그 가위는 필통 안에 있다.(가위 자체는 하나지만 scissor 은 가위날 한 쪽)
	The scissors are in the pencil case.

도표 92 : 쌍으로 된 복수취급명사

단어	뜻	단어	뜻	단어	뜻	단어	뜻
scissors	가위	shoes	신발	jeans	진바지	gloves	장갑
glasses	안경	wings	날개	shorts	짧은 바지	lips	입술
pants	바지	tongs	집게	boots	장화	hips	엉덩이
stockings	스타킹	binoculars	쌍안경	panties	속옷	leggings	쫄바지

Week 6 | Unit 15. 수일치 (number agreement)

11 many + 복수명사 = many + a, an + 단수명사

★ 의미는 같지만 각각 복수와 단수로 취급되므로 술어동사를 일치시켜야 합니다.

0817	많은 소녀가 납치되었다.
	Many a girl has been kidnapped.
0818	많은 소녀들이 납치되었다.
	Many girls have been kidnapped.

12 the + 형용사 (분사) = 복수보통명사

★ 'the + 형용사'는 같은 성질의 사람들이나 물건들을 말할 때 복수입니다.

0819	부자들이 반드시 행복한 것은 아니다.
	The rich are not necessarily happy.
0820	빈자들은 이 마을 자선 단체의 도움을 받고 있다.
	The needy are helped by the charities in this village.

13 a number of + 복수가산명사 ,
the number of + 복수가산명사

★ 'a number of'는 '많은'이란 의미가 되어 뒤의 복수명사를 대신 받고 있기 때문에 전체적으로 복수 취급합니다. 반면에 'the number of'는 '숫자'라는 단어가 핵심이므로 주어 자리에 오면 단수 취급합니다.

0821	많은 수의 자전거들이 보관대에 체인으로 묶여 있다.
	A number of bicycles are chained to the rack.
0822	인터넷 사용자들의 수가 엄청나게 증가하고 있다.
	The number of Internet users is really growing.

14 시간, 거리, 가격, 무게

★ 이런 복수명사는 그 전체를 한 덩어리로 볼 때에는, 단수 취급합니다.

0823	십년은(단수) 기다리기에 긴 시간이지만 벌써 5년이(복수) 지났다.
	Ten years is a long time to wait, but 5 years have already passed.
0824	20마일은 걷기에는 긴 거리이다.
	Twenty miles is a long distance to walk.
0825	140파운드가 나의 정확한 체중이다.
	Yes, 140 pounds is my exact weight.

15 집합명사의 단수, 복수 활용

★ 단수명사들이 같은 자격으로 모였을 경우 집합명사가 되는데, 집합체 자체를 의미할 경우는 단수, 각 구성원들의 행위나 상태를 의미할 경우 복수로 취급합니다. 집합명사는 대략 3가지 종류로 구분 합니다.

1 단수취급, 복수취급, 집합체 자체의 복수

0826	내 가족은 대가족이다. (집합체 자체는 하나)
	My family is an extended one.
0827	그러나 내 가족들은 각자 따로 산다. (구성원들 각각의 행위)
	But my family are leading very separate lives.
0828	정원에는 3가족 그룹들이 있다. (집합체 자체가 복수)
	There are 3 families in the garden.

Week 6 | Unit 15. 수일치 (number agreement)

도표 93 : 집합명사

단어	뜻	단어	뜻
family	가족, 가족구성원들	families	여러 가족들
team	팀, 팀원들	teams	여러 팀들
crew	대원, 대원들	crews	여러 대원조직들
jury	배심단, 배심원들	juries	여러 배심단들
group	그룹, 그룹 구성원들	groups	여러 그룹들
audience	청중, 청중 구성원들	audiences	여러 청중들

2 상시 복수 명사

도표 94 : 's' 없는 복수명사

단어	뜻	단어	뜻
cattle	소들	the nobility	귀족들
people	사람들	the French	프랑스 국민들
the police	경찰들	the English	영국 국민들
the clergy	성직자들	the aristocracy	귀족들

0829 소떼가 나무 아래에 서 있다.

Cattle are standing under the tree.

0830 경찰들은 건물 뒤에 숨어 있었다.

The police were lying in wait at the back of the building.

0831 성직자측은 그 법안에 반대하고 있다.

The clergy are opposed to the bill.

★ 'the police' 는 '경찰들' 입니다. 경찰관 하나 하나를 말할 때는 'a policeman' 또는 'a policewoman' 또는 'a police officer' 를 사용합니다. 'people' 은 '사람들'이라는 의미일 때는 당연히 늘 복수입니다. 그러나 '민족' 이라는 의미가 있고 이 경우는 'a people(한 민족), two peoples(두 민족들)' 로 단·복수를 구별해서 사용합니다.

UNIT 16

동명사
gerund

PREVIEW

한국어에서 '-하는 것, -하기'에 해당하는 말을 영어로 만들 때에는 동사의 원형 뒤에 '-ing'를 붙입니다. 이것을 동사에서 명사화된 말이라 하여 동명사라고 부릅니다. 이 패턴은 명사가 하는 역할, 즉 명사의 자리에 놓일 수 있습니다. 대표적으로 동명사는 '주어, 타동사의 목적어, 전치사의 목적어' 역할을 하게 됩니다. 수동형 동명사, 즉 '-되는 것, -되기'를 만들 때에는 'being p.p' 형태입니다.

UNIT 16 동명사 (gerund)

1 동명사 개념

> **VR + ing : -하는 것 (행위의 명사화)**

★ 한국어에서 '-하는 것, -하기'에 해당하는 말을 영어로 만들 때에는 동사의 원형 뒤에 '-ing'를 붙입니다. 이것을 동사에서 명사화된 말이라 하여 '동명사'라고 부릅니다. 동명사는 명사가 하는 역할, 즉 명사의 자리에 놓일 수 있습니다. 대표적으로 동명사는 '주어, 타동사의 목적어, 전치사의 목적어' 자리에 사용됩니다. 수동형 동명사 즉, '-되는 것, -되기'는 'being p.p' 입니다.

★ 단자음과 단모음으로 끝나는 영단어는 모음으로 시작하는 접미어를 붙이면 모두 마지막 자음이 한 번 더 사용됩니다. '자음 + e'로 끝나는 단어는 '-ing'를 붙일 때 'e'를 빼고 붙입니다. '-ie'로 끝나는 단어는 그것을 'y'로 바꾸고 '-ing'를 붙입니다. '-하지 않는 것'이라는 부정동명사는 'not + VR-ing' 입니다.

> ★ 조동사는 동명사로 만들 수 없습니다. 예를 들어, 조동사 'must, can' 등을 'musting, canning' 이라고 만드는 대신 이것을 유사한 의미의 본동사로 바꾸어서 'having to, being able to'로 만들면 됩니다.

0832	나는 매운 한식 먹는 것을 꺼리지 않는다.
	I don't mind eating spicy Korean food.
0833	그녀는 정시에 오지 않은 것에 대해 미안하다고 말했다.
	She said sorry for not coming on time.
0834	영어를 제대로 쓸 수 있는 것이 가장 중요한 요소입니다.
	Being able to write in proper English is a key factor.
0835	일찍 일어나야 한다는 것은 당신에게 득이 될 것이다.
	Having to get up early will do you good.
0836	좋게 말해지는 것은 용기를 북돋는다.
	Being well spoken of boosts courage.
0837	나는 영화 볼 때 방해받는 것을 싫어한다.
	I don't like being disturbed when I watch movies.

Week 6 | Unit 16. 동명사 (gerund)

2 동명사 주어

★ 동명사는 문장에서 '행위를 주어로 삼을 때' 사용하며, 행위는 결국 하나를 의미하므로 '3인칭 단수 주어'의 자격으로 술어동사도 단수로 써야 합니다.

0838	빵 굽기는 그렇게 어렵지 않다.
	Baking is not so difficult.
0839	술을 너무 많이 마시는 것은 간 손상을 낳는다.
	Drinking too much alcohol results in a damaged liver.

3 be + VR-ing

★ 'be' 동사 뒤에서 동명사가 올 때는 '-하는 것이다' 로 해석되며, 이 때 조심할 것은 이것을 '진행시제'나 '형용사적'으로 해석하지 말아야 한다는 것입니다. 예를 들어서, 'One of my habits is gardening' 이라고 할 때 'is gardening' 은 '정원을 가꾸는 것이다' 로 해석해야 합니다. 왜냐하면 이것의 주어가 'habit' 이기 때문입니다. 한편, 'He is gardening' 이라고 하면 주어가 행위의 주체가 되기 때문에 '그는 정원을 가꾸고 있는 중이다' 로 해석해야 합니다. 그러므로 'be' 동사 다음에 'ing' 형태가 올 때 이것이 주어와 동격관계일 경우는 동명사적 해석, 즉 ' -하는 것이다' 이고 아닐 경우는 '-하는 중이다'입니다.

0840	당신의 실수는 그의 거짓말을 믿은 것이었다.
	Your mistake was believing his lies.
0841	그의 직업은 등반객들에게 대여서비스를 제공하는 것이다.
	His job is giving rental services to hikers.

타동사 + 동명사 목적어

★ 특정한 타동사는 행위를 목적어로 받을 때 동명사를 써야 합니다.

도표 95 : 동명사를 자주 목적어 받아서 사용되는 주요 타동사

enjoy + VR-ing	-하는 것을 즐기다	remember + VR-ing	-했던 것을 기억하다
like + VR-ing	-하는 것을 좋아하다	try + VR-ing	시험 삼아 -해보다
mind + VR-ing	-하는 것을 꺼리다	finish + VR-ing	-하는 것을 끝내다
suggest + VR-ing	-하는것을 제안하다	stop + VR-ing	-하는 것을 끝내다
escape + VR-ing	-하는 것을 피하다	quit + VR-ing	-하는 것을 끝내다
give up + VR-ing	-하는 것을 포기하다	attempt + VR-ing	시험 삼아 -해보다
delay + VR-ing	-하는 것을 미루다	help + VR-ing	-하는 것을 피하다
put off + VR-ing	-하는 것을 미루다	endure + VR-ing	-하는 것을 견디다
postpone + VR-ing	-하는 것을 미루다	keep + VR-ing	-하는 것을 계속하다
forget + VR-ing	-했던 것을 잊다	regret + VR-ing	-하는 것을 후회하다
avoid + VR-ing	-하는 것을 피하다	consider + VR-ing	-하는 것을 고려하다
appreciate + VR-ing	-하는 것을 감사하다	practice + VR-ing	-하는 것을 연습하다

0842	나는 온갖 종류의 영화를 즐겨 본다.
	I **enjoy watching** all kinds of movies.
0843	Mike는 그녀의 아름다운 얼굴을 쳐다보는 것을 피할 수가 없다.
	Mike cannot **help looking** at her beautiful face.

Week 6 | Unit 16. 동명사 (gerund)

5 전치사 + 동명사 목적어

★ 전치사가 행위를 목적어로 받을 때에는 동명사를 써야 합니다. 부가정보를 제공하는 형태로 자주 사용되는 전치사와 동명사를 따로 기억하기 바랍니다.

0844	그 수업은 웹 페이지 만들기에 관한 것이었다.
	The class was about making web pages.
0845	Jacob은 해양 동물을 연구하는 데 관심이 있다.
	Jacob is interested in studying sea animals.
0846	그는 살해당하는 것 근처에까지 왔다.- 살해당할 뻔했다.
	He came near being killed.
0847	그는 마지막 숨을 거두려 하고 있었다.
	He was on the point of breathing his last.
0848	그는 벽에 적힌 것을 옮기는 데서 실수를 했다.
	He made a mistake in copying what was written on the wall.
0849	방에 들어서자마자 그는 바닥에 넘어졌다.
	On entering the room, he fell to the floor.
0850	그녀는 하루에 3마일 이상을 걸음으로써 운동을 한다.
	She works out by walking more than 3 miles a day.
0851	그는 충분히 설명하지 않고 나에게 '네' 라고 말할 것을 강요했다.
	He forced me to say 'yes' without explaining enough.

도표 96 : 주요 전치사 + -ing 의 의미

in + ing	on + ing	by + ing	without + ing
-하는 데 있어서	-하자마자	-함으로써	-하지 않고서

6 동명사? 현재분사?

★ 수식어로 사용되는 '현재분사'와 '동명사'는 혼동되는 수가 많습니다. 예를 들어, 'swimming pool'은 'pool for swimming'의 변형이므로 여기서 'swimming'은 용도의 동명사입니다. 그러나 'swimming girl'은 'the girl who is swimming'에서 유래한 말이므로 '수영하는 소녀'가 되어서 현재 진행 중인 동작으로 수식어를 만든 것입니다. 여기서 'swimming'은 현재분사가 됩니다.

도표 97 : 동명사와 현재분사의 구별

동명사		현재분사	
changing room	갱의실 (옷 갈아입는 방)	changing season	바뀌는 계절
walking stick	지팡이	walking dictionary	걸어 다니는 사전
melting pot	용광로	melting ice cream	녹는 아이스크림
dropping zone	떨어뜨리는 지점	falling rain	떨어지는 비
eating habit	먹는 습관	eating animal	먹는 동물
sleeping bag	침낭	sleeping dog	자는 개

0852	저기서 울고 있는 소년이 내 조카이다. (현재분사)
	The crying boy over there is my nephew.
0853	침대 칸을 예약하고 싶습니다. (동명사)
	I'd like to book a seat in the sleeping car.

Week 6 | Unit 16. 동명사 (gerund)

7 능동의 형태로 수동관계인 동명사

★ 일부 동사는 뒤에서 '-ing'를 목적어로 받으면 '그 동사의 주어'가 '동명사의 의미상 목적어'가 됩니다. 예를 들어서 'The house needs painting again' 이라고 하면 실제로는 그 집이 'paint'의 대상이므로 'The house needs to be painted again'과 같은 의미입니다. 이렇게 주어가 동명사의 의미상 목적어로 해석 되는 표현들이 있습니다.

도표 98 : 수동 해석되는 동명사

need	+ VR -ing	-할 필요가 있다	= need to be p.p
want	+ VR -ing	-할 필요가 있다	= want to be p.p
require	+ VR -ing	-할 필요가 있다	= require to be p.p
stand	+ VR -ing	-하는 것을 견디다	
be worth	+ VR -ing	-할 가치가 있다	

0854 그 손잡이는 **수리할 필요가 있다**. (손잡이가 수리의 대상)
The handle **needs repairing**.

0855 그 장소는 두 번 **방문할 가치가 있다**. (장소가 방문의 대상)
The place **is worth visiting** twice.

★ 물론 주어가 동명사의 의미상 목적어가 아니면 수동의 의미에서는 'being p.p'를 목적어로 받아야 합니다.

0856 그는 **남들에 의해 따분하다고 취급되는 것**을 못참는다.
He cannot stand **being bored by others**.

8 동명사의 의미상 주어

★ '의미상의 주어' 라는 말을 먼저 이해해야 합니다. 모든 술어동사는 주어를 가지고 있습니다. 주어는 명령문의 경우를 제외하고는 모든 글과 말에서 실제로 사용되고 글로 적힙니다. 한국어에서는 주어를 생략하고 말을 하는 경우가 많지만 영어에서는 거의 대부분 주어를 표시합니다.

★ 의미상의 주어라는 것은 준동사, 즉 '동명사'나 'to 부정사', 그리고 '분사'나 '분사구문'을 쓸 때 '그 행위의 숨겨진 주어'를 말합니다. 예를 들어, '나는 과일을 원한다' 라고 하면 목적어가 '과일' 이고 주어는 '나' 입니다. 여기서는 술어동사 '원하다' 이외에는 다른 동사가 없습니다. 영어로 옮겨도 'I want fruit' 입니다.

★ 그런데 '나는 만화책을 읽기를 원한다' 라고 하면 '원하다' 라는 술어동사 외에, '읽기' 혹은 '읽는 것' 이라는 '준동사'가 있습니다. 영어로 옮기면 'I want to read comic books'가 됩니다. 'want'의 주어는 당연히 'I' 이지만 'to read' 에서도 'read' 라는 동사가 걸려 있으므로 이 '읽다' 라는 '행위의 주어'도 존재하는 것입니다. 다만 'to read'는 술어동사가 아니기 때문에 준동사의 주어를 직접 적지는 않지만 '숨겨진 행위의 주체'가 누구인지 찾아보는 것입니다. 당연히 읽는 행위의 주체도 주어인 'I' 와 동일합니다.

★ '나는 그 사람의 옆에 앉는 것을 꺼린다' 라고 하면 '꺼리는 주체'는 주어인 '나' 입니다. '앉는 것의 주체'는 누구일까요? 역시 '나' 입니다. 영어로 'I mind sitting next to him' 이라고 할 때, 'sitting' 도 행위이므로 숨겨진 주어를 가지고 있습니다. 당연히 주어인 'I' 가 'sitting' 의 주체이기도 합니다. 그런데 만약 '나는 당신이 그의 옆에 앉는 것을 꺼린다'라고 하면 '꺼리는 주체'는 '나'이지만, '그 사람의 옆에 앉는 주체'는 '당신'이고 영어로는 'I mind your sitting next to him' 입니다. 'your' 라는 소유격이 '동명사의 의미상 주어'입니다.

★ 동명사의 의미상 주어, 다시 말해 '동명사의 행위를 하는 주체'를 추가적으로 특정할 때는 동명사 앞에 '대명사의 소유격이나 목적격'을 사용하지만, 일부 명사는 '명사'만을 동명사 앞에 써서 동명사의 주체를 특정하기도 합니다.

0857 창문을 좀 닫아 주시겠습니까? (closing 의 주체도 you)

Do you mind closing the window?

Week 6 | Unit 16. 동명사 (gerund)

0858 너무 많은 폐를 끼쳐 미안합니다.(giving 의 주체도 I)

I am sorry for giving you so much trouble.

0859 이 호수에서 낚시하는 것은 금지되어 있다. (fishing 의 주체는 일반인)

Fishing in this lake is forbidden.

0860 빨리 걷는 것은 좋은 운동이다. (walking 의 주체는 일반인)

Walking fast is good exercise.

0861 저희를 초대해 주어 고맙습니다. (inviting의 주체는 you)

Thank you for inviting us.

0862 비가 와서 그들은 출발하지 못했다. (starting의 주체는 they)

The rain prevented their starting.

0863 나는 그가 시험에 합격하리라 확신한다. (passing 의 주체는 he)

I'm sure of his passing the exam.

0864 그 비행기가 늦을 가능성은 거의 없다. (being 의 주체는 the plane)

There is little chance of the plane being late.

0865 그들은 지구가 둥글다는 것을 몰랐다. (being 의 주체는 the earth)

They didn't know of the earth being a sphere.

0866 그의 거짓말은 우리 모두가 의심받도록 만들었다. (being 의 주체는 all of us)

His lie resulted in all of us being suspected.

0867 전문가들이 중국인들의 입국을 불허하는 경고를 했음에도 불구하고, 정부는 국경을 봉쇄하지 않았다. (warning의 주체는 experts)

In spite of experts warning against admitting the Chinese, the government didn't block the national border.

9 동명사의 시제

★ 동명사로 표시하는 행위가 '술어동사의 시점보다 앞서' 있거나 '어떤 기간에 걸쳐' 일어나고 있을 경우 'having p.p' 나 'having been p.p' 형태를 사용합니다. 이런 동명사를 완료동명사라고 합니다.

0868	그는 자신이 젊었을 때 게을렀던 것을 후회한다.
	He is sorry for having been idle in his youth.
0869	나는 그런 일에 돈을 모두 써 버린 것이 창피했다.
	I was ashamed of having spent all the money on it.
0870	그녀는 올스타 팀에 뽑힌 것에 대해 감사했다.
	She appreciated having been selected for the All-star Team.
0871	그는 자신이 직접 그것을 했다는 것을 인정한다.
	He admits having done it himself.
0872	그녀는 나에게 비밀을 말했다는 것을 부인했다.
	She denied having told me the secret.

★ 하지만 'remember, forget, regret' 등의 타동사는 의미자체가 과거의 사실에 국한하여 사용될 수도 있으므로, 이 경우는 단순동명사인 'VR-ing'를 써도 술어동사의 시점보다 과거를 표현할 수 있습니다.

0873	그는 내 여동생을 한 번 만났던 것을 기억한다.
	He remembers meeting my sister once.
	He remembers that he met(has met) my sister once.

WEEK 7

unit 17

to 부정사
(to infinitive)

DAY 1

UNIT 17
1) to 부정사 개념
2) 부정사의 형태
3) 부정사의 위치별 해석법 (1)
① 문두에서 주어로 사용될 때
② 가주어 it + 문미에서 진주어 to VR
③ 주격보어 : link verb + to VR

DAY 2

UNIT 17
3) 부정사의 위치별 해석법 (2)
④ 타동사의 목적어 뒤에서 목적보어 :
타동사 + O + to VR
⑤ 타동사 + to VR : 타동사 뒤에서 목적어 to VR

DAY 3

UNIT 17
3) 부정사의 위치별 해석법 (3)
⑥ To VR, S + P : 문두의 to VR 다음에 comma 가 올 때
⑦ 결과로 해석하는 구조 : S + P .... to VR
⑧ 감정변화동사 + to VR : 감정변화동사 뒤에 위치함
⑨ 명사 + to VR (뒤에서 꾸미기 = 후치수식)

DAY 4

UNIT 17
3) 부정사의 위치별 해석법 (4)
⑩ 타동사 + it + OC + to VR : 가목적어, 진목적어 위치의 부정사
⑪ 판단의 근거로 사용되는 부정사
⑫ wh- + to VR
⑬ 부사적 부정사
⑭ 독립부정사(absolute infinitive)

DAY 5

UNIT 17
3) 부정사의 위치별 해석법 (5)
⑮ 가주어를 대체하는 부정사의 목적어
⑯ to 이하의 생략 : 대부정사
⑰ 'be to VR' 의 다양한 해석법
⑱ 부정사의 의미상 주어

DAY 6

복습 to 부정사 유닛에서 배운 모든 문장들을 다시 따라 읽고, 영작하는 복습을 해 주세요. to부정사 유닛에서 배운 단어들도 반드시 암기해 주세요! 앞서 배운 유닛들의 예문에서 to부정사를 찾고, 각각 어떤 역할을 하는지 표기해 보세요!

UNIT 17

부정사
to infinitive

PREVIEW

한국어에서는 '대화하다'라는 어근을 두고 '대화하는 것', '함께 대화할', '대화하기 위해서' 라는 변화형을 주어서 각각을 '명사·형용사·목적적 부사'처럼 썼지만 영어에서는 'to talk' 이라는 형태하나로 이 모든 역할을 할 수 있습니다. 구별하는 방법은 'to talk'이 '사용된 위치'입니다. 이렇게 'to + VR(동사원형)'형태로 다양한 품사를 만들 때를 지칭하는 용어는 'to infinitive'입니다. 한국어로 옮기는 과정에서는 'to부정사(不定詞)' 라는 말로 고착되었습니다. 그 형태가 주어의 인칭과 수에 따라 정(定)해지는 것이 아니며, 하나의 품사로 정해놓고 쓰는 것이 아니라 '명사·형용사·부사' 이렇게 3개의 품사들의 역할을 다 할 수 있다고 하여 'to 부정사(不定詞)' 라고 부르게 된 것입니다.

UNIT 17 부정사 (to infinitive)

> "나는 **대화하는 것**을 좋아한다. 그런데 **같이 대화할** 사람이 없다. **대화하기 위해서** 친구를 사귈 것이다."

1 to 부정사 개념

★ 위에서 '대화하다' 라는 행위가 어떻게 사용되었는지 살펴보면 다음과 같습니다. '대화하다'라는 동사를 각각, '대화하는 것' 이라고 만들어서 명사처럼 사용하였고, '대화할' 이라는 전환으로 '사람'을 꾸미는 형용사처럼 사용했으며 마지막으로는 '대화하기 위해서'는 '사귈 작정이다'라는 술어동사를 꾸며주는 부사역할을 했습니다. 이것을 영어로 옮기면, 'I like to talk, but I have no one to talk with, and so I am going to have more friends to talk.'입니다.

★ 한국어에서는 '대화하다'라는 원형을 두고 '대화하는 것', '함께 대화할', '대화하기 위해서'라는 변화형을 만들어서 각각을 '명사, 형용사, 목적적 부사'처럼 썼지만 영어에서는 'to talk' 이라는 하나의 형태로 이 모든 것을 표현합니다. 'to talk' 이 사용된 위치가 이것들을 구분합니다. 이 형태를 영어문법 용어로는 'to infinitive' 라고 합니다. 한국어에서는 'to부정사(不定詞)' 라고 하는데, 그 '형태'가 주어의 인칭과 수에 따라 정(定)해지는 것이 아니라 항상 'to + 동사원형' 이며, 하나의 품사로 정해 놓고 쓰는 것이 아니라 '명사·형용사·부사' 이렇게 3개의 품사들의 역할을 다 할 수 있다고 하여 품사를 하나로 결정하지 않았다는 의미로 'to 부정사(不定詞)' 라고 부르게 된 것입니다. 'to 부정사'는 'to'에 동사원형을 붙여서 만듭니다. 물론 수동부정사가 되면 'to be p.p' 의 형태가 됩니다. 진행형의 의미로는 'to be VR-ing ' 가 되고, 술어동사의 시제보다 더 먼저 일어난 일을 표현할 때는 'to have p.p' 나 'to have been p.p' 가 됩니다. 이것을 '완료부정사'라고 부릅니다.

★ 부정사는 특정한 위치에 사용되면 'to VR' 의 형태에서 'to' 를 빼고 그냥 'VR', 즉 '동사의 원형만'을 써야합니다. 부정사의 내용을 부정하는 경우 보통 'not to 나 never to 를 사용하지만 간혹, 'to not VR' 구조로 쓰기도 합니다. 부정사에 걸린 원형동사를 꾸미는 부사는 보통 'to + 부사 + VR' 구조를 택합니다. 여기서 다루지 않는 더 깊은 내용은 고급과정에서 다루게 됩니다.

2 부정사의 형태

도표 99 : 부정사의 형태

형태	용어	형태	용어
to VR	단순부정사	to have p.p	완료부정사
to be p.p	수동부정사	to have been p.p	완료수동부정사
to be VR-ing	진행부정사	VR	원형부정사

0874 그는 그녀와 대화하고 싶어 한다.

He likes to talk with her. (단순부정사)

0875 그녀는 오랫동안 한국에서 지낸 것처럼 보인다. (완료부정사)

She seemed to have spent a long time in Korea.
It seems that she spent (has spent) a long time in Korea.

0876 그는 끝마쳐져야 할 숙제가 많았다. (명사수식수동부정사)

He had a lot of homework to be done.

0877 그는 신문을 읽고 있는 중인 것처럼 보인다. (진행부정사)

He seems to be reading a newspaper.
It seems that he is reading a newspaper.

0878 나는 선택 받아서 매우 기뻤다. (완료수동부정사)

I was thrilled to have been chosen.
I was thrilled because I had been chosen.

Week 7 | Unit 17. 부정사 (to infinitive)

0879	그는 나에게 우편물을 배달하도록 시켰다.(원형부정사)
	He had me deliver letters and parcels.
0880	그는 나에게 그 시를 우아하게 읽으라고 지시했다.
	He ordered me to elegantly read the poem.
0881	그는 나에게 그 시를 읽으라고 우아하게 지시했다.
	He elegantly ordered me to read the poem.
0882	그는 밖으로 나가지 말라고 나에게 말했다.
	He told me not to get out. He told me to not get out.

3 부정사의 위치별 해석법

> **to VR 은 위치에 따라 해석이 결정됨**

1 문두에서 주어로 사용될 때

★ 주어로 사용된 'to VR'은 위치상 '문두(文頭)'에 오게 되며, 하나의 행위를 뜻하므로 3인칭 단수취급을 합니다. 따라서 술어동사는 3인칭 단수규칙을 따르게 됩니다.

0883	의심하는 것이 확신하는 것보다 더 안전하다.
	To doubt is safer than to be secure.
0884	선을 행하는 것은 내가 행복하다고 느끼게 만든다.
	To do good makes me feel happy.
0885	사랑받는 것은 누군가를 사랑하는 것이다.
	To be loved is to love someone.

2 '가주어 it' + '문미(文尾)에서 진주어 to VR'

★ 주어가 행위를 뜻하게 되면 단순한 명사나 대명사보다 길이가 길어집니다. 'to 부정사'가 주어가 되면 보통 문미로 보내고 문두에는 형식주어인 'it'을 대신 사용합니다.

0886	해리 포터를 읽는 것은 흥미롭다.
	It is exciting to read Harry Potter.
0887	고전음악을 듣는 것은 지루하지 않다.
	It is not boring to listen to classical music.

Week 7 | Unit 17. 부정사 (to infinitive)

3 주격보어 : link verb + to VR

★ 한국식 영문법 용어로 '2형식 동사'를 영어에서는 'link verb' 라고 합니다. 즉, 주어와 술어만으로 그 의미가 완성되는 것이 아니라, 술어 뒤에 주어에 대한 보충정보를 하나 더 달아서 의미를 완성하는 동사를 말합니다. 주어에 대한 보충정보를 주격보어라고 하며 영어로는 subject compliment 입니다. 대표적으로 'be 동사'와 'become' 등이 주격보어를 가지는데 to VR 을 주격보어로 갖는 대표적 동사를 도표에 소개합니다.

도표 100 : 주격보어 부정사			
seem to VR	-하는 것처럼 보이다	appear to VR	-하는 것처럼 보이다
prove to VR	-하는 것으로 판명되다	turn out to VR	-하는 것으로 판명되다
come to VR	-하게 되다	get to VR	-하게 되다
be to VR	-하는 것이다	look to VR	-하는 것으로 보이다

0888	나의 취미는 다양한 골동품을 모으는 것이다.
	My hobby is to collect various antiques.
0889	가장 위대한 것은 선량한 사람들을 돕는 것이다.
	The greatest thing is to help the good people.
0890	그는 아무도 사랑하지 않는 것처럼 보인다.
	He seems to love nobody.
0891	그 소문은 근거를 갖지 않은 것으로 판명되었다.
	The rumor turned out to have no ground.
0892	그는 가난하다는 것이 어떤 것인지 이해하게 되었다.
	He has come to understand what it is like to be poor.

4 타동사의 목적어 뒤에서 목적보어 : 타동사 + O + to VR

★ 타동사의 목적어 뒤에서 목적어의 행위에 대한 정보를 추가할 때 이 자리에 'to VR' 형태를 사용할 수 있습니다. 문법용어로는 목적보어라고 합니다. 이런 구조를 허용하는 주요한 동사를 알아두는 것이 중요합니다.

★ 아래 도표에서는 'to'를 뺀 'VR' 형태를 목적보어로 받는 동사들도 있습니다. 이런 동사들은 '목적어의 자발성'과 관계없이 즉각적으로 어떤 행위를 유발할 경우 사역동사causative verb) 라고 부르며 make, have, let 이 이에 해당됩니다. 또한, see, hear, feel 은 인간의 감각기관을 통해 목적어의 행위를 인지하므로, '즉시성'을 표현하기 위해 'VR' 이나 현재분사인 '-ing' 를 목적보어로 받습니다.

도표 101 : 목적보어에 부정사를 받는 주요동사

want + 목	+ to VR	목적어가 -하길 원하다
invite + 목	+ to VR	목적어가 -하도록 권유하다
force + 목	+ to VR	목적어가 -하도록 강요하다
allow + 목	+ to VR	목적어가 -하도록 허락하다
persuade + 목	+ to VR	목적어가 -하도록 설득하다
*help + 목	+ (to) VR	목적어가 -하도록 도와주다
enable + 목	+ to VR	목적어가 -하도록 능력을 주다
urge + 목	+ to VR	목적어가 -하도록 재촉하다
get + 목	+ to VR	목적어가 -하도록 시키다
*make + 목	+ VR	목적어가 -하도록 만들다
*have + 목	+ VR	목적어가 -하도록 만들다, 목적어가 -하는 일을 겪다
*let + 목	+ VR	목적어가 -하도록 허락하다, 시키다
**see + 목	+ VR	목적어가 -하는 것을 보다
**hear + 목	+ VR	목적어가 -하는 것을 듣다
**feel + 목	+ VR	목적어가 -하는 것을 느끼다

Week 7 | Unit 17. 부정사 (to infinitive)

0893	나는 네가 나를 위해 피아노를 쳐주길 원한다.
	I want you to play the piano for me.
0894	Dave는 내가 자기 여자 친구가 되도록 설득했다.
	Dave persuaded me to be his girlfriend.
0895	나는 너에게 남아달라고 강요하지 않을 것이다.
	I will not force you to stay.
0896	그는 나에게 영어를 공부하라고 권유했다.
	He invited me to study English.
0897	누군가가 그녀를 돕도록 시켜라.
	Get someone to help her.
0898	너를 도울 수 있도록 나에게 협조해라.
	Help me (to) help you.
0899	그는 나에게 그의 음식 값을 내달라고 재촉했다.
	He urged me to pay for his meal.
0900	내 친구 태형이는 항상 나를 웃게 만든다.
	My friend, Tae Hyung, always makes me laugh.
0901	그를 건너오게 해주세요.
	Please have him come over.
0902	나는 그 소년밴드가 감동적인 노래를 부르는 것을 들었다.
	I heard the boy band sing a touching song.
0903	그들은 땅이 흔들리는 것을 느꼈다.
	They felt the ground shake.

★ 'help' 동사는 '원형부정사'와 'to VR'를 둘 다 목적보어로 받을 수 있으며, 'get, force, allow' 등의 동사는 '시키다, 강요하다, 허락하다'의 의미가 있지만 미묘한 의미차이로 to VR를 목적보어로 받습니다. 목적보어에 'p·p'가 오는 경우는 수동태에서 배웁니다.

0904	나는 그들이 그 시냇물을 헤엄쳐 건너고 있는 것을 보았다.
	I saw them swim(swimming) across the creek.
0905	그는 그의 개가 밤새 낑낑대며 우는 일을 겪었다.
	He had his dog whining all night.
0906	나는 나의 차가 도난당했다.
	I got my car stolen.
0907	그는 그의 집이 십만 달러에 팔리게 했다.
	He had the house sold for 100,000 dollars.
0908	나는 그가 내 손을 만지고 있는 것을 느꼈다.
	I felt him touching my hand.

★ 목적보어로 사용된 '원형부정사'는 수동태가 되면 'to 부정사로 환원'해서 사용합니다. 다만, 'let'의 경우는 수동에서 VR 과 to VR 을 모두 사용해서 'I was let (to) know -나는 알도록 허락받았다, She was let (to) go - 그녀는 가도록 허락받았다'처럼 쓸 수 있습니다.

0909	그 집이 흔들리는 것이 느껴졌다.
	The house was felt to shake.
0910	그는 그곳에 가도록 만들어졌다.
	He was made to go there.
0911	그 이방인은 그 호텔에 들어가는 것이 목격되었다.
	The alien was seen to enter the hotel.

Week 7 | Unit 17. 부정사 (to infinitive)

5 타동사 + to VR : 타동사 뒤에서 목적어 to VR

★ 동명사처럼 부정사도 타동사의 목적어로 사용되는 경우가 매우 많습니다. 동명사와의 의미상 차이점은, 부정사는 주로 미래의 일이나 소망·기대·예정 혹은 아직 겪지 않은 일을 목적어로 받을 때 주로 사용한다는 것입니다. 'help' 동사는 'to'를 뺀 '원형부정사'를 목적어로 받아도 됩니다. 기초과정이므로 소수의 동사만 소개합니다.

도표 102 : 타동사의 목적어 부정사

wish to VR	-할 것을 바라다	decide to VR	-하기로 결정하다
expect to VR	-할 것을 예상하다	refuse to VR	-할 것을 거절하다
promise to VR	-할 것을 약속하다	choose to VR	-할 것을 선택하다
agree to VR	-하기로 동의하다	offer to VR	-할 것을 제안하다
learn to VR	-하는 법을 배우다	plan to VR	-할 것을 계획하다
pretend to VR	-하는 체하다	intend to VR	-할 것을 의도하다
ask to VR	-할 것을 요구하다	mean to VR	-할 것을 의도하다
need to VR	-할 필요가 있다	try to VR	-하려고 애쓰다
forget to VR	-할 것을 잊다	manage to VR	어렵게 -해내다
remember to VR	-할 것을 기억하다	help (to) VR	-하는 것을 돕다
begin to VR	-하기 시작하다	attempt to VR	-하려고 애쓰다

0912	나는 휴대전화를 가져오는 것을 잊었다.
	I forgot to bring my cell phone.
0913	그들은 여행을 취소하기로 결정했다.
	They have decided to cancel the trip.
0914	그 버스의 승객들은 전복된 차를 치우는 것을 도왔다.
	The bus passengers helped (to) put aside the overturned car.

6 To VR, S + P : 문두의 to VR 다음에 comma 가 올 때

★ 주어 앞에 to VR이 오고 comma가 찍히면 '-하기 위하여' 를 표현합니다. 'in order to VR' 로 쓰기도 합니다. 문두에서는 'so as to VR' 를 쓰지 않습니다.

★ '-하기 위하여'의 부정사는 문미로 가기도 하며 'in order to VR' 나 'so as to VR' 로 대체할 수 있습니다. '-하지 않기 위해서' 는, 'not to VR' 나 'in order not to VR', 'so as not to VR' 를 사용합니다.

0915	등록금을 내기 위해 나는 차를 팔아넘겨야 했다.
	To pay the tuition, I had to barter away my car.
0916	해동하기 위해서는 밤새 냉장실에 보관하시오.
	To thaw, place it in the refrigerator overnight.
0917	나는 새 휴대전화를 사기 위하여 돈을 모으고 있다.
	I am saving money in order to buy a new cell phone.
0918	그녀는 단어를 찾아보기 위해 사전을 꺼냈다.
	She took out a dictionary in order to [so as to] look up a word.
0919	재채기를 하려고 하던 일을 멈추었으나 할 수가 없었다.
	I stopped to sneeze, but I couldn't make it.
0920	우리들은 그 바이러스에 감염되지 않기 위해서 위생에 신경을 많이 썼다.
	We paid much attention to sanitation not to be infected with the virus.

Week 7 | Unit 17. 부정사 (to infinitive)

7 결과로 해석하는 구조 : S + P .... to VR

★ 이 부정사의 위치는 일단 문장의 끝입니다. 하지만 이 해석법이 한국인들에게는 낯설 수 있습니다. 한국어는 정황 의존적 성격이 강하므로, 알아서 이해해야 합니다. 그래서 한국말에 '개떡같이 말을 해도 찰떡같이 알아 듣는다' 라는 표현이 있는 것입니다. 하지만 영어는 이에 비해 매우 수학적 언어입니다. '위치'와 '앞·뒤 단어의 관계'에 의해 해석법이 결정되는 경우가 비교적 많습니다.

★ 이 결과적 부정사는 두 가지 경우에 적용됩니다. 그 하나는 '어떤 행위가 그 결과를 의도하거나 예측하지 않았을 때' 입니다. 이것들은 '무의도·무의지·무예측' 동사라고 합니다. 대표적으로 '살다, 성장하다, 잠 깨다, 늙다, 재채기하다, 딸꾹질하다, 숨쉬다, 배변하다, 배뇨하다' 가 이런 종류에 속합니다. 이것은 개인의 의도나 의지와 상관없이 그냥 자연 발생적으로 일어나는 일입니다. 그런데 이런 일의 결과로서 어떤 부수적인 일이 그 뒤에 발생하게 되면 'and'로 내용을 추가할 수 있지만, 그냥 'to VR' 구조로도 표현할 수도 있습니다. 이런 문미의 'to VR' 을 '-하기 위해서'라고 목적적으로 해석하면, 영어에서는 오해로 간주합니다.

0921	그는 다 자라서 회교원리주의자가 되었다.
	He grew up to become a Muslim fundamentalist.
0922	산소와 수소는 결합하여 물을 형성한다.
	Oxygen and hydrogen combine to form water.
0923	그는 잠이 깨서 낯선 곳에 있는 자신을 발견했다.
	He awoke to find himself in a strange place.

★ 두 번째는 '술어동사가 의도한 것과 반대의 결과'가 나오는 경우입니다. 여기서는 '의지·의도·예측'과 관련된 술어동사가 사용되고 부정사는 '반대의 결과를 표현'해야 하므로, 반드시 comma를 찍고서 'only to VR' 혹은 'never to VR' 를 사용합니다.

0924	나는 기다렸으나 내가 막 놓쳤던 그것이 마지막 열차였다는 것을 알았다.
	I waited, only to find that I had just missed the last train.

0925	나는 열심히 공부했으나 좋은 점수를 얻지 못했다.
	I studied harder, never to get a good grade.

8 감정변화동사 + to VR : 감정변화동사 뒤에 위치함

★ 감정변화동사 뒤에 나오는 'to VR'는 감정변화가 일어난 원인을 설명합니다. 이것은 'because'를 대신하는 기능입니다.

1 감정자동사 · 감정형용사 + to VR

도표 103 : 감정동사와 부정사

감정자동사 + to VR		be + 감정형용사 + to VR	
rejoice to VR	-해서 즐겁다	be sorry to VR	-해서 유감이다
regret to VR	-해서 유감이다	be glad to VR	-해서 반갑다
blush to VR	-해서 당황하다	be happy to VR	-해서 행복하다
smile to VR	-해서 미소짓다	be proud to VR	-해서 자부심을 느끼다
weep to VR	-해서 흐느끼다	feel important to VR	-해서 자부심을 느끼다
cry to VR	-해서 울다	burst into tears to VR	-해서 울음을 터뜨리다

0926	그들은 아들이 다시 건강한 것을 보게 되어 대단히 기뻤다.
	They rejoiced to see their son well again.
0927	그 소녀는 그녀의 짝이 안 맞는 구두를 발견하고 얼굴이 붉어졌다.
	The girl blushed to find her mismatched shoes.
0928	네가 행복해 하는 걸 보니까 나도 정말 기쁘구나.
	I am so happy to see you happy.
0929	나는 이 팀의 일원이 된 것이 자랑스럽다.
	I'm proud to be part of this team.

Week 7 | Unit 17. 부정사 (to infinitive)

2 be + 감정타동사의 p.p + to VR

★ 감정타동사는 목적어, 즉 상대방의 감정변화를 일으키는 것입니다. 그런데 주어가 감정변화의 주체가 되려면 이런 동사들을 모두 수동형으로 사용해야 합니다. 그 뒤에 부정사를 쓰면 그것이 바로 감정변화의 원인이 됩니다. 주요한 감정타동사를 기억해 두세요.

도표 104 : 감정타동사와 부정사

be + 감정타동사의 p.p + to VR

be surprised to VR	-해서 놀라다	be disappointed to VR	-해서 실망하다
be amazed to VR	-해서 놀라다	be scared to VR	-해서 겁먹다
be amused to VR	-해서 즐겁다	be terrified to VR	-해서 겁먹다
be delighted to VR	-해서 기쁘다	be embarrassed to VR	-해서 당황하다
be pleased to VR	-해서 기쁘다	be shocked to VR	-해서 충격받다
be moved to VR	-해서 감동받다	be relieved to VR	-해서 안심하다

0930	그 기사를 읽고 놀랐습니다.
	I was surprised to read the report.
0931	나는 나의 선생님이 체포당한 것을 보고 충격 받았다.
	I was shocked to see my teacher arrested.
0932	그녀는 그를 되찾아서 매우 행복하다.
	She is so happy to have him back.
0933	나는 그 소식을 알게 되어 안심이다.
	I am very relieved to be informed of the news.

9 명사 + to VR (뒤에서 꾸미기 = 후치수식)

★ 명사의 바로 뒤에 부정사를 붙여서 앞의 명사를 꾸미는 용법입니다. 부정사는 자체적으로 미래의 의미가 강하기 때문에 특별한 암시가 없으면 '-할 명사'라고 해석합니다. 그런데 부정사와 명사는 다음과 같은 4가지 관계에서 이 수식구조가 이루어집니다.

1 행위의 주어로 : 앞의 명사가 뒤의 부정사의 의미상 주어

0934	내가 너와 함께 끝까지 남을 바로 그 하나이다.
	I am the one to stay with you until the end. (the one who will stay)
0935	나를 도와줄 사람을 소개시켜 주겠는가?
	Will you introduce someone to help me? (someone who will help me)

2 타동사의 목적어로 : 앞의 명사가 부정사의 의미상 목적어

0936	나는 마실 무엇인가를 필요로 한다.
	I need something to drink. (drink something)
0937	그녀는 해야 할 많은 일을 가지고 있다.
	She has a lot of things to do. (do things)

3 전치사의 대상으로 : 앞의 명사가 부정사구에 있는 전치사의 목적어

★ 한국인들이 많이 어려워하는 부분입니다. 영어에서는 동사가 목적어를 바로 받지 않고 전치사를 매개해서 받을 경우에 이런 전치사를 절대로 생략하지 않습니다. 예를 들어 '앉을 의자' 라고 하거나 '적을 종이' 라고 할 때 우리의 머리에는 '앉다' 라는 동사와 '적는다' 라는 동사만 떠오르기 쉽습니다. 하지만 의자와 종이는 그런 동사와 어떤 관계에 있었는지 생각해야 합니다. 영어에서는 '의자에 앉다' 라고 할 때 'sit a chair' 가 아니라 'sit on a chair'이며 'write a piece of paper' 가 아니라 'write on a piece of paper' 가 되므로 전치사 'on' 이 없으면 해당하는 의미를 전달하지 못합니다. 그러므로 이 형태가 수식관계로 바뀔 때에도 반드시 'a chair to sit on', 그리고 'a piece of paper to write on' 이 되어야 합니다. 이렇

Week 7 | Unit 17. 부정사 (to infinitive)

게 '전치사의 목적어' 관계로 수식할 때 '전치사'를 'to 앞'으로 데려올 수도 있습니다. 이 경우에는 반드시 'which' 나 'whom' 을 전치사 다음에 써주고 'to VR' 를 씁니다. 즉, 'a chair on which to sit,' 혹은 'a man on whom to depend' 이런 형태가 되어야 합니다.

0938	나는 앉을 의자가 필요하다.
	I need a chair to sit on. (= a chair on which to sit)
0939	나는 의지할 남자를 찾고 있다.
	I am looking for a man to depend on. (= a man on whom to depend)

4 용도나 내용 설명

★ 특정한 명사 뒤에 바로 부정사를 붙여서 앞의 명사가 뒤의 행위를 하기 위한 '용도'나 '내용'이 된다는 것을 표현하는 방법입니다. 대표적으로 '-할 시간, -할 기회, -할 방법, -할 필요성, -하는 노력' 등을 표현하는 데 사용합니다. 또한, 타동사가 그 뒤에 'to VR' 를 목적어 취할 수 있는 경우, '그 타동사'를 '명사화'하는 경우에도 이런 수식관계가 성립합니다. 예컨대, '-하기로 선택하다' 는 'choose to VR' 인데 이 경우 앞의 동사를 명사로 변환시켜서 'a choice to VR' 라고 만들 수 있습니다. 'fail to VR' 가 'failure to VR' 가 되거나, 'decide to VR' 가 'decision to VR' 등이 될 수 있습니다.

0940	작별을 고할 시간이다.
	It is time to say goodbye.
0941	나는 당신에게 진실을 말 할 기회가 필요했다.
	I needed an opportunity to tell you the truth.
0942	뒤에 남기로 한 당신의 선택은 취소될 수 없습니다.
	Your choice to stay behind cannot be taken back.
0943	거기에 당도하는 다른 방법이 있나요?
	Is there any other way to get there?

0944	그것을 내 눈으로 직접 볼 필요성은 없습니다.
	There is no need to see it with my own eyes.

10 타동사 + it + OC + to VR : 가목적어, 진목적어 위치의 부정사

★ 타동사가 행위를 목적어로 받고 다시 뒤에 목적보어를 받아서 의미를 완성하는 경우 한국에서는 이런 구조를 '5형식'이라고 부릅니다. 이 경우 행위 목적어는 동명사나 부정사로 표시합니다. 동명사 목적어의 경우 '타동사 + ing + 목적보어' 어순이 일반적이지만 부정사 목적어의 경우, '타동사 + it + 목적보어 (명사, 형용사) + to VR ' 어순으로만 사용합니다. 이 구조를 채택하는 주요 동사는 'make, think, believe, guess, suppose, find, feel, consider' 등 입니다.

0945	나는 이 책을 읽는 것이 쉽다고 파악했다.
	I found it easy to read this book.
0946	그들은 저녁 8시에 식사를 하는 것을 규칙으로 삼았다.
	They made it a rule to have dinner at 8 in the evening.
0947	그들은 그 음식을 위해 포크와 칼을 사용하는 것을 부적절하다고 여겼다.
	They considered it inappropriate to use forks and knives for the dish.

11 판단의 근거로 사용되는 부정사

★ 조동사 'must' 가 '-임에 틀림없다' 라는 단정적 의미로 사용된 문장에서, 동사 뒤에 'to VR'를 써서 '단정의 근거'를 제시할 수 있습니다. 한국어로는 '-하는 것으로 판단하건대 틀림없이 -하다' 정도가 됩니다. 또, 감탄문 다음에 'to VR'을 써서 '감탄의 근거'를 제시할 수 있습니다.

Week 7 | Unit 17. 부정사 (to infinitive)

1 must(강한 판단) + VR ... to VR : '-로 판단컨대 -임에 틀림없다'

0948	소희가 그 문제를 풀다니 천재임이 틀림없어.
	Sohee must be a genius to solve the problem.

2 감탄문 + to VR ! : '-로 판단컨대 얼마나 -한가!'

0949	그렇게 말하는 것으로 판단컨대 그는 얼마나 바보스러운가!
	What a fool he is to say so!

12 wh- + to VR

도표 105 : wh- + to VR 의 해석법

what + to VR	무엇을 해야할지	which + to VR	어떤것을 해야할지
whose + to VR	누구의 것을 해야할지	who(m) + to VR	누구를 해야할지
what + 명사 + to VR	무슨 명사를 해야할지	where + to VR	어디서 해야할지
whose + 명사 + to VR	누구의 명사를 해야할지	how to + VR	어떻게 해야할지
which + 명사 + to VR	어떤 명사를 해야할지	when to + VR	언제 해야할지
whether + to VR	해야할지 말아야 할지	how + 형, 부 + to VR	얼마나 해야할지

★ 'wh-' 는 'what, who(m), which, whose, where, when, how, why, whether'를 의미하는 말입니다. 이 중에서 'why'를 제외하고, 나머지는 바로 뒤에 'to VR'을 붙여서 그 전체를 명사의 자리에 둘 수 있습니다. 즉, 이 형태는 문장에서 '주어, 타동사의 목적어, 전치사의 목적어, 주격보어' 자리에 올 수 있습니다. 이 구조를 다시 3가지로 분할하여 볼 수 있는데 그 이유는 'wh-' 가 '명사적 역할'과 '형용사적 역할', 그리고 '부사적 역할'로 나뉘기 때문입니다.

★ 'what, which, who(m), whose + to VR' 형태는 전체문장에서 '주어, 목적어, 보어' 자리에 오는데, 이 'wh-형 대명사'는 to VR과의 관계에 있어서도 '주어, 목적어, 보어'가 됩니다. 예를 들어 'I know what to say' 의 경우 'what to say' 전체가 앞의 동사 'know' 의 목적어이며 다시 'what to say' 에서 'what' 은 'say'의 목적어 입니다.

0950	나는 다음에 무엇을 해야 할지 모르겠어.
	I don't know what to do next. (do의 목적어 what)
0951	그는 어느 것을 사야 좋을지 내게 조언해 주었다.
	He advised me which to buy. (buy의 목적어 which)
0952	익명의 선물을 받고 누구에게 감사해야 할지 알았어요.
	I knew whom to thank for the anonymous gift. (thank의 목적어 whom)
0953	미래에 무엇이 될지는 당신들 각각에 달려 있다.
	What to be in the future is up to each of you. (be의 보어 what)
0954	우리는 누구의 것을 채택할지에 대해 이야기할 작정이다.
	We are going to talk about whose to adopt. (adopt의 목적어 whose)
0955	무엇을 자랑스러워해야 할지 당신에게 내가 말해 주겠다.
	I'll tell you what to be proud of. (of의 목적어 what)
0956	누구를 신뢰해야 할지 알려 주세요.
	Let me know whom to depend on. (on의 목적어 whom)

★ 'what, which, whose + 명사 + to VR' 형태도 위의 경우와 마찬가지인데 다른 점은 명사를 삽입시켜서 각각 '무슨 명사, 어떤 명사, 누구의 명사'라는 의미로 이해하면 됩니다.

0957	나는 어떤 책을 읽어야 할지 모르겠다.
	I don't know what book to read. (read의 목적어 what book)
0958	나는 어떤 영화를 골라야 할지 결정할 수 없어.
	I can't decide which film to choose. (choose의 목적어 which film)

Week 7 | Unit 17. 부정사 (to infinitive)

0959	누구의 아들과 결혼해야 하는지가 골칫거리이다.
	Whose son to marry is a bothering matter. (marry의 목적어 whose son)
0960	누구의 명령을 따라야 하는가의 문제가 여전히 미해결상태로 남아 있다.
	The problem of whose order to obey still remains unsolved. (obey의 목적어 whose order)

★ 'where, when, how + to VR' 의 형태에서는 'wh-' 들이 모두 부가정보적으로 사용된 말입니다. 문법적으로는 '장소·시간·방법·정도·여부'에 관련된 '부사'들입니다. 따라서 전체 문장에서는 여전히 '주어, 목적어, 보어'자리에 오지만 부정사구내에서 짝을 이루지 않습니다. 그러므로 '부정사 이하'는 모두 명사가 채워진 완성된 모습으로 나와야 합니다. 이 중에서 'how' 는 'how + 형·부 + to VR' 이라는 한 가지 형태로 더 사용될 수 있으며 이 경우 '얼마나 -한, -하게 -해야 할지' 라고 해석됩니다. 'whether to VR' 는 '해야 할지 말아야 할지' 입니다. 'where' 와 'when' 은 명사적으로 사용될 수도 있기 때문에, 부정사구 내에서 타동사의 목적어나 전치사의 목적어 역할도 할 수 있습니다.

0961	나는 어디로 가야 할지 모르겠어. (나는 방향 감각이 좋지 않아)
	I don't know where to go. I'm not good at directions.
0962	언제 시작해야 할지는 통화로 고지된다.
	When to start is notified through a call.
0963	저에게 가장 좋은 책을 고르는 방법을 말씀해 주세요.
	Please tell me how to choose the best book.
0964	그는 너에게 방아쇠를 얼마나 부드럽게 당겨야 할지에 대해 말하고 있다.
	He is explaining to you how softly to pull the trigger.
0965	이 부업을 해야 할지 말아야 할지에 관한 합의가 곧 나올 것이다.
	The agreement on whether to take this part-time job (or not) will soon come out.
0966	그는 어디서 떨어져야 하는지 보여줄 것이다.
	He will show where to fall from.

13 부사적 부정사

★ 이 부정사는 보통 형용사나 부사 뒤에 붙어서 전체 술어구조에서 특정한 표현을 하기 위해 사용됩니다. 예를 들어 '-할 준비가 되어 있다' 라고 하면 'be ready to VR'를 쓸 수 있는데 부정사의 위치가 형용사 'ready' 뒤에 있기 때문에 앞의 형용사를 수식하는 관계로 본다면 부사적 역할을 하게 되지만, 굳이 그런 품사적 구분은 하지 않는 것이 좋습니다. 그냥 전체를 하나의 의미덩어리로 기억하기 바랍니다.

도표 106 : 술어를 꾸미는 부사적 부정사

be ready to VR	-할 준비가 되어 있다	be sure to VR	-할 것이 확실하다
be likely to VR	-할 가능성이 크다	be able to VR	-할 능력이 있다
be going to VR	-할 작정이다	be liable to VR	-할 가능성이 크다
be enough to VR	-하기에 충분하다	be anxious to VR	-하는 것을 갈망하다
be afraid to VR	-하는 것을 두려워하다	be sorry to VR	-해서 유감이다
be apt to VR	-하는 경향이 있다	be unable to VR	-할 능력이 없다
be reluctant to VR	-하는 것을 꺼리다	be willing to VR	기꺼이 -하려 한다
have to VR	-해야 한다	used to VR	-하곤 했다
ought to VR	-해야 한다	too 형용사, 부사 to VR	-하기에는 너무도 -하다
be good to VR	-하기에 적합하다	have got to VR	-해야 한다

0967 안전벨트를 맺는지 꼭 확인하세요.

Be sure to fasten your seat belt.

0968 곧 비가 그칠 것 같다.

The rain is likely to stop soon.

0969 그는 대중매체에 노출되는 것을 꺼린다.

He is reluctant to be exposed to mass media.

Week 7 | Unit 17. 부정사 (to infinitive)

14 독립부정사(absolute infinitive)

★ 이것은 부정사가 특정한 수식표현을 만들고 comma에 의해 문장의 적절한 부분에 삽입됨으로써 의미를 보충해주는 용법입니다. 문장을 만드는 사람의 개인적 의견을 표현하며, 문장 전체와 '형식적으로 독립'되어 있습니다.

도표 107 : 독립부정사의 종류

to begin with	무엇보다도
to start with	무엇보다도
to make a long story short	간단히 말하면
to be brief	간단히 말하면
to be precise	정확하게 말하면
to be exact	정확하게 말하면
to name a few	몇 가지만 예를 들면
to be a friendly reminder	혹시 잊으실까봐 말씀드리면
to say nothing of	-는 물론이고
not to speak of	-는 물론이고
not to mention	-는 물론이고
let alone	-는 물론이고
to be frank with you	솔직히 말해서
to be plain with you	솔직히 말해서
to be honest with you	솔직히 말해서
to tell the truth	진실을 말하자면
to speak frankly, honestly	솔직히 말해서
hard to say	말하기 힘들지만
sad to say	말하기 유감이지만
sorry to say	말하기 유감이지만
so to speak	말하자면

to make matters worse	설상가상으로
to make matters better	금상첨화로

0970	우선, 내가 당신에게 그 이야기를 간략하게 해줄게요.
	To begin with, I am going to tell you the story in brief.
0971	솔직히 말해서, 나는 숙제를 하지 않았어요.
	To tell the truth, I didn't do my homework.
0972	그는 빙판길 위에서 넘어졌다. 설상가상으로 팔도 부러졌다.
	He fell down on the icy street. To make matters worse, he broke his arm.

15 가주어를 대체하는 부정사의 목적어

★ 'it + P + to 타동사 + 목적어' 구조에서 'to VR 의 목적어'가, '가주어 it' 을 없애고 그 자리에 들어갈 수 있습니다.

0973	그 개를 쓰다듬는 것은 즐겁습니다.
	It is pleasant to pat the dog.
0974	그 개는 쓰다듬기에 즐겁습니다.
	The dog is pleasant to pat.
0975	그와 대화하는 것은 짜릿하다.
	It is exciting to talk with him.
0976	그는 함께 대화하기에 짜릿하다.
	He is exciting to talk with.

Week 7 | Unit 17. 부정사 (to infinitive)

0977	그를 설득하는 것은 어려웠습니다.
	It was hard to persuade him.
0978	그는 설득하기에 어려웠습니다.
	He was hard to persuade.
0979	그 일을 끝내는 것은 3일 걸렸습니다.
	It took 3 days to finish the job.
0980	그 일은 끝내는 데 3일 걸렸습니다.
	The job took 3 days to finish.

16 to 이하의 생략 : 대부정사

★ 이미 앞에 나온 술어내용의 전부나 일부를 'to VR' 로 다시 받을 때, 'to' 까지만 쓰고 나머지는 생략할 수 있습니다. 이것을 '대부정사'라고 합니다.

0981	너는 네가 원한다면 지금 집에 가도 좋다.
	You may go home now if you want to (go home).
0982	당신은 변화할 필요가 없을 때 변화해야 한다.
	You must change when you don't have to (change).

17 'be to VR' 의 다양한 해석법

★ 'be 동사' 다음에 'to VR' 가 올 때, 두 가지 커다란 해석법을 적용합니다. '주어'가 '개념' 이나 '추상명사'일 경우 '-하는 것이다' 로 해석합니다. 예를 들어, '나의 꿈은 자연 속에서 사는 것이다'라고 한다면 'My dream is to live in nature' 가 됩니다. 이 경우는 주어와 'to' 이하를 바꾸어 써서 'To live in nature is my dream' 이라고 해도 됩니다.

★ '주어'가 '사람'이나 '생물'일 경우 주로 적용되는 또 다른 용법은, 'be to' 자체를 '조동사 적으로 사용'하는 것입니다. 이 경우 be to 는 주로 'will, should, can' 의 역할을 합니다. 예를 들어, 'He is to come back tomorrow' 는 'He will come back tomorrow' 와 가까운 의미가 되고, 'Privates are to salute officers'라고 하면 'Privates should salute officers' 의 의미가 됩니다.

★ '무생물 주어'의 경우에도 이런 해석법은 적용될 수 있습니다. 예를 들어 'His voice is to be heard from here' 라고 하면 'His voice can be heard from here' 와 유사한 의미입니다. 'if + 주어 + be + to VR' 구조는 주로 '소망'이나, '의도'를 표현합니다.

0983	저 가게는 다음 주 수요일에 문을 열 예정이다.
	That store is to(= will) open next Wednesday.
0984	당신은 8시까지 숙제를 끝내야 한다.
	You are to(= should) finish your homework by eight.
0985	그 뮤지컬은 그녀의 인생을 전부 바꿀 운명이었다.
	The musical was to(= would) change the entire course of her life.
0986	아무도 볼 수 없었다.
	Nobody was to(= could) be seen.
0987	시험에 통과하고 싶으면, 게임부터 중단해야 한다.
	If you are to pass the exam, you must stop playing games.

Week 7 | Unit 17. 부정사 (to infinitive)

18 부정사의 의미상 주어

★ 동명사처럼 부정사도 동사에서 유래된 용법이므로, 그 동사의 '의미상 주어'가 존재합니다. 의미상 주어를 문장 내에서 알 수 있을 경우는 따로 첨가하지 않지만, 알 수 없을 때에는 특정한 방식으로 의미상주어를 표시합니다. 그 방식은 'to VR' 앞에 'for + 명사' 를 넣는 것입니다.

1 의미상 주어를 문장 내에서 알 수 있는 경우

0988	그는 유학가기로 결심했다.
	He decided to study abroad. (to study 의 의미상 주어는 he)
0989	동물을 놀리거나 학대하는 것은 잔인하다.
	It is cruel to tease or abuse animals. (to abuse 의 의미상 주어는 일반인)
0990	나는 그녀가 Steve를 픽업하도록 부탁하고 싶다.
	I want to ask her to pick up Steve. (pick up의 의미상 주어는 her)
0991	나는 당신이 그녀에게 Steve를 픽업하도록 요청하길 바란다.
	I want you to ask her to pick up Steve. (ask의 의미상 주어는 you, pick up의 의미상 주어는 her)

2 'for + 명사' 를 'to VR' 앞에 첨가해서 의미상 주어를 표시

0992	우리가 한 달 안에 그 프로젝트를 끝내는 것은 불가능하다.
	It is impossible for us to finish the project within a month.
0993	나는 그 아이가 지나가도록 내 발을 치웠다.
	I moved my leg for the kid to pass through.
0994	이 임산부가 앉을 의자 하나가 필요합니다.
	We need a chair for this would-be mother to sit on.

3 성품과 행위에 대한 의미상 주어

★ 사람이 어떤 행위를 함으로써 그 사람의 '성품'을 나타내는 표현이 있습니다. 이 경우 'it is 성품 형용사 + of + 사람 + to VR' 패턴을 주로 사용합니다.

0995	당신이 그런 중요한 것을 잊다니 부주의하다.
	It is careless of you to forget such an important thing.
	You must be careless to forget such an important thing.

★ 이런 구조에서 주로 사용되는 '성품 형용사'는 다음과 같습니다.

도표 108 : 성품 형용사의 종류

nice	착한	mean	비열한
polite	겸손한	impolite	무례한
sweet	따뜻한	sinister	심술궂은
careful	주의 깊은	careless	부주의한
rude	무례한	gentle	매너 있는
silly	어리석은	wise	현명한
stupid	바보같은	smart	똑똑한
foolish	바보같은	thoughtful	생각 깊은
kind	친절한	generous	관대한
meticulous	세심한, 꼼꼼한	brave	용감한
honest	정직한	naive	순진한
candid	솔직한	timid	소심한
shrewd	약삭빠른	jealous	질투심 많은

WEEK 8

- unit 18 — 분사 (participle)
- unit 19 — 분사구문 (participial construction)
- unit 20 — 시제 (the tense)

DAY 1

UNIT 18
1) 현재분사
2) 과거분사
3) 보어 역할을 하는 분사
4) 감정을 유발하는 '-ing 분사' / 감정을 느끼는 'p.p' 분사
5) 유사분사와 복합분사

DAY 2

UNIT 19
1) 분사구문의 생성순서
2) 'being'이나 'having been' 의 생략
3) 접속사와 분사구문의 혼용
4) 분사구문의 해석범위
5) being + 보어(명사, 형용사)
6) 유도부사 'there'가 있는 분사구문
7) 일반인을 주어로 하는 분사구문의 관용표현

DAY 3

UNIT 20
1) 단순현재시제
2) 단순과거시제
3) 단순미래시제

DAY 4

UNIT 20
4) 현재진행시제
5) 과거진행시제
6) 미래진행시제

DAY 5

UNIT 20
7) 현재완료시제
8) 현재완료 진행시제
9) 과거완료시제
10) 과거완료 진행시제
11) 미래완료시제
12) 미래완료 진행시제

DAY 6 ~ DAY 7

복습 시제 유닛에서 배운 모든 문장들을 다시 따라 읽고, 영작하는 복습을 해 주세요. 시제 유닛에서 배운 단어들도 반드시 암기해 주세요! 앞서 배운 유닛들의 예문에서 시제를 찾고, 그 의미를 음미하려고 노력해 보세요!

UNIT 18
분사
participle

PREVIEW

분사는 동사에서 파생된 형용사입니다. 한국어에서 '먹다·자다·공부하다·떨어지다' 이런 말들은 모두 동사의 원형입니다. 여기서 파생된 '먹는·먹힌·자는·잔·공부하는·공부된·떨어지는·떨어진' 이런 말들이 분사입니다.

UNIT 18 분사 (participle)

1 현재분사

 동사원형 + ing : '-하고 있는'

★ 분사는 한국어의 '-하는' 혹은 '한, 된'에 해당하는 말입니다. 그중, 한국어에서 동사를 의미하는 '하' 뒤에 '는'을 붙이는 경우 이를 '현재분사'라고 부릅니다. 영어에서는 동사의 원형 뒤에 'ing'를 붙여서 '하는'을 만듭니다. '먹는, 자는, 공부하는, 떨어지는' 이런 말들이 현재분사이며 영어로는 각각 'eating, sleeping, studying, falling'이 됩니다.

★ 현재분사는 'be + ing' 순서로 '진행형 술어'를 만들거나, 'ing + 명사'의 어순으로 '명사를 꾸미는 데 사용'됩니다. 예를 들어, 'He is eating some plant'에서는 '진행형 서술어'로서 '그는 어떤 식물을 먹고 있는 중이다'이며 'Do not bother eating dogs'에서는 'eating'이 'dogs'라는 명사를 수식하여 '밥 먹는 개들을 성가시게 하지 마세요'입니다. 현재분사가 한 단어일 때는 명사의 앞에서 수식하고, 현재분사 뒤에 다른 단어가 붙어서 '분사구'가 될 때는 '명사의 뒤'에서 앞의 명사를 수식합니다. 즉, 'Do not bother the dog eating the meat'의 경우 'eating the meat'가 'the dog' 뒤에서 꾸미게 됩니다. 한국어로는 '그 고기를 먹고 있는 그 개를 성가시게 하지 마세요'입니다. 마찬가지로 'working men'은 '일하는 남자들'이고 'men working in my yard'는 '나의 뜰에서 일하는 남자들'입니다.

도표 109 : '-ing' 분사의 전·후치 수식

sleeping baby	자고 있는 아기
baby sleeping in the cradle	요람에서 자고 있는 아기
falling leaves	떨어지는 나뭇잎들
leaves falling from the tree	그 나무에서 떨어지는 나뭇잎들
surprising man	놀라게 하는 남자
man surprising the whole world	온 세상을 놀라게 하는 남자

0996	구르는 돌에는 이끼가 끼지 않는다.
	A rolling stone gathers no moss.
0997	그녀는 떨리는 손으로 그 편지를 뜯었다.
	She opened the letter with her trembling hands.
0998	짖고 있는 개는 나의 개다.
	The barking dog is mine.
0999	침대에서 평화롭게 자고 있는 아이를 보아라.
	Look at the baby sleeping in bed peacefully.
1000	탁자 위에 있는 책은 메리의 것이다.
	The book lying on the table is Mary's.
1001	방에는 잡지를 읽고 있던 한 숙녀가 있었다.
	There was a lady reading a magazine in the room.

Week 8 | Unit 18. 분사 (participle)

2 과거분사

 p.p : '-한, -했, -된'

★ 동사형 토씨인 '하'를 '한'이라고 쓰거나, 수동을 의미하는 '된'으로 쓰는 것을 '과거분사'라고 합니다. 과거분사는 동사의 3단 변화형 중 3번째 것으로 영어로는 past participle (과거분사)의 머리글자를 따서 'p.p'로 부를 수 있습니다. 과거분사는 동사의 '과거형'이나 '현재형'과 형태가 같은 경우가 많기 때문에 조심해야 합니다.

★ 동사의 과거형이나 과거분사형은 'learn – learned – learned'에서 처럼 주로 어미에 'ed'를 붙여서 규칙적으로 변화시키는데 처음 'learn'은 '배우다', 혹은 '배운다'로 '동사의 원형'내지는 '현재형'입니다. 가운데의 'learned'는 동사의 과거형으로 한국어에서 '배웠다' 입니다. 그런데 3번째 것은 형태상으로는 '동사의 과거형'과 같지만 동사가 아니며 굳이 한국어로 말하자면 '배웠', 혹은 '배워진' 입니다. 이 두 가지는 동사가 아니라, 무엇인가 완성되지 않은 말입니다.

★ 과거분사는 총 3가지 경우에 사용됩니다. 하나는 'have p.p, has p.p, had p.p'에서 처럼, 모두 조동사 'have, has, had' 뒤에 와서 '어떤 행위가 끝났다' 라는 것을 의도하는 경우이며, 이 형태는 '완료시제'라고 합니다. '배웠'이라는 말에 '다'를 붙이기 위해서 앞에 'have, has, had'를 붙인 것 입니다. 예를 들어, 'I have learned how to make peace'는 '나는 평화를 만드는 방법을 배웠다'로 과거시제와 비슷하게 해석되지만 그 용법은 다르며 이는 시제에서 배웁니다.

★ 두 번째로 'p.p'는 타동사에 한해서 'be p.p' 형태로 사용될 수 있습니다. 이것은 수동태라고 해서 '주어'가 '행위'를 하는 입장이 아니라 '당하는 입장'이라는 것을 표현합니다. 'Algebra is learned in elementary school'에서 'learned'는 'be' 동사인 'is' 뒤에 와서 '배워진'에 '다'를 붙인 꼴이 됩니다. 'surprise'는 '놀래게 하다' 라는 타동사 이므로 'I was surprised'는 내가 남을 놀래게 하는 것이 아니라, '놀래진 것'이므로 의역하면 '나는 놀랐다' 입니다.

★ 마지막으로 'p.p'는 단독적으로 사용되어 'p.p + 명사' 어순으로 명사를 꾸밀 수 있으며, 그 의미는 자동사의 경우 '-한 명사(완료적 의미)', 그리고 타동사의 경우 '-된 명사(수동적 의미)' 입니다. 예를 들어 'risen price'는 '오른 가격(완료적 의미)'이며 'rising price'는 '오르고 있는 가격' 입니다. 타동사 'surprise'의 경우, 'surprised people'은 '놀래진 사람들(수동적 의미)'이고 'surprising story'는 '놀라게 하는, 즉 놀라운 이야기'입니다. 한 단어 분사일 경우 명사의 앞에 오지만, 과거분사 뒤에서 다른 단어와 함께 명사를 꾸밀 때에는 명사의 뒤에 오게 됩니다. 즉, 'a surprised woman'은 '놀람을 당한 여인' 즉 '놀란 여인' 이고 'a woman surprised at the news' 라고 하면 '그 소식에 놀란 여인' 이 됩니다.

★ 'p.p' 는 명사의 뒤에서 수식할 때 '동사의 과거형'과 모양이 같은 경우가 많기 때문에 이를 '동사로 혼동'할 수 있습니다. '명사 + p.p' 구조에서 'p.p'가 술어가 아닌지를 꼭 확인해야 합니다.

도표 110 : 'p.p' 분사의 전,후치 수식

learned behavior	학습된 행동
behavior learned over a long time	장기간에 걸쳐서 학습된 행동
cut tree	잘린 나무
tree cut with one stroke	한 번의 내리침으로 잘린 나무
visited nation	방문국
nation visited by many Chinese	많은 중국인들에 의한 방문된 국가
broken pieces	깨어진 조각들
pieces broken by the pound	그 타격에 의해 깨어진 조각들

1002 한 남자가 내 이름을 불렀다.

A man **called my name**. (called 뒤에 목적어를 가지므로 동사의 과거)

1003 Jesus로 불리는 한 남자가 이스라엘의 왕이 될 것이다.

A man called Jesus will be the king of Israel.
(called 뒤에 Jesus가 왔지만 이것은 목적어가 아니라 목적보어임)

1004 그 모든 사람들이 나를 초대했다.

All the people **invited me**. (invited + 목적어 me 이므로 동사의 과거형)

Week 8 | Unit 18. 분사 (participle)

1005	초대받은 그 모든 사람들은 행복하게 보였다.
	All the people invited looked happy. (invited가 목적어 없으므로 p.p)
1006	그는 그 왕국들을 느슨한 동맹이 되도록 강요했다.
	He forced the kingdoms into a loose alliance. (동사의 과거 forced)
1007	느슨한 동맹으로 강요된 왕국들은 트로이와 싸울 예정이었다.
	The kingdoms forced into a loose alliance were to fight against Troy. (p.p인 forced)

3 보어 역할을 하는 분사

1 link verb 뒤에서 주격보어

★ 분사는 주어의 상태를 보충 설명해 주는 '주격보어'로 쓰일 수 있습니다. '-ing'는 '진행적·능동적 형용사'의 성격이고 'p.p'는 '완료적·수동적 성격'의 형용사라고 보면 됩니다.

1008	관객들은 지루해졌다. (지루함을 당한 입장)
	The audience became bored.
1009	그 영화는 지루했다. (지루하게 만드는 입장)
	The movie was boring.
1010	지도는 꽤 헷갈렸다. (헷갈리게 하는 입장)
	The map was pretty confusing.
1011	그 등반가들은 헷갈렸다. (헷갈림을 당한 입장)
	The hikers were confused.

2 목적보어

★ 분사는 목적어의 상태나 동작을 보충 설명해 주는 '목적격 보어'로 쓰일 수 있습니다. 목적어와 목적격보어의 관계가 '능동이나 진행'이면 '현재분사'를, '수동이나 완료'이면 '과거분사'를 씁니다.

1012	나는 그가 수천 달러를 훔치는 것을 보았다.
	I saw him stealing thousands of dollars. (him은 훔치는 입장-능동)
1013	Jane은 Ronald를 오래 기다리게 했다.
	Jane kept Ronald waiting for a long time. (Ronald가 기다리는 입장-능동)
1014	나는 내 이름이 불리는 것을 들었다.
	I heard my name called. (이름이 불리는 입장-수동)

4 감정을 유발하는 '-ing' 분사 / 감정을 느끼는 'p.p' 분사

★ 감정타동사는 목적어에게 어떤 감정을 일으키는 동사입니다. '화나게 하다, 놀라게 하다, 실망시키다' 등이 이에 해당합니다. 여기서 '-ing'를 붙이면 '능동형용사'가 되고, 'p.p'를 붙이면 수동형용사가 됩니다. 예를 들어서 'please'는 감정타동사로 '목적어를 즐겁게 하다'입니다. 'pleasing'은 '남을 즐겁게 하는'이고 'pleased'는 '즐거워 진'입니다.

1015	언어를 배우는 것은 흥미롭다.
	Learning languages is interesting.

Week 8 | Unit 18. 분사 (participle)

1016	그 가수의 목소리는 황홀하다.
	The singer's voice is mesmerizing.
1017	나는 멕시코 음식을 만드는 것에 흥미가 있다.
	I'm interested in cooking Korean food.
1018	우리는 아름다운 풍경에 감탄하였다.
	We were amazed at the beautiful scenery.
1019	그 집에서 바라본 바다 풍경은 놀라웠다.
	The ocean view from the house was amazing.
1020	청중은 그들의 목소리에 매료되었다.
	The audience was mesmerized.

5 유사분사와 복합분사

★ 명사의 뒤에 '-ed' 를 붙여서 '어떤 명사의 성격을 가진' 이라는 형용사를 만들 때, 이것을 정확히는 '유사분사'라고 합니다. 예를 들어, '푸른 눈을 가진' 이면 'blue-eyed' 가 됩니다. 복합분사는, '명사·형용사·부사 – 분사' 형태로 묶은 분사를 말합니다.

도표 111 : 유사분사와 복합분사

유사분사		복합분사	
long-haired	긴 머리칼을 가진	white-covered	흰색 덮개를 가진
plant-eating	식물을 먹는	hand-made	손으로 만들어진
sad-looking	슬퍼 보이는	white-painted	흰색으로 칠해진
lazily-running	느리게 흐르는	half-done	절반만 된

UNIT 19
분사구문
participial construction

PREVIEW

'절'과 '절'은 '접속사'에 의해 연결됩니다. 하지만 문맥상, 두 절의 연관성이 분명할 경우 굳이 접속사를 사용하지 않고도 상관관계를 알 수 있습니다. 이때는 접속사를 없애고 문장을 단문으로 만들 수 있습니다. 일단 접속사를 제거하게 되면 문법상 두 개의 절이 올 수 없으므로 접속사가 포함되었던 절은 그 절 구조를 무너뜨려야 합니다. 그러기 위해서는 종속절의 주어를 제거하게 됩니다. 주어가 없는 술어는 존재할 수 없으므로 술어동사를 내용만 남기고 구조는 바꾸어 주기 위해 그 동사의 원형에 -ing를 붙입니다. 이런 구조를 '분사구문'이라고 합니다.

UNIT 19 분사구문 (participial construction)

1 분사구문의 생성순서

> 1. 접속사를 제거하라.
> 2. S₂와 S₁이 같을 경우 S₂를 제거하라.
> 3. P₂의 원형에 -ing 를 붙인다.
>   (P₂가 P₁보다 먼저 일어난 일이면 having p.p).
> 4. 분사구문의 부정어 **not** 이나 **never** 는 분사의 앞에 붙인다.
> 5. 'being pp' 나 'being + 보어(형용사, 명사)' 구조에서도 being 은 생략 가능하다.

★ 접속사가 두 개의 '절'을 연결하는 경우, 접속사 없이도 그 두개 '절'의 의미상 상관성이 명백하면, 접속사를 제거하고 접속사가 포함되었던 절의 술어동사에 'ing' 를 붙여서 문장을 단문화할 수 있습니다. 이를 분사구문이라고 합니다. 보통 두 절의 주어가 같은 경우 자주 분사구문이 만들어지며, 다른 경우는 'ing' 앞에 해당주어를 그대로 써주어야 합니다. 이 부분은 고급과정에서 다루겠습니다.

1021	나는 커피를 너무 많이 마셔서 밤새 잠을 잘 수가 없었다.
	As I drank too much coffee, I couldn't sleep all night. Drinking too much coffee, I couldn't sleep all night.
1022	공부를 충분히 하지 않았기 때문에 나는 좋은 성적을 거둘 수 없었다.
	As I didn't study enough, I couldn't get good marks. Not studying enough, I couldn't get good marks.

1023	배가 고파서 나는 말조차 할 수 없었다.
	As I was hungry, I couldn't even speak. (Being) Hungry, I couldn't even speak.
1024	그의 말투로 판단컨대 그는 외국인임에 틀림없다.
	As we judge from his accent, he must be an alien. Judging from his accent, he must be an alien.

2 'being' 이나 'having been' 의 생략

★ 접속사 포함절의 술어가 'be p.p' 형태였을 경우 분사구문화 한 후에, 기능어에 불과한 'being' 이나 'having been' 을 생략할 수 있습니다.

1025	좀 더 좋은 시절에 태어났었다면 그는 유명해졌을 것이다.
	If he had been born in better times, he would have become famous. (Having been) born in better times, he would have become famous.
1026	급하게 인쇄됐기 때문에 이 책에는 인쇄 잘못이 많다.
	As it was printed in haste, it has many misprints. (Having been) printed in haste, this book has many misprints.
1027	자주 방문받기 때문에 그 집은 대문을 잠그지 않는다.
	As it is often visited, the house keeps its door unlocked. (Being) often visited, the house keeps its door unlocked.

Week 8 | Unit 19. 분사구문 (participial construction)

3 접속사와 분사구문의 혼용

★ 일부 접속사 뒤에서 '주어 + be' 구조가 생략되고 나면 결국 구조적으로는 '접속사 + 분사'가 남을 수 있습니다.

1028	그녀는 요리할 때 언제나 휘파람을 분다.
	When (she is) cooking, she always whistles.
1029	그는 중국에서 전투하다가 포로로 잡혔다.
	While (he was) fighting in China, he was taken prisoner.
1030	현장에서 잡히면 당신은 체포당할 것이다.
	If (you are) caught on the spot, you will be apprehended.
1031	비록 우리를 책임지고 있었지만 그는 매우 무책임했다.
	Though (he was) in charge of us, he was very irresponsible.

4 분사구문의 해석범위

★ 분사구문은 문맥상 두 절의 상관성이 명백하지만, 보통 5가지 정도의 의미로 연결됩니다.

1 이유 (as, since, because)

1032	차가 없어서 그녀는 집까지 걷는 도리밖에 없었다.
	Having no car, she had no choice but to walk home. As she had no car, she had no choice but to walk home.
1033	아팠기 때문에 그는 회의에 참석할 수 없었다.
	Being very sick, he couldn't attend the meeting. Because he was very sick, he couldn't attend the meeting.

2 무상관 (though, although, even if)

1034	해변에 살고 있지만 그는 농사를 짓고 있다.
	Living on the seashore, he is farming. Though he lives on the seashore, he is farming.
1035	파티에 초대를 받았지만 그녀는 제대로 된 입을 것이 없었다.
	Being invited to the party, she had nothing proper to wear. Though she was invited to the party, she had nothing proper to wear.

Week 8 | Unit 19. 분사구문 (participial construction)

3 시간 (while, when, after)

1036	거리를 걷다가 한 옛 친구를 만났다.
	Walking along the street, I met an old friend of mine. While I was walking along the street, I met an old friend of mine.
1037	일을 끝내고 나서 우리는 TV로 그 축구경기를 보았다.
	Finishing the work, we watched soccer on TV. After we finished the work, we watched soccer on TV.

4 조건, 가정 (if)

1038	내 나이를 고려해 보시면 당신은 왜 내가 이 일을 싫어하는지 아실 것입니다.
	Considering my age, you will see why I hate this job. If you consider my age, you will see why I hate this job.
1039	일찍 일어난다면, 나는 그곳에 갈 것이다.
	Getting up early, I'll go there. If I get up early, I'll go there.

5 동시동작, 부대상황 (and, as, while)

★ 분사구문의 해석 중에서 가장 많은 부분이 이 범주에 속합니다. 시간상의 연장선상에서 이루어진 전·후 관계도 이에 해당합니다.

1040	그는 절벽에 서서 해가 뜨는 것을 바라보았다. (동시동작)
	Standing on the cliff, he watched the sun rising.
1041	함께 노래를 부르면서 그들은 빙글빙글 돌며 춤을 추었다. (부대상황)
	Singing together, they danced round and round.
1042	그 비행기는 인천을 떠나 보스턴에 정시에 도착했다. (시간의 연장선)
	The plane left Incheon, arriving at Boston on time.

5 being + 보어(명사, 형용사)

★ 'being + 보어' 구조에서, 'being'이나 'having been'을 생략할 수 있습니다.

1043	과학자이기에 그는 초자연적인 것의 존재를 믿을 수 없다.
	As he is a scientist, he can't believe in supernatural things. Being a scientist, he can't believe in supernatural things. A scientist, he can't believe in supernatural things.
1044	자리에 어울리지 않음을 알아채고, 그는 서둘러 나왔다.
	When he was aware he was out of place, he quickly got out. Being aware he was out of place, he quickly got out. Aware he was out of place, he quickly got out.

6 유도부사 'there'가 있는 분사구문

★ 'there + be + 주어' 구조를 분사구문으로 만들 경우, 'be 동사 뒤의 명사'가 보어가 아니라 '주어'이므로 'there + being + 주어' 형태의 분사구문을 사용합니다. 'there'를 생략하지 않음으로써 'being' 뒤의 명사가 보어가 아니라 '주어라는 것을 명시하려는 의도'입니다.

1045	별과 달이 있으니까 우리는 집으로 가는 길을 찾을 수 있다.
	As there are stars and the moon, we can find our way home. There being stars and the moon, we can find our way home.

Week 8 | Unit 19. 분사구문 (participial construction)

일반인을 주어로 하는 분사구문의 관용표현

★ 분사구문의 '의미상 주어'가 '일반인'일 경우 따로 표시하지 않고 바로 'ing' 나 'p.p' 로 시작하는 분사구문을 만듭니다. 이를 '독립분사구문'이라고도 합니다.

도표 112 : 독립분사구문

strictly speaking	엄밀히 말해서
generally speaking	일반적으로 말해서
frankly speaking	솔직히 말해서
honestly speaking	솔직히 말해서
briefly speaking	간단히 말해서
supposing that 절	-라고 가정한다면
providing that 절	-라고 가정한다면
granting that 절	-라고 가정해도
talking of	-에 대해 말하면
be busy -ing	-하느라 바쁘다
have a hard time -ing	-하느라 애먹다
have trouble -ing	-하느라 애먹다
have difficulty -ing	-하느라 애먹다
have a good time -ing	-하면서 즐겁다
spend + 시간 + -ing	-하면서 시간 보내다
waste + 시간 + -ing	-하면서 시간을 낭비하다
put in + 시간 + -ing	-하면서 시간을 쓰다
taking all things into consideration	모든 점을 고려하건대

UNIT 20

시제
the tense

PREVIEW

'시제'는 '시점'과 다른 개념입니다. '시점'은 실제로 동사가 발생하는 시간대를 크게 3영역으로 분류해 놓고 그것을 각각 '현재·과거·미래'로 합니다. 물론 엄밀히 말하면 현재는 계속 흘러가고 있으므로 '과거'와 '미래'만이 존재하는 것이 사실이지만, '우리가 인식하거나 말을 하고 있는 시점' 자체를 '현재'로 전제하고 만들어진 개념입니다. 그런데 이 각 시점에 대해서도 그 의미가 세분화될 수 있습니다. 현재에 진행 중인 동작이 있고, 현재에 끝난 동작이 있습니다. 또 과거부터 현재까지 지속되는 동작이나 상태도 있습니다. 이런 의미의 세분화를 위해서 술어동사의 모양을 그에 맞게 조절해 놓은 것이 시제입니다.

UNIT 20 시제 (the tense)

시제와 시점은 다른 개념

1 단순현재시제 (the simple present tense)

★ '3인칭 단수주어'의 '현재시제동사'의 경우 다음의 법칙을 적용합니다. 술어동사의 끝에는 'He likes it'처럼 's'를 붙여야 하는데, 동사의 '어미'가 teach 처럼 'ss, x, sh, ch'로 끝나거나 'go, do' 처럼 '자음 + o'인 경우에는 'es'를 붙여서 'teaches, goes, does' 가 됩니다. 동사의 어미가 '자음 + y'일 경우 'ies'로 바뀌어 해당동사들은 'kisses, boxes, rushes, does, goes, watches, carries' 등의 형태가 됩니다.

★ 현재시제의 의미를 제대로 이해하기 위해서는 우선 '동작동사'와 '상태동사'를 구별해야 합니다. 글자 그대로 '동작동사'는 '어떤 동작에 대한 묘사'입니다. 예를 들어, 'eat, bark, read, sleep, run, work, climb, cry' 등은 모두 동작동사입니다. '동작동사의 현재시제'는 현재라는 시점에 동작을 국한시키는 것이 아니라 '과거·현재·미래'에 걸쳐서 이루어지는 '습관적·반복적·경향적' 행위입니다. 즉, '바뀌지 않고 반복적으로 일어나는 일'을 현재시제로 표현합니다. 한국어의 '그는 아침 7시에 일어난다'에서, 분명히 '일어난다' 라는 '현재시제'를 썼지만 현재시점만의 이야기가 아니고 '습관적·반복적 행위'라는 것을 알 수 있을 것입니다. 영어도 마찬가지입니다. 'He gets up at 7' 이라고 하면 어제도, 며칠 전에도 습관적으로 그러했고 앞으로도 그러할 것인 반복적 행위를 의미합니다.

★ 상태동사는 'know, love, understand, think' 등 입니다. 동작이 아닌 '인지·감정' 등에 관한 이런 류(類)의 동사가 현재시제로 나오면 그것은 '현재의 상태'만을 표현합니다. 'He loves you' 는 '그는 현재 당신을 사랑하고 있다' 입니다.

1046	개들은 짖기 마련이지만 내 개는 짖지 않는다. (습성)
	Dogs bark but my dog doesn't (bark).
1047	나는 담배를 피지만 그는 좀처럼 피우지 않는다. (습성)
	I smoke but he seldom does (= smokes).

1048	그는 우유를 마시지 않지만 요거트를 좋아한다. (습성)
	He doesn't drink milk but he likes yogurt.
1049	태양은 수소와 헬륨을 이용하여 탄다. (진리, 경향)
	The Sun burns using hydrogen and helium.
1050	얼마나 자주 당신은 세차를 하십니까? (습성)
	How often do you wash your car?
1051	그는 매주 토요일에 교회를 가나요? (습성)
	Does he go to church on Saturdays?
1052	이 지역에는 칠월에 비가 온다. (진리, 경향)
	It rains in July in this region.
1053	그들은 당신이 몸 상태가 좋지 않은 것을 이해한다. (현 상태)
	They understand you don't feel well.
1054	그는 돈이 생기면 술 마시는 것에 쓴다. (습성)
	As soon as he earns any money he spends it on drinking.
1055	그녀는 조깅가기 전에 그 소년을 학교에 데려다 준다. (습성)
	She takes the boy to school before she goes jogging.

★ 현재시제는 그 밖에도 긴박감의 묘사를 위해서 신문의 헤들라인(headline)이나 연극 대본에서 묘사 등에 사용됩니다. 물론 반복이라는 것을 전제로 한 프로그램이나 방송스케줄, 혹은 항공이나 교통편 등은 모두 현재시제로 사용합니다. 신문제목에서는 '살인자 탈출하다', 'MURDERER ESCAPES' 또는 '폭풍이 다가오다', 'TORNADO NEARS' 등이 그 예입니다.

Week 8 | Unit 20. 시제 (the tense)

1056	커튼이 올라가면 햄릿이 그의 아버지 죽음을 애도하며 울고 있다.
	When the curtain rises, Hamlet is crying over his father's death.
1057	그는 공을 잡아서 삼루수에게 던진다.
	He catches the ball and throws it to the third baseman.
1058	우리는 다음 월요일 열한시에 서울을 떠나 방콕에 16시에 도착한다.
	We leave Seoul at 11:00 next Monday and arrive in Bangkok at 16:00.
1059	그 프로그램은 6번 채널에서 오전 9시에 한다.
	The program is on channel 6 at 9 in the morning.

★ 'when, before, after, until' 등의 시간관계접속사가 이끄는 부사절에서나, 'if' 가 이끄는 가정절에서, 주어의 의지와 상관없이 단순한 미래시점을 설정할 경우 미래시제를 쓰지 않고 현재시제를 사용합니다.

1060	만약 내가 그를 보면 (아직 그를 못 보았음), 그에게 그것에 대해 물어보겠다.
	If I see him, I'll ask him about it.
1061	만약 당신 둘이 싸움을 멈추지 않으면 (아직 싸우고 있음), 소풍을 취소하겠다.
	Unless you two stop fighting, I will cancel the picnic.
1062	비가 멈출 때 (아직 비는 오고 있음), 우리는 외출할 것이다.
	When it stops raining we'll go out.

2 단순과거시제 (the simple past tense)

★ 과거의 일을 묘사하는 데 사용하며 동사의 3단변화중 두 번째 것으로서 대부분 '-ed'어미로 끝납니다. 'beg-begged'처럼 '단모음 +단자음'으로 끝나는 1음절단어는 끝자음을 추가해서 '-ed'를 붙이며, 같은 조건의 2음절단어는 'prefer-preferred' 처럼 강세가 뒤에 있을 때만 끝자음을 한 번 더 씁니다. 'carry-carried' 처럼 '자음 + y' 어미는 '-ied' 로 표기합니다. 이런 맞춤법규칙에 따르지 않는 불규칙동사들은 따로 기억해야 합니다.

1063	나는 그저께 그를 만났다.
	I met her the day before yesterday.
1064	1차 세계대전은 1914년에 발발했다.
	The second World War broke out in 1914.
1065	당신은 언제 그를 마지막으로 보았는가?
	When did you see him last?
1066	당신은 어떻게 직업을 구했는가?
	How did you get your job?
1067	나는 이 차를 한국에서 구입했다.
	I bought this car in Korea.
1068	어디에 갔었는가? 나는 오페라에 갔었다. 재미 있었는가?
	Where have you been? I have been to the opera. Did you enjoy it?

★ 과거시제는 기본적으로 현재와 상관없는 과거의 일을 묘사할 때 사용하지만, 현재와 매우 가까운 과거의 경우 '과거시제를 통해 현재의 상황을 유추'하기도 합니다. 과거시제는 자체로는 반복의 의미는 없습니다. 반복의 의미를 주기 위해서는 빈도부사 'never, always, seldom, often, usually' 등을 사용해야 하거나 조동사 'would'나 'used to'를 써야 합니다. 과거시제는 현재 이전에 끝난 특정 과거기간을 묘사하는 데도 사용합니다.

Week 8 | Unit 20. 시제 (the tense)

1069	그는 2년 동안 그 회사에서 일했다.
	He worked in that company for 2 years.
1070	나는 오래 동안 한국에서 살았다.
	I lived in Korea for a long time.
1071	그는 늘 우산을 가지고 다녔다.
	He always carried an umbrella.
1072	그는 절대로 담배를 피우지 않았다.
	He never smoked.

★ '만약'의 의미로 사용되는 'if 절 속의 과거시제'는 '과거의 사실을 모르고 가정'하거나 '현재의 사실을 반대로 가정'하는 경우도 있으므로, 시제와 적용시점이 달라질 수 있습니다. 많은 한국인들이 이것을 시제의 모양만 보고 덜컥 과거로 이해할지도 모릅니다.

★ 예를 들어, 만약 '현재 내가 직업을 갖고 있지 않은데 직업을 가지고 있다면' 이라고 할 경우 'if I have a job' 이 아니라 'if I had a job'이 됩니다. 그러므로 대화를 하는 사람은 이 가정법을 쓰는 사람의 현 상태에 대해 알고 있어야 이 의미가 제대로 전달될 수 있습니다. 처음부터 대화자가 '나는 아들이 없다, 하지만 아들이 하나 있으면, 이런 놀이를 같이 할 수 있을 텐데' 라고 말한다면 이미 현재 아들이 없다는 정보가 노출되었으므로 영어에서 'I don't have a son, but if I had a son, I would be playing this together with him' 이라고 하게 됩니다. 여기서 'if I had a son' 의 '시제는 과거형'으로 되어있지만 '적용시점은 현재'입니다. 즉, 현재사실의 반대를 가정할 때는 현재시점임에도 과거시제를 써야 합니다.

★ 결론적으로 'if S₂ + P₂' 구조에서 'P₂'에 과거시제가 나오면 하나는 '과거사실을 몰라서 가정'하는 것이고, 다른 하나는 '현재사실의 반대를 가정'하는 것입니다. 그러므로 'if he liked me'는 '과거에 그가 나를 좋아했는지 모르지만 좋아했다면'의 문맥과 '그가 현재 나를 좋아하지 않지만 좋아한다면'이라는 문맥에서 모두 사용가능합니다.

★ '시제'와 '시점'은 같지 않을 수 있음을 늘 기억하세요.

도표 113 : 불규칙동사표

원형, 현재형	과거형	과거분사	원형, 현재형	과거형	과거분사
abide	abode	abode	arise	arose	arisen
awake	awoke/awaked	awoken/awaked	be, am, are, is	was, were	been
bear	bore	borne/born*	beat	beat	beaten
become	became	become	befall	befell	befallen
beget	begot	begotten	begin	began	begun
behold	beheld	beheld	bend	bent	bent
bereave	bereaved	bereaved/bereft*	beseech	besought	besought
bet	betted/bet	betted/bet	bid (=command)	bade	bidden
bid (=offer)	bid	bid	bind	bound	bound
bite	bit	bitten	bleed	bled	bled
blow	blew	blown	break	broke	broken
breed	bred	bred	bring	brought	brought
broadcast	broadcast	broadcast	build	built	built
burn	burned/burnt	burned/burnt	burst	burst	burst
buy	bought	bought	can	could	be able
cast	cast	cast	catch	caught	caught
chide	chid	chidden	choose	chose	chosen
cleave	clove/cleft	cloven/cleft*	cling	clung	clung
clothe	clothed/clad	clothed/clad	come	came	come
cost	cost	cost	creep	crept	crept
crow	crowed/crew	crowed	cut	cut	cut
dare	dared/durst	dared/durst	deal	dealt	dealt
dig	dug	dug	do	did	done

Week 8 | Unit 20. 시제 (the tense)

원형, 현재형	과거형	과거분사	원형, 현재형	과거형	과거분사
draw	drew	drawn	dream	dreamed/dreamt	dreamed/dreamt
drink	drank	drunk	drive	drove	driven
dwell	dwelled/dwelt	dwelled/dwelt	eat	ate	eaten
fall	fell	fallen	feed	fed	fed
feel	felt	felt	fight	fought	fought
find	found	found	flee	fled	fled
fling	flung	flung	fly	flew	flown
forbear	forbore	forborne	forbid	forbade	forbidden
forget	forgot	forgotten	forgive	forgave	forgiven
forsake	forsook	forsaken	freeze	froze	frozen
get	got	got	gild	gilded/gilt	gilded/gilt
gird	girded/girt	girded/girt	give	gave	given
go	went	gone	grind	ground	ground
grow	grew	grown	hang	hanged/hung	hanged/hung*
have	had	had	hear	heard /hɜːd/	heard /hɜːd/
hew	hewed	hewed/hewn	hide	hid	hidden
hit	hit	hit	hold	held	held
hurt	hurt	hurt	keep	kept	kept
kneel	knelt	knelt	knit**	knit	knit
know	knew	known	lay	laid	laid
lead	led	led	lean	leaned/leant	leaned/leant
leap	leaped/leapt	leaped/leapt	learn	learned/learnt	learned/learnt
leave	left	left	lend	lent	lent
let	let	let	lie	lay	lain

원형, 현재형	과거형	과거분사	원형, 현재형	과거형	과거분사
light	lighted/lit	lighted/lit	lose	lost	lost
make	made	made	may	might	-
mean /miːn/	meant	meant	meet	met	met
mow	mowed	mowed/mown	must	had to	-
pay	paid	paid	put	put	put
read /riːd/	read	read	rend	rent	rent
rid	rid	rid	ride	rode	ridden
ring	rang	rung	rise	rose	risen
run	ran	run	saw	sawed	sawed/sawn
say /sei/	said	said	see	saw	seen
seek	sought	sought	sell	sold	sold
send	sent	sent	set	set	set
sew	sewed	sewed/sewn	shake	shook	shaken
shall	should	-	shear	sheared/shore	sheared/shorn
shed	shed	shed	shine	shone	shone
shoe	shoed/shod	shoed/shod	shoot	shot	shot
show	showed	showed/shown	shrink	shrank	shrunk
shut	shut	shut	sing	sang	sung
sink	sank	sunk	sit	sat	sat
slay	slew	slain	sleep	slept	slept
slide	slid	slid	sling	slung	slung
slink	slunk	slunk	slit	slit	slit
smell	smelled/smelt	smelled/smelt	smite	smote	smitten
sow	sowed	sowed/sown	speak	spoke	spoken

Week 8 | Unit 20. 시제 (the tense)

원형, 현재형	과거형	과거분사	원형, 현재형	과거형	과거분사
speed	speeded/sped	speeded/sped	spell	spelled/spelt	spelled/spelt
spend	spent	spent	spill	spilled/spilt	spilled/spilt
spin	spun	spun	spit	spat	spat
split	split	split	spread	spread	spread
spring	sprang	sprung	stand	stood	stood
steal	stole	stolen	stick	stuck	stuck
sting	stung	stung	stink	stank/stunk	stunk
strew	strewed	strewed/strewn	stride	strove	stridden
strike	struck	struck	string	strung	strung
strive	strove	striven	swear	swore	sworn
sweep	swept	swept	swell	swelled	swelled/swollen
swim	swam	swum	swing	swung	swung
take	took	taken	teach	taught	taught
tear	tore	torn	tell	told	told
think	thought	thought	thrive	thrived/throve	thrived/thriven
throw	threw	thrown	thrust	thrust	thrust
tread	trod	trodden/trod	understand	understood	understood
undertake	undertook	undertaken	wake	waked/woke	waked/woken
wear	wore	worn	weave	wove	woven
weep	wept	wept	wet	wetted/wet	wetted/wet
will	would	-	win	won	won
wind	wound	wound	wring	wrung	wrung
write	wrote	written			

3 단순미래시제 (the simple future tense)

1 will

★ 시간이 흘러가면 저절로 이루어지는 단순미래와, 주어가 하고자하는 의지를 표명하려는 의지미래가 있습니다. 'will'은 이 두 가지를 모두 표현할 수 있습니다. 'I will be 30 next year / It will be mine / You will have much benefit / The facility will be destroyed / Constantinople will fall to the Ottoman empire' 등은 모두 흔한 미래형 표현들입니다. 부정축약형은 'won't' 입니다.

1073	전화가 울리고 있다. - 내가 받을 것이다. (의지미래)
	The phone is ringing - I'll answer it.
1074	무엇을 드시겠습니까? - 저는 닭고기를 먹겠습니다. (의지미래)
	What would you like to have, sir? - I'll have chicken, please.
1075	택시를 불러도 되나요? - 걱정마세요. 내가 태워다 드릴게요. (의지미래)
	May I call a taxi? - Don't bother, I'll drive you home.
1076	나는 비만해지고 있어서 차를 팔고 자전거를 살 것이다. (의지미래)
	I am getting fat, and I'll sell my car and buy a bike.
1077	곧 봄이 올 것이고 나는 스무살이 될 것이다. (단순미래)
	Soon spring will come and I'll be twenty.
1078	내가 한 번 더 도끼질 하면 그 나무는 쓰러질 것이다. (단순미래)
	If I give it one more stroke, the tree will fall down.

Week 8 | Unit 20. 시제 (the tense)

2 shall

★ 'shall'도 미래형 조동사이지만 기초과정에서는 자세히 다루지 않습니다. 상대방에게 무엇인가를 함께 하자고 재촉할 때, '의문문 형식'으로 자주 사용합니다. 'Shall we?' 라는 형태를 기억하세요. 덧붙여, 제3자에게 어떤 행위를 시켜서 하게 만들 때 주로 사용합니다. 따라서 'He shall, She shall' 등은 주어의 의지가 아니라 말하는 사람이 주어에게 그렇게 하도록 시키겠다는 의미입니다.

1079	그것을 하자, 응?
	Let's do it, shall we?
1080	택시를 탈까 우리?
	Shall we take a taxi?
1081	당신의 가방을 제가 어떻게 할까요? (나의 의지와 관계없음)
	What shall I do with your bag?
1082	그가 당신의 가방을 옮기도록 조치하겠다. (그의 의지와 관계없음)
	He shall help you move the bag.

3 be going to VR

★ 'be going to VR' 구조는 이미 계획된 일이나 작정하고 있는 일에 주로 사용하는 의지미래용 조동사입니다. 하지만 무생물을 주어로 한 단순미래에서도 사용가능합니다. 구어체에서는 'be gonna VR' 형태로 발음하고 철자하기도 합니다.

1083	나는 차를 팔 작정이다. (의지미래)
	I am going to sell my car.

1084	나는 택시를 부를 필요가 없다. 왜냐하면 그는 나를 집으로 차로 데려다 줄 작정이라고 말한다. (의지미래)
	I don't have to call a taxi, because he says he is going to drive me home.
1085	곧 비가 올 것이다. (단순미래)
	It is going to rain soon.

4 be + -ing

★ 주로 '개인적 결심에 의해 미래의 예상된 행동'에 사용하거나 '이미 어느 정도 진행과정이 있는 일'에 사용합니다. 이 행위에 대한 사전정보는 이미 노출되어 있을 수 있습니다. 또한 이 행위는 주로 특정되어 한 번에 이루어지는 것이며 습관적으로 일어나지는 않는 특징이 있습니다. 이렇게 진행형으로 미래를 대신하는 동사는 'arrive, come, drive, fly, go, leave, start, travel' 등 주로 오가는 행위나 만나는 행위와 연관된 것이 많습니다.

1086	나는 오늘밤 떠난다. (떠날 것이 이미 알려져 있음)
	I am leaving tonight.
1087	나는 9월에 시험을 치른다. (시험을 치를 것이 알려져 있음)
	I'm taking an exam in Sep.
1088	다음 일요일에는 무엇을 하십니까? (특정한 한 번의 경우)
	What are you doing next Sunday?
1089	일요일에는 무엇을 하십니까? (습관의 경우)
	What do you do on Sundays?

Week 8 | Unit 20. 시제 (the tense)

5 be to VR

★ 보통 격식적으로 예정된 미래에 사용하거나, 과거형으로 쓸 경우 운명적 예정의 느낌을 표현합니다. 구어체보다는 문어체에서 주로 사용합니다.

1090	그들은 여기서 여섯시에 떠날 예정이다.
	They are to leave here at six.
1091	그는 가족전체를 비참함으로부터 이끌어 낼 예정이었다.
	He was to lead the whole family out of misery.

6 be on the point(edge, verge, brink) of + -ing

★ 주로 매우 임박한 일에 사용하여 움직일 수 없는 미래를 의미합니다. 'be about to + VR'과 거의 같은 용법입니다.

1092	나는 당신을 곧 도와 줄 테니 조금만 참아라.
	I am about to help you, so be patient.
1093	그는 막 돌아서려는 참이었는데 그 때 난파선의 잔해를 보았다.
	He was on the point of turning back, when he saw the debris of the wrecked ship.

4 현재진행시제 (the present continuous tense)

1 동작동사의 진행시제

★ 'be + ing' 형태로, 동작이 진행되고 있다는 것을 의미하므로 원칙적으로는 동작동사에 국한시켜 사용합니다. '연속적 동작'이나 '간헐적 연속'에 다 사용할 수 있으며 부사 'always'를 붙이면 '습관'을 의미하기도 합니다. 이 형태로는 '예정된 미래'를 표시할 수도 있습니다.

1094	비가 오는 중이다.(연속적 진행)
	It is raining outside.
1095	나는 추워서 외투를 입고 있는 중이다. (연속적 진행)
	I am wearing a coat as it is very cold.
1096	그 아기가 뭐 하는 중인가? 1달러짜리 지폐를 찢고 있는 중이다. (연속적 진행)
	What is the baby doing? - He is tearing up a one dollar note.
1097	그는 대학에서 영어를 가르치는 중이며 한국어를 배우는 중이다. (간헐적 진행)
	He is teaching English and learning Korean at a university.
1098	나는 오늘밤 타미를 만난다. 그는 나를 고향으로 데려갈 것이다. (확정된 미래)
	I am meeting Tommy tonight. He is taking me to my hometown.
1099	내일 아침에 무엇을 하는가? 나는 타미와 테니스를 칠 것이다. (확정된 미래)
	Are you doing anything tomorrow morning? I'm playing tennis with Tommy.
1100	나는 늘 그 실수를 한다. (습성)
	I am always making that mistake.
1101	타미는 늘 주말에 집을 떠나 있다. (습성)
	Tommy is always going away for weekends.

Week 8 | Unit 20. 시제 (the tense)

2 상태동사

★ '진행시제'는 상태동사에서 사용하지 않는 것이 원칙입니다. 상태동사라는 것은 물리적 움직임이 없기 때문에 진행형을 쓰기 어렵습니다. 다만, 상태동사를 동작동사의 의미로 전용해서 쓰는 경우에는 진행형이 가능합니다. 우선은 영어에서 어떤 동사들이 진행시제를 갖지 않는지에 대해서 알아두어야 합니다. 한국인들이 흔히 진행시제를 이런 동사에 적용시켜서 문법적으로 매우 어색한 문장을 만들기 때문입니다.

★ 예를 들어서, 한국어는 정황어이므로 '나는 너를 몹시 필요로 하고 있는 중이다' 가 어색하지 않지만 영어로, 'I am needing you desperately' 라고는 쓰지 않습니다. 'need' 라는 동사는 동작의 의미가 없기 때문에 진행형을 쓰지 않습니다. 그냥 현재시제인 'I need you desperately' 라고 써서 그런 의미를 다 포괄하게 됩니다. 그럼 이렇게 진행형으로 쓰지 않는 동사들은 주로 어떤 것들일까요?

1 순수지각 상태동사

★ 이런 동사들은 '물리적 움직임'을 표현하지 않고, 의지와 상관없는 '인지, 지각, 자연스런 감정' 등을 표현합니다. 대표적으로 'feel (감정이나 촉감으로 느끼다), hear (고막에 의해 듣다), see (시신경에 의해서 보다), smell (후각신경에 의해 인지하다)' 등이 이에 해당됩니다. 하지만 의지를 가지고 촉감을 느끼고 있는 중이면 'be feeling', '만나고 있다' 의 뜻이면 be seeing', 그리고 의지를 가지고 킁킁 대며 냄새를 맡는다면 'be smelling' 등, 모두 진행형으로 쓸 수 있습니다. 자발적 의지와 그에 따른 감각기관의 움직임이 개입되기 때문입니다.

1102	나는 행복을 느낀다. (무의지)
	I feel happy.
1103	나는 행복을 느끼고 있는 중이다. (자발적 의지 강조)
	I am feeling happy.
1104	나는 그녀의 피부를 촉감으로 느낀다. (무의지)
	I feel her skin.

1105	나는 그녀의 피부를 촉감으로 느끼고 있는 중이다. (의지)
	I am feeling her skin.
1106	나는 스크린 위에서 어떤 검은 점들을 본다. (무의지)
	I see some black dots on the screen.
1107	나는 요즘 아무도 만나지 않는 중이다. (의지)
	I am seeing nobody lately.
1108	나는 무엇인가 타는 냄새를 맡는다. (무의지)
	I smell something burning.
1109	나는 모든 종류의 향신료들을 냄새 맡아 보고 있는 중이다. (의지)
	I am smelling every kind of spices.

★ '자발적 지각 동사'는 진행형을 쓸 수 있습니다. 이것은 의지와 행위가 병행하기 때문입니다. 즉, 순수한 감각기관만을 이용해서 어떤 인식이 이루어지는 것이 아니라, 주어의 의지가 개입되어서 일어나는 지각행위들인 'gaze (응시하다), stare (응시하다), look at (쳐다보다), observe (관찰하다), watch (지켜보다), listen (경청하다)' 등은 진행형으로 사용합니다.

1110	나는 지켜보는 중인데 특별한 것은 보이지 않는다.
	I am watching but I don't see anything unusual.
1111	그는 음악을 듣고 있는 중인데 이어폰을 끼고 있어서 다른 사람은 듣지 못한다.
	He's listening to music, but wearing earphones so nobody else hears it.

Week 8 | Unit 20. 시제 (the tense)

2 보어를 받는 오감 동사 (link verb)

★ 'look + 형용사'와 같은 '오감 동사'는 주어의 행위나 의지와 상관없이 '인식을 당하는 것'이므로 진행형을 거의 쓰지 않습니다.

1112	그는 대단해 보인다. (평소)
	He looks great.
1113	그는 지금 대단해 보인다. (지금)
	He is looking great.
1114	그는 냉소적으로 들린다.
	He sounds cynical.
1115	그에게서 좋은 냄새가 난다.
	He smells good.
1116	그 국은 매우 좋은 맛이 난다.
	The broth tastes very good.
1117	그것은 부드럽게 느껴진다 (촉감).
	It feels soft.

3 감정표현 동사

★ 다음의 동사들은 오로지 '감정의 의미'만 있다는 전제하에서는 진행형을 쓰지 않습니다. 다만 '동작의 의미가 개입'되면 진행형을 쓸 수 있습니다. 예컨대, '나는 당신을 사랑한다' 라고 말할 때 우리는 보통 그것을 감정의 의미로 사용합니다. 물론 한국어에서 '나는 당신을 사랑하는 중이다'라는 말도 사용하는데, 그것을 영어로 표현할 때 'I am loving you' 라고 쓰지는 않습니다. 그런 의미라면 'I am in love with you' 가 더 가깝습니다. 하지만 'He is loving his wife'라고 한다면 이것은 'He is making love to his wife'에 해당하는 표현이 됩니다. 즉, '동작이 개입'되므로 감정의 의미로서 사랑을 말하는 것이 아니라 '신체적 의미로 사랑'을 나누고 있는 중인 것입니다. 'like, love, hate, loathe, dislike, fear, desire, detest, adore, abhor, respect, admire, regret' 등 주로 '좋아하다, 싫어하다' 와 관련된 대부분의 감정동사는 위의 규칙에 해당됩니다. 즉, '순수한 감정의 의미'로는 진행을 쓰지 않습니다.

1118	그는 추위를 신경 쓰지 않는다. (감정)
	He doesn't mind the cold.
1119	그는 그 자신의 일은 보살피고 있다. (행위)
	He is minding his own business.

4 논리작용동사

★ 이것은 '두뇌의 논리작용'에 해당하는 동사입니다. 이 동사들도 행위와 동반되거나 정신적 노동의 의미가 개입되면 진행형으로 쓰지만, 일반적 '인지의 의미'로는 진행형으로 사용하지 않습니다. 'think, agree, understand, believe, know, recall, remember, forget' 등의 동사가 이에 해당됩니다.

1120	무슨 생각을 하는 중? 우리가 함께 보낸 날들을 생각중이다. (비논리, 정신활동)
	What are you thinking about? I'm thinking about the days we spent together.

Week 8 | Unit 20. 시제 (the tense)

1121	당신은 그것을 어떻게 생각하는가? 대수롭지 않다고 여긴다. (논리, 판단)
	What do you think of it? I don't think much of it.
1122	타미는 제주도로 이사 갈 것을 고려중이다. (정신노동) 너는 그의 생각을 어떻게 보는가? (논리, 판단) 나는 그것이 좋은 생각이라고 본다. (논리, 판단)
	Tommy is thinking of moving to Jeju island. What do you think of his idea? I think it is a very great idea.
1123	줄곧 생각하고 있는데 (정신적 노동), 너는 나와 함께 이곳에서 머물러도 된다.
	I've been thinking that you can abide here with me.

5 그 외의 상태동사

★ 그 밖에도 '순수소유'를 비롯한 상태의 의미로만 파악하는 많은 동사들이 있습니다. 'have'가 '소유하다' 라는 의미일 경우 진행형은 쓰지 않지만 '먹다, 마시다 혹은 겪다'라는 의미일 경우 활동이 개입되므로 진행형을 사용합니다. 'have, possess, belong, own' 등은 소속이나 소유의 의미일 경우 진행형을 쓰지 않습니다.

★ 'owe (빚지다), appear + 형용사 (보이다), concern (연관시키다), consist (구성되다), contain (담고 있다), matter (문제가 되다), need (필요로 하다)' 등의 동사는 상태동사로서, 진행형을 만들지 않습니다.

1124	나는 그의 형제자매들과 식사를 하는 중이다.
	I am having a meal with his siblings.

5　과거진행시제 (the past continuous tense)

★ 현재 진행에서 배운 모든 규칙이 시점만 과거로 옮겨지고 그대로 동일하게 적용됩니다. 형태상으로는 'was + ing / were + ing' 입니다.

1125	어두워지고 있었다.
	It was getting darker.
1126	바람이 세게 불고 있었다.
	The wind was blowing hard.
1127	8시에 그는 저녁을 먹고 있었다. (진행 시점)
	At eight he was having dinner.
1128	8시에 그는 저녁을 먹었다. (시작 시점)
	At eight he had dinner.
1129	그는 그날 밤 떠나게 되어서 짐을 꾸리느라 바빴다. (확정된 예정)
	He was busy packing because he was leaving that night.
1130	그는 늘 그의 손톱을 물어뜯었다. (과거 습관)
	He was always biting off his fingernails.

6　미래진행시제 (the future continuous tense)

★ '미래의 어떤 특정한 시점'에 진행되고 있을 동작을 '예측'하는데 사용됩니다. 형태상으로는 'will (shall) be VR-ing' 를 사용합니다.

1131	나는 저녁 7시 무렵이면 Alec과 식사를 하는 중일 것이다.
	I will be having dinner with Alec by 7 in the evening.

Week 8 | Unit 20. 시제 (the tense)

> **1132** 그는 내일 정오면 대서양을 날고 있을 것이다.
> He will be flying over the Atlantic by tomorrow noon.

7 현재완료시제 (the present perfect tense)

★ 다소 생소한 용어인지도 모르는 '현재완료시제'의 형태는 'have, has + p.p' 입니다. 수동형에서는 'have, has + been + p.p' 입니다. 이 시제를 지칭하는 용어가 한국인들에게 낯설게 들리는 것은, 한국어의 시제개념에 이것이 존재하지 않기 때문입니다. 이 형태는 'have, has' 를 줄여서 'I've been' 혹은 'She's been' 처럼 사용하는 경우가 더 많습니다.

★ 한국어는 여러 차례 언급했듯이 정황에 많이 의존하는 언어입니다. 따라서 한국어에서는 정황과 함께 다른 단서들을 사용하여 그 정확한 의미를 파악해 내는데 최적화되려는 진화과정을 거쳤습니다. 예컨대, '나는 그 사람을 보지 못했다' 라는 문장과 '나는 그 사람을 어제 이후 보지 못했다' 라는 문장에서 술어동사의 '보지 못했다' 는 같은 형태입니다.

★ 그런데 영어에서 '나는 그 사람을 보지 못했다' 는 두 가지 방법으로 표현할 수 있습니다. 그 하나는 'I didn't see him' 이고 다른 하나는 'I haven't seen him' 입니다. 이 두 가지 영어가 모두 한국어에서는 '나는 그 사람을 보지 못했다' 입니다. 그러면, 영어에서는 이 두 가지 표현이 의미차이가 있는 것일까요? 물론입니다. '단순과거시제'와 'have p.p' 로 표현된 '현재완료시제'는 둘 다 과거에 기반을 두고 있는 행위이지만 단순과거는 '현재와 상관없는 사실' 인 반면, 현재완료는 '현재에 연관된 정보'를 준다는 점이 차이입니다.

★ 그럼 '현재와 연관된 정보' 란 무슨 뜻일까요? '현재완료'는, 말하는 시점인 현재를 기준으로 어떤 행위가 끝났고, 그 행위의 결과가 현재나 미래에 어떤 영향을 끼친다는 것을 암시합니다. 예를 들어 'I didn't see him' 에서 '내가 그 사람을 못 본 것'이 현재와는 상관없는 어떤 과거시점에 일어난 행위입니다. 그 과거는 조금 전일 수도 있지만 십년 전일 수도 있습니다. 그러므로 '단순과거'는 현재관점에서는 단절되어 있는 '어떤 과거시점을 기준'으로 전개되는 사건의 묘사에 사용합니다.

★ 하지만 'I haven't seen him'은 그를 최종적으로 못 봤다고 판단한 '기준 시점이 현재'입니다. 즉 '나는 지금까지 그를 못 보았다' 라는 의미입니다.

★ 'Somebody stole my car'는 단순과거이므로 이것은 과거 어떤 특정시점을 기준으로 일어난 사건이고 현재와는 상관없습니다. 그 후 자동차는 다시 찾았을 수도 있고, 영원히 잃어버렸을 수도 있습니다. 그것은 다음에 이어지는 정보를 보아야 알 수 있습니다. 그러나, 'Somebody has stolen my car' 라고 하면 '훔친 행위는 과거'라 해도 '현재 그 자동차는 없다'라는 정보와 '훔쳐간 사람을 현재 알지 못한다'라는 정보를 포함합니다.

★ '어제 이후로 그 사람을 못 보았다' 역시, '이후로' 라는 표현이 '말하는 시점인 현재'를 기준으로 삼는 것이므로, 이런 경우 시제는 현재완료를 써서 'I haven't seen him since yesterday' 라고 해야 합니다.

★ 현재완료시제에서, 과거에 시작된 행위가 상당한 지속기간을 거쳐, 말하는 현재시점에도 진행되고 있을 경우, 'have, has + been + ing' 라는 현재완료진행시제를 쓸 수 있습니다.

1133	나는 열심히 일했다. (현재를 기준으로 일을 마치면서)
	I have worked hard.
1134	그는 금방 밖으로 나갔다. (just를 써서 현재와 가장 가까운 과거암시)
	He has just gone out. = He went out a few minutes ago.
1135	나는 그 소설을 읽어보았지만 무엇을 말하려는지 모르겠다. (현재의 이해상태)
	I've read the novel but I don't understand what it is trying to say.
1136	알렉스는 심한 모터사이클 사고를 당했다. (그는 아마 현재 병원에 있을 것이다.)
	Alex has had a bad motor cycle accident. (maybe in hospital.)
1137	나는 문을 칠했다. (어쩌면 현재 문이 아직 마르지 않았다.)
	I have painted my door. (It is probably still wet.)
1138	나는 숲속에서 많은 들고양이들을 보았다. (미래에도 다시 볼 가능성이 있다)
	I have seen a number of wild cats in the woods. (It is still possible to see them again.)

Week 8 | Unit 20. 시제 (the tense)

1139	그는 늘 내 편지에 답을 했다. (앞으로도 그럴 것이다.)
	He has always answered my letters.
1140	나는 수업에 늦은 적이 없다. (앞으로도 그럴 것이다.)
	I've never been late for class.

★ 과거와 현재완료는 'time bracket', 즉 '시간대의 설정'에서 다음과 같은 '시간부사'들을 사용할 때 선택적으로 사용됩니다. 만약 '오늘'이라는 표현을 쓸 때 아직 '오늘'이라는 시간이 끝나지 않은 'time bracket' 안에 있다면 현재완료를 쓸 수 있지만, 활동시간으로서의 '오늘'이 이미 충분히 지났다고 여길 때는 단순과거를 사용합니다. 예컨대 '그는 오늘 열심히 일했다'라고 할 때, 일을 마친 시간이 아직은 오후나 저녁시간이라면 'He has worked hard today'를 사용하지만 취침시간대에 이런 말을 한다면 'He worked hard today'가 더 어울리는 표현입니다.

★ 'today, this morning, this afternoon, this evening, this week, this month, this year, this century' 등은 모두 시간대의 설정에 따라, '과거'와 '현재완료'를 선택적으로 사용할 수 있습니다.

1141	그는 오늘 아침 너에게 전화를 3번 했다. (아직 오전 11시 59분 전임을 암시)
	He has given you 3 calls this morning.
1142	그는 오늘 아침 너에게 전화를 3번 했다. (말하는 시간대는 오후 12시를 넘겼다.)
	He gave you 3 calls this morning.
1143	말에서 떨어져 본 적 있나요? (당신은 아직 말을 가끔 탄다는 것을 암시)
	Have you ever fallen off a horse?
1144	말에서 떨어져 본 적 있나요? (당신의 승마시절은 끝난 것으로 간주한다.)
	Did you ever fall off a horse?

★ 현재를 기준으로 '경험의 유무'나 '경험의 횟수'를 표현할 때 현재완료를 사용합니다. '지금까지, 여지껏, 한번이라도' 등으로 경험에 관한 표현을 한다면 현재완료를 쓰며 'ever, never, till now, so far, once, twice' 등이 현재완료와 함께 주로 사용됩니다.

1145	이것이 내가 지금껏 맛 본 가장 좋은 와인이다. (현재를 기준으로 경험의 누적)
	This is the best wine I have ever tasted.
1146	이것은 내가 카누를 타 본 최초이다. (현재를 기준으로 경험의 누적)
	This is the first time I have been in a canoe.

★ 현재완료는 과거부터 현재까지의 기간을 두고 '어떤 동작이나 상태의 지속'과 관련된 표현을 담당합니다. 따라서 한국어로 '지금까지, -이후로, 얼마 동안' 에 해당하는 영어의 'so far, until now, since, for + 기간' 등의 표현과 어울립니다.

1147	나는 9월 이후 그를 못 보았다.
	I have not seen him since September.
1148	그가 집을 떠난 후 그로부터 소식을 들었습니까?
	Have you heard from him since he left home?
1149	그 이후 나는 마음을 바꾸었다.
	I've since changed my mind. = I've changed my mind since then.
1150	사고 이후 나는 왼손으로 글을 써 왔다.
	Since my accident I have written with my left hand.
1151	고교 시절 이후 나는 늘 안경을 쓴다.
	I've worn glasses since my high school days.
1152	나는 지금까지 한 달 동안 왼손을 쓰고 있다.
	I've used my left hand for a month now.

Week 8 | Unit 20. 시제 (the tense)

★ 시간의 길이를 직접적으로 이야기할 때는 'it is + 기간명사 + since + 과거나 현재완료시제' 구조를 사용합니다.

1153	내가 데이트를 한지 4개월이 되었다.
	It is 4 months since I had a date.
1154	내가 그를 본지 3년이 되었다.
	It is 3 years since I have seen him.

8. 현재완료 진행시제 (the present perfect continuous)

 과거부터 현재를 거치며 진행되는 행위

★ 이미 언급했듯이 현재완료 진행시제는 과거에 시작된 행위가 일정 기간 동안 지속되면서 현재까지도 진행될 때 사용합니다. 형태상으로는 'have, has + been + ing' 입니다. 물론, 진행의 의미가 들어가므로 '동작동사'에서 만듭니다.

1155	아침 식사이후 나는 편지들을 쓰고 있는 중이다.
	I've been writing letters since breakfast.

★ 과거와 현재완료, 그리고 현재완료진행을 제대로 사용하기 위해서, 어떤 상황을 설정하고 이에 알맞게 시제를 배분해 보겠습니다.

1 설정 1

A : I haven't seen your sister lately. Has she gone away?
당신의 여자형제가 최근 안보입니다. (어디로)떠나버렸나요? (현재를 기준삼은 결과)

B : Yes, she's been sent to Africa.
네. 그녀는 아프리카로 보내졌어요. 그래서 여기에 없어요.
(현재를 기준삼은 결과)

A : When did she go?
언제 갔는데요? (출발시점은 과거)

B : She went last month.
지난달에 갔어요. (출발시점은 과거)

A : Have you had any letters from her?
그녀로부터 편지를 받았나요? (지금까지 결과)

B : I haven't, but her husband has been hearing from her regularly.
나는 받지 못했지만 그녀의 남편은 규칙적으로 그녀에게서 소식을 듣고 있는 중이죠. (떠난 시점부터 지금까지 이어지는 행위)

A : Does he intend to go out and join her?
그는 출국해서 그녀와 함께 할 계획인가요?

B : They have been thinking about it but haven't decided yet.
Unfortunately they've had a lot of expense lately and perhaps haven't got the money for his fare to Africa.
그들은 이것에 대해 계속 궁리하고 있지만 (지금까지) 아직 결정하지 못했죠. 불행히도 최근에 그들은 많은 비용을 썼고 아마도 그의 아프리카행 여행 경비를 갖고 있지 못한 것 같아요.

Week 8 | Unit 20. 시제 (the tense)

2 설정 2

A : What have you done with my knife?
내 칼을 어떻게 했지(현재 내 칼의 상태와 관련하여)?

B : I put it back in your drawer.
너의 서랍에 다시 넣어 두었어. (넣어둔 행위 자체는 과거)

A : (taking it out) But what have you been doing with it? The blade is all twisted. Have you been using it to open thins?
(꺼내면서) 하지만 이것 가지고 무엇을 하고 있었던 거야 (지금까지)? 칼날이 모두 휘어져 있잖아. 깡통을 따기 위해 쓰고 있었던 거니 (현재 칼날의 상태와 연계해서)?

3 설정 3

A : Do you see those people on that little sandy island? They've been waving handkerchiefs for the last half hour. I wonder why.
저기 작은 모래섬에 있는 사람들 보이세요? 그들은 반시간 째 손수건을 흔들고 있는 중이에요. 왜 그러는지 궁금하네요. (지금까지 줄곧 진행 중)

B : They need help. The tide's coming in and very soon that little island will be under water. Have you been sitting here calmly and doing nothing to help them?
그들은 도움을 원하는 겁니다. 조수가 밀려오고 있고 곧 저 작은 섬은 물 밑으로 가라앉을 것입니다. 당신은 (그때부터 지금까지) 여기에 침착하게 앉아서 그들을 도울 일을 하지 않고 있던 것인가요? (과거부터 지금까지 줄곧 진행 중)

A : I've never been here before. I didn't know about the tides.
저는 전에 이곳에 온 적이 없어요. (과거부터 지금까지 경험) 조수에 대해 몰랐어요.

9 과거완료시제 (the past perfect tense)

 과거 1 시점 ~ 과거 2 (더 먼 과거) 시점

★ 현재완료가 과거에 일어난 행위를 현재와 연계시켜 표현하는 것이라면, 과거완료는 '더 먼 과거'와 '더 가까운 과거'를 연계하는 표현입니다. 아이디어 자체는 현재완료와 동일합니다. 다만, 기준시점이 현재가 아니라 '더 가까운 과거'일 뿐입니다.

1156	트럼프씨는 옷가방을 잃어버려서 내 잠옷을 빌려야 했다.
	Mr. Trump had lost his suitcase and had to borrow my pyjamas.
1157	오바마씨는 내가 그를 만났을 때 제복차림이었다. 그는 그때까지 십년 간 군인이었고 40세 까지 군에 머물 계획이었다.
	Mr. Obama was in uniform when I met him. He had been a soldier for ten years, and planned to stay in the army till he was forty.
1158	지미 카터는 열시 이후 계속 기다리고 있었는데 마침내 그의 여자형제가 나타났을 때, 그녀에게 매우 화났다.
	Jimmy Carter, who had waited since ten o'clock, was very angry with his sister when she finally turned up.
1159	우리 이야기기 시작될 때 로널드는 25세였다. 그의 아버지는 그 5년 전에 돌아가셨고 그 이후 그는 혼자 살았다.
	Ronald was 25 when our story began. His father had died five years before and since then he had lived alone.

Week 8 | Unit 20. 시제 (the tense)

★ '과거완료'를 '대과거'와 동일시해서는 안 됩니다. '대과거'라는 것은 두 개의 과거 중에서 더 먼 과거시점을 말합니다. 형태상 'had p.p' 가 되었다고 무조건 대과거가 용법이 아니며, 어떤 동작이 완료되었다는 것을 암시하기 위해 사용될 수도 있습니다. 많은 한국인들이 'had p.p' 를 무조건 대과거로 오해하는 사례가 많습니다. '대과거'는 '과거완료시제'의 해석법 중 한 가지에 불과합니다.

1160	'Bill'은 그 모든 그림들을 다 볼 때까지 갈 것을 거절했다. (완료)
	Bill refused to go until he had seen all the pictures.
1161	우리가 식사를 마치기도 전에 그는 우리에게 다시 작업으로 복귀하라고 명령했다. (완료)
	Before we'd finished our meal he ordered us back to work.
1162	우리가 식사를 시작하기 전, 그는 또 다른 요리를 해 놓았었다. (대과거)
	Before we started our meal, he had cooked another dish.
1163	나는 'Angelina'를 3년 전, 처음 봤지만 'Brad'은 그 3년 전에 그녀를 보았었다. (대과거)
	I saw Angelina first 3 years ago but Brad had seen her another 3 years before.

10 과거완료 진행시제 (the past perfect continuous)

★ '현재완료진행시제'의 용법과 동일합니다. 기준시점만 '과거'입니다.

1164	'Nick'은 그녀와 다섯 번 통화를 시도했었다. (그 당시까지)
	Nick had tried five times to get her on the phone.
1165	그는 'Anne'과 통화를 시도하고 있었던 중이었다. (그 당시에도)
	He had been trying to get Anne on the phone.

11 미래완료시제 (the future perfect tense)

★ 현재완료가 '과거부터 현재'를 기준시점으로 삼아서 표현하고, 과거완료가 '더 먼 과거부터 더 가까운 과거'를 기준시점으로 삼아서 표현한다면, 미래완료는 '과거부터 미래'를 기준시점으로 삼아서 표현하는 방법입니다. 형태적으로는 'will have p.p, shall have p.p' 입니다. 물론 수동태라면 'will have been p.p, shalll have been p.p' 입니다. 미래완료시제는 '미래 시점에 완료'된다는 것을 전제로 하기 때문에 주로 '전치사 by + 미래시점명사'와 함께 쓰거나 'by the time + 절'의 형태로 미래시점을 설정합니다. 미래 기준 시점까지 어떤 행위가 지속된다고 예상하면 'until = till'을 사용합니다.

1166	다음 달 말 무렵이면, 'Harry'는 여기서 6년 동안 머물게 될 것이다.
	By the end of next month, Harry will have been here for 6 years.
1167	우리는 여기서 12월 14일까지 기다리는 것이 좋겠다. 'Bill'은 그 무렵 시험을 보았을 것이고 그러면 그는 우리와 함께 할 수 있을 것이다.
	We'd better wait till 14 December. Bill will have had his exam by then, so he'll be able to join us.

12 미래완료 진행시제 (the future perfect continuous)

★ 기준시점이 미래가 된 완료진행시제로서, 그 시점까지 어떤 행위가 지속되고 있을 것이라는 '예상'에서 사용합니다.

1168	올 해 말이면 그는 삼십년 째 연기생활을 하고 있을 것이다.
	Until the end of this year he'll have been acting for thirty years.

WEEK 9

unit 21 — 조동사 (modal & auxiliary)
unit 22 — 가정법 (subjunctive mood)
unit 23 — 비교 (comparison)

DAY 1
UNIT 21
1) 조동사 개념
2) modal verb 의 성격
3) modal verb 의 종류와 용법
4) auxiliaryl verb 의 종류와 용법
5) 구 조동사
6) '본동사 + to VR' 구조의 조동사 대용어
7) 조동사 + have p.p

DAY 2
UNIT 22
1) 단순한 조건의 제시 : 가능성이 있는 일
2) 현재 사실에 대한 반대가정
3) 과거 사실에 대한 반대가정
4) 가정법 혼합시제
5) 기타 가정법
6) 가정법의 도치

DAY 3
복습
조동사, 가정법 유닛에서 배운 모든 문장들을 다시 따라 읽고, 영작하는 복습을 해 주세요. 조동사, 가정법 유닛에서 배운 단어들도 반드시 암기해 주세요!

DAY 4
UNIT 23
1) 원급 비교
2) 비교급 비교 (1)

DAY 5
UNIT 23
2) 비교급 비교 (2)
3) 최상급 비교

DAY 6 ~ DAY 7
복습
비교구문 유닛에서 배운 모든 문장들을 다시 따라 읽고, 영작하는 복습을 해 주세요. 비교구문 유닛에서 배운 단어들도 반드시 암기해 주세요!

UNIT 21

조동사
modal & auxiliary

PREVIEW

조동사는 동사를 돕는 역할을 하며 그 종류는 크게 두 가지입니다. 하나는 동사의 방식이나 의미에서 도움을 주는 역할을 합니다. 예를 들어서 '말하다'는 원형이며 영어로는 'speak' 입니다. 그런데 '말할 수 있다'는 동사에 능력의 의미를 더했습니다. 영어로는 'can speak' 이 됩니다. 이렇게 동사의 앞에서 동사의 의미를 보조해주는 역할을 하며, 인칭과 수에 의해 변화하지 않는 동사를 'modal verb' 라고 합니다. 'mode' 즉, 방법이나 태도 혹은 양식에 관련된 의미를 보조한다는 것입니다. 이런 조동사는 'can, may, will, shall, must, could, might, would, should' 가 있습니다.

UNIT 21 조동사 (modal & auxiliary)

1 조동사 개념

★ 조동사는 동사를 돕는 역할을 하며 그 종류는 크게 두 가지입니다. 하나는 동사의 '방식'이나 '의미'에서 도움을 주는 역할을 합니다. 예를 들어서 '말하다'는 원형이며 영어로는 'speak'입니다. 그런데 '말할 수 있다'는 동사에 능력의 의미를 더했습니다. 영어로는 'can speak'이 됩니다. 이렇게 동사의 앞에서 '동사의 의미를 보조'해주는 역할을 하며, 인칭과 수에 의해 변화하지 않는 동사를 'modal verb'라고 합니다. 'mode', 즉 방법이나 태도 혹은 양식에 관련된 의미를 보조한다는 것입니다. 이런 조동사는 can, may, will, shall, must, could, might, would, should'가 있습니다.

★ 그런데 동사의 의미보조와 상관없이 '문법적 기능'만을 담당하는 조동사도 있습니다. 예를 들어 우리가 일반동사의 '의문문'이나 '부정문'을 만들 때 그냥 술어동사를 주어 앞으로 보내거나, 동사와 'not'을 바로 연계하지 않습니다. 'Love you me?'라고 하거나 'You not love me' 이렇게 만들지 않는다는 것이죠. 이때는 'do'라는 단어를 사용해서 'Do you love me?' 혹은 'You don't love me'라고 각각 의문문과 부정문을 만듭니다.

★ 여기서 'do'는 동사 '하다'라는 의미와 역할을 가지고 있지 않습니다. 단지 'love'라는 동사를 '의문문'과 '부정문'으로 만드는데 도움을 줄 뿐입니다. 이런 조동사는 'be · do · have'가 있는데 이것은 '시제'와 '인칭'에 지배를 받습니다. 'be'는 '진행시제'나 '수동태'를 만들기 위해서 'be + ing'나 'be + p.p' 일 때 조동사입니다. 'have'는 '완료시제'를 만들기 위해서 'have(has) p.p'나 'have(has) been p.p'에서 조동사입니다. 결론적으로, 동사의 의미나 기능에 도움을 주는 동사 보조어를, 통칭하여 조동사(helping verb)라고 부릅니다.

2 modal verb 의 성격

★ 이 조동사들은 모두 뒤에서 'VR'이나 'have p.p'를 받습니다. 주어의 '인칭'과 '수'에 지배받지 않습니다. 다시 말해서, 주어가 '1인칭·2인칭·3인칭' 혹은 '단수·복수'에 상관없이 조동사의 모양은 변하지 않습니다. 부정문을 만들 때는, 조동사 뒤에 'not'이나 'never'를 붙이며 의문문을 만들 때는 조동사만 주어 앞으로 보냅니다. 의문사가 있는 의문문에서는 [의문사 + 조동사 + 주어] 어순이 됩니다. 'not'이 있는 상태에서 의문문을 만들 때는 조동사와 'not'을 축약시켜서 주어 앞으로 보내거나, 'not'은 주어 뒤, 즉 본동사 앞에 둡니다. 'must'를 예로 해서 조동사 용법을 보겠습니다.

도표 114 : 동사와 조동사의 용례

틀린 사용	맞는 사용
Love you me? (x)	Do you love me? (O)
You not love me. (x)	You don't love me. (O)
He musts love me. (x)	He must love me. (O)
He must loves me. (x)	He must love me (O)
Does he must love me? (X)	Must he love me? (O)
must를 이용한 활용의 예	
He must have seen it.	He must be following it.
He must have been surprised.	He must not come here.
Must he get it?	Must he not see this?
Musn't he get back?	What must he do now?
He must be overwhelmed with his work.	

★ 위에 나와 있는 형태들은 조동사 'must'가 실제로 동사와 함께 사용될 수 있는 모든 모습이라고 보면 됩니다. 'modal' 조동사는 중복해서 사용할 수 없기 때문에 두 개 이상의 의미를 주고 싶을 때는 뒤의 것을 유사한 의미를 가진 본동사로 고쳐야 합니다. 예를 들어 'will'과 'can'을 중첩시켜서 '지금은 할 수 없지만 미래에 할 수 있을 것이다' 라는 의미를 만들고 싶으면 'can'을 유사한 의미의 본동사인 'be able to VR'로 고쳐서 'will can'이 아니라 'will be able to VR'를 써야 합니다.

Week 9 | Unit 21. 조동사 (modal & auxiliary)

3 modal verb 의 종류와 용법

1 can (과거형 could)

1 능력 : '-할 수 있다'

1169	'Tarzan' 은 많은 동물들을 불러 모을 수 있지만 나는 못한다.
	Tarzan can summon many animals, which I can't.
1170	그 당시 그는 5개 국어를 말할 수 있었다.
	He could speak 5 different languages at that time.

2 허락 : '-해도 좋다 (비격식)'

★ 'could' 를 쓰면 더욱 공손한 표현이 됩니다. 이 용법은 과거시점과 관계없습니다. 대답할 때는 could 를 쓰지 않습니다.

1171	들어가도 되나요? 네됩니다.
	Can(Could) I come in? Yes, you can.

3 가능성 : '-할지도 모른다'

1172	전문적인 운전기사들도 실수를 할 수 있다.
	Even expert drivers can make mistakes.

★ 'can'은 기본적으로 위의 3가지 의미를 가지고 있습니다. 그런데 조금 신경써야할 용법이 하나 있습니다. 'cannot + over·too·enough' 이런 단어를 병기해서 문장을 만들면 이것은 '아무리 -해도 충분치 않다, 혹은 지나치지 않다' 라는 의미가 됩니다. 직역으로는 그 뜻이 통하지 않는 경우가 있기 때문에 한국어에서 이런 의미라는 것을 따로 기억해 두어야 합니다. 'not' 외에 'hardly' 등 다른 부정부사를 써도 됩니다.

412 | 마지막 기초영문법

1173	당신에게 아무리 감사해도 충분치 않다, 즉 모자란다.
	I can't thank you too much. I can't thank you enough. I can't over thank you.
1174	이것의 중요성은 아무리 강조해도 지나치지 않다.
	The significance of this can hardly be overestimated. The significance of this can hardly be estimated too much. The significance of this can hardly be estimated enough.
1175	당신은 아무리 일찍 와도 괜찮다.
	You can't come too early. You can't come early enough.

2 may (과거형 might)

1 허락 : '-해도 좋다'

★ 공손한 허락을 구할 때 사용합니다. 허락하지 않을 때 'you may not' 대신에 'you must not'을 쓰는 경우도 있습니다.

1176	제가 당신의 펜을 써도 되나요? 네 됩니다. 아니오, 안됩니다.
	May (Might) I use your pen? Yes, you may. No, you may not.

2 추측 : '-일지도 모른다'

★ 특별한 증거 없이 추측할 때 사용합니다. 추측이 맞을 가능성은 50% 정도입니다. 'might'를 쓸 수도 있는데, 이 경우는 확률이 더욱 불확실하다는 것을 의미합니다. 이 용법은 과거시점과 관계없습니다.

1177	그 보고서는 사실이 아닐 지도 모른다.
	The report may (might) not be true. It is possible that the report is untrue.

Week 9 | Unit 21. 조동사 (modal & auxiliary)

3 기원문 : May + S + VR

★ 전통적인 기원문을 만들 때 사용하는 구조로서 조동사 'may'는 주어 앞에 오지만, 의문문이 아니므로 의문부호가 아닌 '감탄부호'나 '마침표'로 문장을 마감합니다. 'may'를 생략하는 경우도 있는데 주어 다음에 '동사의 원형'이 온다는 사실에 유념해야 합니다.

1178	오래 사시기를!
	May you live long!
1179	그에게 축복을 내려 주시고, 이 거칠고 야만적인 정글에서 안전하게 지켜주소서!
	(May) God bless him and keep him in safety in his wild and savage jungle!

4 목적의 부사절에서 : (so) that / in order that + S + may / will / can

1180	집에 무사히 갈 수 있도록 이 제안에 동의합시다.
	Let's agree on this proposal so that we may go home safely.
1181	주름이 지지 않게 옷을 포장해 주세요.
	Pack the dresses in order that they may not crease.

5 무상관(양보)의 부사절 : wh- ever + (S) + may,

★ 'wh-'형 접속사 끝에 'ever'를 붙여서 무상관의 부사절을 만들 때 조동사 'may'를 '습관적으로 사용'합니다. 추측의 의미를 담기 때문에 그렇습니다. 'whoever, whomever, whichever, whosever, whatever, whenever, wherever, however'로 유도합니다. 이 용법에서는 'may'를 쓰지 않고 바로 본동사를 쓸 수도 있습니다.

1182	아무리 열심히 노력을 해도, 너는 그 일을 끝낼 수 없다.
	However hard you may try, you cannot finish the work.

3 must (과거형은 의무에서 had to, 단정에서 must)

★ 'must'는 '가변적 의무', 즉 '순간적 필요에 의해서 생기는 일상의 의무'들을 표현하며, 큰 무리없이 'have to'나 'have got to'로 대체할 수도 있습니다. 이 형태에서의 과거형은 'had to' 입니다. 또 하나, 'must'는 '증거가 있는 추측', 즉 '단정적 추측'의 상황에서 사용합니다. 이럴 경우 과거시점에서 쓸 때도 형태는 동일하게 'must' 입니다.

1 의무 : '-해야 한다'

★ 이것은 'should'와는 조금 다른 성격입니다. 'should'는 '당위성을 동반하는 의무', 즉 '법적·윤리적 의무나 충고' 등에 주로 사용하지만 'must'는 '가변적 의무', 즉 매일 일상을 하면서 그 때 그 때 필요에 의해서 생기는 의무에 주로 사용합니다. 'have got to'는 구어체에서 'gotta'로 표시되는 경우가 많습니다.

1183	당신은 오늘 일찍 **돌아와야 한다**.
	You **must** (= have to, have got to) **come back** early today.
1184	나는 그날 일찍 **귀가해야 했다**.
	I **had to come home** early that day.

2 단정적 추측 : '-함에 틀림없다'

★ 단순한 가능성을 넘어서, 어떤 증거로 단정할 때 사용하며 과거시제도 'must'이지만 현시점에서 과거사건을 단정을 할 때는 'must have pp'를 씁니다.

1185	그는 도둑**임에 틀림없다**. 왜냐하면 내가 도난당한 차를 몰고 있기 때문이다.
	He **must be a** thief as he is driving the car I've got stolen.
1186	우리는 그가 서두르고 있음에 **틀림없다고** 생각했다.
	We thought he **must be** in a hurry.

Week 9 | Unit 21. 조동사 (modal & auxiliary)

4 will (과거형은 would)

1 주어의 의지로 실현되는 미래

1187	내가 그것을 완수하겠다.
	I will get it done.
1188	그는 돌아올 것이다.
	He will be back.
1189	그는 그 다음날 돌아올 것이었다.
	He would come back the next day.

2 화자의 의지가 관철될 미래 (명령적 성격)

1190	당신은 뒤에 남아 있으세요.
	You will stay behind.

3 시간의 경과로 일어날 미래 (단순 미래)

1191	나는 다음 5월에 22살이 된다.
	I will be 22 next May.
1192	곧 밤이 올 것이다.
	Soon the night will fall.
1193	세 시간 후 해가 뜰 것이었다.
	The sun would rise in 3 hours.

4 경향 · 고집

★ 이것은 '-할 것이다'라는 구조를 띠고 있지만, 실제로는 과거에도 그런 일이 있었기 때문에 자신이 그 결과를 알고 예측한다는 느낌입니다. 반복적인 발생의 결과, '하나의 경향'으로 자리 잡은 느낌을 표현하는 것입니다.

1194	이 문은 우기에는 삐걱거리는 소리가 나는 경향이 있다.
	This door will make squeaky noise during rainy season
1195	부모들이란 결국 자녀에게 지게 마련이다.
	Parents will yield to their children.

5 가벼운 부탁

★ 이것은 공손한 부탁은 아닙니다. 만약 여기에 공손함을 더하고 싶으면 'would you?' 혹은 'could you?'처럼 '조동사의 과거형'을 써야 합니다. 친구사이나 격의 없는 사이에서는 'will you'를 많이 사용합니다.

1196	내대신 문을 좀 열어줄래?
	Will you open the door for me?

5 shall (과거형은 should) : 화자나 청자의 의지로 관철되는 미래

★ '1인칭 주어', 즉 'I' 혹은 'we'에서 'shall'을 쓰면 의지를 강조하는 것이며, '2인칭'이나 '3인칭'에 사용하면 주어의 의지와 상관없이 시켜서 하도록 만든다는 것입니다. 'let's'로 시작하는 청유형식에서는 'shall we'를 써서 '부가의문문'을 만듭니다.

1197	그에게 내 가방은 운반시켜라.
	He shall carry my suitcase. Let him carry my suitcase.
1198	지금 갑시다, 우리 그럴까요?
	Let's go now, shall we?
1199	무슨 일이 있어도 가겠다.
	I shall go, come what may.

Week 9 | Unit 21. 조동사 (modal & auxiliary)

6 would

★ 이 조동사는 'will'의 과거시점에 사용하기도 하지만, 실제로는 과거시점과는 상관없는 새로운 용법들에 더 자주 사용합니다. 그러므로 'would'는 '무조건 과거이야기구나' 라는 편견을 버려야 합니다. 일단 'will'의 과거시점에 사용하는 'would'의 예문을 보겠습니다.

1 will 의 과거시점 (과거에서 바라보는 미래)

1200	그녀가 내게 도와주겠느냐고 물었다.
	She asked if I would help.
1201	그들이 내게 자신들은 아마 오지 못할 거라고 말했다.
	They told me that they probably wouldn't come.

2 요청이나, 기호의 표시에서 공손함의 표명 (과거와는 무관함)

1202	잠시 우리끼리만 있게 자리를 좀 피해 주시겠어요?
	Would you excuse us for a few minutes?
1203	저는 닭고기를 먹고 싶습니다.
	I would like to eat chicken.

3 과거의 불규칙적 습관 (과거시점에서 있었던 습관)

★ '과거의 습관'을 표시할 때 빈도부사를 써서 동사의 과거형을 써도 되지만 'used to VR' 이나 'would VR'을 쓰기도 합니다. 'would'를 써서 과거의 습관을 표시할 때는, 그 행위가 어떤 특정한 규칙성을 가지고 있다기보다는 몇 번에 걸친 누적에 의해 '경향'이나 '습관화' 되었다고 판단할 때 사용하는 것입니다. 따라서 지속성·규칙성 보다는, 불규칙적이지만 누적된 경험에 의해서 과거의 행위를 '습관'으로 판단할 때 사용합니다.

1204	우리 부모님이 집을 비우실 때면 할머니께서 나를 돌봐 주시곤 했다.
	When my parents were away, Granny would take care of me.
1205	그가 항상 먼저 도움을 제의하곤 했다.
	He'd always be the first to offer to help.

4 가정의 결과

★ 이 용법은 한국인들에게 매우 어렵습니다. 이것은 가정법에서 더 자세히 배우겠지만 말하고 있는 현 시점에서 어떤 일이 일어나지는 않고 있거나, 어떤 상태는 아닌데 그 일이 일어나고 있거나, 그런 상태라고 가정을 하고 그것의 결과를 예측할 때 'would'를 쓰게 됩니다. 예컨대, 상대방이 어떤 음식을 먹다가 중도에 남기려고 한다고 가정해 봅시다. '나라면 그것을 다 먹겠다'라고 말한다면, 'I will empty the dish' 라고 말하지 않고 'I would empty the dish' 라고 말합니다. 왜냐하면 나는 상대방이 아니며, 그 음식을 먹고 있는 것도 내가 아닌 상대방이기 때문입니다.

★ 어떤 집의 정원에서 추운 2월에 대화를 하고 있다고 가정해 봅시다. 손님은 주인에게 정원이 황량해 보인다고 말하고, 집의 주인은 손님에게 그 정원이 5월이면 매우 아름답게 보인다고 말합니다. 'The garden looks so desolate. - Yes, but it would look so fantastically beautiful in May.' 이렇게 말할 때, 지금은 2월이고 5월이 아니므로 '아닌 시기를 가정하고 그 결과를 표현'하기 때문에 'would' 를 쓰는 것입니다. 이 용법은 매우 광범위하게 사용되고 하루에도 많으면 수십번 쓰기도 합니다. 그런데 한국인들에게는 이것이 익숙하지 않아서 우리가 이 'would'의 미묘한 '가정적 뉘앙스'를 깨닫지 못하는 경우가 많습니다.

★ 당분간 조동사의 과거가 나오면 혹시 가정의 결과가 아닌가 하는 의심을 늘 갖기 바랍니다.

Week 9 | Unit 21. 조동사 (modal & auxiliary)

7 should

★ 'shall'의 '과거'로서 사용되는 'should'는 실제로 극히 드문 사례입니다. 'should'는 새로운 용법을 많이 가지고 있습니다. 따라서 아래서 소개하는 'should'의 용법들은 '과거시점과는 상관없는 것'들입니다.

1 추측 : 'may'와 'must'의 중간정도

★ 이 용법은 그냥 '-일지도 모른다'가 아니라 '아마 그럴 것이다'라는 당연함을 기반으로 한 추측입니다. 70% 대의 추측이라고 보면 됩니다.

1206	우리는 언제 도착하게 되나요? 아마 어두워지기 전에는 도착할 것입니다.
	When will they arrive? They should get there before dark.
1207	이 시계는 얼마인가요? 아마 이런 시계는 500 달러는 넘을 것입니다.
	Do you have any idea how much this watch cost? A watch like this should cost more than 500 dollars.

2 당위성·충고성

★ '어떤 일이 당연히 그러해야 한다'라는 정신을 가지고 있으면, 그 절의 동사 앞에 조동사 'should'를 주로 사용합니다. 이것은 '불변성·반복성'을 가지고 있으므로 '과거·현재·미래'에 모두 적용됩니다.

1208	음주 운전은 하지 말아야 한다. (해서는 안 된다)
	You shouldn't drink and drive.
1209	그들은 대한민국의 젊은이들은 군대를 가야한다고 말했습니다.
	They said the Korean young men should serve in the military.
1210	인종차별성 발언을 해서는 안 된다.
	You should not say things with racism in them.

3 '명령·주장·제안·요구·판결' 등의 대상에 당위성을 부여할 때

★ 이런 '당위성'은 종속절에서 주절에 특별한 동사를 받음으로써 자연스레 연동되기도 합니다. 예를 들어, '-해야 한다고 요구하다 (ask, demand, require, request)'라고 표현한다면 요구의 내용에 '당위성을 강조'하기 마련입니다. 당연하지 않은 일을 요구한다면 설득력이 떨어질 테니까요. 그래서 비록 그 일이 황당한 일이라고 해도, 요구하는 입장에서는 당연하다는 느낌을 주기 위해서 'should'를 사용하는 것입니다. 그런데 조심할 점이 있습니다. 영국영어 권역에서는 'should'를 주로 명기하지만, 미국영어에서는 'should'를 생략하고 그냥 '동사의 원형'을 쓰는 경우가 많기 때문에, 술어동사에 원형이 와서 한국인들을 어리둥절하게 만들 수 있습니다. 예를 들어서 '사장은 더 많은 토의가 이루어져야한다고 요구했다'라고 한다면 'Boss asked more discussion should be made'가 영국식이고, 'Boss asked more discussion be made'가 미국식입니다. 'be'가 '원형'이기 때문에 당황할 수 있지만 'be' 앞에 'should'가 생략된 것이고, 그 이유는 주절의 동사에 'asked'가 사용되었기 때문입니다. 종속절에 이렇게 'should'를 써야하는 동사들이 매우 많이 있지만, 기초과정에서는 이 용법의 개념만을 소개하는 것이 목적이므로, 광범위한 동사들과 그 사례들은 고급과정에서 더 다루겠습니다.

4 접속사나 'lest'나 'for fear'가 유도하는 절에서

★ '-하지 않기 위해서'라는 의미의 종속절을 만들 때 'should'를 쓰기도 합니다. 이 때에도 'should'를 생략하고 '동사원형'만 쓸 수 있습니다.

1211	그가 실패하지 않아야 할 텐데 걱정이다.
	I am anxious lest he (should) fail.

5 가정법의 가정절에서 미래에 대한 확률이 낮은 가정

★ '만에 하나 -한다면', 즉 확률이 매우 낮거나 그런 일이 있지 않기를 바라는 상태에서 어떤 일을 가정한다면 'if 절'에 'should'를 사용합니다.

1212	만에 하나 당신이 마음이 바뀌면 꼭 제게 알려 주세요.
	If you should change your mind, do let me know.

Week 9 | Unit 21. 조동사 (modal & auxiliary)

8 could : 과거의 능력, 추측, 가정의 결과

★ 과거의 능력을 표현하기도 하지만, 과거와는 상관없이 공손한 요청을 하거나 'would'의 가정법 결과처럼 '-할 수도 있을 텐데'라는 현재 발휘할 수 없는 능력을 표현합니다.

1213	나에게 도움을 주실 수 있나요? (공손)
	Could you give me a hand?
1214	더 일찍 통지했다면 당신을 도울 수 있을 텐데. (늦게 알아서 현재 도울 수 없음)
	I could help you with an earlier notice.

9 need not : '-할 필요가 없는'

★ 'need'는 명사, 동사, 그리고 조동사로 사용되는 단어입니다. 조동사로 사용될 때는 'need not (never, hardly) + VR' 처럼 부정문, 그리고 'Need S + VR?' 처럼 의문문에서만 사용합니다.

1215	그는 그곳에 갈 필요가 없다.
	He need not (조동사) go there. He doesn't need to go there.
1216	아무도 이것을 볼 필요가 없다.
	No one need (조동사) see this. No one needs to see this.
1217	그녀는 여기 계속 살 필요가 있는가?
	Need (조동사) she abide here? Does she need to abide here?

10 dare not : '감히 -할 수 없는'

★ 'need'의 조건과 동일합니다. '부정문'과 '의문문'에서만 조동사로도 사용될 수 있습니다.

1218	그는 감히 싸우지 못한다.
	He dare (조동사) not fight. He does not dare to fight.
1219	그가 감히 내 얼굴을 볼 수 있을까?
	Dare (조동사) he look at my face ? Does he dare to look at my face ?

4 auxiliary verb 의 종류와 용법

1 be : 수동과 진행

★ 수동태와 진행시제를 만들 때 조동사의 역할을 합니다.

1220	이 그림은 1889년에 그려졌다.
	This picture **was painted** in 1889.
1221	나는 점심을 지금 먹는 중이다.
	I **am having** lunch now.

2 have·has·had : 완료

★ 현재완료나 과거완료를 만들 때 조동사의 역할을 합니다.

1222	나의 아버지는 2 시간동안 테니스를 치셨다.
	My father **has played** tennis for two hours.

3 do : 일반동사 의문문, 부정문, 강조문

★ 일반동사의 의문문, 부정문 그리고 강조와 대동사의 역할을 할 때 사용되는 조동사입니다.

1223	나를 사랑하십니까?
	Do you **love** me?
1224	그녀는 당신을 사랑하지 않습니다.
	She **doesn't love** you.
1225	하지만 나는 당신을 정말로 사랑합니다.
	But I **do love** you.

Week 9 | Unit 21. 조동사 (modal & auxiliary)

5 구 조동사

★ '조동사구' 혹은 '구 조동사'는 두 단어 이상으로 만들어지며, 궁극적으로 뒤에 본동사를 붙여서 동사의 의미를 보조하는 역할을 합니다. 'modal'형 조동사로 시작하는 것들과 'ought to VR' 처럼 부정사로 끝나는 것이 있습니다. 조심할 것은 구 조동사가 두 단어 이상이기 때문에 부정어 not 등을 붙일 때 바로 첫 번째 단어 다음에 붙이는 경우가 있는데 이것은 잘못된 것입니다. 구 조동사는 비록 단어는 두 개 이상이지만 전체를 한 덩어리로 취급하기 때문에, 부정어는 반드시 맨 마지막 단어 다음에 붙여야 합니다. 예를 들어 'may as well' 에서는 'not'을 'may' 다음에 붙이는 것이 아니라 'well' 다음에 붙여야 합니다.

1 may well : '-하는 것이 당연한, 아마 -일지도 모르는'

1226	소방관들의 용기는 당연히 칭찬받고 제대로 평가된다.
	Firefighters' bravery and courage may well be praised and appreciated.
1227	당신이 그렇게 말할 만하다.
	You may well say so.

2 may as well : '-하는 것이 더 나은' (충고, 권고)

1228	돈을 지갑에 간수하는 것이 더 낫다.(그러니 그렇게 해라)
	You may as well keep the money in your wallet.
1229	너는 그런 남자는 만나지 않는 편이 좋다.(그러니 그렇게 해라)
	You may as well not see such a man.

3 had better : '-하는 것이 더 나은' (강한 권고, 협박)

1230	돈을 지갑에 간수하는 것이 더 낫다.
	You had better keep the money in your wallet.

1231	너는 그런 남자는 만나지 않는 게 더 낫다.
	You had better not see such a man.

4 would rather (sooner) : '-하는 것이 더 나은'(선호)

1232	지금 출발하는 것이 더 낫다.
	You would rather start now.

5 may as well A as B : 'B 하느니 A 하는 것이 더 낫다'(선호)

★ 두 개의 행위를 비교해서 선호도를 결정할 때 사용합니다.

1233	이런 생활을 하느니 차라리 죽는 것이 더 낫다.
	I may as well die as live such a life.
1234	정직한 정치가를 찾으려고 애쓰느니 차라리 장님인 것이 더 낫다.
	I might just as well be blind as try to find an innocent politician.

6 would rather A than B : 'B 하느니 A 하는 게 더 낫다'(선호)

1235	이런 생활을 하느니 차라리 죽는 것이 더 낫다.
	I would rather(sooner) die than lead such a life.

7 ought to VR : '-해야 하는' (충고, 권고성 의무)

★ 이 '조동사구'는 두 번째 구성이 'to VR'로 되어 있습니다. 부정문을 만들 때는 'ought not to VR'로 만들며 의문문은 'ought + 주어 + to VR' 구조입니다. 'should'의 당위성보다 약한 의미를 가집니다.

Week 9 | Unit 21. 조동사 (modal & auxiliary)

1236	그는 그의 경호원의 말을 경청해야 한다.
	He ought to listen to his body guard.
1237	그들은 8시간 이상을 자면 안 된다.
	They ought not to sleep more than 8 hours.
1238	나는 이 규칙을 따라야 하는가?
	Ought I to obey this rule?
1239	운전 중 핸드폰 사용을 규제하는 법률이 있어야겠어요.
	There ought to be a law against using mobiles while driving.

6 '본동사 + to VR' 구조의 조동사 대용어

★ 문법적으로는 본동사 규칙을 지키지만 'to'까지 합쳐서, 결국 그 뒤에 오는 동사의 의미를 보조하는 구조입니다.

1 be going to VR : '-할 작정이다'

1240	우리는 뉴올리언즈의 인기 요리인, 매콤한 맛의 케이준 닭고기 요리를 할 작정이다.
	We're going to cook a popular New Orleans' recipe, spicy Cajun chicken.
1241	나는 더 이상 가지 않을 작정입니다.
	I am not going to go any farther.

2 be able to VR : '-할 수 있다'

★ 이것은 이미 실행사후의 '능력평가'로 자주 사용된다는 것입니다. 이에 비해 'can'은 실행여부와 상관없는 '객관적 능력평가'입니다.

1242	그는 영어를 가르칠 수 있다. (이미 가르치고 있습니다)
	He is able to teach English.

3 have to VR: '-해야 한다'

★ 이 표현은 부정문에서 'don't have to' 형태가 되면 의무의 부재, 즉 '-할 필요 없다' 입니다. 만약 '-하지 말아야 한다'를 표현하려면 'must not VR'을 써야 합니다.

1243	네 능력을 향상시키고 싶다면 네 스스로 해봐야 한다.
	You have to help yourself if you want to improve your ability.
1244	당신은 먹을 것을 가져올 필요 없다.
	You don't have to bring food.
1245	당신은 먹을 것을 가져오지 말아야 한다.
	You must not bring food.

4 used to : '-하곤 했다' (과거의 지속적 습관, 상태)

★ 의문문은 'did + S + use to + VR' 구조이며, 부정문은 'didn't + use to + VR'.

1246	저는 학교 근처에 있는 식당에서 일하곤 했었습니다.
	I used to work at a restaurant nearby the college.
1247	그는 담배를 피우지 않았었습니다.
	He didn't use to smoke.
1248	이 섬은 과거에 자주 방문 당했었습니까?
	Did this island use to be often visited?

Week 9 | Unit 21. 조동사 (modal & auxiliary)

7 조동사 + have p.p

 말하는 시점보다 앞선 사실

★ 이 구조는 조동사가 가지고 있는 여러 가지 의미 중에서, 반드시 그런 것은 아니지만, 주로 한가지로만 해석되는 특징이 있습니다. 또한 이 구조는 '말하는 시점보다 앞선 사실'에 대해 논합니다.

1 직설법 (실제 사실에 대한 진술)

1 may / might + have p.p : '-했을지도 모른다'

★ 말하는 시점보다 먼저 일어난 사실을 추측할 때 사용합니다.

1249	그는 그녀를 (그 당시) 만났을지도 모른다.
	He may(might) have met her. It is possible that he met her. I suspect that he met her.
1250	내 휴대폰을 찾을 수가 없는 걸 보니 그 식당에 두고 왔을지도 모르겠다.
	I can't find my phone, which means I might have left it at the restaurant.

2 must have p.p : '-했음에 틀림없다, -했어야 한다'

1251	Arnold 는 어디에 있지? 조금 전에 바로 여기에 있었는데. 그는 밖에 나간 게 틀림없어. 내가 가서 찾아볼게.
	Where's Arnold? He was just here a minute ago. He must have stepped outside. I'll go find him.

1252	당신은 그 비밀번호를 사용하지 않았어야 합니다. (과거의 사용여부 알 수 없음)
	You must not have used the password.
1253	그들은 행복하길 원한다면 과거에 나를 속이지 않았어야 한다. (여부 알 수 없음)
	They must not have cheated on me if they want to be happy.
1254	그는 자신의 정치관이 아닌 역사적 사실만을 가르쳤어야 한다. (여부 알 수 없음)
	He must have taught them not his own politics but historical facts only.

3 cannot have p.p : '-했을 리가 없다'

★ 이 구조는 'must have p.p'의 단정적 표현에 대한 '부정문'입니다. '의문문'에서도 사용할 수 있습니다. 이것은 'may not have p.p' 보다 더 강한 단정적 표현입니다. 'could not have p.p'를 쓰기도 합니다.

1255	그가 경주를 진 것에 대해 기뻤을 리가 없다.
	He cannot have been happy about losing the race.
1256	그가 당신의 생일을 잊었을 리 있겠는가?
	Can he have forgotten your birthday?

Week 9 | Unit 21. 조동사 (modal & auxiliary)

4 should have p.p : '-했어야만 했다, 그런데 안 해서 유감이다'

★ 이 표현은 일단 '가정의 결과가' 아닌 경우에는 '과거에 일어나지 않은 일을 유감스러워하는 표현'입니다. 'must have p.p'는 과거행위의 여부를 알 수 없는 단정이지만, 'should have p.p'는 과거행위가 없었다는 것을 알고서 하는 '유감표명'입니다. 부정문에서는 'should not have p.p'를 쓰는데 'must not have p.p'는 '하지 말았어야 한다'이지만 행위의 여부는 알 수 없습니다. 이에 비해 'should not have p.p'는 과거의 행위가 있었고 이것을 유감스러워하는 것입니다.

1257	당신은 저당 대출을 요구했어야만 했다. [그런데 하지 않아서 유감이다.]
	You should have asked for a mortgage loan. [It is regrettable (I'm sorry) that you did not ask for a mortgage loan.]

5 ought to have p.p : '-했어야만 했다 (그런데 안했다)'

★ 약간의 아쉬움을 표현합니다.

1258	당신은 그녀의 생일을 위해 화장품을 사주었어야 했다.
	You ought to have bought her some cosmetics.
1259	당신은 돈을 유흥에 돈을 조금 덜 썼으면 좋았을 것이다.
	You ought not to spend much money on pleasing yourself.

6 need not have p.p : '-할 필요가 없었는데 했다'

★ 과거의 행위에 대한 불필요성을 제기하는데 사용합니다. '유감'의 약화된 표현인데 '의문문'과 '부정문'에서 사용합니다.

1260	당신은 그것을 안 해도 되었었다 그런데 했다.
	You need not have done it.

1261	그녀가 자신의 차를 가져올 필요가 있었는가? (가져오지 않았다)
	Need she have brought her own car?

2 가정법 (일어나지 않았던 사실에 대한 예측)

1 would have p.p : 과거사실을 반대로 가정한 결과의 예측

★ 이것은 가정법의 영역에서 자세히 배우겠지만, 일단 '과거에 없었던 사실을 있었다고 가정'하고 그 '결과를 예측'하는 방법입니다. 한국어로 '-하려고 했었다' 정도입니다. 'if 절'이 생략되고 그냥 '주절'만으로도 자주 사용합니다.

1262	나는 그 사실을 알았다면 그를 도와주려고 했을 것이다. (실제로는 못 도왔음)
	I would have helped him if they had let me know it.
1263	그것들은 내 기억에 오래 남지 않았을 것이다. (실제로는 남았음)
	They would not have lingered on my memories.

2 could have p.p : 과거사실을 반대로 가정한 결과의 예측, 단순 예측

★ 이것은 'would have p.p' 처럼 '과거의 사실을 반대로 가정'하고 그 결과를 능력의 의미로 예측하는 것입니다. 다만 가정이 아닌 경우에는 'may have p.p' 처럼 현재로부터 과거의 사실에 대한 가능성을 예측할 때 사용합니다. 즉 'He could have arrived there by six'라고 하면, 가정의 결과에서는 '그는 6시까지는 그곳에 도착할 수 있었을 텐데 (실제로는 도착할 수 없었던 상황)'라고 해석되며, 가정이 아닌 경우에는 '그는 6시까지는 그곳에 도착할 수 있었을 것이다 (그러나 도착 여부는 알 수 없음)' 라고 해석됩니다. 문맥을 잘 보고 판단해야 합니다.

1264	그들은 그 장면을 봤을 수도 있다. (여부는 모름-직설)
	They could(may) have seen the scene.
1265	그들은 그 장면을 볼 수도 있었을 텐데. (실제로는 못 보았음-가정)
	They could have seen the scene.

Week 9 | Unit 21. 조동사 (modal & auxiliary)

3 might have p.p : '-했을 뻔 했다, -했을지도 모른다'

★ 이 표현 역시 과거사실을 반대로 가정한 결과에 사용되면 '-했을 뻔 했다 (실제로는 안 했다)'를 의미하지만, 단순히 '-했을지도 모른다'라는 의미로 사용될 수 있습니다.

1266	그들은 길을 잃을 뻔 했다. (실제로는 잃지 않았음)
	They might have been lost.
1267	그들은 길을 잃었을지도 모른다. (여부는 알 수 없음)
	They might have been lost. It is possible that they got lost.

4 should have p.p : '-하려고 했었다, -했어야만 했다'

★ 이것의 가정법적 해석은 'would have p.p'와 가깝지만 'should' 자체가 당위적 성격이 매우 강해서, 이와 같은 가정법의 결과에서는 'should' 대신 주로 'would'를 쓰고 있습니다. 즉, '-하지 말았어야 했는데 했다'라는 의미를 배제하려는 노력으로, 가정의 결과에서는 'would have p.p'를 선호합니다. 이 용법은 또한 명사종속절에서 특정한 판단이나 감정의 표현과 연동해서 사용하기도 하지만, 이 용법은 기초과정에서는 설명하기에 매우 난해한 부분이므로 여기서는 설명하지 않습니다.

1268	그는 만약 일찍 일어났더라면 등산을 가려고 했을 것이다. (실제로는 못 갔음)
	He should(would) have climbed the mountain if he had gotten up early.

UNIT 22

가정법
subjunctive mood

PREVIEW

가정법은 기본적으로 현재에 일어나고 있는 상황이나, 과거에 일어난 일을 반대로 가정하고 그것의 결과를 예측하는 말투를 말합니다. 이것은 단순한 가능성의 제시와는 다릅니다. 예컨대, 한국어에서는 '만일 그가 영어를 잘 말할 수 있다면'이라고 할 때 두 가지 정황을 생각할 수 있습니다. 하나는 모르면서 가능성을 제시하는 것이고, 다른 하나는 말할 수 없으면서 반대로 가정하는 것입니다. 한국어는 정황에 의존하는 경향이 강하므로 알아서 들어야 하지만 영어에서는 이것을 구조적으로 구별해서 사용하려 합니다. 이렇게 '반대의 사실임을 구조적으로 표시'하고 그에 맞추어 결과를 예측하는 어법이 바로 가정법입니다. 가정법은 매우 방대한 설명이 필요하지만 기초과정에서는 가장 단순하고 명쾌한 몇 가지 규칙을 알면 됩니다.

UNIT 22 가정법 (subjunctive mood)

1 단순한 조건의 제시 : 가능성이 있는 일

 if $S_2 + P_2$ ~, $S_1 + P_1$ ~.

1 현재에 대한 가능성 가정 : '만약 -하다면'

★ 이 구조는 'if 접속사' 뒤에서 '시제'와 '인칭' 그리고 '수'에 알맞게 술어동사를 쓰면 됩니다. 예컨대, '만약 그가 똑똑하다면 (if he is smart), 만약 그가 빨리 달릴 수 있다면 (if he can run fast), 만약 그가 더 열심히 공부해야 한다면 (if he must study harder), 만약 그가 TV를 보고 있는 중이라면 (if he is watching TV), 만일 그가 지금까지 그 책을 읽어본 적이 있다면 (if he has ever read the book), 만일 그가 당신을 도울 것이라면 (if he will help you), 만일 그가 천재로 불린다면 (if he is called a genius), 만일 그가 3시간 째 기다리고 있는 중이라면 (if he has been waiting for 3 hours)' 등의 표현들은 모두 현재와 연관된 시점에서 어떤 '가능성'이나 '조건' 등을 제시하는 방법입니다. '접속사 if' 만 사용하고, 나머지는 지금까지 배워온 술어동사의 규칙들을 그대로 적용합니다. 간혹 술어동사에 '원형'을 쓰기도 하는데 격식을 차리는 표현입니다.

1269	만일 그가 진심으로 너를 사랑한다면, 너는, 그와 결혼할거니?
	If he truly loves you, will you marry him?
1270	만일 그가 이곳에서 일한다면, 얼마나 멋진 일일까?
	If he works here, how wonderful it will be.
1271	만일 당신이 칠하기를 끝마쳤으면, 집에 가도 좋다.
	If you have finished painting, you may go home.
1272	만일 그가 그 노래를 잘 부를 수 있다면, 그들은 그의 편에 설 것이다.
	If he can sing the song very well, they will stand by him.

2 과거에 대한 가능성 가정 : '만약 -했다면'

★ 현재에 대한 가능성 제시와 같습니다. 과거사실을 '모르고 단순히 가정'하는 것입니다. 'if' 뒤에서 주어에 맞추어, 과거시제와 연관된 동사를 써주면 됩니다. '만약 그가 똑똑했다면 (if he was smart), 만일 그가 빨리 달릴 수 있었다면 (if he could run fast), 만일 그가 더 열심히 공부해야 했다면 (if he had to study harder), 만일 그가 TV를 보고 있던 중이었다면 (if he was watching TV), 만일 그가 그 때까지 그 책을 읽어본 적이 있다면 (if he had ever read the book), 만일 그가 당신을 도우려 했다면 (if he would help you), 만일 그가 천재로 불렸다면 (if he was called a genius)'과 같은 표현법이 바로 이것에 해당합니다.

1273	만일 당시 사람들이 여기서 살았다면, 우리는 그 흔적을 찾을 수 있을 것이다.
	If the people those days lived here, we can find the evidence.
1274	만일 그가 어제 돌아왔다면, 오늘 중으로 나에게 연락을 할 것이다.
	If he came back yesterday, he will contact me within today.
1275	만일 그가 그 제안을 거부했다면, 그는 바보였다.
	If he turned down the offer, he was a fool.

Week 9 | Unit 22. 가정법 (subjunctive mood)

3 미래에 대한 가능성 가정 : '만일 - 한다면'

★ 미래를 표시할 때는 '주어의 의지'가 들어가는 미래에서는 'if 절'에 'will' 등을 사용하지만, 단순한 시간의 경과에 의해서 일어나는 미래를 가정할 때는 시제를 현재로 써야 합니다. 따라서 '만일 그가 당신을 따라갈 것이라면 (if he will follow you), 만일 내일 비가 온다면 (if it rains tomorrow)'에서처럼 의지미래에서는 조동사 'will' 이 사용되고 단순미래에서는 조동사 'will' 없이 그냥 현재시제를 사용합니다.

1276	만일 그가 이곳에 남겠다면, 우리는 그를 포기해야 한다.
	If he will stay behind, we must forget about him.
1277	만일 그가 내년에 성인이라면, 우리는 그에게 더 많은 자유를 줄 것이다.
	If he comes of age next year, we will give him more freedom.

4 가능성이 희박하거나 바라지 않는 미래의 가정 : '만에 하나 - 한다면'

★ 이 표현에는 'if 절'에 'should'를 사용합니다. 'should' 대신 'were to' 를 쓰기도 하는데, 이 경우 '주어의 인칭과 수'에 관계없이 술어에는 'were to' 입니다.

1278	만에 하나 비행기가 추락한다면, 우리가 살아남을 가능성은 없다.
	If we should ever have a plane crash, we don't stand a chance to survive.
1279	만에 하나 그가 다시 돌아온다면, 당신은 무엇을 할 것인가?
	If he were to get back to you, what will you do?

2 현재 사실에 대한 반대가정

> if + S₂ + were / 동사 과거 시제 / 조동사 과거 + VR,
> S₁ + would / could / might + VR

★ 말하는 시점은 늘 현재입니다. 그러므로 현재에 벌어지고 있는 일들을 표현할 때는 '현재시제'나 '현재진행시제' 혹은 '현재완료시제' 등을 사용합니다. 그런데 만약 현재에 벌어지지 않고 있는 일을 가정한다면 어떻게 할까요? 한국어로 하려면 '그는 부자가 아닌데 만약 부자라면' 이런 식으로 '아닌 사실을 같이 적시'해야 할 것입니다. 만약 그냥 '그가 부자라면'이라고만 표현하면 '아닌 사실을 가정'할 수도 있지만 '모르는 사실을 가정'할 수도 있기 때문입니다. 영어에서는 현재의 사실을 반대로 가정할 때는 'if 절'에 과거형 동사를 사용합니다. 그러니까 의사소통을 하는 당사자들은 분명히 '현재의 사실'에 대해 이야기하면서 'if 절'에 '과거형 동사'를 사용하기 때문에 자연스레 그것이 '실제의 이야기가 아니라 반대의 이야기를 가정'한 것이라고 알게 됩니다. 이 때 조심할 것은 'be 동사'를 써야 할 경우 인칭이나 수에 관계없이 'were'를 사용하는 것이 원칙입니다. 나머지는 본동사나 조동사나 모두 '과거형'을 써주면 됩니다. 또 하나, 이 '반대사실의 결과를 예측'할 때 조동사의 과거형, 즉 'would · could · might' 등을 사용합니다.

1280	만일 그가 건강하다면, 우리는 그를 즉시 고용할 텐데. (건강하지 않음)
	If he were healthy enough, we would definitely get him as one of our staff.
1281	만일 그가 걸을 수 있다면, 들것이 필요 없을 텐데. (걸을 수 없음)
	If he were able to walk, there would be no need for a stretcher.

Week 9 | Unit 22. 가정법 (subjunctive mood)

1282	만일 그가 쇼핑 중이면, 내 것도 함께 주문할 수 있을 텐데. (쇼핑하고 있지 않음)
	If he were doing the shopping, I could make my own order on him.
1283	만일 그가 직업이 있다면, 그의 부모님들이 일하지 않아도 될 텐데. (직업 없음)
	If he had a job, his parents wouldn't have to work.
1284	만일 그가 물리학을 전공한다면, 미래가 더 밝을 수도 있는데. (물리학 전공 아님)
	If he majored in physics, a brighter future might spread before him.
1285	만일 그가 수영을 할 수 있다면, 바닷가에 함께 데리고 갈 텐데. (수영할 수 없음)
	If he could swim, we would take him to the beach.
1286	만일 내가 마법의 힘이 있다면, 그를 개구리로 바꾸겠다. (마법의 힘 없음)
	If I had magical powers, I would change him into a frog.

3. 과거사실에 대한 반대가정

if + S₂ + **had p.p / 조동사 과거 + have p.p** ,
S₁ + **would / could / might + have p.p**

★ 말하는 시점에서 이미 지나버린 과거 사실을 반대로 가정한다면 'if + 주어 + had p.p' 구조를 사용하고 주절은 'S + would·should·could·might + have p.p' 를 사용합니다.

1287	내가 이메일을 확인했다면, 회의에 참석했을 텐데.
	If I had checked the e-mail, I would have attended the meeting. As I didn't check the e-mail, I didn't attend the meeting. (실제)
1288	그가 내게 두 번 청했더라면, 그의 청혼을 받아 들였을지도 모른다.
	If he had asked me twice, I could have accepted his proposal. He didn't ask me twice, so I didn't accept his proposal. (실제)
1289	만일 우리가 세뇌당하지 않았더라면, 그들은 우리를 이용할 수 없었을 텐데.
	If we had not been brainwashed, they couldn't have used us. We were brainwashed, so they used us. (실제)
1290	만일 그가 영어를 잘 쓸 수 있었더라면, 그는 이겼을지 모른다.
	If he could have written in proper English, he might have won. Because he couldn't write in proper English, he didn't win. (실제)

Week 9 | Unit 22. 가정법 (subjunctive mood)

4 가정법 혼합시제

 if + S₂ + had p.p / 조동사 과거 + have p.p ,
S₁ + would / could / might + VR

★ 이 구조는 가정법에서 과거와 현재를 연동해서 사용할 때 사용합니다. 즉, '과거사실을 반대로 가정'하고 그 '결과는 현재사실'에서 표현합니다. 예컨대 '어제 밤에 눈이 오지 않았다면, 오늘 아침 길이 미끄럽지 않을 것이다' 와 같은 표현입니다. 눈은 어제 밤에 왔고 길은 현재 미끄럽기 때문입니다. 따라서, 'if 절'은 'had p.p'시제를 사용하고 주절은 'would, should, could, might + VR' 구조를 사용합니다.

1291	만일 제대로 공부했으면, 지금 적성에 더 맞는 일을 하고 있는 중일 텐데.
	If I had been properly educated, I would be doing a better job. As I was not properly educated in childhood, I am doing a rather poor job.

★ 현재사실을 반대로 가정하고, 그것으로 인한 과거사실을 예측하는 경우도 있습니다. 그러면 반대로 'if' 절이 과거시제이며 주절이 'would have p.p' 구조를 갖습니다.

1292	내가 만일 남자아이라면, 그 전쟁놀이에 참여할 수 있었을 텐데.
	If I were a boy, I could have joined the battle game.

5 기타 가정법

★ '반대사실의 가정'과 '그 결과에 대한 예측'은 다양한 방식으로 표현될 수 있습니다. 기초과정에서는 다루지 않지만 'as if 가정법, what if 가정법, if not for 가정법, wish 동사의 가정법, if only 가정법, 그리고 주절 만에 의한 단문 가정법' 등이 여기에 해당됩니다. 이 부분은 고급과정에서 심도 있게 다루어 보겠습니다. 여기서는 'wish' 동사와 'hope' 동사에 의한 표현차이만을 마지막으로 점검해 봅니다. 'wish' 동사는 뒤에서 바로 'that 절'을 받을 때 보통은 '현재나 과거에 있지 않거나 있지 않았던 사실'을 사용합니다. 그래서 한국어에서는 '-라면 얼마나 좋을까' 내지는 '-였다면 얼마나 좋을까' 정도로 해석합니다. 그러므로 'wish'는 뒤에서 가정법의 'if 절' 시제규칙을 따릅니다. 결론적으로는 시제를 '과거형' 내지는 '과거완료형'을 사용합니다. 반면에 'hope' 동사는 '가능성이 있는' 그래서 '결과를 알지 못하는 모든 사실'을 받을 수 있습니다. 시제는 직설법 규칙에 따릅니다.

1293	내가 너라면 얼마나 좋을까. (나는 당신이 아님)
	I wish I were you. (I am sorry I am not you.)
1294	내가 걸을 수 있다면 얼마나 좋을까. (걸을 수 없음)
	I wish I could walk. (I am sorry I cannot walk.)
1295	내가 그 당시 조금 더 주의했었다면 얼마나 좋을까. (그 당시 주의 깊지 못했음)
	I wish I had been more careful. (I am sorry I was not more careful.)
1296	나는 당신을 방해하고 있지 않았기를 바란다. (가능성 있음)
	I hope I was not disturbing you. (It is possible that I wasn't disturbing you.)
1297	나는 그 일을 완수했기를 바란다. (가능성 있음)
	I hope I had done it full way. (It is possible that I had done it full way.)
1298	당신도 내 입장일지 모른다. (가능성 있음)
	I hope you are in my shoes. (It is possible that you are in my shoes.)

Week 9 | Unit 22. 가정법 (subjunctive mood)

6 가정법의 도치

> if + S_2 + were ~   = Were + S_2 ~
> if + S_2 + should + VR = Should + S_2 + VR
> if + S_2 + had p.p   = Had + S_2 + p.p

★ 'if 절'이 가정법 '현재사실반대가정'의 규칙에 있을 때 만약 'be 동사'가 나온다면 원칙상은 'were'를 쓰며, '만에 하나 가정법'에서는 'if 절'의 규칙이 'if + S + should + VR' 이었습니다. 'if 절'이 '과거사실반대가정'의 규칙이라면 'if + S + had p.p' 였습니다. 이 3가지 경우에, 접속사 'if'가 생략되고 '종속절'은 '의문문의 어순'으로 도치(倒置)될 수 있습니다. 이것은 매우 중요한 문법 사항이므로 반드시 기억해야 합니다.

1299	내가 만일 너라면 나는 그 조건에 만족할지도 모른다.
	If I were you, I might be satisfied with the conditions. Were I you, I might be satisfied with the conditions.
1300	만에 하나 이 줄이 끊어진다면 우리는 죽은 목숨이다.
	If this rope should break, we are sure to be dead meat. Should this rope break, we are sure to be dead meat.
1301	만일 그녀 역시 초대되었더라면 그녀는 악의를 품지 않았을 것이다.
	If she'd been invited too, she wouldn't have conceived grudge. Had she been invited too, she wouldn't have conceived grudge.

UNIT 23

비교
comparison

PREVIEW

형용사나 부사는 유일하게 정도에 의해서 그 값을 달리할 수 있는 품사입니다. 즉, '부드러운, 더 부드러운, 가장 부드러운, 두 배나 더 부드러운' 등으로 표현하는 방식을 말합니다. 물론, 부사에서는 '부드럽게, 더 부드럽게, 가장 부드럽게, 두 배나 더 부드럽게'로 그 정도를 달리할 수 있습니다. 명사나 그 밖의 품사들에게는 없는 기능입니다. 내용상으로는 '정도가 같다, 정도가 차이가 난다, 정도가 최상이나 최하이다' 이런 식으로 3분류를 할 수 있습니다.

UNIT 23 비교 (comparison)

1 원급 비교

 as + 형용사, 부사 ---------- + as

1 원급비교의 생성 과정

★ 원급비교는 두 개의 절 안에 공통의 '형용사'나 '부사'의 '정도가 서로 같다'라는 개념입니다. 표현구조는 'as 형용사·부사 as' 로 단순화될 수 있습니다. 여기서 앞의 'as'와 뒤의 'as'는 각각 '부사'와 '접속사'입니다. 이 형태가 어떻게 생성되었는가는 다음과 같습니다. 우선 '두 개의 절'을 접속사 'as'를 사용해서 연결하면 '-하듯이, -이듯이'라는 의미가 됩니다. 예컨대 '그가 나를 아끼듯 나도 그를 사랑한다'와 같은 말에서 '-하듯이'가 담당하는 영역이 바로 'as 절' 입니다. 영어로는 'I love him as he cares about me' 정도가 되겠지요.

★ 그런데 위의 예문에서는 '방식의 유사성'을 비교한 것이지, '형용사'나 '부사'의 '정도'를 비교한 것은 아닙니다. 만약 한국어에서 '내가 키가 크듯이 내 아들도 키가 크다' 라고 말하면 각각의 절에서 '공통의 형용사'가 있었습니다. 영어로 옮기면 'My son is tall as I am tall' 이 됩니다. 그런데 이 문장은 'Do as the Romans do when in Rome' 에서 사용된 'as the Romans do' 와 같은 기능을 하는 동시에, 방식상의 유사성이 아니라 'tall' 이라는 '형용사의 유사성'을 표현합니다.

★ 이렇게 '공통의 형용사나 부사'가 있고 '그 정도가 유사'하다는 것을 표현하기 위해서 접속사 'as' 를 사용했습니다. 그런데, '형용사·부사의 정도'가 '동일하다'는 것을 나타내려면, 한국어에서는 '-만큼'이라는 말을 써야 합니다. 영어에서는 앞에 나온 공통의 형용사나 부사의 바로 앞에 'as'를 한 번 더 써 줍니다. 이 'as'는 'equally'의 의미를 가진 부사입니다. 그래서 최종적으로 탄생한 모습이 'as(equally) 형용사·부사 .... as' 가 됩니다.

★ 이제 접속사 'as'가 이끌고 있는 뒷 절에서 '공통으로 사용된 형용사나 부사'를 지우고 '생략해도 되는 말'들도 지워서, 남겨지는 구조를 최대한 간략하고 명쾌하게 만듭니다. 예를 들어 '나의 아들은 나만큼 키가 크다' 가 되면 'My son is as tall as I (am)' 이 됩니다. 비교의 대상은 'My son 과 I' 가 됩니다.

★ '나는 젊었을 때만큼 만화책 읽는 것을 많이 좋아한다' 라고 하면 'I like reading comic books as much as when I was young'이 됩니다. '많이' 라는 부사 'much'에 'as...as'가 걸려서 'as much as'가 된 것이고 '비교의 대상'은 'like'라는 술어동사의 현재시제와 접속사 'as' 뒤에서 생략된 'I liked reading comic books when I was young'에서 'when I was young' 입니다. 어차피 'when I was young'이 과거를 의미하므로 같은 내용을 가지고 시제만 'liked'로 다른 두 번째 절의 일부가 생략되었습니다.

★ '부사'의 '원급비교'를 살펴보겠습니다. 만약 '그가 집에 도착하자마자 샤워를 한다' 라고 하면 '도착시간과 목욕하는 시간의 빠르기가 거의 같다' 라는 의미입니다. 영어로 만들어보면 'He takes a shower as soon as he gets back home'이 됩니다. 서로 다른 술어동사를 사용하기 때문에 접속사 'as 절' 뒤에서 생략하거나 줄일 것이 없습니다. 조심할 것은 거의 같은 시간대라도 '집에 돌아오는 것'이 엄밀하게 말해서 더 먼저이므로 'as soon as' 뒤에 이 사실을 두어야 한다는 것입니다.

★ 원급비교의 구성원리를 기본적으로 설명했습니다. 중요한 것은 'as .... as' 구조에서 '뒤의 as'는 원래 '접속사'였으므로 그 뒤에는 사실상 어떤 절이 있었다는 것입니다. 그런데 글의 경제성을 위해 최대한 생략을 적용하여 최소한으로 비교대상을 남기는 것이고, 남겨진 것들은 문장 구성상 그리고 품사상 오해의 소지가 없도록 해야 합니다. 예를 들어 '그는 쥐만큼 고양이를 무서워 한다'라고 할 경우 한국어에서도 두 개의 해석이 가능합니다. 하나는 '그가 쥐와 고양이를 둘 다 무서워 한다'는 것이고 하나는 '그와 쥐가 고양이를 무서워 한다'는 것입니다. 이렇게 오해의 소지가 생길 수 있는 것을 막기 위해 영어에서는 각각 두 개의 다른 구조로 의미를 명확히 구분합니다. 'He is as afraid of a cat as a rat is' 라고 하면 'he is' 와 'a rat is' 가 각각 주어와 술어로 비교대상이 되어 '그와 쥐가 고양이를 무서워하는 정도가 같다'가 됩니다. 반면에 'He is as afraid of a cat as of a rat' 이라고 하면 'of a cat' 과 'of a rat' 이 비교대상이 되어 '그가 같은 정도로 무서워하는 것이 쥐와 고양이이다'라는 의미가 됩니다. 이런 것을 비교구문의 병렬구조라고 하는데 문법적으로 실수하면 의미가 완전히 달라지므로, 매우 조심해야 합니다.

1302 그는 'Sue'와 함께 만큼 당신과도 편해 보인다.

He looks as comfortable with you as with Sue.

Week 9 | Unit 23. 비교 (comparison)

1303	그는 'Sue'가 그러는 것만큼 당신과 함께도 편해 보인다.
	He looks as comfortable with you as Sue does.
1304	그는 과거만큼 지금도 건강하다.
	He is as healthy as he was.
1305	그는 재미있는 것만큼 진지하다.
	He is as serious as humorous.
1306	여기서 사는 것은 사막에서(사는 것)만큼 힘들다.
	It is as hard to live here as in a desert.
1307	그 자몽은 이틀 전 만큼이나 지금도 신선하다.
	The grapefruit is as fresh now as two days ago.

2 부정원급비교

★ 주절의 술어동사를 'not'으로 부정함으로써 '정도가 같지 않고 차이가 난다'는 것을 의미합니다. 이 경우 'not as ... as' 대신에 'not so ... as'를 더 많이 사용합니다.

1308	그는 과거만큼 지금은 행복하지 않다.
	He is not as(so) happy now as he was.
1309	나는 그 사람이 그랬던 것만큼은 너를 많이 좋아하지 않았다.
	I did not like you as(so) much as he did.

3 원급비교구조를 이용한 최상급표현

★ 비교급을 구성하는 'as'를 사용하고 있지만, 실질적 '내용의 최상'을 의미합니다.

1 no A so (as) B as C : 'C만큼 B한 A는 없다' 즉, 'C가 가장 -하다'

★ 'no A' 구조를 주어로 잡아서 '아예 없다'라는 의미를 주었으므로, 최종적 의미는 '최상급'이 됩니다. 즉 'C가 가장 -하다'라는 것입니다.

1310	내 여자친구만큼 말수가 적은 사람은 없다.
	No one is so reticent as my girlfriend.
1311	그 사람만큼 내 인생에 혁명적 영향을 끼친 사람은 없었다.
	No other man has had so revolutionary an effect on my life as he has.
1312	나는 우리의 신뢰만큼 더 중요한 다른 어떤 것도 생각할 수 없다.
	I cannot think of any other thing so important as our trust.

2 as 형·부 as possible = as 형·부 as one can

★ 역시 최상의 의미를 가집니다. '가능한 한'이라고 했기 때문에 가능성의 최대한도를 의미하는 말입니다. 한국어에서 '가급적·최대한' 정도로 의역될 수 있습니다.

1313	가능한 한 빨리 답장을 주세요.
	Please write me back as soon as possible.
1314	가능한 한 온도를 높이 설정하세요.
	Set the temperature as high as possible.

3 as 형용사 as 비유어

★ 한국어에서도 '-처럼 -한'이라는 비유어를 많이 사용합니다. 상식에 입각해서 '어떤 성질을 가장 대표적으로 나타내는 비유어'를 써서 '최대치를 표현'하려는 방법입니다. 많은 비유표현들이 있지만 기초과정에서는 가장 흔히 사용되는 10개만 소개합니다.

Week 9 | Unit 23. 비교 (comparison)

도표 115 : 형용사 비유어 관용표현

①	as white as snow	눈처럼 하얀
②	as black as coal, ink, a crow	석탄, 잉크, 까마귀처럼 까만
③	as soft as silk	비단처럼 부드러운
④	as brave as a lion	사자처럼 용감한
⑤	as hungry as a wolf	늑대처럼 굶주린
⑥	as poor as a church-mouse	교회 쥐처럼 가난한
⑦	as pure as water	물처럼 순수한
⑧	as stubborn as a mule	노새처럼 고집 센
⑨	as blind as a bat	박쥐처럼 눈이 먼
⑩	as dumb as a fish	물고기처럼 멍청한

4 그 밖의 용법

1 not so much A as B = not A so much as B = B rather than A
= rather B than A = more B than A = less A than B : 'A라기 보다는 B'

★ 이 표현은 원래 'B만큼 A의 성격이 많지 않다' 라는 직접적 의미에서 출발했습니다. 따라서 A 와 B 두 가지 성격이 다 있지만 A 쪽 보다는 B 쪽에 더 가깝다가 됩니다.

1315	그는 의사라기보다는 치료술사이다.
	He is not so much a doctor as a healer.
1316	그는 나를 사랑한다기보다는 좋아한다.
	He does not love me so much as he likes me.
1317	그는 열렬한 지지자들로부터 보다는 자기의 적수로부터 배우는 편이다.
	He doesn't learn so much from his fervent fans as from his opponents.

2 without as (so) much as VR-ing : '-조차 하지 않고서'

★ 'without'은 부재의 전치사, 즉 '-없이' 혹은 '-없다면'이라는 의미를 갖습니다. 그런데 뒤에서 동명사를 그 목적어로 받아서 '어떤 행위없이'라는 의미를 만들고 다시 동명사 앞에 'as much as'를 넣어서 '어떤 행위만큼도 없이'라는 의미를 만들었습니다. 'without'이 부정의 의미를 갖기 때문에 부사 'as'를 'so'로 써도 됩니다.

1318 그는 작별인사조차 하지 않고서 집으로 돌아갔다.

He went back home without so much as saying goodbye.

3 so 형·부 as to VR : '-할 정도로 충분히 -하다'

★ 'so'는 형용사나 부사의 앞에서 '매우'라는 의미를 갖습니다. 뒤에 양태접속사 'as'를 받고 그 뒤에 부정사를 바로 받아서 '-하다'라는 말을 결과로 붙였습니다. 'as'이하를 접속사 'that'으로 전환할 수 있습니다.

1319 그는 나를 들어오게 하고 그날 밤 자기의 침대를 내주었을 정도로 친절했다.

He was so kind as to let me in and give his bed for the night.
He was kind enough to let me in and gave his bed for the night.
He was so kind that he let me in and gave his bed for the night.

4 원급 비교에서 'as 접속사' 이하의 생략

★ 비교의 대상이 이미 주어져 있을 경우 'as 접속사절'을 생략할 수 있습니다.

1320 그는 행복하다. 그러나 나는 행복하지 않다. (행복의 절대적 기준)

He is happy but I am not happy.

1321 그는 행복하다 그러나 나는 그 만큼은 행복하지 않다.

He is happy but I am not as happy (as he is).

1322 나는 야구를 좋아한다 하지만 농구를 그만큼 좋아하지는 않는다.

I like baseball but I don't like basketball as much (as baseball).

Week 9 | Unit 23. 비교 (comparison)

5 배수사와 원급 비교 : 분수·배수·퍼센트 + as … as

★ 비교급의 부사 'as' 앞에서 '배수'나 '분수' 혹은 '퍼센트'를 붙여서 '구체적으로 어느 정도의 차이'가 나는지를 표현합니다. 정도의 차이가 난다는 것을 전제하므로 최종적 의미는 '비교급 비교'입니다.

1323	그는 나의 두 배만큼 무겁다.
	He is twice as heavy as I am.
1324	그는 나의 3배만큼 많은 책을 가지고 있다.
	He has 3 times as many books as I do.
1325	그의 신장은 나의 90%이다.
	He is 90% as tall as I am.
1326	그는 내 수입의 3분의 2를 번다.
	He earns two thirds as much as I do.

2 비교급 비교

 원급 + <u>er / more</u> + 원급 ------------ than

1 생성원리

★ 처음부터 어떤 '형용사'나 '부사'의 '정도'가 차이가 난다는 것을 표현하는 방식을 '비교급 비교'라고 합니다. 한국어에서 '-보다 더, -보다 덜' 정도에 해당하는 말입니다. 생성원리는 '원급비교'와 동일합니다. 형태만 다른데, '비교급 + than'을 사용하기 때문입니다. 그럼 형용사와 부사의 비교급을 만드는 방법을 살펴보겠습니다.

★ 우선 1음절 및 특정 형용사나 부사는 뒤에서 'er'붙여서 '더 혹은 덜 -한, -하게'를 만듭니다. 예를 들어, 'big'은 'bigger', 'hot'은 'hotter', 'warm'은 'warmer', 'high'는 'higher', 'fast'는 'faster', 'bright'은 'brighter', 'fine'은 'finer', 'noble'은 'nobler', 'simple'은 'simpler' 등의 형태가 됩니다. 여기서도 맞춤법 규칙이 적용되어, 단모음과 단자음으로 끝나는 단어는 일단 마지막 자음을 한 번 더 사용한 후 모음으로 시작되는 접미어 'er'을 붙입니다. '자음 + y'는 '-ier'로 끝나기 때문에 'happy'는 'happier', 'early'는 'earlier'가 됩니다.

★ 두 번째 경우는 'more'를 붙이는 것입니다. 'honest'는 'more honest', 'wrong'은 'more wrong', 'handsome'은 'more handsome', 'carefully'는 'more carefully' 등이 됩니다. 보통은 '3음절 이상의 단어'나 '특정 형용사형 어미'인, '-ous, -tive, -al, -ful, -ent'이 붙은 단어들은 모두 'more'를 앞에 두어서 '더 -한'이라는 의미를 만듭니다. '분사'는 예외 없이 'more'를 붙이기 때문에 'exciting'은 'more exciting'이 되고 'tired'는 'more tired'가 됩니다. 접속사로는 'as'를 쓰지 않고 'than'을 사용합니다. 병렬을 비롯한 나머지 규칙들은 원급비교와 동일합니다. 붉은 색상으로 칠한 '병렬부분'을 유념하면서 예문을 보겠습니다.

1327	그는 나보다 키가 더 크다.
	He is taller than I am.
1328	그는 나보다 더 많은 친구를 가지고 있다.
	He has more friends than I do.
1329	돈을 어떻게 쓰느냐가 어떻게 버느냐보다 더 중요하다.
	How to spend money is more important than how to earn it.
1330	그는 당신과 함께보다 나와 함께 더 행복해 보인다.
	He seems happier with me than with you.
1331	여기서 보다 당신의 고국에서 있는 것이 더 안전하다.
	It is safer to be in your country than here.
1332	그는 지금보다 어린 시절에 더 집중력이 있었다.
	He was more attentive when he was a child than now.
1333	밤에 보다는 지금 여행하는 것이 더 위험하다.
	It is more dangerous to travel now than at night.

2 특정한 형태의 비교급과 최상급

1 불규칙 비교급, 최상급

★ '-er'형 어미나 'more' 접두어가 아닌 불규칙 형태.

도표 116 : 불규칙 비교급, 최상급

good	better	best
well	better	best
ill	worse	worst
bad	worse	worst
little	less	least
many(수)	more	most
much(양)	more	most
late(시간)	later	latest
late(순서)	latter	last
far(거리)	farther	farthest
far(깊이, 정도)	further	furthest
old(보어)	older	oldest
old(수식어)	elder	eldest

2 '-or' 과 '-ior' 어미의 절대 비교급

★ 어떤 단어는 자체가 '비교급의 의미로만 존재'할 수 있습니다. 따라서 이런 단어들은 '원급'과 '최상급'을 갖지 않습니다. 한국어에서 '우수한' 이라는 말은 비교의 결과로서 생긴 말입니다. 물론 한국어에서는 '-만큼 우수한, -보다 더 우수한, -중에서 가장 우수한'이라는 말을 만들 수 있는데, 영어에서 'outstanding'이라는 표현을 쓰거나 'competent' 혹은 'excellent'를 쓰면 원급과 비교급 그리고 최상급을 모두 표현할 수 있습니다. 그런데 유사어 중에서 'superior' 라는 단어는 '비교급'으로만 존재하고 '원급'과 '최상급'을 갖지 않습니다. 이런 단어들은 비교대상 앞에 '접속사 than' 대신 '전치사 to' 를 주로 받습니다.

1334	그는 나보다 손 위이다.
	He is senior to me. He is older than I.
1335	이것이 우선적으로 배달해야 할 우편물이다.
	This is the mail to be delivered prior to any other.
	This is the mail to be delivered sooner than any other.

도표 117 : -or 형 절대비교급

superior to	-보다 우수한	posterior to	-보다 시기적으로 늦은
inferior to	-보다 열등한	anterior to	-보다 시기적으로 앞선
major to	-보다 다수의	exterior to	-보다 외부의
minor to	-보다 소수의	interior to	-보다 내부의
senior to	-보다 나이 많은	prior to	-보다 시간, 순서, 권리가 앞선
junior to		-보다 나이 어린, -의 후손인	

3 비교급비교를 이용한 관용표현

1 비교급 + than any other + 단수명사 : '다른 무엇보다 더 -하다 (최상)'

= 비교급 + than all the other 복수명사

= 비교급 + than + anything, anyone + else

★ 비교급으로 최상의 의미를 표현하는 방법입니다.

1336	헤라클레스는 다른 어떤 전사보다 더 강해 보였다.
	Hercules looked more formidable than any other warrior.
	Hercules looked more formidable than all the other warriors.
	Hercules looked more formidable than any warrior else.

Week 9 | Unit 23. 비교 (comparison)

2 the 비교급 + because 혹은 for : '어떤 이유로 더 -하다'

★ 두 개를 서로 비교하는 것이 아니라 '어떤 이유로 인하여 더 -하다'라는 표현입니다. 비교급 앞에 '정관사 the'를 붙이며 강조하려면 'all the 비교급, so much the 비교급'.

1337	나는 그가 완벽하지 않아서 더 좋다.
	I like him all the more because he is not perfect.
	I like him all the more for his shortcomings.

3 비교급을 강조하는 부사

★ '비교급을 강조'할 때는 한국어에서도 '매우'를 쓰지 않고 '훨씬'이라는 말을 사용합니다. 영어에서도 'very'를 쓰지 않고 'far, still, much, a lot, even' 등을 사용하는데 특히 'even'을 조심해야 합니다. 비교급 앞에 온 이 단어는 '심지어'가 아닙니다.

1338	그는 실제보다 훨씬 더 젊어 보인다.
	He looks even younger than he really is.

4 the + 비교급 + of the two / of A and B : '둘 중에서 더 -하다'

★ 비교급을 둘 사이에 국한시켜서 적용할 때는 'than'을 쓰지 않고 'of the two' 구조를 사용합니다. 이 경우, 비교급 앞에 '정관사 the'를 붙입니다.

1339	그 두 쌍둥이 중 그가 더 크다.
	He is the taller of the two twins.

5 비교급에서 than 이하의 생략 : 생략되는 정보를 알 수 있을 때

1340	그는 부자이지만 그의 아버지는 더 부자이다.
	He is rich but his father is richer (than he is).

1341	그 연극은 내가 개요를 읽었을 때 인상적이었는데 무대 위에서는 더 대단했다.
	The play was very impressive when I read the synopsis but it was much more impressive on stage (than when I read the synopsis).

6 배수사·분수·퍼센트와 비교급

★ '배수사, 분수, 혹은 퍼센트 + 비교급'으로 구체적인 차이를 표현합니다.

1342	그는 나보다 두 배나 무겁다.
	He is twice heavier than I.
1343	'터미네이터 1탄'은 이것보다 매표소 수입을 2배나 더 벌었다.
	'Terminator 1' earned twice more at the box office than this.

7 A rather than B = rather A than B : 'B 라기 보다는 A'

1344	그는 영화배우라기보다는 연극배우이다.
	He is rather an actor than a movie star.
1345	나는 열렬한 지지자들로부터 보다는 나의 적수들로부터 더 많은 것을 배운다.
	I learn from my opponents rather than from my fervent supporters.

8 A other than B = other A than B : 'B 를 제외한 다른 A'

★ 'other than' 에서 'than' 은 'except' 의 개념입니다.

1346	당신은 이것을 제외한 다른 계획들을 가지고 있는가?
	Do you have any other plans than this?

Week 9 | Unit 23. 비교 (comparison)

3 최상급 비교

1 최상급 비교의 구조

★ 최상급은 비교의 범주를 주고 그 안에서 '정점'과 '저점'을 표현합니다. 보통은 최상급 형용사나 부사 앞에 '정관사 the' 혹은 '소유격' 등을 붙입니다.

1 the + 형용사의 최상급 + of all 복수구성원 : '모든 구성원들 중에서 가장 -하다'

1347	그는 모든 선수들 중에서 가장 키가 크다.
	He is the tallest of all the players.

2 the + 형용사의 최상급 + in + 집단 : '-에서 가장 -하다'

1348	그는 우리 팀에서 가장 키가 큰 선수이다.
	He is the tallest player in my team.

2 주의할 최상급의 용법

1 정관사 'the' 의 제거

★ 동일물 내에서의 조건 비교일 경우에는 최상이라 해도 '정관사 the' 를 쓰지 않습니다.

1349	그가 가장 슬퍼 보인다. (타인과의 비교)
	He looks the saddest.
1350	그는 부모님을 상기할 때 가장 슬퍼 보인다. (자신의 슬픈 시기를 비교)
	He looks saddest when he is reminded of his parents.
1351	그 호수가 가장 깊다. (다른 호수와의 비교)
	The lake is the deepest.

1352	그 호수는 이 지점이 가장 깊다. (같은 호수 내에서의 비교)
	The lake is deepest at this point.

2 최상급의 무상관적 (양보적) 해석

★ 이 해석법은 '최상의 성격'이 '내용과 서로 상반될 때' 적용하는 해석법입니다. 예를 들어 '가장 힘센 사람'과 '냇물의 흐름을 멈춘다'라는 말을 주어와 술어로 연결할 때, '가장 힘센 사람이라도 냇물의 흐름을 멈출 수는 없다'가 문맥상 자연스럽습니다.

1353	가장 힘센 사람이라도 냇물의 흐름을 멈출 수는 없다.
	The strongest man cannot stop the stream.
1354	가장 부자라 해도 사랑을 살 수는 없다.
	The richest man cannot buy love.

3 최상급 수식부사

★ 최상급은 'very, by far' 등으로 의미를 강조할 수 있습니다. 'very'는 보통 정관사와 최상급 사이에 놓고 'by far'는 정관사의 앞에 두게 됩니다. 한국어에서 '단연코' 정도의 의미가 됩니다.

1355	그는 우리학교에서 정말 최고의 선생님이다.
	He is the very best teacher in my school.
1356	최고의 증거는 단연코 경험이다.
	By far the best proof is experience.

unit 24

관계사절
(relative clause)

DAY 1
UNIT 24　1) 관계사절의 개념

DAY 4
UNIT 24　6) 관계대명사의 해석법
　　　　　7) 관계대명사 심화

DAY 2
UNIT 24　2) 관계사절 생성

DAY 5
UNIT 24　8) 관계부사

DAY 3
UNIT 24　3) 커머(comma) + 관계대명사
　　　　　4) 관계대명사 that을 선호하는 경우
　　　　　5) 소유격 관계대명사 whose

DAY 6
복습　관계사절 유닛에서 배운 모든 문장들을 다시 따라 읽고, 영작하는 복습을 해 주세요. 관계사절 유닛에서 배운 단어들도 반드시 암기해 주세요!

UNIT 24
관계사절
relative clause

나의 농장을 위해 일하는 그 소년은 프랑스가족 출신이다.

The boy who works for my farm is from a French family.

PREVIEW

관계사라는 말은 처음 들었을 때 매우 딱딱하고 불분명한 개념으로 인식됩니다. 영어의 'relative clause'를 그대로 한국어로 옮겼을 때 '관계사절'이 됩니다. 관계사절을 기능적으로 더 쉽게 정의하자면 명사를 꾸미는 절이 됩니다. 핵심은 '위치바꾸기' 혹은 '앞으로 잡아던지기'입니다.

UNIT 24 관계사절 (relative clause)

1 관계사절의 개념

 앞으로 던져서 위치 바꾸기

★ '관계사'라는 말은 처음 들었을 때 매우 딱딱하고 불분명한 개념으로 인식됩니다. 영어의 'relative clause'를 그대로 한국어로 옮겼을 때 '관계사절'이 됩니다. 관계사절을 기능적으로 더 쉽게 정의하자면 명사를 꾸미는 절이 됩니다. 이것 또한 만만치 않은 정의일 수 있습니다. 하지만 다음 예를 보면 쉽게 이해가 될 것입니다. 우선 명사를 꾸미는 말이 포함된 몇 개의 예를 보겠습니다.

낭만적 시(1)	시청 광장(2)	정의의 개념(3)
그 가족으로 입양된 소녀(4)		
그 연구소에서 제작중인 새로운 발전기(5)		

★ 위의 다섯 가지 예문은 모두 앞에서 특정한 꾸밈말 즉 수식어가 뒤에 있는 명사를 꾸미고 있습니다. 우리는 명사를 꾸미는 역할을 하는 단어를 형용사라고 규정하기 때문에 앞에 붉은 색상으로 칠한 부분은 모두 '형용사' 내지는 '형용사의 역할'을 합니다.

★ 용어적으로 '형용사'는 '한 단어'이고 '형용사구'는 '두 단어 이상'이며, '형용사절'은 '술어 동사가 들어가는 형태'입니다. 위의 예문을 영어로 각각을 옮겨 보면 다음과 같습니다.

★ a romantic poem / the city plaza / the idea of justice / the girl who is adopted into the family / a new generator which the lab is now developing

★ 위의 영문 중에서 마지막 두 개를 보면 붉은 색상으로 칠한 꾸밈말 부분에 'who is adopted into the family' 와 'which the lab is now developing'이라는 구조가 사용되었습니다. 즉, '술어동사가 사용된 수식어부'입니다. 이것을 우리는 '관계사절'이라고 부릅니다. 그럼 왜 하필 이름에 관계사라는 말이 들어갈까요? 네, 그 이유는 명사를 뒤에서 꾸미는 이런 절에서는 특정한 단어가 사용되는데 그 단어는 'who, whom, which, whose, that, where, when, why'등이고, 이 각각의 단어들은 앞에 놓여서 꾸밈을 받고 있는 단어를 대신하고 있기 때문에 '피수식어와 연관된 단어를 사용한다'라고 하여 관계사라고 명명한 것입니다.

★ 예를 들어 설명해 보겠습니다. 'The boy works for my farm' 과 'The boy is from a French family'라는 두 개의 절이 있다고 가정해 보겠습니다. 여기서 각각의 절에 사용된 'the boy'가 동일한 인물이라면 이 두 개의 절을 하나의 문장 안에 넣을 때 그 중 하나는 '대명사'가 될 수 있겠지요. 물론 두 개의 절을 연결하는 '접속사'가 있어야 하겠습니다. '접속사와 대명사의 역할'을 동시에 하면서 그 중 하나의 절이 '공통의 해당명사를 꾸미는 절'이 될 때 '관계사절'이 됩니다.

★ 한국어로는 '그 소년은 나의 농장을 위해 일한다'와 '그 소년은 프랑스 가족출신이다'가 하나의 문장으로 통합되면 '그 소년은 나의 농장을 위해 일하는데 그는 프랑스 가족 출신이다'가 될 것입니다. 영어로는 'The boy works for my farm and he is from a French family'가 됩니다. 하나의 문장으로 통합되는 과정에서 '접속사 and'와 'the boy'를 대신 받아준 '대명사 he'가 사용되었다는 것을 보실 것입니다.

★ 그런데 이 중 하나를 수식절로 만들려면, 어떤 두 단어가 서로 같은 관계에 있는지를 판단해야 하겠지요. 물론 여기서는 같은 관계에 있는 단어가 'the boy' 입니다. 한국어로 '나의 농장을 위해 일하는 그 소년은 프랑스가족 출신이다'로 하던가 아니면 '프랑스 가족출신인 그 소년은 나의 농장을 위해 일한다'의 형태로 만들어 질 것입니다. 붉은 색상으로 칠한 부분이 바로 수식절입니다. 영어로 옮기면 각각 'The boy who works for my farm is from a French family' 혹은 'The boy who is from a French family works for me'가 됩니다. 붉은 색상으로 칠한 부분을 관계사절이라고 부릅니다. 동일한 관계에 있는 한 단어를 대명사로 바꾸고 그 절을 꾸미는 절로 만들었기 때문입니다.

Week 10 | Unit 24. 관계사절 (relative clause)

2 관계사절 생성

★ 관계사라는 용어의 탄생배경에 대해 설명을 마치고 이제 하나의 절을 관계사절로 만드는 방법에 대해 공부하겠습니다. 영어는 자주 언급했듯이 토씨어가 아니라 '위치어'입니다. 따라서 '주어 + 술어 + 목적어 혹은 보어'의 어순이 가장 대표적 형태입니다. 물론 이 뒤에 다시 '전치사 + 목적어'가 붙어 나오는 경우도 많습니다. 어쨌든 주어를 제외한 모든 명사는 거의 '술어동사' 뒤 쪽에 나오기 마련입니다. 그런데 술어동사 뒤 쪽에 나와야 하는 명사를 주어의 앞에 옮겨두면 '주어 이하가 바로 꾸미는 절이 되었다'라는 것을 암시하는 것입니다.

★ 이것을 간단히 말하면 '명사 + 주어 + 술어'의 공식이 됩니다. 평서문이라면 주어 앞에 다른 명사가 올 리가 없습니다. 그런데 위의 공식에서처럼 주어 앞에 어떤 명사가 와 있으면 그 이하의 주어와 술어는 앞의 명사를 꾸미는 '관계사절'이라는 것을 암시합니다. 그럼 위의 공식에서 주어 앞에 온 명사는 원래 어디에 있었던 것일까요? 네, 바로 술어동사 뒤 쪽의 어디에선가 나온 것입니다. 술어동사의 '목적어'였던가 혹은 '보어', 아니면 그 뒤의 '전치사의 목적어 자리'에 있던 것이 앞으로 튀어 나온 것입니다. 그러면 자연스럽게 술어동사 뒤 쪽에 있어야 할 명사의 자리가 비어 있겠지요? 이것을 가끔씩 가르치는 사람들이 불완전구조라고 명명해서 사용하는 것입니다. 이 경우 굳이 관계사를 사용할 필요가 없습니다. 순서가 바뀌어서 자연스레 관계사절임이 암시되었기에 관계사를 사용하지 않아도 되지만 그래도 관계사를 써서 관계사절의 시작을 공식적으로 알리는 것을 선호할 경우 관계사를 명사 바로 뒤에 써주면 됩니다. 그러면 '명사 + who·which·that + 주어 + 술어'의 모양이 나오게 됩니다.

★ 그런데 주어로 사용된 명사를 피수식어로 삼을 때에는 이것의 위치가 원래부터 술어동사의 앞에 있기 때문에 위치변동에 의해 관계사절을 암시할 수 없습니다. 그래서 '주어로 사용된 명사'를 피수식어로 삼을 경우, 반드시 '주어'와 '술어' 사이에 꾸밈절을 암시하는 관계사 'who·which·that' 중 하나를 써 주어야 합니다.

1 주어를 관계사로 바꾸는 방법 : 주격 관계 대명사

 명사 주어 + who / which / that + 술어동사

★ 어떤 절에서 주어가 명사일 경우 주어와 술어동사 사이에 'who, which, that' 이 세 가지 중 하나를 선택해서 넣어주면 바로 이 절은 꾸미는 절, 즉 '관계사절'이 됩니다. 예를 들어, 'The girl badly needs a beau (그 소녀는 남자친구를 몹시 필요로 한다)' 라고 할 경우, 주어 자리에 사용된 'The girl'과 술어동사 'needs' 사이에 'who'만 넣어주면 됩니다. 이렇게 되면 'The girl who badly needs a beau' 가 되고, 붉은 색상으로 칠한 부분이 앞의 'the girl'을 꾸며주게 되어 한국어로는 '남자친구를 몹시 필요로 하는 그 소녀'라는 의미로 바뀌게 됩니다. 주어인 명사가 사람이 아닌 '사물'이나 '행위'인 경우 'who' 대신 'which'를 넣어주면 됩니다.

★ 'The building took 3 years to be completely painted (그 건물은 완전히 칠해지는 데 3년이 걸렸다)' 라고 할 경우 'the building'과 'took' 사이에 'which'만 넣어주면 'the building which took 3 years to be completely painted'가 되고 그 의미는 '완전히 칠해지는데 3년이 걸린 그 건물'이 됩니다.

★ 'that'의 경우는 'who' 나 'which' 자리에 대신 들어갈 수 있는데, 보통의 경우는 어떤 특정한 조건에서 'that'이 선호됩니다.

1357	내 아내가 나를 돕고 있는 그 천사임에 틀림없다.
	My wife must be the angel who helps me.
1358	길 아래로 걷고 있던 한 남자가 있었다.
	There was a man who was walking down the street.
1359	차고 안에 있는 그 차는 나의 아버지 것이다.
	The car which is in the garage is my father's.

Week 10 | Unit 24. 관계사절 (relative clause)

2 주어 이외의 단어를 꾸미는 관계사절 : 목적격, 보어격 관계대명사

★ '타동사의 목적어'나 '전치사의 목적어' 혹은 '주격보어'나 '목적격보어'인 명사는 그 위치를 주어의 앞으로 옮기기만, 하면 바로 그 뒤에 오는 주어와 술어 이하가 관계사절이 됩니다. 예를 들어 'He is writing a book (그는 책 한권을 쓰고 있는 중이다)'의 경우 맨 뒤의 'a book'을 주어 앞으로 보내서 'a book he is writing'의 어순이 되면, 바로 '그가 쓰고 있는 어떤 책' 이 됩니다. 'He usually sits on the chair (그는 주로 그 의자에 앉는다)' 에서는 'the chair'를 앞으로 보내서 'the chair he usually sits on'이라고 하면 '그가 주로 앉는 그 의자'가 됩니다. 'He was the man(그는 그 남자였다)' 에서는 'the man he was (과거의 그 였던 그 남자)'가 되고, 'He was talking about the matter (그는 그 문제에 대해 논의하고 있었다)'는 'the matter he was talking about (그가 논의하고 있었던 그 문제)'이 됩니다. 이 경우 관계사를 모두 집어넣고 써서 'a book which he is writing, the chair which he usually sits on, the man that he was, the matter which he was talking about' 형태도 됩니다. 또, '전치사 뒤에 있었던 명사'를 앞으로 보내는 경우는 '전치사의 위치'를 관계대명사 앞에 두어도 됩니다. 따라서 'the chair on which he usually sits, the matter about which he was talking' 이런 구조도 나오게 됩니다.

1360	내가 찾아오던 그 직업은 나에게 많은 돈을 제공하지는 않을 것이다.
	The job (which) I have been searching for will not pay me much.
1361	그는 내가 잘 알지 못하는 생물학을 전공했다.
	He majored in biology (which) I do not know much about.
1362	나의 아버지가 그 차를 정비시키는 그 남자는 늙었다.
	The man (whom) my father has maintain the car is old.
1363	내 아버지가 그 남자에게 정비시켰던 그 차는 오래되었다.
	The car (which) my father had the man maintain is old.
1364	당신이 흥미를 느끼는 무엇인가가 있습니까?
	Is there anything in which you are interested?

3 커머(comma) + 관계대명사

★ '관계사의 앞에 오는 단어'를 우리는 '선행사'라고 부릅니다. 지금까지 예문에서 선행사는 명사였지만, 명사가 아닌 '형용사·부정사·동명사·절'도 선행사로 사용할 수 있습니다. 이 경우, 관계사절은 수식의 기능을 담당하지 않고 추가적 정보를 제공하는 기능을 담당합니다. 이것을 '계속적 해석'이라고 부르기도 하는데, 이렇게 comma를 찍는 목적은 그냥 '앞에 나온 일정한 부분을 이어서 서술'하려는 의도입니다. 이것은 지금까지 배웠던 관계사의 수식적 역할, 즉 '어떤 명사에 대한 제한적 정보를 줌'으로써 그 명사를 더욱 구체화시키는 것이 아니므로, 한국어로 이해할 때는 '그런데, 그래서, 그리고, 그러나' 등의 '접속사개념'에 가깝다고 보면 됩니다. 특히 이렇게 'comma'를 찍는 경우 관계사로 'that'은 사용하지 않으며 'who, which'를 사용하는데 선행사가 '형용사·부정사·동명사·절'인 경우는 'which'를 사용하고, 비록 선행사가 사람이라 해도 동일인을 지칭하는 것이 아니라 그 사람의 대표적 특성을 대변하는 경우에도 'which'를 사용합니다.

1365	그는 매우 대담한데 나는 그렇지가 않다. (선행사가 형용사)
	He is very audacious, which I am not.
1366	나는 일찍 일어나려고 애썼는데 그것은 당시 나에게 꼭 필요했다.
	I tried to get up early, which was very necessary for me.
1367	그는 우리 옆집에 살았는데 그것이 나에게 그와 대화할 기회를 주었다.
	He lived next door, which gave me a chance to talk to him.
1368	내 아내는 엄격한 채식주의자인데 나는 그렇지가 않다. (동일인이 아닌 성질)
	My wife is a vegan, which I am not.
1369	나는 더 이상 그 소심한 소년이 아닌데 일 년 전에는 그랬다. (성질)
	I am not the timid boy any more, which I was a year ago.
1370	그 선생은, 나의 여자 형제의 남편이 되었는데, 정말로 미남이었다.
	The teacher, who became my brother-in-law, was so handsome.

Week 10 | Unit 24. 관계사절 (relative clause)

4 관계대명사 'that' 을 선호하는 경우

★ 다음과 같은 경우 즉, '선행사가 사람 + 사물이나 동물 / 선행사를 the only, the very, the same 이 수식할 경우 / 선행사를 최상급이나 the first, the last 등 서수가 수식할 경우 / 선행사를 all, every, any, some, no 등이 수식하거나 자체가 선행사' 일 경우 관계사는 'that'을 주로 사용합니다.

1371	물가를 걷고 있던 한 남자와 그의 개는 지쳐보였다.
	A man and his dog that were walking by the creek looked weary.
1372	그가 이 수수께끼를 풀어낼 유일한 소년이다.
	He is the only boy that can solve this enigma.
1373	그는 너를 기만할 마지막 사람이다. - 즉, 결코 너를 속일 사람이 아니다.
	He is the last man that will cheat on you.
1374	속도를 내던 자전거에 치인 한 시각장애 노인과 그의 안내견이 응급실에 있었다.
	An old blind man and his seeing eye dog that were hit by a speeding bike were in the emergency room.
1375	그와 일한 적 있는 누가 그의 근면성을 부인할 수 있는가?
	Who that has ever worked with him can deny his diligence?
1376	그는 내가 오랫동안 원했던 바로 그 목걸이를 샀다.
	He bought the very necklace that I had long been wanting.
1377	이것이 당신이 열차에 놓고 내린 것과 동일한 가방입니까? (동일물)
	Is this the same bag that you left behind on the train?
1378	당신이 원하는 어떤 것이 있나요?
	Is there anything that you want?

1379	그는 너를 기만할 마지막 사람이다. (즉, 결코 너를 속일 사람이 아니다.)
	He is the last man that will cheat on you.
1380	내가 할 필요가 있는 모든 것은 그의 곁에 머무는 것이다.
	All that I need to do is to stay with him.
1381	내가 말하는 모든 것이 경청되어야 한다. (즉, 한마디도 빼놓지 말고 들어주세요.)
	Everything that I say must be listened to.
1382	나는 이 게임을 좋아하지 않는 사람을 못 보겠다.
	I see nobody that doesn't like this game.
1383	당신은 내가 만난 적 있는 가장 관대한 사람입니다.
	You are the most generous man that I have ever met.
1384	그는 보트로 대서양을 건넌 최초의 사람이다.
	He is the first man that crossed the Atlantic by boat.

5　소유격 관계대명사 whose

★ 소유격 관계사 'whose'는 엄밀히 말하면 '관계형용사'라고 합니다. 왜냐하면 소유격 자체는 반드시 뒤에서 명사를 받아야 하기 때문입니다. 즉, 평서문에서 'my car, her house, his wife, Tommy's plan' 이런 형태가 나올 경우, 이것을 관계사로 바꾸면 모두 'whose car, whose house, whose wife, whose plan' 이렇게 됩니다. 물론 이렇게 될 경우 소유격의 주체였던 명사가 관계사 앞에 놓여야 합니다. 따라서 실제로는 'me whose car, her whose house, him whose wife, Tommy whose plan'이 됩니다. 이제 실제의 예문을 보겠습니다.

Week 10 | Unit 24. 관계사절 (relative clause)

1385	딸이 아픈 그 남자는 도움을 청하러 우리에게 올 것이다.
	The man whose daughter is sick is coming to us for help.
1386	나는 그의 집이 나무로만 지어진 그 남자를 안다.
	I know the man whose house is built of wood only.
1387	그 다리들이 너무 긴 그 의자는 식사용으로 좋지 않다.
	The chair whose legs are too long is not good for dining.

★ 사물의 소유격인 경우 'A of B' 구조를 사용하므로, 관계사에서도 이 구조를 적용하여 'the 명사 of which'를 쓸 수 있습니다.

1388	그 다리들이 너무 긴 그 의자는 식사용으로 좋지 않다.
	The chair the legs of which are too long is not good for dining.

6 관계대명사의 해석법

1 comma + 관계사의 해석법

★ 언급했듯이 선행사와 관계사 사이에 'comma'를 사용하면, 뒤에서 앞의 명사를 꾸미는 것이 아니라 '정보를 부가하거나 덧붙이는 용도'입니다. 이 때 'comma'는 문맥에 따라 '그리고, 그런데, 그러나' 등으로 해석하고, 관계사는 '문맥에 맞는 접속사와 대명사'로 다시 나누어서 문장을 재구성 할 수 있습니다.

1389	나는 그 남자를 알고 있는데, 그는 나의 아들과 여행중이다.
	I know the man, who is traveling with my son.
	I know the man, and he is traveling with my son.

1390	나는 그 사람과 헤어졌는데 그의 부모는 우리의 결혼 계획을 강하게 반대했다.
	I left the guy, whose parents strongly opposed our plan to marry. I left the guy, because his parents strongly opposed our plan to marry.
1391	대기는 해로운 광선과 운석들로부터 지구를 보호하는데, 4층으로 나누어져 있다.
	The atmosphere, which protects Earth from harmful rays and asteroids, is divided into four layers. The atmosphere, as it protects Earth from harmful rays and asteroids, is divided into four layers.
1392	나는 5형제를 가지고 있는데, 그들 모두와 함께 노는 것을 좋아한다.
	I have five brothers, all of whom I like to play with. I have five brothers, and I like to play with all of them.
1393	나의 아들들은, 둘 다 공부를 좋아하지 않는데, 게임에 빠져있다.
	My sons, neither of whom likes studying, are much in games. My sons, while neither of them likes studying, are much in games.

2 제한적 해석법 (수식적 용법이라고도 하는 후치수식)

★ 선행사와 관계사 사이에 'comma'를 사용하지 않고, 뒤에서 앞의 명사를 꾸며서 그 의미를 제한시키는 용도로 사용됩니다.

1394	나는 나의 아들과 함께 여행하고 있는 그 남자를 알고 있다.
	I know the man who is traveling with my son.
1395	나는 우리의 계획에 강하게 반대하는 부모가 있는 그 사람과 헤어졌다.
	I left the man whose parents strongly opposed our plan.
1396	지구를 해로운 광선과 운석들로부터 보호하는 대기는 4층으로 나누어져 있다.
	The atmosphere which protects Earth from harmful rays and asteroids is divided into four layers.

Week 10 | Unit 24. 관계사절 (relative clause)

★ '계속적 해석법'과 '제한적 해석법'이 내용상 정보가 크게 달라지지 않는 경우가 대부분이지만, 선행사에 '서수·기수·최상급' 등이 다시 의미를 한정할 경우에는 'comma'의 사용여부에 따라 정보가 달라질 수 있습니다.

1397	나는 아들이 하나 있는데 그의 꿈은 비행기 조종사이다. (아들은 하나이다)
	I have one son, whose dream is to be a pilot.
1398	나는 비행기 조종사가 꿈인 한 아들이 있다. (아들의 수는 알 수 없다.)
	I have one son whose dream is to be a pilot.
1399	그는 우리 반에서 가장 덩치가 큰 소년인데 미식축구를 할 줄 안다. (가장 크다)
	He is the biggest boy in my class, who can play football.
1400	그는 미식축구를 할 수 있는 우리 반에서 가장 덩치가 큰 소년이다. (축구를 하는 소년 중)
	He is the biggest boy in my class who can play football.

7 관계대명사 심화

1 관계사절 속에서 전치사의 위치

★ 전치사가 술어동사와 연결되어 그 응집성이 강한 경우 혹은 관계사 절 자체가 길지 않을 경우, 전치사는 관계사절의 원래 위치에 그냥 두는 것이 일반적입니다. 하지만 특별히 전치사를 먼저 보여주는 것이 의미의 전달에 용이할 경우, 그리고 전치사가 술어동사와의 연계성이 약한 경우는, 전치사를 관계대명사 앞으로 옮겨서 '전치사 + 관계대명사' 구조로 써주는 것이 좋습니다. 단, 전치사를 관계대명사 앞으로 옮길 경우, 관계대명사는 생략할 수 없고, 관계대명사로 'that'을 쓸 수 없으며, 'whom' 혹은 'which'를 쓰게 됩니다. 물론 소유격인 'whose + 명사' 구조는 변함이 없습니다.

1401	그는 지금 내가 대화하고 싶은 사람이 아니다.
	He is not the man (whom) I want to talk to now.
	He is not the man to whom I want to talk now.

1402	당신이 찾고 있는 것이 있습니까?
	Is there anything (that) you are looking for?
	Is there anything for which you are looking?
1403	나는 각 연주자가 자신의 악기를 다루는 것을 볼 오페라 안경이 필요하다.
	I need a pair of opera glasses through which I can see each musician perform his or her instrument.
1404	나는 한국에서 긴 휴가를 보냈는데, 그 동안 현재의 내 남편을 만났다.
	I had a long vacation in Korea, during which I met my present husband.
1405	그는 안쪽에서 불이 타고 있는 난로의 뚜껑을 닫았다.
	He shut the cover of the stove inside which the fire was burning.

2 선행사와 관계대명사의 분리

★ 원칙적으로 선행사와 관계대명사는 붙어 있어야 하나, 떨어져도 의미를 파악하는데 지장이 없을 경우 분리되기도 합니다. 아래의 예문에서 'who'의 선행사가 바로 앞의 'school'이 될 수 없기 때문에 떨어져 있어도 상관이 없으며, 다음 예문에서도 'who'의 선행사는 사람들을 의미하는 'those'가 됩니다. 만약 'anyone who lives near the factory in school'의 어순이 되면 'in school'이 관계사절에 소속된 부사구로 착각할 경우가 생길 수 있으며, 'Those who can be satisfied with what they have are happy'의 어순이 될 경우 술어부에 비해 주어부가 너무 길어지기 때문에 좋지 않은 문장이 됩니다.

1406	당신은 그 교회 근처에 사는 우리 공장의 누구라도 아십니까?
	Do you know anyone in my factory who lives near the church?
1407	자신들이 가지고 있는 것에 만족할 수 있는 그러한 사람들은 행복하다.
	Those are happy who can be satisfied with what they have.

Week 10 | Unit 24. 관계사절 (relative clause)

3 관계대명사의 생략

1 주격관계사의 생략

★ 주격 관계사도 생략되는 경우가 있습니다. 심화과정에서 자세히 배우게 됩니다. 덧붙여서, 관계사는 앞에 'comma'가 있는 구조에서는 생략하지 않습니다.

1408	나는 당신 생각에 사무기술에 능한 비서가 필요하다.
	I need a secretary (who) you think is good at office skills.
1409	나의 사장은 그가 확신컨대 나태한 몇 직원을 해고하고 싶어 한다.
	My boss wants to fire some (who) he's sure are lackadaisical.
1410	나를 배신했던 것은 너였다.
	It was you (who) turned against me.

2 보어격 관계대명사의 생략

★ 아래의 예문에서 각각의 관계대명사는 'be동사'의 주격보어 역할을 하고 있으며 'comma'가 없는 제한적 해석법에서 생략할 수 있습니다.

1411	그 왕은 과거의 그였던 그 사람이 아니다.
	The king is not the man (that) he was.
1412	그는 나를 자신이 될 수 없었던 변호사로 만들려고 애썼다.
	He tried to make me a lawyer (which) he himself couldn't be.
1413	그는 그들이 그를 부르고 있는 그러한 바보는 아니다.
	He is not the idiot (which) they call him.
1414	나는 나의 부모님들이 나를 만들려고 애쓰는 경찰이 되고 싶지 않다.
	I don't want to become a cop (which) my parents are trying to make me.

3 목적격 관계사의 생략

★ 아래의 예문에서처럼 타동사나 전치사의 목적어 관계였던 관계대명사는 'comma'가 없는 '제한적 용법'에서 생략될 수 있습니다. 단, 전치사가 관계사의 앞으로 나가면 생략이 불가합니다. 참고로 관계사절이 붉은 색상으로 칠해져 있습니다.

1415	그것이 내가 알고 싶은 모두이다.
	That is all (that) I want to know.
1416	그는 내가 좋아하는 그 고양이와 개를 가지고 있다.
	He has the dog and the cat (which) I am fond of.
1417	내가 모르는 무엇인가가 있는가?
	Is there anything (that) I don't know?
1418	그녀가 알지 못했던 무엇인가가 나에겐 문제가 되는 것이었다.
	Something she didn't know mattered to me.
1419	내가 당신에게 한 모든 것을 용서해 주세요.
	Please forgive me for all I have done to you.
1420	내가 몰고 있는 차는 속도계에 문제가 있다.
	The car I am driving has some problem in its speedometer.
1421	내 아버지가 찾고 있는 안경은 돋보기류 임에 틀림없다.
	The glasses my father is looking for must be some magnifying type.

8 관계부사

place + where / time + when
reason + why / way + that

1 관계부사 'when, where, why, how' 의 생성

★ 관계부사는 원래 문장에서 전치사와 명사가 '장소·시간·원인·방법'의 정보를 가지고 술어 동사를 꾸미는 경우 그것을 전치사와 관계대명사인 '전치사 + which' 구조로 바꾸었다가 다시 그것을 한 단어인 'where, when, why, that(how)' 로 썼을 때 지칭하는 용어입니다. 이 경우 보통 전치사는 'in, at, on' 이 사용되며, '특별한 의미의 전치사'가 사용되었을 경우에는 '전치사 + which' 를 그대로 쓰고, 관계부사로 전환하지 않습니다.

1422	당신은 우리가 엄청 재밌게 보냈던 그 산을 기억하는가?
	Do you remember the mountain in which we had much fun?
	Do you remember the mountain where we had much fun?
1423	그는, 사람들이 쉽게 폐렴에 걸리는, 80대이다.
	He is in his 80s in which people easily get pneumonia.
	He is in his 80s when people easily get pneumonia.
	He is in his 80s and people easily get pneumonia in their 80s.
1424	나는 그가 그 모임에 결석을 한 이유를 안다.
	I know the reason for which he was absent from the meeting.
	I know the reason why he was absent from the meeting.
	I know the reason and he was absent for the reason.

| 1425 | 그것은 우리가 여기서 일을 하는 방식이 아니다. |

That is not the way in which we do things here.
That is not the way that we do things here.
That is not the way but we do things in this way here.

2 관계부사와 선행사

★ 'where 와 when'만 'comma'와 함께 '계속적 용법'으로 사용될 수 있습니다.

★ 'why'는 선행명사로 늘 'reason'이 와야 하고 'how'의 대용어인 'that'은 늘 선행명사로 'way, manner, method' 중 하나를 받아야 합니다. 물론 'where'는 선행명사가 장소상당어, 'when'은 선행명사가 시간상당어이어야 합니다.

| 1426 | 그는 마침내 서울에 당도했고 거기서 새로운 삶을 시작했다. |

He finally got to Seoul, where he started a new life.

| 1427 | 나는 2020년에 직업을 얻었는데, 그 때는 경제가 어려웠다. |

I got a job in the year of 2020, when economy was poor.

3 관계부사의 생략

★ 관계부사도 'comma'가 없는 '수식적 용법'에서 생략될 수 있습니다. 물론 선행명사가 각각 '장소상당어·시간상당어'의 경우 'where·when'이 생략되며, 선행명사가 'reason'이면 'why', 선행명사가 'way'이면 'how'의 대용어인 'that'이 생략될 수 있습니다. 관계부사는 어차피 선행명사의 성격에 의해 종류가 확연히 구분되므로 매우 자주 생략합니다. 또한 모든 관계부사는 제한적 용법에서 'that'으로 쓸 수도 있습니다. 다만 'that'을 쓸 경우 '관계대명사와 구분'이 요구됩니다. 'where'의 경우는 선행사가 'the place, the house, the school, the prison, the hospital, the restaurant' 등 사용의 목적이 매우 분명한 장소일 경우 자주 생략하지만, 그 밖의 경우는 장소적 의미로 사용된다는 것을 명백히 하기 위해서 생략하지 않는 경우가 더 많습니다. 예를 들어, 'class'가 선행사일 경우 '장소적 의미'와 '시간적 의미'로 둘 다 해석될 수 있으므로 만약 'I like the class I can learn new things' 라고 하면 '수업

Week 10 | Unit 24. 관계사절 (relative clause)

시간'인지 아니면 그 '수업이 진행되는 장소'인지가 불분명하므로 'I like the class where I can learn new things' 등 '구체적 관계부사'를 써 주는 것이 더 명백한 의미를 전달합니다.

1428	이것이 그가 나고 길러진 집이다.
	This is the house (where) he was born and bred.
1429	나는 그가 우리 집을 처음 방문한 날을 기억한다.
	I remember the day (when) he first visited my house.
1430	이것이 내가 공부를 포기한 이유이다.
	This is the reason (why) I gave up studying.
1431	나는 그가 아이들을 다루는 방식이 좋다.
	I like the way (that) he treats children.
1432	그녀는 자신이 서 있던 곳에서 잘 볼 수 없었다.
	She couldn't see well from the place (where) she stood.
1433	Sam은 우리가 만나는 장소를 안다.
	Sam knows the place (where) we are meeting.
1434	그와 같은 원칙이 실행 불가능한 경우가 있다.
	There are many cases where such a principle is not practicable.

4 in · at · on 외의 전치사와 관계대명사

★ '전치사 + 관계대명사' 구조가 특별한 전치사의 의미를 전달하지 않는 'in which, at which, on which' 등일 경우 선행사의 종류에 따라 'where, when, why, that' 등의 관계부사로 바꿀 수 있지만, 그 밖의 전치사와 관계대명사가 합쳐진 경우에는 관계부사로 바꾸지 않습니다. 왜냐하면 '전치사 + 관계대명사'의 구조를 포기할 경우, 전치사가 가지는 '특별한 의미'를 상실하기 때문입니다.

1435	그가 떨어진 지붕은 유리로 만들어져 있었다.
	The roof from which he fell was made of glass.
1436	그 상자가 아래에서 발견된 그 바닥은 매우 두꺼웠다.
	The floor beneath which the box was found was very thick.

★ 위의 예문에서 '전치사와 관계대명사'를 관계부사 'where'로 고치면, 'from'이나 'beneath'가 가지는 고유한 의미를 구현할 수 없으므로 관계부사로 고쳐 쓰지 않습니다.

5 선행사의 생략

★ 선행명사와 관계부사가 각각 'the place where, the time when, the reason why, the way that' 구조일 경우 '선행명사를 생략'하고 관계사만 써도 됩니다. 이 경우 관계사절은 구조적으로 '명사절'이 됩니다. 하지만 그 의미는 달라지지 않습니다. 예를 들어서, 한국어의 경우 '여기가 그가 태어난 장소이다 = 여기가 그가 태어난 데다'가 서로 같은 의미인 것과 같은 이치입니다. 이 표현은 영어에서, 'This is the place where he was born = This is where he was born'과 비교됩니다. 다만 선행사가 구체적 명사의 시간·장소일 경우 선행사를 생략하지는 않습니다. 선행사가 'the way'일 경우 선행사를 생략하면 관계부사로는 'that'을 쓰지 않고 반드시 'how'를 써야 합니다.

1437	나는 그가 우리 집을 처음 방문했던 때를 기억한다.
	I remember (the time) when he visited my house first.
1438	이것은 내가 공부를 포기했던 이유이다.
	This is (the reason) why I gave up studying.
1439	나는 그가 어린이들을 다루는 방식이 좋다.
	I like how he treats children. I like the way (that) he treats children.　　　　　　　　☞ (= how)

맺음말

★ 강의를 듣지 않으면서 영문법을 이해하려는 시도를 돕기 위해 이 책이 저술되었습니다. 그래서 설명부분이 조금 과하다 싶을 정도로 반복적이고 자세할 수도 있지만 또 한편 역시 말로 전달하는 것만큼 효과적으로 그 설명을 하기 어려운 경우도 많이 있을 것입니다.

★ 배운 문법과 구조를 그냥 공식의 암기로 끝내지 마시고, 실제의 책에서 찾아보면서 적용사례를 확인하게 되면 즐겁기도 하고, 확신이 들기도 합니다. 하지만, 그런 시도를 하다 보면 어휘의 문제가 대두될 것입니다. 어휘는 전쟁터에서 실탄과도 같은 존재입니다. 전략과 전술이 아무리 뛰어나도 실탄이나 화살이 없으면 병법은 상당히 제한적이 될 수밖에 없을 것입니다.

★ 어휘는 반드시 동사부터 공부하시고 기본동사의 활용사례를 최대한 살펴보시기 바랍니다. 명사는 비교적 노력이 덜 드는 영역이지만 형용사는 그렇지 않습니다. 형용사는 그 적용사례가 우리가 생각하는 것과 동떨어진 경우가 많으므로 반드시 어떤 명사와 어울리고 어떤 상황에 쓰는 지를 면밀히 보아야 합니다.

★ 영작이 적용된 연습단계에서 다시 만나 공부하길 기원합니다.